天津城市职业学院
项目化课程案例(第二辑)

李 彦　崔凤梅　王丽雅　主编

南开大学出版社

天　津

图书在版编目(CIP)数据

天津城市职业学院项目化课程案例.第二辑/李彦,崔凤梅,王丽雅主编.—天津:南开大学出版社,2019.6
 ISBN 978-7-310-05793-1

Ⅰ.①天… Ⅱ.①李…②崔…③王… Ⅲ.①职业教育-课程设计-教学研究-天津 Ⅳ.①G712.3

中国版本图书馆 CIP 数据核字(2019)第 083751 号

版权所有　侵权必究

南开大学出版社出版发行
出版人:刘运峰
地址:天津市南开区卫津路94号　邮政编码:300071
营销部电话:(022)23508339　23500755
营销部传真:(022)23508542　邮购部电话:(022)23502200

*

天津泰宇印务有限公司印刷
全国各地新华书店经销

*

2019年6月第1版　2019年6月第1次印刷
260×185毫米　16开本　27.25印张　696千字
定价:89.00元

如遇图书印装质量问题,请与本社营销部联系调换,电话:(022)23507125

编写说明

提高人才培养质量，培养适应社会需求的高素质技术技能人才，是职业院校内涵发展永恒不变的追求。充分发挥高职教育在提高人民综合素质，促进人的全面发展，增强中华民族创新创造力，实现中华民族伟大复兴中的重要作用，是高职教改研究的重要任务。提高高职教学质量，是深化高职教学改革的意义所在。

《高等职业教育创新发展行动计划（2015—2018年）》指出，要切实贯彻习近平总书记重要指示精神，以立德树人为根本，坚持适应需求、面向人人，坚持产教融合、校企合作，坚持工学结合、知行合一，以提高人才培养质量为核心，深化专业内涵建设，推进课程体系、教学模式改革。天津城市职业学院不断完善校企合作、工学结合的人才培养体系，在院系两级"政校企（社）"合作机制的推动下，专业建设、人才培养过程与企业密切合作，人才培养在将职业素养和理想信念贯穿到培养全过程的前提下，努力适应经济发展、产业升级和技术进步。为此，学院以教学改革为抓手，实施"一把手"工程，将教师的专业化成长与专业人才培养、课程改革联结起来，用更新理念、培训方法、管理评价、机制保障等措施推进教学改革、教师发展工作。在学院全体教师实施项目化教学改革过程中取得了丰硕成果。

一、注重教学效果、体现"教学做"的教学改革成为共识

聘请高职教育名家、专家来学院进行项目化课程设计、评价等专题讲座，指导教师结合典型工作岗位分析教学目标和教学内容，培训教师针对自己课程进行教学整体设计、单元设计。通过上述活动和教学实践，使教师们反思了以往教学的不足，加深了对项目化课程的认识，转变了观念，激发了教学改革热情。任课教师均对照所任课程，进行了课程整体结构设计，撰写了项目课程教学改革培训体会。

二、课程内容紧贴岗位标准与要求、推进"教学做一体化"教学实践成为常态

为扎实推进教学改革，学院配套出台了《教学做验收合格课实施意见》，通过完成"教学设计""说课""公开课"与"随机课"讲课、评课、验收鉴定等环节，组织骨干教师参加教学改革，通过在教师绩效考核中提高课酬和课程奖励等办法，激励教师勇于实践。经校外专家与学院教学做验收课评价小组评议，所有骨干任课教师均开展了"教学做验收合格课"的设计与实施。

在完成课程整体教学设计的基础上，学院骨干教师深入企业调研、实践，结合学校教学设施设备情况，几易其稿，在专家和同行的质询下，反复推敲，修改、完善了教学整体设计。学院两次聘请了戴士弘教授专程来校，对老师们的"课程整体设计"的测评标准、"单元设计"具体实施进行详细的培训和一对一的点评。

本书收录了20位教师的整体设计方案和单元设计方案，其中包含7名教师获得天津市教师信息化能力比赛优秀单元设计方案。20位教师在19门课程整体设计上进行了探索，是学院校企合作、教师企业实践的体现，这些设计方案已经在真实的教学中进行了实施，同时也采用信息化的技术手段与资源，将课堂实施的整个过程进行呈现。

三、课程定位明确、教学设计项目化特点突出的教学改革成效显著

课程整体设计在教师企业实践、集体教研、探索讨论、共同评议的工作下，对照工作岗位的典型工作任务进行的。主要内容包括：岗位分析：对照人才培养的目标岗位；进行岗位分析，描述工作流程，分析列出岗位所需的能力、知识和素质。课程分析：本课程在在课程体系中的位置；课程与中职、本科、培训班的相关课程的区别。

为了达到岗位所需的能力、知识和素质目标，课程内容以根据岗位需求，以工作过程或者工作任务为载体，来具化教学内容，设计与企业实际的工作内容相符的教学项目。项目的工作内容、情境、成果形式清晰明，学生在完成这样的教学项目时，能获得比较完整的具体工作过程印象，获得相应的职业能力和专业知识；教师在完成这样的教学项目时，具备了知识梳理、能力传递、教学技术熟练、掌握前沿专业信息等条件，促进了"教练型"教师的专业成长。

"教学做一体"教学设计将第一次课设计、最后一次课设计展示出来，将每一个单元即每一次课的能力、知识、素质目标、师生活动以及考核内容与方法，体现在教学进程设计中。每个教学任务教学环境（软硬件配备）的确定、教学资源（需要可行、丰富、生动、有趣）的选取、针对教学项目确定教学步骤（由简单至复杂、由浅入深）、选择恰当的方法与手段，通过教师与学生的具体活动描述，将整个教学实施过程展示出来。教学评价更易于操作，针对性更强，教学效果更易被体现和观察。

教学中以学生为主体，教师加以适当引导，理论与实践交叉进行，融会贯通，使学生边看边学，边学边做，避免了"纸上谈兵"式的"灌输"，项目教学直接与职业岗位工作相结合，使学生掌握岗位工作程序、方法、标准等，加深了学生对职业岗位的理解，能够使其直接进入岗位角色。教师参加近五年的天津市信息化教学比赛，荣获一等奖4项，二等奖14项，三等奖11项，遴选的9位教师代表天津市参加全国高职院校信息化教学大赛，获得教学设计、课堂教学两项一等奖，三项三等奖，为天津市争得了荣誉。

本书的编写，回顾、总结了学院教学改革的具体工作，凝练了课程建设的做法经验，凝结了项目化课程建设教师的智慧与汗水，希望能够为学院深化教学改革，提高人才培养质量奠基、铺路，也希望为正在进行职业教育教学改革的相关院校的教师提供可借鉴的思路和做法，提出批评与指正。

李彦

2018年10月

序　言

　　2018年全国教育大会强调，要"加快推进教育现代化、建设教育强国、办好人民满意的教育"。课程是教育的载体，它将教育的目的与教育内容有机结合，有效预期人才培养质量规格。高职院校的课程是保证技术技能人才质量的前提，是办好人民满意的高职教育的重要抓手。

　　同时，全国教育大会还要求"从教材到教育，更有中国味儿"。借鉴发达国家职业教育理论及人才培养模式包括德国双元制，北美的CBD/DACUM，澳大利的TAFE、新加坡的教学工厂等具有积极意义，不能一味照搬照抄。实践证明，本土化尤其是校本课程建设是借鉴国外先进职教理论或人才培养模式的成功经验。

　　天津城市职业学院紧紧围绕发展型、复合型和创新性的技术技能人才培养目标，应对产业转换升级和企业技术创新需要，以项目化化课程改革为切入点，探索高职教育课程的本土化、校本化，力图形成凸显自身特色的课程建设理念。2018年是该校推行项目化课程改革的第四个年头，项目化的课程设计理念和内涵也不断深化——作为教育的载体，项目化课程承载了企业对高职院校课程设计和人才培养质量规格的诉求，它将企业的真实生产实际工作转化为链接工作和学习的教育情境，项目课程所蕴含的技术知识不同于普适性的科学知识离散形式，它表征工作实践和学科问题的结合，项目课程实施以学习者为中心，强调学习者对技术知识和技能的主动探索和意义建构，生成教学做一体的学习环境。

　　《天津城市职业学院项目化课程案例（第二辑）》作为校本化课程改革的又一阶段性成果，包括课程整体设计方案、单元设计方案、教师收获与心得三部分，体现了项目引导、案例鲜活、教学做一体的显著特点，更体现了全国教育大会"扎根中国大地办教育"的主旨精神，天津城市职业学院本土化的校本课程改革值得肯定和推广。

天津大学职业技术教育研究所所长，教授，博士生导师

肖凤翔

2018年12月1日于天津

目　录

配送中心经营管理 ·· 1
　　课程标准 ·· 1
　　课程整体教学设计 ·· 6
　　课程单元教学设计 ·· 17
　　教学做验收课总结 ·· 21

婴幼儿卫生与保健 ·· 23
　　课程标准 ·· 23
　　课程整体教学设计 ·· 29
　　课程单元教学设计 ·· 42
　　实践中锻炼　反思中成长——第二批教学做验收课总结 ································ 44

安全防范工程技术 ·· 46
　　课程标准 ·· 46
　　课程整体教学设计 ·· 50
　　课程单元教学设计 ·· 64
　　教学做验收课总结 ·· 69

电气控制与PLC ·· 70
　　课程标准 ·· 70
　　课程整体教学设计 ·· 74
　　课程单元教学设计 ·· 87
　　教学做验收课总结 ·· 90

工程制图 ·· 92
　　课程标准 ·· 92
　　课程整体教学设计 ·· 96
　　课程单元教学设计 ·· 110
　　小　结 ··· 111

劳动与社会保障 ··· 112
　　课程标准 ·· 112
　　课程整体教学设计 ·· 116
　　课程教学单元设计 ·· 128

任务驱动的四步教学法——劳动与社会保障课程改革总结 ………………… 132

实用英语 …………………………………………………………………………… 134

  课程标准 ………………………………………………………………………… 134
  课程整体教学设计 ……………………………………………………………… 138
  课程单元教学设计（一） ……………………………………………………… 146
  课程单元教学设计（二） ……………………………………………………… 153
  教学做验收课总结（一） ……………………………………………………… 158
  教学做验收课总结（二） ……………………………………………………… 159

商务谈判 …………………………………………………………………………… 161

  课程标准 ………………………………………………………………………… 161
  课程整体教学设计 ……………………………………………………………… 167
  课程进程模版 …………………………………………………………………… 177
  课程单元教学设计 ……………………………………………………………… 179

微控制器编程技术 ………………………………………………………………… 183

  课程标准 ………………………………………………………………………… 183
  课程整体教学设计 ……………………………………………………………… 187
  课程单元教学设计 ……………………………………………………………… 200

企业经济业务核算 ………………………………………………………………… 203

  课程标准 ………………………………………………………………………… 203
  课程整体教学设计 ……………………………………………………………… 210
  课程单元教学设计 ……………………………………………………………… 229

PCB 设计与制作 …………………………………………………………………… 234

  课程标准 ………………………………………………………………………… 234
  课程整体教学设计 ……………………………………………………………… 247

电子商务实务 ……………………………………………………………………… 267

  课程标准 ………………………………………………………………………… 267
  课程整体教学设计 ……………………………………………………………… 271
  课程单元教学设计 ……………………………………………………………… 279
  教学做验收课总结 ……………………………………………………………… 282

电子单证实务 ……………………………………………………………………… 284

  课程标准 ………………………………………………………………………… 284
  课程整体教学设计 ……………………………………………………………… 288
  课程单元教学设计 ……………………………………………………………… 297

机电设备 PLC 控制 ... 300
- 课程标准 ... 300
- 课程整体教学设计 ... 304
- 课程单元教学设计 ... 316

采购管理实务 ... 322
- 课程标准 ... 322
- 课程整体教学设计 ... 326
- 课程单元教学设计 ... 336
- 教学做验收课总结 ... 339

商务礼仪 ... 341
- 课程标准 ... 341
- 课程整体教学设计 ... 346
- 课程单元教学设计 ... 360
- 教学做验收课总结 ... 365

企业经营管理沙盘模拟训练 ... 367
- 课程标准 ... 367
- 课程整体教学设计 ... 372
- 课程单元教学设计 ... 377
- 教学做一体化设计及实践 ... 379

网络组建与管理 ... 382
- 课程标准 ... 382
- 课程整体教学设计 ... 387
- 课程单元教学设计 ... 404

高等数学 ... 407
- 课程标准 ... 407
- 课程整体教学设计 ... 411
- 课程单元教学设计 ... 420
- 教学做验收课总结 ... 422

配送中心经营管理

课程标准

课程名称：配送中心经营管理　　　课程类型：职业技术课
学时：48　　　　　　　　　　　　学分：3
适用专业：物流管理专业
执笔人：贾春霞、付海　　　　　　审核人：李怀湘
制订时间：2016年9月

一、课程性质和任务

1. 课程性质与类型
课程性质：专业必修课。
课程类型：职业技术课。

2. 课程的地位与作用
本课程是高职高专物流管理专业在开设"运输管理实务"和"仓储管理实务"课程之后的一门重要的专业必修课程。课程是以掌握配送业务与配送中心的基本运作模式与方法，按照用户的需要，有效、合理地开展物流配送活动，不断提高物流服务水平与物流配送效率，降低物流配送成本，是物流企业特别是物流配送企业从业人员必须具备的重要职业技能。

3. 课程标准设计思路
课程以职业能力培养为重点，围绕"工作过程"展开，具体包括对不同类型企业配送中心和工商企业配送部门的调研——校企合作开发课程——确定课程培养目标——分解配送岗位工作项目和任务——分析工作任务对应的专项能力——转化及构建学习情境——教学活动组织与实施等一系列过程。该课程培养目标定位于培养学生的基层物流配送岗位的操作管理技能与素质，以培养创新精神为灵魂和以培养实践能力为根本。面对就业岗位有：配送中心理货、订单处理、分拣、出入库等业务处理岗位、配送中心基层管理岗位等。

二、课程目标

1. 职业知识
学生了解配送、配送中心的基本概念、功能、类型、模式、发展趋势，配送中心的组织机构与岗位设置等基础知识；理解配送中心的基本作业流程及流程中各项具体工作任务的特点与所

遵循的原则,和各项工作任务相互之间的关系;熟知配送计划制定与实施的控制过程,配送成本核算与绩效评价的重要性与基本内容、方法;了解配送中心规划与设计的要素与基本模式;认识不同类型配送中心运营与管理的区别。

2. 职业技能

学生能独立或与他人合作完成订单处理作业、拣货补货作业、流通加工作业、分类配货与包装作业、路线优化、配装与送货作业;独立进行第三方物流信息系统的操作,熟练应用条码、RF、电子标签等信息技术与相关设备;能结合具体工作任务要求选择和使用一般的搬运、拣选、分类、包装等物流设备,合理地完成配送工作任务;能够根具备对配送中心的规划、成本与绩效分析等基本的规划设计、成本核算的能力;能够应用适当的方法对实际工作效果进行的评价与分析,提出改进策略以提高配送效率、降低配送成本、提高服务质量。

3. 职业素质

在配送作业操作、配送中心的运营管理中,使学生树立成本意识、质量意识、效率意识、服务意识、责任意识、环保意识,培养学生吃苦耐劳、诚实守信、爱岗敬业等良好的职业道德。培养学生会发现问题、分析问题和解决问题的能力,让学生学会独立思考,使学生在学习及实践的过程中学会合作、交流沟通与团队协作。

三、课程内容标准和要求

1. 课程内容框架

序号	课程内容或项目模块	工作任务项目	参考学时
项目1	配送与配送中心认知	1. 配送认知 2. 配送中心认知	4
项目2	订单处理作业	1. 订单确认 2. 订单处理	8
项目3	拣货与补货作业	1. 形成拣货资料 2. 完成拣货、月台码货 3. 补货	8
项目4	配送加工作业	1. 装箱与防震包装 2. 包装固定技术	4
项目5	线路优化	1. 单车单点配送的线路优化 2. 单车多点线路优化 3. 多车多点配送线路优化	4
项目6	货物配载	1. 配装决策 2. 货物配载	4
项目7	送货、退货作业	1. 送货作业 2. 退货作业	4
项目8	配送成本与绩效分析	1. 配送成本分析 2. 配送绩效分析	4
项目9	配送中心规划与设计	1. 配送中心系统规划 2. 配送中心内部设计与布置	4

续表

序号	课程内容或项目模块	工作任务项目	参考学时
项目 10	不同类型配送中心运营与管理	1. 不同配送对象的配送中心运营与管理 2. 不同功能的配送中心运营与管理	4

2. 课程内容标准与要求

本课程以具体工作过程为导向，以任务为驱动，总共安排 10 个项目，22 个任务，共 48 个学时，为教学做一体课程。

课程内容或项目模块		项目 1 配送与配送中心认知		学时	4
学习目标		1. 能够识别配送的不同类型； 2. 能够描述配送基本流程； 3. 能够根据企业状况区分配送中心类型； 4. 根据所需知识能够分析配送中心配送作业过程及配送管理工作			
学习单元		内容描述		教学方法建议	学时
1. 配送认知		配送中心的基本作业流程认知		任务驱动、直观演示、讨论	2
2. 配送中心认知		配送中心的模式认知		任务驱动、直观演示、讨论	2

课程内容或项目模块	项目 2 订单处理作业		学时	8
学习目标	1. 能够描述订单处理流程； 2. 能够通过不同形式接受客户订单； 3. 能够处理不同形态的订单； 4. 能够分析订单的优先权，并按优先权分配库存； 5. 能够进行订单的合并和分割作业			
学习单元	内容描述	教学方法建议		学时
1. 订单确认	订单处理的基本流程、确认订单	任务驱动、讨论、演示		4
2. 订单处理	订单的有效性分析和优先权分析，对订单进行的合并和分割	任务驱动、讨论、演示		4

课程内容或项目模块	项目 3 拣货与补货作业		学时	8
学习目标	1. 能够根据订单信息和货物储位情况设计拣选单； 2. 能够熟练运用各种拣货方法； 3. 能够准确、高效进行月头码货，并绘制月台货物码放示意图； 4. 缺货时能够准确判断补货时机； 5. 能够选择合理的补货方式完成补货作业			
学习单元	内容描述	教学方法建议		学时
形成拣货资料	形成拣货资料	任务驱动、操作演示		2
完成拣货、月台码货	运用拣货策略和方法进行拣货，并完成月台码货	任务驱动、操作演示		4
补货	判断补货时机并完成补货作业	任务驱动、操作演示		2

课程内容或项目模块		项目4 配送加工作业	学时	4
学习目标	1. 能够将指定的商品装入合适的纸箱,做好运输包装; 2. 能够对已完成防震包装的商品,用包装箱外层固定方法进行加固			
学习单元	内容描述		教学方法建议	学时
1. 装箱与防震包装	根据客户订单将部分商品装入合适的纸箱		任务驱动、操作演示	2
2. 包装固定技术	为了保证包装强度,将纸箱用包装箱外层固定的方法进行加固		任务驱动、操作演示	2

课程内容或项目模块		项目5 线路优化	学时	4
学习目标	能够根据不同的情况安排车辆的最优运行路径			
学习单元	内容描述		教学方法建议	学时
线路优化	能够根据不同的情况安排车辆的最优运行路径:单车单点配送的线路优化;单车多点线路优化;多车多点配送线路优化		任务驱动、操作演示、讨论、视频	4

课程内容或项目模块		项目6 货物配载	学时	4
学习目标	1. 能够根据货物实际制定合理的配装决策; 2. 能够利用软件绘制装箱码货图; 3. 能够根据装配决策完成实际的货物装箱作业			
学习单元	内容描述		教学方法建议	学时
1. 配装决策	按照配送方案,根据配送中心的车辆利用率和配送成本、货物性质等,按照合理的配装原则,进行配装决策		任务驱动、操作演示、讨论、视频	2
2. 货物配载	利用集装箱装箱软件,根据配送方案及装配决策进行集装箱装箱		任务驱动、软件操作、讨论	2

课程内容或项目模块		项目7 送货、退货作业	学时	4
学习目标	1. 能够正确填写送货单; 2. 能够分析退货产生的原因; 3. 能够设计退货管理的流程; 4. 能够妥善处理客户退货; 5. 能够正确填写退货单			
学习单元	内容描述		教学方法建议	学时
1. 送货作业	根据配送方案与配装方案,完成送达作业		任务驱动、操作演示、讨论	2
2. 退货作业	客户中的一部分货物需要退货,了解退化原因,正确处理退货		任务驱动、操作演示、讨论、视频	2

课程内容或项目模块	项目 8　配送成本与绩效分析		学时	4
学习目标	1. 能够识别配送成本； 2. 能够分析企业配送成本构成及影响因素； 3. 能够制定控制企业配送成本的策略； 4. 能够进行配送中心作业绩效指标分析			
学习单元	内容描述	教学方法建议		学时
配送成本分析	分析配送成本的构成及影响因素，进行成本核算，并能够制定降低配送成本的策略	任务驱动、案例分析		2
配送绩效分析	按照指标体系及核算方法进行绩效评价	任务驱动、讨论		2

课程内容或项目模块	项目 9　配送中心规划与设计		学时	4
学习目标	1. 能够独立进行配送中心运营模式的选择； 2. 能够利用重心法为配送中心选址； 3. 能够初步完成配送中心系统规划与内部设计			
学习单元	内容描述	教学方法建议		学时
1. 配送中心系统规划	利用重心法进行选址决策	任务驱动、讨论		2
2. 配送中心内部设计与布置	根据配送中心功能，了解配送中心设计原则、方法，进行简单布置	任务驱动、讨论、演示		2

课程内容或项目模块	项目 10　不同类型配送中心运营与管理		学时	4
学习目标	1. 能初步进行不同配送对象的配送中心的运营与管理； 2. 能初步进行不同功能的配送中心的运营与管理			
学习单元	内容描述	教学方法建议		学时
1. 不同配送对象的配送中心的运营与管理	分析不同配送对象的配送中心运营与管理的异同点	任务驱动、讨论、案例分析		2
2. 不同功能配送对象的配送中心的运营与管理	分析不同配送对象配送中心运营与管理的异同点	任务驱动、讨论、案例分析		2

四、课程考核方式

本课程的考核由态度考核、能力考核两部分构成：
总成绩（100 分）＝态度考核（20%）＋能力考核（80%）

1. 态度考核

态度考核得分占总成绩的 20%，考核内容主要以出勤情况、课堂问答情况、作业完成情况为主。教师根据学生的实际情况，给予相应的分数。

2. 能力考核

能力成绩占总成绩的 80%。在每个课程项目中，都会有一个能力考核项目，教师要根据学生小组完成情况给分。

能力考核要包括对学生认知能力、方案设计、操作能力与职业素养的考核。

五、教学组织、实施与保障建议

1. 课程组织形式

教学做一体。

2. 教学方法

任务驱动：按照项目化教学的教学方法，设计学习任务与学习情境，任务驱动开展教学；小组讨论、案例教学法：主要目的在于通过小组讨论案例的实施或设计过程来使学生认识、理解配送基础理论、同时缓解理论讲解的枯燥感；情境教学法：通过实际操作与教师对情境的描述使学生充分体会工作过程中的感受。

3. 教学团队

专兼职教师均需要有配送中心、物流企业等企业实践经历，具有较强的实践动手能力，熟知教育教学规律与方法，能够应用现代信息技术，能够操作物流设备，并熟练使用相关物流信息管理系统，能够实现教学做一体课程的教学效果。

4. 教学条件

包括校内外实训基地的利用：本课程使用校内现代物流实训中心、实训机房等校内实训基地。

5. 教材与课程资源的利用

教材、参考书：

《物流配送实务》，李建民、王建良主编，北京理工大学出版社，2015

《配送与配送中心管理》，贾春霞主编，清华大学出版社，2016

课程资源：

校内课程资源平台资源。

课程整体教学设计

一、课程基本信息

课程名称：配送中心经营管理		
课程代码：02120011	学分：3	学时：48
授课时间：第四学期	授课对象：物流管理专业学生	
课程类型：物流管理专业之能力必修课、专业主干课、职业技术课		
先修课程：管理实务、物流管理基础、运输管理实务、仓储管理实务	后续课程：供应链管理、物流系统规划与设计、物流综合实训、顶岗实习	

二、课程定位

1. 岗位分析

专业岗位分析：通过对物流人才需求的市场调研，高职高专物流管理专业的岗位群主要分为：(1)仓储物流：保管员、货物收发员、理货员、商品配送员；(2)企业物流：采购员、物流规划员、跟单员；(3)物流营销：销售员、客户服务员；(4)运输物流：运输调度员、车辆管理员；(5)国际物流：报关员、报检员、货运代理。

从长远发展来看，随着自身的成长和工作的锻炼，高职物流管理人才今后的努力目标就是成为运输型、仓储型、综合服务型物流企业中的运输组织管理主管人员、仓库主管人员、配送中心主管人员、客户服务主管人员等。

面对就业岗位有：配送中心理货、订单处理、分拣、出入库、库内加工等。

能力需求：具备操作配送相关系统和设备的基本能力。

知识需求：具备配送过程的理论基础，了解配送的整体流程。

素质需求：具备配送管理过程中的成本意识，安全意识，团队合作意识。

2. 课程分析

先修课程：管理实务、物流管理基础、运输管理实务、仓储管理实务；后续课程：供应链管理、物流系统规划与设计、物流综合实训、顶岗实习。本课程是高职高专物流管理专业在开设《运输管理实务》和《仓储管理实务》课程之后的一门重要的专业必修课程。

三、课程目标设计

总体目标：通过本课程的学习，学生能够熟练掌握订单管理、拣货作业管理、流通加工、车辆配载、送货、补货、退货等具体配送业务，并能根据客户要求完成合理的配送中心选址和路线规划，能够进行成本核算及绩效分析，充分了解不同类型配送中心的运营与管理特点。

能力目标：学生能独立或与他人合作完成订单处理作业、拣货补货作业、流通加工作业、分类配货与包装作业、路线优化、配装与送货作业；独立进行第三方物流信息系统的操作，熟练应用条码、RF、电子标签等信息技术与相关设备；能结合具体工作任务要求选择和使用一般的搬运、拣选、分类、包装等物流设备，合理地完成配送工作任务；能够根具备对配送中心的规划、成本与绩效分析等基本的规划设计、成本核算的能力；能够应用适当的方法对实际工作效果进行的评价与分析，提出改进策略以提高配送效率、降低配送成本、提高服务质量。

知识目标：学生了解配送、配送中心的基本概念、功能、类型、模式、发展趋势，配送中心的组织机构与岗位设置等基础知识；理解配送中心的基本作业流程及流程中各项具体工作任务的特点与所遵循的原则，和各项工作任务相互之间的关系；理解配送配送成本核算与绩效评价的重要性与基本内容、方法，了解配送中心规划与设计的要素与基本模式；认识不同类型配送中心运营与管理的区别。

素质目标：在配送作业操作、配送中心的运营管理中，使学生树立安全意识、成本意识、质量意识、效率意识、服务意识、责任意识、环保意识，培养学生吃苦耐劳、诚实守信、爱岗敬业等良好的职业道德。

四、课程内容设计

项目	子项目	学时
海誉配送中心配送作业及运营管理	子项目1:配送与配送中心认知	4
	子项目2:订单处理作业	8
	子项目3:拣货与补货作业	8
	子项目4:配送加工作业	4
	子项目5:线路优化	4
	子项目6:货物配载	4
	子项目7:送货、退货作业	4
	子项目8:配送成本与绩效分析	4
	子项目9:配送中心规划与设计	4
	子项目10:不同类型配送中心运营与管理	4
合计		48

五、能力训练项目设计

编号	子项目名称	任务	能力目标	知识目标	训练方式、手段及步骤	可展示的结果
1	子项目1 配送与配送中心认知	1-1 配送认知	1. 能够识别配送的不同类型 2. 能够描述配送基本流程	1. 掌握配送的概念、特点、要素及功能 2. 了解配送的模式和配送类型 3. 掌握配送流程 4. 了解配送合理化的内容	视频、图片、实地考察(有条件)	工作流程的展示
		1-2 配送中心认知	1. 能够根据企业状况区分配送中心类型 2. 根据所需知识能够分析配送中心配送作业过程及配送管理工作	1. 掌握配送中心的概念及类型 2. 了解配送中心的组织结构 3. 了解配送运营岗位设置及岗位职责	视频、图片、实地考察(有条件)	企业岗位设置等展示

续表

编号	子项目名称	任务	能力目标	知识目标	训练方式、手段及步骤	可展示的结果
2	子项目2 订单处理作业	2-1 订单确认	1. 能够描述订单处理流程 2. 能够通过不同形式接受客户订单	1. 掌握订单处理的概念、订单处理的要素 2. 掌握订单处理流程、订单接收的方法	流程分析、系统操作	系统录入情况
		2-2 订单处理	1. 能够处理不同形态的订单 2. 能够分析订单的优先权,并按优先权分配库存 3. 能够进行订单的合并和分割作业	1. 了解客户订货方式、了解客户订单的不同形式 2. 掌握订单有效性分析需要注意的问题 3. 掌握订单优先权分析的条件	(订单受理专员) 系统操作、计算分析	有效性分析、优先权分析的excel表格
3	子项目3 拣货与补货作业	3-1 形成拣货资料	能够根据订单信息和货物储位情况设计拣选单	掌握拣选作业的基本流程	(拣货员) 进行拣货单的汇总、整理;	填制的拣选单
		3-2 完成拣货、月台码货	1. 能够熟练运用各种拣货方法 2. 能够准确、高效进行月头码货,并绘制月台货物码放示意图	掌握拣选的方法和策略	(拣货员) 系统操作(摘果和播种);word图月台配货方案训练;实训基地的实地操作	系统操作结果
		3-3 补货	1. 缺货时能够准确判断补货时机 2. 能够选择合理的补货方式完成补货作业	1. 理解补货作业的重要性,掌握补货作业基本流程 2. 掌握不同的补货方式、确定补货时机的方法	(拣货员) 系统操作;实训基地的实地操作	补货流程图
4	子项目4 配送加工作业	4-1 装箱与防震包装	能够将指定的商品装入合适的纸箱,做好运输包装	掌握商品装箱的几种主要方法	(拣货员) 实训基地实地操作	包装物
		4-2 包装固定技术	能够对已完成防震包装的商品,用包装箱外层固定方法进行加固	掌握必要的包装固定技术	(拣货员) 实训基地实地操作	加固的包装物

续表

编号	子项目名称	任务	能力目标	知识目标	训练方式、手段及步骤	可展示的结果
5	子项目5 线路优化	5-1 单车单点配送的线路优化	能够根据不同的情况安排车辆的最优运行路径	掌握单车单点线路优化的方法	（车辆调度员）百度地图	路线方案
		5-2 单车多点线路优化	能够根据不同的情况安排车辆的最优运行路径	掌握单车多点线路优化的方法	（车辆调度员）百度地图	路线方案
		5-3 多车多点配送线路优化	能够根据不同的情况安排车辆的最优运行路径	掌握多车多点线路优化的方法	（车辆调度员）Excel、信息系统操作、视频	路线方案
6	子项目6 货物配载	6-1 配装决策	能够根据货物实际制定合理的配装决策	掌握货物配装的原则	（车辆调度员）视频、图片、计算	配装方案
		6-2 货物配载	能够利用软件绘制装箱码货图 能够根据装配决策完成实际的货物装箱作业	掌握货物配装的注意事项	（车辆调度员）系统操作、word绘图	配载方案
7	子项目7 送货、退货作业	7-1 送货作业	能够合理地进行车辆调度 能够合理地进行配送路线优化 能够正确填写送货单	掌握送达作业的基本流程 掌握车辆调度的方法和流程 掌握配送线路优化的方法	（送货员、快递员）角色扮演、案例分析	送达作业流程图
		7-2 退货作业	能够分析退货产生的原因 能够设计退货管理的流程 能够妥善处理客户退货 能够正确填写退货单	掌握退货产生的原因 理解退货管理的意义 掌握退货管理的流程 理解退货管理的政策	（送货员、快递员、拣货员等）角色扮演、案例分析	退货作业方案
8	子项目8 配送成本与绩效分析	8-1 配送成本分析	能够对配送成本进行分析	掌握配送成本控制方法和策略	案例分析	配送作业成本计算表
		8-2 配送绩效分析	能够对配送作业绩效进行评价	掌握配送绩效评价的指标体系核算方法	Excel表格的统计、计算	配送绩效评价表配送

续表

编号	子项目名称	任务	能力目标	知识目标	训练方式、手段及步骤	可展示的结果
9	子项目9 配送中心规划与设计	9-1 配送中心系统规划	能够独立进行配送中心运营模式的选择 能够利用重心法为配送中心选址	理解配送中心运营模式的特点、配送中心规划的含义与内容 了解配送中心规划的原则与目标 理解配送中心选址含义与影响因素	利用重心法进行选址决策	选址计算
		9-2 配送中心内部设计与布置	能够初步完成配送中心系统规划与内部设计	掌握配送中心规划要素与分析	计算、绘图	简单的规划图
10	子项目10 不同类型配送中心运营与管理	10-1 不同配送对象的配送中心运营与管理	能初步进行不同配送对象的配送中心的运营与管理	掌握基于不同配送对象的配送中心类型 理解不同配送对象的配送中心的涵义及其适用性	案例分析	案例分析
		10-2 不同功能的配送中心运营与管理	能初步进行不同功能配送对象的配送中心的运营与管理	掌握基于不同功能的配送中心类型 理解不同功能配送中心的涵义及其适用性 掌握不同功能配送中心作业流程	案例分析	案例分析

六、项目情境设计

本课程以新入职员工在海誉配送中心进行轮岗实习为背景展开。实习岗位包括订单受理员、运输调度员、拣货员、送货员、快递员等岗位。

编号	子项目名称	任务	情境	学时
1	子项目1 配送与配送中心认知	1-1 配送认知 1-2 配送中心认知	1.1 作为新入职员工初到企业,师傅对配送的相关知识进行培训。(正常) 1.2 作为新入职员工初到企业,师傅带其参观配送中心,并了解配送中心的基本作业流程以及配送中心的模式。(正常)	4
2	子项目2 订单处理作业	2-1 订单确认 2-2 订单处理	2.1 作为海誉配送中心订单受理员,接到了4个客户订单,熟悉订单处理的流程与要素,熟悉客户订货方式与订单的相关内容,做好订单准备、订单传输。 2.2 对订单进行有效性分析和优先权分析,做好订单分析与录入、订单履行与状况报告。	8

续表

编号	子项目名称	任务	情境	学时
3	子项目3 拣货与补货作业	3-1 形成拣货资料 3-2 完成拣货、月台码货 3-3 补货	3.1 作为拣货员，根据四个有效客户的有效采购订单，根据订单分析采用摘果式还是播种式拣选，生成拣选单。 3.2 根据任务中的四个客户的采购订单，选择合理的拣货方法，完成拣选、月台码货。 3.3 订单中，发现其中一个订单的货物需要补货，完成补货作业。	8
4	子项目4 配送加工作业	4-1 装箱与防震包装 4-2 包装固定技术	4.1 作为拣货员，根据客户订单将部分商品装入合适的纸箱。 4.2 为了保证包装强度，将任务1中纸箱用包装箱外层固定的方法进行加固。	4
5	子项目5 线路优化	5-1 单车单点配送的线路优化 5-2 单车多点线路优化 5-3 多车多点配送线路优化	5.1 作为车辆调度员，运用电子地图求两点之间的最短行驶路线，安排相关订单的线路。 5.2 作为车辆调度员，安排一辆车从配送中心出发，将所有客户送完货后再回到配送中心，按照总的行驶距离最短的要求安排配送线路。 5.3 由于车辆的载重量有一定的限度，可以安排多辆车进行多个客户订单配送，按照配送距离最短规划配送方案。	4
6	子项目6 货物配载	6-1 配装决策 6-2 货物配载	6.1 按照配送方案，根据配送中心的车辆利用率和配送成本、货物性质等，按照合理的配装原则，进行配装决策。 6.2 利用集装箱装箱软件，根据配送方案及装配决策进行集装箱装箱。	4
7	子项目7 送货、退货作业	7-1 送货作业 7-2 退货作业	7.1 作为送货员，根据配送方案与配装方案，完成送达作业。 7.2 在配送的客户订单中，有一个客户中的一部分货物需要退货，充分了解退化原因，正确处理退货。	4
8	子项目8 配送成本与绩效分析	8-1 配送成本分析 8-2 配送绩效分析	8.1 作为配送中心的内勤人员，对配送作业与配送中心运营产生的成本进行分析，充分分析配送成本的构成，进行成本核算。 8.2 作为配送中心内勤人员，根据配送中心统计的指标值，按照核算指标的指标体系及核算方法，进行绩效评价。	4
9	子项目9 配送中心规划与设计	9-1 配送中心系统规划 9-2 配送中心内部设计与布置	9.1 海誉配送中心要进行新的配送中心选址与规划，作为内勤人员，参与决策，学会利用重心法进行选址决策。 9.2 新建的海誉配送中心要进行内部设计与布置，作为内勤人员，根据配送中心功能，了解配送中心设计原则、方法，进行简单布置。	4

续表

编号	子项目名称	任务	情境	学时
10	子项目 10 不同类型配送中心运营与管理	10-1 不同配送对象的配送中心 10-2 不同功能配送对象的配送中心	10.1 海誉配送中心要拓展新的业务,根据中心的业务类型,分析不同配送对象的配送中心运营与管理的异同点。 10.2 海誉配送中心要拓展新的业务,分析不同配送对象配送中心运营与管理的异同点。	4

七、课程进程表

子项目编号、名称	周次	学时	单元标题	能/知目标	师生活动
子项目 1 配送与配送中心认知	1	4	配送与配送中心认知	1. 能够识别配送的不同类型; 2. 能够描述配送基本流程; 3. 能够根据企业状况区分配送中心类型; 4. 根据所需知识能够分析配送中心配送作业过程及配送管理工作。	教师:作为海誉配送中心人事部经理为学生布置任务,说明情境; 学生:完成作为员工对配送及配送中心的认知活动。
子项目 2 订单处理作业	2	4	订单确认	1. 能够描述订单处理流程; 2. 能够通过不同形式接受客户订单。	教师:布置任务,讲述订单处理的基本流程,分析、指导订单的确认。 学生:完成订单确认任务。
	3	4	订单处理	1. 能够处理不同形态的订单; 2. 能够分析订单的优先权,并按优先权分配库存; 3. 能够进行订单的合并和分割作业。	学生:根据所给任务,进行订单的有效性分析和优先权分析,对订单进行的合并和分割。 教师:教师对订单的有效性的关键因素、优先权的关键因素引导、分析、指导。
子项目 3 拣货与补货作业	4	4	设计拣选单	能够根据订单信息和货物储位情况设计拣选单。	学生:根据接到的任务进行分析,按照摘果式和播种式进行分析,选择适当的拣选方式,设计拣选单。 教师:对摘果式和播种式拣选方式的特点进行重点讲解、分析。
	5	4	拣货与补货作业	1. 能够熟练运用各种拣货方法; 2. 能够准确、高效进行月头码货,并绘制月台货物码放示意图; 3. 缺货时能够准确判断补货时机; 4. 能够选择合理的补货方式完成补货作业。	学生:根据拣选单,进行货物的拣选;按照不同客户,绘制月台货物码放示意图;完成补货作业。 教师:重点指导拣选时注意问题,分析补货时注意的问题。

续表

子项目编号、名称	周次	学时	单元标题	能/知目标	师生活动
子项目4 配送加工作业	6	4	包装与加固作业训练	1. 能够将指定的商品装入合适的纸箱,做好运输包装; 2. 能够对已完成防震包装的商品,用包装箱外层固定方法进行加固。	学生:对客户的商品进行包装并加固。 教师:教师演示、讲解运输包装和加固的过程,同时提示注意问题。
子项目5 线路优化	7	4	路线优化作业	能够根据不同的情况安排车辆的最优运行路径。	学生:根据客户,开展单车单点、单车多点、多车多点配送路线的优化。 教师:重点讲解多车多点配送路线优化的计算方法,指导学生开展实训活动。
子项目6 货物配载	8	4	配装配载作业训练	1. 能够根据货物实际制定合理的配装决策; 2. 能够利用软件绘制装箱码货图; 3. 能够根据装配决策完成实际的货物装箱作业。	学生:根据客户订单和配送方案做出合理的配装决策,并利用装箱软件进行配载方案的设计,并根据装配决策完成装箱作业。 教师:重点讲解配载原则以及软件使用流程步骤。
子项目7 送货、退货作业	9	4	送货与退货作业	1. 能够正确填写送货单; 2. 能够分析退货产生的原因; 3. 能够设计退货管理的流程; 4. 能够妥善处理客户退货; 5. 能够正确填写退货单。	学生:完成送货作业实训,同时妥善处理退货客户的退货问题。 教师:指导学生送货中注意问题,重点讲解如何分析退货产生的原因以及指导学生妥善处理客户退货问题的注意事项。
子项目8 配送成本与绩效分析	10	4	配送成本与绩效评价分析	1. 能够对配送成本进行分析; 2. 能够对配送作业绩效进行评价。	学生:根据给定的任务进行配送成本分析,同时对配送作业的绩效进行评价。 教师:重点讲解配送成本构成及分析方法及配送作业绩效评价指标体系。
子项目9 配送中心规划与设计	11	4	配送中心规划与设计	1. 能够独立进行配送中心运营模式的选择; 2. 能够利用重心法为配送中心选址; 3. 能够初步完成配送中心系统规划与内部设计。	学生:根据选址要求对配送中心进行简单的方案设计,同时初步对新规划的配送中心进行内部设计。 教师:对重心法和内部设计基本原则进行重点讲解。
子项目10 不同类型配送中心运营与管理	12	4	不同类型配送中心运营与管理	1. 能初步进行不同配送对象的配送中心的运营与管理; 2. 能初步进行不同功能的配送中心的运营与管理。	学生:完成基于不同配送对象和不同功能配送中心的运营管理特点的分析教师:设计案例,引导学生充分理解不同类型配送中心运营与管理的重点和特点。

八、首末次课设计

首次课设计:

首次课首先进行课程简介和考核方式介绍。其次是课程引入与任务实施,其中课程引入是利用视频等信息化手段呈现配送中心运营过程,引导学生思考配送及配送中心的含义。布置任务,作为新入职员工对配送中心的基本工作流程要进行简单的培训,熟悉工作内容,进而引发学生思考,认知配送、配送模式、配送中心、配送中心类型、配送中心的工作流程等内容,利用问题导向、头脑风暴等交互式教学方式,充分激发学生对配送及配送中心的兴趣,答疑解惑,布置课下作业,完成对不同类型配送中心的认知,搜集视频与文字案例。

末次课设计:

全面总结本课程学习的主要内容;对学生考核结果进行分析,对方案设计能力、实践动手能力、计算能力、问题处理能力进行全面梳理,同时进一步强调学生在今后工作中职业素养与职业精神培养的重要意义,再次强调今后工作中的安全意识、成本意识与服务意识。

九、考核方案

本课程的考核由态度考核、能力考核两部分构成:

总成绩(100 分)= 态度考核(20%)+
　　　　　　　　能力考核(80%)(配送方案设计 50%+ 实训技能操作 30%)

1. 态度考核

态度考核得分占总成绩的 20%,满分为 20 分,考核内容主要以出勤情况、课堂问答情况、作业完成情况为主。教师根据学生的实际情况,给予相应的分数。

2. 能力考核

能力成绩占总成绩的 80%,满分 80 分。在每个课程项目中,都会有一个能力考核项目,教师要根据学生小组完成情况给分。

序号	项目名称	考核结果
1	子项目 1:配送与配送中心认知	工作流程的展示、企业岗位设置等展示
2	子项目 2:订单处理作业	系统录入情况、有效性分析、优先权分析的 excel 表格
3	子项目 3:拣货与补货作业	填制的拣选单、系统操作结果、补货流程图
4	子项目 4:配送加工作业	包装、固定操作过程与结果
5	子项目 5:线路优化	路线优化方案
6	子项目 6:货物配载	配装与配载方案
7	子项目 7:送货、退货作业	送达作业流程图、退货作业方案
8	子项目 8:配送成本与绩效分析	配送作业成本计算表、配送绩效评价表
9	子项目 9:配送中心规划与设计	选址计算、简单的规划图
10	子项目 10:不同类型配送中心运营与管理	案例分析

将每个子项目中的能力训练项目进行过程考核和最终考核,过程考核见上表,综合十个子项目的能力训练,最终完成完整配送方案设计方案和项目中所有要求完成的实训操作,方案设计和实训操作的比例为50%和30%。

方案设计的评分要点:按照每个训练项目需完成的任务进行给分,需要设计的内容包括工作流程设计、客户有效性分析、优先权分析、库存分配表、拣选单、路线优化设计、配装和配载方案、成本与绩效分析、基本的选址与规划计算及案例分析,按照完成的正确性、方法步骤的完整性、方案设计的合理性等进行评价。

实训操作评分要点:第三方物流系统操作、立体库、托盘货架区和播种、摘果电子拣选区的物品的入库、拣选、出库实训操作、包装与固定操作,按照完成的过程、结果进行评价。

十、教学材料

1. 教材

《配送与配送中心管理》,贾春霞主编,清华大学出版社,2016
《物流配送实务》,李海民、王建良主编,北京理工大学出版社,2015

2. 参考书

《仓储配送管理》,阮喜珍,华中科技大学出版社,2013
《配送业务处理》,朱海鹏,清华大学出版社,2013
《配送作业的组织与实施》,李静、李选芒,北京理工大学出版社,2010

3. 参考学习网站

中国物流与采购网,http://www.chinawuliu.com.cn/
中国物流网,http://www.logistics-china.com
中国物流联盟网,http://www.chinawuliu.com.cn
中国第三方物流网,http://www.3rd56.com
中国物流中心网,http://www.lnet.com.cn/
中国物流在线,http://www.vertinfo.com/tdonline/index.asp

十一、需要说明的其他问题

为了提升学生的实战能力,教师可以组织更多的校外实践,对不同类型的配送中心进行认知实习,同时在教学过程中要加强信息化手段的应用,利用更多的信息技术手段完成教、学、做、训任务。

十二、本课程常用术语中英文对照

distribution 配送
joint distribution 共同配送
distribution center 配送中心
sorting 分拣
order picking 拣选
goods collection 集货

assembly 组配
distribution processing 流通加工
receiving space 收货区
shipping space 发货区
goods shelf 货架
pallet 托盘
fork lift truck 叉车
conveyor 输送机
Automatic Guided Vehicle (AGV) 自动导引机

课程单元教学设计

课程名称	配送中心经营管理		项目（章）	子项目5 线路优化	任务（节）	多车多点配送线路优化
授课学时	1	教材教参	《配送中心经营管理》，清华大学出版社		授课班级	物流管理153
教学目标	知识	1.理解节约里程法的基本原理；2.熟悉节约里程法的使用过程。				
	能力	在遵循配送路线规划成本、效益、路径前提下应用节约里程法进行配送路线规划。				
	素质	形成兼顾成本与服务的管理意识及职业素养。				
教学重点	理解节约里程法的基本应用；形成兼顾成本与服务的管理意识及职业素养。			教学难点	节约里程法的应用过程抽象难懂、学生不易灵活掌握。	
解决方法	学生在教师示范、引导、启发下对方法进行认知、训练、总结、探索，做中学，达到教学目标，解决教学难点。					
教学设计思路	任务驱动：任务驱动——发现问题——解决问题，让学生想做；方法探究：教师示范——学生探究——优化总结，让学生会做；素养评价：通过积分奖励等方法，教师反馈和评价学生在任务训练中的表现，让学生乐做。			信息化资源利用	1. 利用微课、动画、视频等资源创设职场情境，使学生具有更好的角色感，实现做中学；2. 利用电子表格等破解学习节约里程法时复杂重复算法，使学生深入理解节约里程法的算法和用法，培养实际应用能力；3. 利用录屏软件、物流游戏、课程资源网站、App等手段拓展知识、检验评价，提高教学效率，增加师生互动。	
教学环境	大屏幕能够进行多媒体播放；师生端计算机能够进行办公软件的操作；教师端控制能够有效指导学生训练。					

课程名称	配送中心经营管理	项目（章）		子项目5 线路优化	任务（节）	多车多点配送线路优化
任务布置	一、任务布置 任务背景： 海誉配送中心的"烦恼" 海誉配送中心P和10个连锁分店A～J，配送中心和各连锁分店及各连锁分店之间的位置关系如下图1所示，两点间连线上的数字为两点间的路线长度（单位：公里）。配送中心备用2t和4t的货车，限定送货车辆一次巡回距离不超过30公里。 配送交通图 之前配送路线未规划，按照每家门店一辆车送货方式，面临的问题： ① 配送车辆有时不够用 ② 配送成本过高，利润下降 任务：请作为员工的你为海誉配送中心优化配送路线解决其目前所遇到的问题。					教师：下发任务单，并简单介绍工作（学习）任务。 学生：按照教师指引，理解任务的基本要求，认识所下任务中存在的问题。
任务分析	二、任务分析 1.播放动画：将任务情境化，激发学生兴趣。 					教师：播放动画资源 学生：进一步融入工作情境，理解所需解决任务。

续表

课程名称	配送中心经营管理	项目（章）	子项目5　线路优化	任务（节）	多车多点配送线路优化
任务分析	2.剖根问底： （1）播放微课 （2）引出优化方法——节约里程法 适用条件：每位客户的送货量都不能满足配送车辆满载； 配送组织：由配送中心向多位客户开展拼装送货。 配送效果：1. 配送车辆尽量满载运输； 　　　　　2. 配送运输路线距离最短。 （3）分析原理 则运距为2a+2b　　　　运距为a+b+c 则节省里程2a+2b-a-c-b=a+b-c>0　（两边之和大于第三边）				教师播放微课：牛奶取货，引发学生对多车多点配送的思考。 学生：深入思考，分送式配送的特点。 教师引出优化方法，讲解适用条件、配送组织方式与配送效果。 教师利用三角形公式讲解节约里程法最基本原理。

续表

课程名称	配送中心经营管理	项目（章）	子项目 5　线路优化	任务（节）	多车多点配送线路优化
任务实施	1. 教师示范 按照节约里程法进行操作步骤的示范 第一步：计算最短路程 第二步：从最短路程矩阵图中计算各用户之间的节约路程 第三步：对节约路程按大小顺序进行排列 第四步：按照节约路程顺序组合路线 总结容易出现的问题 2. 学生训练 (1) 按照教师所授解决问题，实训操作，教师答疑解惑，启发改进。 (2) 鼓励学生利用 EXCEL 表格公式提高操作效率，请学生分享经验。 (3) 进行规划前与规划后两个方案的对比。 3. 学生总结 鼓励学生从路线优化意义、节约里程方法、Excel 技巧、职业素养等方面进行总结。 4. 教师点评 教师进一步强化学生掌握方法的意识，对于学生职业素养再强化。				教师利用广播软件进行操作示范，边操作边讲解。 学生进行训练，解决问题，探索解决问题的技巧。 教师答疑解惑。 学生总结。 教师点评。
考核评价	下发新任务： 图5中P$_0$是配送中心所在地，P$_1$---P$_5$是P的5个配送点。线路上的数字为它们之间的距离，单位为公里(km)，括号内的数字是配送量，单位为吨(t)。该配送中心备有额定载重量2吨的卡车3辆，4吨的卡车2辆。 (1) 试利用节约里程法制定最优的配送方案。 (2) 设卡车行驶速度平均为40km/小时，试比较优化后的方案比单独向各用户配送可节约多少时间。 图 5 利用录屏软件进行录制，边讲解边录制，通过 QQ 上传，作为考核成绩。 学生评价 = 新任务考核 60% + 学生课上表现（素养）40% + 附加分				教师通过教师端播放软件，下发任务单。
拓展学习	路线规划其他方法的学习 物流游戏、长风网学习、资源网站、手机 APP 学习				学生课下学习，QQ 群分享、讨论，教师参与并引导，给表现积极的同学加分。
教学后记	本单元通过任务驱动、启发式教学、互动教学，充分调动学生的学习积极性，同时利用动画、微课资源、直观图表等将节约里程法在多车多点路线优化中的应用更加直观，深入浅出，学生通过在做中学，教师在做中教，成功解决实际问题，增强了学生的自信心，同时课程本身体现了"配送"二字的核心内涵，让学生充分认识物流职业，提高其物流规划问题的能力，力求形成良好的职业素养。				

教学做验收课总结

2016 年 9 月至 2017 年 1 月,参加了学院组织的第二期教学做验收课,历经说课、公开课与随机课三个阶段,从课程设计、说课、课堂教学等方面进行了展示,收获颇丰,现从如下方面进行总结:

一、对教学做验收课的认识

学院开展教学做验收课是职业教育课程建设的重要手段。选择专业核心课程从课程整体设计出发,分析专业定位、岗位能力,进行学习项目和任务的设计,从实践中汲取经验,对课程内容进行设计与丰富,同时精选课程单元进行教学做公开课的展示,是对课程组织与实施的重要检验,最后随机课进行评价,是对教师完整把握教学做设计课程的检验。三轮的检验与评价极大的提高了教师的课程设计能力、课堂实施等各方面的能力。

二、教学做验收课的各阶段收获与不足

1. 整体设计

整体设计过程中,要充分认识课程在该专业中的地位与作用,同时结合了企业实践相关内容,在《配送中心经营与管理》课程中,按照配送业务流程、配送管理与不同类型配送中心管理点、线、面进行设计,全面提升学生配送管理能力。

在整体设计过程中,同时遇到了企业实际业务不够深入,企业实际项目设计缺乏更加详尽的背景资料和情境设计,因此在今后对整体设计的修改上,要对学习项目和任务的设计进行修改,这也对自己深入企业实践提出了更高要求。

2. 公开课展示

公开课展示要对教学单元进行教学设计和展示 45 分钟,在教学过程中要充分运用信息技术、各种教学手段,学生在做中学、做中教,教师进行引导、总结和点评。在公开课环节,教学实施过程充分显示了教师对课堂教学的把控能力,同时设计的教学任务是否适合学生的学习与训练也显得至关重要。

在公开课实施环节,在孙诚教授的指导下,仍然存在几方面的缺陷:一方面在设计的项目中,引入环节可以利用淘宝等真实案例;在线路优化的过程中,分组合作的方式更加适合有一定难度的教学项目,学生之间可以分工,进而完成教学任务;在教学过程中,教学内容的关键技能点,要通过引导、分析、学生自身的探索,进行总结后,再进行展示,不要直接告知答案,引导学生思考问题、分析问题、解决问题。

3. 随机课展示

随机课的展示,要全面把控教学整体进程,按照设计的教学项目进行教学做课程的实践。

三、今后改进方向

在今后的教学过程中,仍然要进行企业的调研与分析,不断改进教学项目,尤其是在情境设计和真实工作任务的设计上下功夫;同时在教学实施过程中,要充分发挥信息技术在教学中的应用,多多引入信息化教学资源;再次,要在教学环节设计上下功夫,充分调动学生的学习积极性,使学生真正能够动脑、动手,增知识、长技能、提素养。

婴幼儿卫生与保健

课程标准

课程名称：家庭育婴指导　　　　　　**课程类型**：专业核心课
总学时：64　　　　　　　　　　　　**学分**：4
适用专业：社区管理与服务（早期教育）
执笔人：李娜　　　　　　　　　　　**审核人**：吕春晖
制订时间：2015年6月

一、课程性质和作用

1. 课程性质与类型

本课程为综合性课程，是早教专业职业能力必修课，专业主干课。

2. 课程地位与作用

本课程的先修课程为早期儿童发展心理学、婴幼儿卫生与保健、婴幼儿营养与配餐，后续课程为婴幼儿认知发展与教育、社区早教活动组织等课程。根据国家颁布的"育婴师"职业资格标准要求，育婴师应该具备对0~3岁婴幼儿进行生活照料、保健与护理、教育和科学育儿家庭指导的能力，我们的课程《家庭育婴指导》正是在国家育婴师职业资格标准的指导下开展，所以本门课程同样需要学生掌握0~3岁婴幼儿进行日常生活照料、保健与护理、教育和科学育儿家庭指导的能力。具体来讲，要掌握观察、分析、评价幼儿的基本能力及对幼儿实施保育和教育的能力，有良好的口语表达能力和与家长沟通的能力。通过本课程的学习，学生可以深入的了解0-3岁幼儿的认知发展规律，为后续课程《婴幼儿认知发展与教育》打下基础，同时家庭育婴指导的进行也为《社区早教活动组织》课程学习做好铺垫，满足学生为社区早教事业服务的各项技能需求。通过本课程的学习，学生基本可以考取国家育婴师资格证书。

3. 课程设计思路

本课程的设计理念是以0-3岁婴幼儿进行日常生活照料、保健与护理、教育和科学育儿家庭指导能力培养为课程核心，以8大单元构建课程内容，以基本技能训练和实例教学结合为教学理念。

本课程的设计思路是按照"社区家庭和早教机构调研→课程教学→模拟实训→项目实训"的流程进行项目导向的课程设计，形成"教、学、做"一体化的课程。

本课程以培养学生的职业能力为设置依据,以达到育婴师、高级育婴师为培养目标,根据家庭育婴基本内容的要求设置课程的内容,按照项目导向的教学模式编排课程内容,在教学过程中,采用项目示例,体现工学结合,培养学生职业岗位实际工作任务所需要的能力,为学生可持续的专业发展奠定良好基础。

二、课程目标

1. 专业知识

了解婴幼儿生理解剖特点和卫生保健措施。
了解婴幼儿生长发育的规律。
掌握身体发育的测量和评价方法。
掌握营养基础知识和膳食配制要求。
掌握0~3岁婴幼儿常见病和传染病的基础知识及防护措施。
掌握0~3岁婴幼儿家庭意外事故的预防及急救处理措施。
了解0~3岁婴幼儿动作、语言、感觉、认知发展的特点和规律。
了解与家长沟通的技巧。

2. 专业技能

能对0~3岁不同月龄的婴幼儿进行生活照料。
能对0~3岁不同月龄的婴幼儿进行保健与护理。
能对0~3岁婴幼儿生长发育的常用评价指标熟练地进行测量,并能做出科学的评价。
能根据0~3岁不同月龄的婴幼儿的营养需求,科学编定一日食谱。
能对患儿进行简单的护理。
能采用恰当方法处理婴幼儿常见的意外事故。
能对0~3岁不同月龄的婴幼儿进行早期教育。
能对0~3岁不同月龄的婴幼儿的家长进行教育指导。

3. 职业素质

对孩子充满爱心,富有同情心。
善于观察,勤于思考,做事认真细致。
具有较强的安全保护意识和高度的责任该。
具有初步的育婴师职业自豪感。

三、课程内容与要求

1. 课程内容框架

序号	课程内容或项目模块	教学单元	学时
1	项目1 新生儿生活照料与家庭护理	子项目1:新生儿身体认知 子项目2:新生儿饮食与营养 子项目3:新生儿日常护理 子项目4:新生儿疾病护理 子项目5:新生儿保健	18

续表

序号	课程内容或项目模块	教学单元	学时
2	项目2 2~3个月婴儿生活照料与家庭指导	子项目1:2~3个月婴儿生长发育特征 子项目2:2~3个月婴儿疾病护理	4
3	项目3 4~6个月婴儿生活照料与家庭指导	子项目1:4~6个月婴儿生长发育特征 子项目2:4~6个月婴儿保健与护理	4
4	项目4 7~9个月婴儿生活照料与家庭指导	子项目1:7~9个月婴儿生长发育特征 子项目2:7~9个月婴儿辅食添加 子项目3:7~9个月婴儿常见疾病护理 子项目4:7~9个月婴儿保健与护理	8
5	项目5 10~12个月婴儿生活照料与家庭指导	子项目1:10~12个月婴儿生长发育特征 子项目2:10~12个月婴儿语言教育 子项目3:10~12个月婴儿动作训练 子项目4:10~12个月婴儿常见疾病护理	8
6	项目6 1~1.5岁幼儿生活照料与家庭指导	子项目1:1~1.5岁幼儿生长发育特征 子项目2:1~1.5岁幼儿断奶与膳食管理 子项目3:1~1.5岁幼儿动作训练 子项目4:1~1.5岁幼儿意外事故处理	12
7	项目7 1.5~2岁幼儿生活照料与家庭指导	子项目1:1.5~2岁幼儿饮食习惯培养 子项目2:1.5~2岁幼儿语言教育 子项目3:1.5~2岁幼儿游戏指导	6
8	项目8 2~3岁幼儿教育与家庭指导	子项目1:2~3岁幼儿教育指导 子项目2:2~3岁幼儿家长带教	4

2. 课程内容设计

本课程以具体工作过程为导向,以任务为驱动,总共安排8个模块26个任务,共64学时,(36个理论学时,28个实践学时)。

课程内容或项目模块		项目1 新生儿生活照料与家庭护理	学时	18
学习目标	知识目标:了解新生儿的体格和精神指标			
	技能目标:能对新生儿进行生活照料和家庭护理			
	素质目标:感受育婴师工作对孩子充满爱心,富有同情心善于观察,勤于思考,做事认真细致的职业特性以及初步的职业自豪感			
学习单元		内容描述	教学方法建议	学时
子项目1:新生儿身体认知		1. 了解新生儿的各项体格和精神标 2. 能抱起、包裹新生儿	讲授与练习	2
子项目2:新生儿饮食与营养		新生儿母乳喂养常识及方法	讲授与练习	4

续表

学习单元	内容描述	教学方法建议	学时
子项目3:新生儿日常护理	新生儿二便护理及盥洗方法	讲授与练习	4
子项目4:新生儿疾病护理	新生儿黄疸的治疗与护理	讲授与练习	4
子项目5:新生儿保健	新生儿抚触	讲授与练习	4

课程内容或项目模块	项目2 2~3个月婴儿生活照料与家庭指导		学时	4
学习目标	知识目标:了解2~3个月婴儿生长发育特征			
	技能目标:能对2~3个月婴儿进行生活照料与家庭指导			
	素质目标:感受育婴师工作对孩子充满爱心,富有同情心善于观察,勤于思考,做事认真细致的职业特性以及初步的职业自豪感			

学习单元	内容描述	教学方法建议	学时
子项目1:2~3个月婴儿生长发育特征	2~3个月婴儿身体发育指标和测量	讲授与练习	2
子项目2:2~3个月婴儿疾病护理	湿疹的症状与护理	讲授与练习	2

课程内容或项目模块	项目3 4~6个月婴儿生活照料与家庭指导		学时	4
学习目标	知识目标:了解4~6个月婴儿生长发育特征			
	技能目标:能对4~6个月婴儿进行生活照料与家庭指导			
	素质目标:感受育婴师工作对孩子充满爱心,富有同情心善于观察,勤于思考,做事认真细致的职业特性以及初步的职业自豪感			

学习单元	内容描述	教学方法建议	学时
子项目1:4~6个月婴儿生长发育特征	4~6个月婴儿生长发育特征	讲授与练习	2
子项目2:4~6个月婴儿保健与护理	出牙的护理与注意事项	讲授与练习	2

课程内容或项目模块	项目4 7~9个月婴儿生活照料与家庭指导		学时	8
学习目标	知识目标:了解7~9个月婴儿生长发育特征			
	技能目标:能对7~9个月婴儿进行生活照料与家庭指导			
	素质目标:感受育婴师工作对孩子充满爱心,富有同情心善于观察,勤于思考,做事认真细致的职业特性以及初步的职业自豪感			

学习单元	内容描述	教学方法建议	学时
子项目1:7~9个月婴儿生长发育特征	7~9个月婴儿生长发育特征	讲授与练习	2

续表

学习单元	内容描述	教学方法建议	学时
子项目2：7~9个月婴儿辅食添加	设计7~9个月婴儿一日食谱	讲授与练习	2
子项目3：7~9个月婴儿常见疾病护理	幼儿急诊、缺铁性贫血护理与预防	讲授与练习	2
子项目4：7~9个月婴儿保健护理	婴儿主被动操的步骤	讲授与练习	2

课程内容或项目模块	项目5　10~12个月婴儿生活照料与家庭指导		学时	8
学习目标	知识目标：了解10~12个月婴儿生长发育特征			
	技能目标：能对10~12个月婴儿进行生活照料与家庭指导			
	素质目标：感受育婴师工作对孩子充满爱心，富有同情心善于观察，勤于思考，做事认真细致的职业特性以及初步的职业自豪感			

学习单元	内容描述	教学方法建议	学时
子项目1：10~12个月婴儿生长发育特征	10~12个月婴儿生长发育特征	讲授与练习	2
子项目2：10~12个月婴儿语言教育	10~12个月婴儿语言教育方法	讲授与练习	2
子项目3：10~12个月婴儿动作训练	10~12个月婴儿大动作发展特征与站立训练	讲授与练习	2
子项目4：10~12个月婴儿常见疾病护理	婴儿便秘与腹泻护理	讲授与练习	2

课程内容或项目模块	项目6　1~1.5岁幼儿生活照料与家庭指导		学时	12
学习目标	知识目标：了解1~1.5岁幼儿生长发育特征			
	技能目标：能对1~1.5岁幼儿进行生活照料与家庭指导			
	素质目标：感受育婴师工作对孩子充满爱心，富有同情心善于观察，勤于思考，做事认真细致的职业特性以及初步的职业自豪感			

学习单元	内容描述	教学方法建议	学时
子项目1：1~1.5岁幼儿生长发育特征	1~1.5岁幼儿生长发育特征	讲授与练习	2
子项目2：1~1.5岁幼儿断奶与膳食管理	1~1.5岁幼儿断乳指导与膳食管理	讲授与练习	4
子项目3：1~1.5岁幼儿动作训练	1~1.5岁幼儿大动作发展特征与独立行走训练	讲授与练习	4
子项目4：1~1.5岁幼儿意外事故处理	幼儿烧烫伤、吞食异物事故处理与护理	讲授与练习	2

课程内容或项目模块		项目7 1.5~2岁幼儿生活照料与家庭指导	学时	6
学习目标	知识目标：了解1.5~2岁幼儿生长发育与心理发育特征			
	技能目标：能对1.5~2岁幼儿进行生活照料与家庭指导			
	素质目标：感受育婴师工作对孩子充满爱心，富有同情心善于观察，勤于思考，做事认真细致的职业特性以及初步的职业自豪感			
学习单元	内容描述	教学方法建议	学时	
子项目1: 1.5~2岁幼儿饮食习惯培养	1.5~2岁幼儿精细动作发展与饮食习惯培养	讲授与练习	2	
子项目2: 1.5~2岁幼儿语言教育	1.5~2岁幼儿语言教育	讲授与练习	2	
子项目3: 1.5~2岁幼儿游戏指导	1.5~2岁幼儿亲子游戏指导	讲授与练习	2	

课程内容或项目模块		项目8 2岁-3岁幼儿教育与家庭指导	学时	4
学习目标	知识目标：了解2岁-3岁幼儿生长发育与教育指导			
	技能目标：能对2岁-3岁幼儿进行教育指导与家长带教			
	素质目标：感受育婴师工作对孩子充满爱心，富有同情心善于观察，勤于思考，做事认真细致的职业特性以及初步的职业自豪感			
学习单元	内容描述	教学方法建议	学时	
子项目1: 2岁-3岁幼儿教育指导	2岁-3岁幼儿全面教育指导	讲授与练习	4	
子项目2: 2岁-3岁幼儿家长带教	2岁-3岁幼儿家长带教	讲授与练习	4	

四、课程考核方式

	考核内容	考核方法	所占比例
平时考核成绩占比	项目1 新生儿生活照料与家庭护理	现场展示+实训总结	8%
	项目2 2~3个月婴儿生活照料与家庭指导	现场展示+实训总结	2%
	项目3 4~6个月婴儿生活照料与家庭指导	现场展示+实训总结	2%
	项目4 7~9个月婴儿生活照料与家庭指导	现场展示+实训总结	5%
	项目5 10~12个月婴儿生活照料与家庭指导	现场展示+实训总结	5%
	项目6 1~1.5岁幼儿生活照料与家庭指导	现场展示+实训总结	8%
	项目7 1.5~2岁幼儿生活照料与家庭指导	现场展示+实训总结	5%
	项目8 2~3岁幼儿教育与家庭指导	现场展示+实训总结	5%
期末考核成绩占比	综合知识	开卷考试	60%

五、教学组织、实施与保障建议

1. 教学团队
校内专职教师：李娜。

2. 教学条件
校内实训基地：名称：早教实训室；作用：课程实训。
校外实训基地：名称：社区家庭；作用：实际项目实训练习。

3. 教材与课程资源的利用
《婴幼儿卫生与保健》，赵丽丽主编，中国劳动社会保障出版社出版社，2014
《学前儿童心理学》，赵中玉主编，中央广播电视大学出版社，2011
宝宝树育婴网站 www.babytree.com

课程整体教学设计

一、课程基本信息

课程名称：婴幼儿卫生与保健		
课程代码：03120059	学分：4	学时：64
所属系部：机电与信息工程系	制定人：李玉轩	
授课时间：第二学期	授课对象：社区管理与服务（早期教育指导与服务）专业大一学生	
课程类型：专业必修课		
先修课程：早期儿童发展心理学、婴幼儿卫生与保健、婴幼儿营养与配餐	后续课程：婴幼儿认知发展与教育、社区早教活动组织等	

二、课程定位

1. 岗位分析
（1）工作流程
参见图1。
（2）能力需求
①能够根据婴幼儿的身体发育特点，对0~3岁婴幼儿进行包括饮食、睡眠和卫生在内的基本生活照料。
②能够根据婴幼儿的生长发育特点，对0~3岁婴幼儿进行生长监测、日常疾病护理、意外伤害预防及处理等方面的日常生活保健和护理。
③能够根据婴幼儿生长发育规律，对0~3岁婴幼儿进行动作技能训练、智力开发、语言训练、社会行为以及人格养成培养方面的教育和引导，实施个别化教学计划。

④能够就科学育儿方法对家长进行带教及家庭指导。

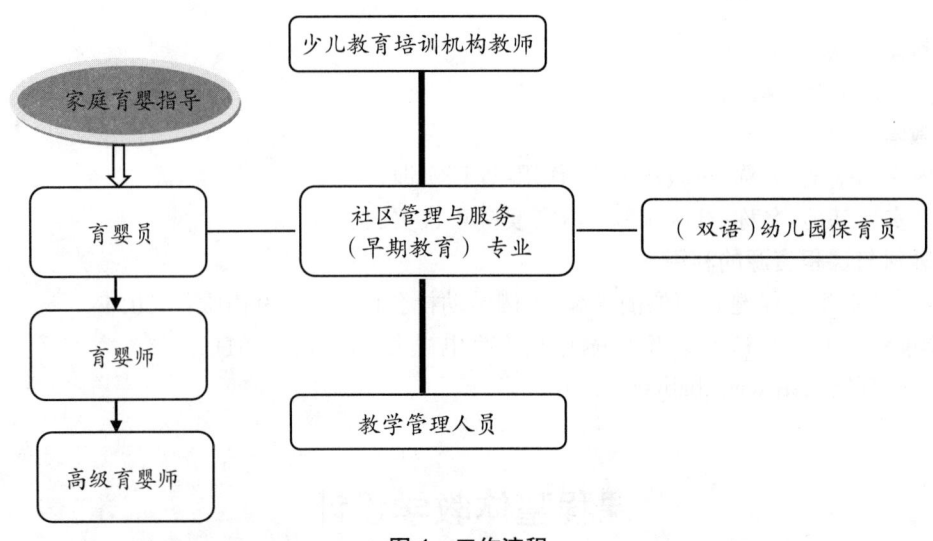

图 1　工作流程

（3）知识需求

①0~3 岁婴儿解剖及生理发育特点：呼吸系统、心血管系统、消化系统、泌尿系统、内分泌系统、运动系统、神经系统、感觉系统。

②0~3 岁婴儿心理发展特点：感知觉能力、记忆能力、思维能力、想象能力、注意特性、人际交往能力、自我意识、情绪与情感、意志力、气质特征、言语能力。

③0~3 岁婴儿营养：热能、营养素的基本知识、营养需要、膳食评价与营养行为。

④0~3 岁婴儿教育：教育意义、教育特点与内容、教育原则与方法。

⑤相关法律、法规知识：宪法的相关知识、母婴保健法的相关知识、未成年人保护法的相关知识、儿童权利公约的相关知识、中国儿童发展纲要（2001—2010 年）的相关知识、食品卫生法的相关知识、劳动法的相关知识。

（4）素质目标

①热爱婴幼儿早教服务事业，具有良好的职业道德素质和敬业精神；

②有良好的心理素质和较高的人文素养；

③具有较强的工作协调能力、人际交往能力；

④具有自觉创新的精神，不断获取知识、开发自身潜能。

（5）本课程就业层次

初次就业：从事育婴员相关工作，通过该课程的学习，学生可以从事 0~3 岁婴幼儿的基本生活照顾和保健护理工作。

二次晋升：从事育婴师相关工作，本课程所学习的 0~3 岁婴幼儿家庭教育方面的知识可以让学生在熟悉婴幼儿的基本生活照顾和保健护理工作后胜任育婴师的相关工作。

未来高级岗位：从事高级育婴师相关工作，学生完成二次晋升之后通过经验的进一步积累可以胜任高级育婴师关于科学育儿家庭指导的工作。

2. 课程分析

本课程为综合性课程，早教专业职业能力必修课，专业主干课。先修课程为早期儿童发展心理学、婴幼儿卫生与保健、婴幼儿营养与配餐;后续课程为婴幼儿认知发展与教育、社区早教活动组织等。

普通高校目前大多开设学前教育专业,早期教育只是下面的一个方向,所以"家庭育婴指导"往往就是一门选修课,在课程的整体设计以及实训方面内容较之高职课程较少,侧重理论方面较多。

中职学校和部分高职学校基本没有相同课程,特别是中职学校主要侧重婴幼儿卫生与保健,对婴幼儿教育和科学育儿的家庭指导涉及较少,所讲知识也较为浅显。

市面上的各种育婴师培训班,一般为速成型,目的是拿证,学员很难掌握系统的育儿知识,缺乏对从业者职业素养的培养。

本课程在国家育婴师职业资格标准的要求下,引领学生掌握从育婴员到高级育婴师等不同等级的基本技能,在项目化课程设计的引导下,学生既可以按照婴儿成长的时间顺序,直观感受婴儿的成长规律与需求,又能再次基础上系统学习各种知识和技能,在育婴师训室的实训环境中完成技能的训练,实现真正意义上的教学做一体化授课,使学生可以胜任家庭育婴指导的工作。

三、课程目标设计

1. 总体目标

本课程以培养学生的职业能力为设置依据,以达到高级育婴师为培养目标,根据育婴师国家职业资格标准的基本要求设置课程的内容,按照项目导向的教学模式编排课程内容,在教学过程中,采用项目示例,体现工学结合,培养学生职业岗位实际工作任务所需要的能力,为学生可持续的专业发展奠定良好基础。

2. 能力目标

(1)能对 0~3 岁不同月龄的婴幼儿进行生活照料。

(2)能对 0~3 岁不同月龄的婴幼儿进行保健与护理。

(3)能对 0~3 岁婴幼儿生长发育的常用评价指标熟练地进行测量,并能做出科学的评价。

(4)能根据 0~3 岁不同月龄的婴幼儿的营养需求,科学编定一日食谱。

(5)能对患儿进行简单的护理。

(6)能采用恰当方法处理婴幼儿常见的意外事故。

(7)能对 0~3 岁不同月龄的婴幼儿进行早期教育。

(8)能对 0~3 岁不同月龄的婴幼儿的家长进行教育指导。

3. 知识目标

(1)了解婴幼儿生理解剖特点和卫生保健措施。

(2)了解婴幼儿生长发育的规律。

(3)掌握身体发育的测量和评价方法。

(4)掌握营养基础知识和膳食配制要求。

(5)掌握 0~3 岁婴幼儿常见病和传染病的基础知识及防护措施。

(6)掌握 0~3 岁婴幼儿家庭意外事故的预防及急救处理措施。

(7)了解 0~3 岁婴幼儿动作、语言、感觉、认知发展的特点和规律。

(8)了解与家长沟通的技巧。

4. 素质目标

（1）对孩子充满爱心，富有同情心。
（2）善于观察，勤于思考，做事认真细致。
（3）具有较强的安全保护意识和高度的责任该。
（4）具有初步的育婴师职业自豪感。

四、课程内容设计

序号	模块（或子模块）名称	学时
1	项目1　新生儿生活照料与家庭护理	18
2	项目2　2~3个月婴儿生活照料与家庭指导	4
3	项目3　4~6个月婴儿生活照料与家庭指导	4
4	项目4　7~9个月婴儿生活照料与家庭指导	8
5	项目5　10~12个月婴儿生活照料与家庭指导	8
6	项目6　1~1.5岁幼儿生活照料与家庭指导	12
7	项目7　1.5~2岁幼儿生活照料与家庭指导	6
8	项目8　2~3岁幼儿教育与家庭指导	4
	合　计	64

五、能力训练项目设计

编号	能力训练项目名称	子项目编号、名称	能力目标	知识目标	训练方式、手段及步骤	可展示的结果
1	项目1 新生儿生活照料与家庭护理	1-1 身体认知	能全面准确认知新生儿体格和精神特征	掌握新生儿基本生理特征数据	讲授与学习 数据和图片支撑 直接感知和记忆新生儿的基本数据	学生表述
		1-2 饮食与营养	能对新生儿进行正确喂养	了解母乳喂养基本知识和婴儿消化系统生理知识	讲授与学习 文字和图片支撑 1. 母乳喂养好处 2. 母乳喂养的方士	学生表述、表演
		1-3 日常护理	能护理新生儿二便及盥洗	了解新生儿身体特点 掌握新生儿护理知识	讲授与练习 掌握换纸尿裤和洗澡的步骤	学生练习成果
		1-4 疾病护理	能护理新生儿黄疸	了解新生儿循环系统知识	讲授与练习 掌握护理黄疸的方法和步骤	学生表述
		1-5 保健技巧	能给新生儿做抚触	了解新生儿的骨骼和肌肉特征	讲授与练习 掌握做抚触的方法和步骤	学生表演

续表

编号	能力训练项目名称	子项目编号、名称	能力目标	知识目标	训练方式、手段及步骤	可展示的结果
2	项目2 2~3个月婴儿生活照料与家庭指导	2-1 生长发育特征	能给婴儿测量基本指标数据	了解婴幼儿生长发育的规律，掌握身体发育的测量和评价方法	讲授与练习 掌握身体测量的方法和步骤	学生表演
		2-2 疾病护理	能护理婴儿湿疹	了解婴儿的皮肤特征	讲授与练习 掌握护理湿疹的方法和步骤	学生表述和表演
3	项目3 4~6个月婴儿生活照料与家庭指导	3-1 生长发育特征	能说出本阶段婴儿的身体发育特征	了解婴幼儿生长发育的规律	讲授与练习了解婴幼儿生长发育的规律	学生表述
		3-2 保健与护理	能正确做好出牙护理	了解婴儿出牙的顺序和规律	讲授与练习 掌握出牙与补钙的关系	学生表述和展示
4	项目4 7~9个月婴儿生活照料与家庭指导	4-1 生长发育特征	能说出本阶段婴儿的身体发育特征	了解婴幼儿生长发育的规律	讲授与练习了解婴幼儿生长发育的规律	学生表述和展示
		4-2 辅食添加	能设计婴儿一日食谱	了解婴儿对营养素的需求	讲授与练习了解婴幼儿辅食添加和制作的步骤	学生表述和展示
		4-3 常见疾病护理	能护理幼儿急诊和缺铁性贫血等常见病	了解幼儿急诊和缺铁性贫血等常见病的特征和护理技巧	讲授与练习幼儿急诊和贫血的症状；护理技巧	学生表述和展示
		4-4 保健与护理	能做婴儿主被动操	了解婴儿本阶段的身体特征	讲授与练习婴儿主被动操的步骤	学生展示
5	项目5 10~12个月婴儿生活照料与家庭指导	5-1 生长发育特征	能说出本阶段婴儿的身体发育特征	了解婴幼儿生长发育的规律	讲授与练习了解婴幼儿生长发育的规律	学生表述和展示
		5-2 语言教育	能对婴儿做出正确的语言教育与引导	了解婴儿神经和语言发展特点	讲授与练习了解婴幼儿语言和神经发育的规律	学生表述和展示
		5-3 动作训练	能正确训练婴儿站立	了解婴儿大动作发展特点	讲授与练习了解婴幼儿肌肉发育的特点	学生表述和展示
		5-4 常见疾病护理	能护理婴儿便秘和腹泻	了解婴儿排泄系统特点	讲授与练习了解婴幼儿便秘和腹泻护理技巧	学生表述和展示

续表

编号	能力训练项目名称	子项目编号、名称	能力目标	知识目标	训练方式、手段及步骤	可展示的结果
6	项目6 1~1.5岁幼儿生活照料与家庭指导	6-1 生长发育特征	能说出本阶段婴儿的身体发育特征	了解婴幼儿生长发育的规律	讲授与练习了解婴幼儿生长发育的规律	学生表述和展示
		6-2 断奶与膳食管理	正确指导母亲断奶及编制一日食谱	了解婴幼儿依恋的心理特征	讲授与练习了解婴幼儿断奶的步骤和技巧	学生表述和展示
		6-3 动作训练	能正确训练婴儿独立行走	了解婴儿大动作发展特点	讲授与练习了解幼儿肌肉和大运动发育的特点	学生表述和展示
		6-4 意外事故处理	能正确处理烧烫伤、吞食异物等意外事故	了解急救的基本医学常识	小组表演与练习烧烫伤、吞食异物的处理步骤	学生展示
7	项目7 1.5~2岁幼儿生活照料与家庭指导	7-1 饮食习惯培养	能指导幼儿培养良好的饮食习惯	掌握幼儿精细动作发展和心理特征	小组表演与练习独立吃饭的培养	学生展示
		7-2 语言教育	能正确指导幼儿进行语言训练	掌握基本的语言训练技巧	小组表演与练习读书和讲故事	学生展示
		7-3 游戏指导	能正确指导幼儿进行亲子游戏	掌握基本的亲子游戏指导技巧	小组表演与练习亲子游戏	学生展示
8	项目8 2~3岁幼儿教育与家庭指导	8-1 教育指导	能对幼儿进行全面的教育指导	掌握基本的教育常识	小组表演与练习教育知识与技巧	学生展示
		8-2 家长带教	能对家长进行科学育儿的指导	掌握与家长沟通的基本常识和技巧	小组表演与练习家长带教知识与技巧	学生展示

六、项目情境设计

项目1:新生儿生活照料与家庭护理

情境1:到了豆豆(出生第5天)吃奶的时间,年轻的母亲小王喂奶的时候遇到问题:孩子怎么也不能顺利吃到母乳,该怎么办呢?育婴师来讲解正确的哺乳姿势。

解决办法:老师讲解四种正确的喂奶姿势,老师示范,学生来做。

情境2:新妈妈问:迎迎出生20天的婴儿,多久洗一次澡,怎么洗?

解决办法:洗澡的注意事项和步骤。

情境3:新妈妈发现祥祥出生第十天开始,脸部发黄,眼球发黄,全身的皮肤发黄,这是怎么回事?如何解决?

解决办法:这是新生儿黄疸的症状,解释病因,提出解决办法——首选晒太阳,根据季节状况选择新生儿晒太阳的情景,不要隔窗晒。

情境4:新妈妈问:小乖睡觉醒来总是拳头紧握,表现出紧张的状态,有什么方法可以缓解一下?

解决办法:为新生儿做抚触。

约束条件:学生缺少实际经验,只能翻阅资料。

工作环境:多媒体教室、育婴实训室。

项目2:2~3个月婴儿生活照料与家庭指导

情境1:嘟嘟出生40天,妈妈感觉孩子更硬朗,体重变大了,想知道宝宝都发生了哪些变化。

解决办法:为婴儿量体重、身长、头围和胸围。

情境2:丽丽出生于春节前后,目前48天,两天前新妈妈发现宝宝的脸颊和额头上长了好多小红点,连成一片,由于宝宝痒痒乱抓,有些小点已经流出黄色的液体,这是什么情况?应该怎么办?

解决办法:这是婴儿湿疹的症状,首先要保证在婴儿保暖的情况下尽量少穿衣服,观察几天如果没有好转再选择就医。

约束条件:学生缺少实际经验,只能翻阅资料。

工作环境:多媒体教室、育婴实训室。

项目3:4~6个月婴儿生活照料与家庭指导

情境1:豆豆今天刚满4个月,妈妈发现同龄的宝宝会翻身了,可是自己的宝宝还是翻不过来身,妈妈很着急,应该怎么办?

解决办法:了解此月份宝宝的大动作发展特征,熟悉婴儿生长规律的一般特征和个别特征,宝宝的发育服从基本特征,但也不完全吻合,不能让家长过于关注标准性月份的特征。教家长一些锻炼孩子翻身的游戏,促进宝宝大动作的发展。

情境2:军军5个月,夜里突然哭闹不止,鼻子有不通气的特征,妈妈很着急不知道怎么办?

解决办法:这是宝宝鼻子不通气的症状,先确定有没有其他感冒的症状,是的话一边用热毛巾捂在孩子鼻子上缓解一下症状,再就医。没有感冒症状的话看一看是不是有鼻屎堵上鼻孔,可以轻轻给宝宝鼻孔滴上几滴温水,待鼻屎柔软后轻轻将其挤出,切忌用大人之家等锐利物品直接往外捅。

情境3:妙妙已满6个月,但是没有长出一颗牙齿,妈妈很着急,寻求育婴师的帮助。

解救办法:育婴师讲解出牙的规律和补钙的情况。

约束条件:学生缺少实际经验,只能翻阅资料。

工作环境:多媒体教室、育婴实训室。

项目4:7~9个月婴儿生活照料与家庭指导

情境1:淘淘已经6个半月了,妈妈还没有给他添加辅食,育婴师怎样介入?辅食添加初期应该添加什么食品呢?

解决办法:辅食添加的意义和添加的原则。

情境2:圆圆妈妈为了训练孩子坐的动作,采用强化训练的方法,每次让圆圆坐5分钟,这样做对吗?为什么?

解决办法:6个月宝宝训练坐的方法和注意事项。

情境3:妞妞8个月了,昨天开始发烧,妈妈用物理降温的方法护理后,孩子退烧,但很快又到38.7 ℃,一直高烧不退,到医院就医后医生检查结果为幼儿急诊,妈妈很着急,不知道如何护理;

解决办法:按时服药,室内多通风,多饮水等。

情境4:花花在医院检查结果为缺铁性贫血,妈妈应该如何给花花安排一日辅食的食谱?

解决办法:多吃动物肝脏、鸡蛋等。

约束条件:辅食添加没有特定场所。

工作环境:多媒体教室、育婴实训室。

项目5:10~12个月婴儿生活照料与家庭指导

情境1:苗苗马上满10个月,喜欢坐着,还不会爬,如何锻炼孩子的大动作?

解决办法:如何训练孩子爬的动作,增加家长与孩子的互动。

情境2:奇奇11个月了,从来没叫过一声妈妈,妈妈应该如何对孩子进行语言教育

情境3:图图10个半月,昨天开始拉肚子,妈妈给孩子吃了腹泻的药,有所好转,但是孩子食欲不好,而且屁屁发红,怎么办?

解决办法:腹泻的护理。

约束条件:学生缺少实际经验,只能翻阅资料。

工作环境:多媒体教室、育婴实训室。

项目6:1~1.5岁幼儿生活照料与家庭指导

情境1:胡蝶一周岁了,还不能单独走路,妈妈给孩子买了学步车,妈妈请教育婴师这样锻炼孩子的走路对吗?

情境2:小光一岁一个月了,妈妈想给他断奶,可以吗?妈妈听说断奶时要在乳头上涂辣椒水这个方法可行吗?为什么?

解决办法:断奶是生理和心理共同作用的结果,妈妈要注意方法,不能给孩子留下阴影。

情境3:兰兰和大家吃饭时,不小心将妈妈的饭碗打翻,热粥烫到了她的胳膊,妈妈此时应该怎么办呢?

约束条件:学生缺少实际经验,只能翻阅资料。

工作环境:多媒体教室、育婴实训室。

项目7:1.5~2岁幼儿生活照料与家庭指导

情境1:豆豆1岁8个月了,还不会自己拿勺子吃饭,奶奶要一直追着喂,妈妈想改变这种状况,求助育婴师:该如何培养孩子良好的饮食习惯。

情境2:咪咪1岁7个月,语言能力较差,家庭成员的基本称呼还不能说好,妈妈很着急,应该如何培养孩子的语言能力?

情境3:爱丽马上2岁了,晚上睡觉前总是来回捣乱,妈妈请教育婴师该如何和孩子共处亲子关系?

约束条件:学生缺少实际经验,只能翻阅资料。

工作环境:多媒体教室、育婴实训室。

项目8:2~3岁幼儿教育与家庭指导

情境1:歪歪2岁半了,特别护自己的东西,爸爸妈妈跟他要玩具也不行,他总是抢过来

说,这是我的,应该如何培养孩子的自我意识?

情境2:小小2岁8个月,妈妈和爸爸对他的教育理念不一样,经常因为教育方式不同而吵架,育婴师该如何帮助他的父母进行教育?

约束条件:学生缺少实际经验,只能翻阅资料。

工作环境:多媒体教室。

七、课程进程表

能力训练项目	周次	学时	单元标题	项目编号	能/知目标	师生活动	其他(含考核内容、方法)
项目1	1	2	新生儿身体认知	1-1	能力:能抱起、包裹新生儿 知识:新生儿体格和精神指标	教师:讲解 学生:识记	考核:新生儿认知 方法:电子作业
	1	4	新生儿饮食与营养	1-2	能力:新生儿喂养 知识:母乳常识	教师:演示 学生:学做	考核:喂养须知 方法:情景剧
	2	4	新生儿日常护理	1-3	能力:新生儿盥洗 知识:皮肤常识	教师:演示 学生:学做	考核:盥洗步骤 方法:现场展示
	3	4	新生儿疾病护理	1-4	能力:黄疸护理 知识:黄疸症状	教师:演示 学生:识记	考核:盥洗步骤 方法:现场展示
	4	4	新生儿保健技巧	1-5	能力:抚触 知识:抚触步骤	教师:演示 学生:学做	考核:抚触 方法:现场展示
项目2	5	2	2~3个月婴儿生长发育特征	2-1	能力:婴儿指标测量 知识:测量工具方法	教师:演示 学生:学做	考核:测量各项指标 方法:现场展示
	5	2	2~3个月婴儿疾病	2-2	能力:湿疹护理 知识:湿疹症状	教师:演示 学生:识记	考核:湿疹护理要点 方法:作业
项目3	6	2	4~6个月婴儿生长发育特征	3-1	能力:生长发育特点 知识:生长发育的规律	教师:讲解 学生:识记	考核:实际案例 方法:作业
	6	2	4~6个月婴儿保健护理技巧	3-2	能力:出牙护理 知识:出牙规律	教师:讲解 学生:识记	考核:实际案例 方法:PPT展示

续表

能力训练项目	周次	学时	单元标题	项目编号	能/知目标	师生活动	其他(含考核内容、方法)
项目4	7	2	7~9个月婴儿生长发育特征	4-1	能力:生长发育特点 知识:生长发育的规律	教师:讲解 学生:识记	考核:实际案例 方法:作业
项目4	7	2	7~9个月婴儿辅食添加	4-2	能力:设计一日食谱 知识:婴儿对营养素的需求	教师:讲解 学生:学做	考核:食谱设计 方法:现场展示
项目4	8	2	7~9个月婴儿常见疾病护理	4-3	能力:幼儿急诊、缺铁性贫血护理 知识:幼儿急疹、缺铁性贫血症状	教师:讲解 学生:学做	考核:疾病护理 方法:情景剧
项目4	8	2	7~9个月婴儿保健护理	4-4	能力:主被动操 知识:生长发育特征	教师:讲解 学生:学做	考核:主被动操 方法:现场展示
项目5	9	2	10~12个月婴儿生长发育特征	5-1	能力:生长发育特点 知识:生长发育的规律	教师:讲解 学生:识记	考核:实际案例 方法:作业
项目5	9	2	10~12个月婴儿语言教育	5-2	能力:婴儿语言教育 知识:婴儿神经和语言发展特点	教师:讲解 学生:学做	考核:实际案例 方法:现场展示
项目5	10	2	10~12个月婴儿动作训练	5-3	能力:正确训练婴儿站立 知识:婴儿大动作发展特点	教师:讲解 学生:学做	考核:实际案例 方法:情景剧
项目5	10	2	10~12个月婴儿常见疾病护理	5-4	能力:护理婴儿便秘和腹泻 知识:婴儿消化道发育特点	教师:讲解 学生:识记	考核:实际案例 方法:现场展示
项目6	11	2	1~1.5岁幼儿生长发育特征	6-1	能力:生长发育特点 知识:生长发育的规律	教师:讲解 学生:识记	考核:实际案例 方法:作业
项目6	11	4	1~1.5岁幼儿断奶与膳食管理	6-2	能力:指导乳母正确断奶,配制一日食谱 知识:了解婴幼儿依恋的心理特征	教师:演示 学生:学做	考核:实际案例 方法:角色扮演
项目6	12	2	1~1.5岁幼儿动作训练	6-3	能力:训练幼儿独立行走 知识:了解婴儿大动作发展特点	教师:讲解 学生:识记	考核:实际案例 方法:现场展示
项目6	13	4	1~1.5岁幼儿意外事故处理	6-4	能力:正确处理烧烫伤等意外事故 知识:烫伤、吞食异物等急救的医学常识	教师:讲解 学生:学做	考核:实际案例 方法:角色扮演

续表

能力训练项目	周次	学时	单元标题	项目编号	能/知目标	师生活动	其他(含考核内容、方法)
项目7	14	2	1.5~2岁幼儿饮食习惯培养	7-1	能力:指导幼儿培养良好的饮食习惯 知识:幼儿精细动作发展和心理特征	教师:讲解 学生:学做	考核:实际案例 方法:情景剧
项目7	14	2	1.5~2岁幼儿语言教育	7-2	能力:正确指导幼儿进行语言训练 知识:基本的语言训练技巧	教师:讲解 学生:学做	考核:实际案例 方法:情景剧
项目7	15	2	1.5~2岁幼儿游戏指导	7-3	能力:正确指导幼儿进行亲子游戏 知识:亲子游戏指导技巧	教师:讲解 学生:学做	考核:实际案例 方法:情景剧
项目8	15	2	2~3岁幼儿教育指导	8-1	能力:对幼儿进行全面教育 知识:基本的教育常识	教师:讲解 学生:学做	考核:实际案例 方法:方案设计
项目8	16	2	2~3岁幼儿家长带教	8-2	能力:对家长进行科学育儿的指导 知识:与家长沟通的技巧	教师:讲解 学生:学做	考核:实际案例 方法:情景剧

八、首末次课设计

1. 首次课设计

情境:你现在是一名育婴师,今天的工作是进行家庭育婴指导工作,要服务的家庭是一对年轻夫妇,孩子刚刚出生5天。

任务:提前准备新生儿资料,分组展示新生儿的特征。包括出生5天内的体格特征(身长、体重、头围、胸围等),精神状态(睡眠、神态、感觉等),注意事项等。

内容:1. 学生以组为单位准备上述内容。

2. 分组展示准备内容

3. 教师对学生汇报内容进行点评,并补充其中遗漏的重要内容。

作业:将以上内容梳理,制作成《家庭育婴指导手册》小笔记,根据婴儿生长发育的规律,不断添加后续内容。

2. 末次课设计

情境:一位妈妈前来求助育婴师,对宝宝的教育问题很头痛,不知道该怎么办?

宝宝2岁半了,男孩子,平时由外婆带,外婆比较宠爱他。最近发现孩子的脾气越来越大!只要稍微不顺他意,他就发脾气摔东西!比如,上周六发生一件让大家都后怕的事,晚饭后我说要带他出去玩,叫他等等妈妈换衣服,大概就他妈妈进房间换衣服那一会儿,不知道他是等急了还是什么,拿着身边的牦牛角(在去云南旅游时买的,可以用来刮痧)就扔,他这次可不是普通的扔东西啊,他站在阳台上往下扔,等我们发现他已经扔出外面了。真的好后怕啊,我家住十九楼,下面就是小区花园的门口,经常有人进进出出的。不过还好当时没人,不然真的不知道怎么收拾。实在气得不行,我就打了他手心,(以前也对他讲过无数次,发脾气再丢东西,哪只手丢的就打哪只手。)一打完,他就倒地上了。冷处理不理他,平时都是外婆在那儿哄来哄去。当时他妈妈不准外婆拉他,哄他。过了一会儿他叫起来,但是没人理他,他就躺地上把头向沙发底下钻。唉,外婆又怕他把脸弄痛了,又抱了他起来……

任务:首先请大家分组讨论,这位妈妈的需求是什么?孩子的问题是什么?家长的问题是什么?作为育婴师,如果你出在现场应该怎么处理?最后,如何知道家长对孩子进行进一步的教育?

内容:1. 分组汇报,最好可以还原案例场景,通过小组情景模拟的形式把问题展示出来。

2. 教师点评,重点评判如何做好家长的带教工作。

教师解读:1. 平时父母要多跟宝宝沟通,在宝宝心情好的时候,多给他讲道理,可以在讲道理的同时,教他学会控制自己的情绪,教他学会理解别人。可进行一些模拟情景教育。可以趁与宝宝玩耍的机会,将当天的事重演,爸爸要妈妈拿苹果来吃,妈妈去洗苹果没有及时拿给爸爸,爸爸就生气了,这时你们可以让宝宝来评论,谁对谁错?再告诉宝宝,妈妈是为了带你出去玩儿,才去换衣服的,如果妈妈不换衣服,出去那么冷的天,生病了怎么办?就没办法照顾宝宝了,宝宝应该会理解的。

2. 要多跟宝宝联络感情,使他离不开你们,这样他即使发火,也会在事后害怕你们不爱他了。或者在他发火的当下,你们就展示出你们对他的爱,也许他的火气就消了。比如,他无故耍气,妈妈可以对他说:宝贝儿,妈妈那么爱你,你也那么爱妈妈,所以我们不打架,我们是一国的,好吗?也许他就不会生气了!注意平常要多用语言表达对孩子的爱,让他能够时时刻刻感受得到。到你们对他生气的时候,冷处理的时候,他听不到你们爱的呼唤,他会感到难过,这样自然就会减少生气的次数了。

3. 家庭成员们要多在私下谋划"对付"宝宝的策略,不能他一生气就乱作一圈,有打的,有骂的,有劝的,还有哄的,这样的话,宝宝没个管好。特别是家里的老人,对孙子辈的特别宠爱,如果不能一致对"外"的话,可以回避。比如,你们夫妻教训宝宝的时候,外婆可以装作没看见,或躲到别的屋子里去。千万不能你们骂孩子,外婆骂你们,那样的话,孩子会觉得他有仗势,根本不会怕你们。

4. 尽量不要打孩子,尽量讲道理,尽量诱导。如果经常打孩子,而且每次轻描淡写的话,家长的权威就没了,孩子根本不怕打。也不要把"打"字挂在嘴上却不动孩子一根手指头。

作业:1. 将以上内容梳理,添加在《家庭育婴指导手册》中。

2. 继续分析如何做好 2~3 岁幼儿的语言、动作、想象力、观察力和社会适应能力的训练,分组做好总结,并自行编制训练方案。

九、考核方案

本课程考核采用平时考核和期末考核相结合的方式。成绩构成:平时占 40%,期末考核占总评成绩的 60%。

(1)平时考核标准(40%)

平时考核是对学生平时学习行为和成果进行考核,平时表现即学生课堂纪律和小组表现占总成绩 20%,作业完成情况占 10%,出勤占 10%

（2）期末考核标准（60%）

期末采用开卷考试的方式，考核内容为育婴师理论内容和实例分析。

教材：《育婴员》，人力资源和社会保障部、中国就业培训技术指导中心组织编写，海军出版社，2013年

十、教学材料

本课程教材为《育婴师国家培训教材》

参考资料：《婴幼儿卫生与保健》、《婴幼儿营养配餐》、《学前儿童发展心理学》、《婴幼儿认知发展与教育》、宝宝树育婴网站等。

教学场地：育婴实训室。

教参：

（1）《学前儿童发展心理学》，周念的编著，华东师范大学出版社，2014

（2）《幼儿卫生与保健》，赵丽丽编，中国劳动社会保障出生社，2014

（3）0~3岁婴幼儿营养与喂养》，蒋一方，复旦大学出生社，2011

十一、本课程常用术语中英文对照

infant　婴儿

newborn infant　新生儿

psychologist　心理学

nutrition　营养

height　身长（高）

weight　体重

nurse　护理

custom　习惯

breastfeeding　哺乳

touch　抚触

feed　喂养

linguistic　语言的

课程单元教学设计

单元标题：新生儿抚触		单元教学学时	4
		在整体设计中的位置	第 5 次
授课班级	早教161	上课时间	5 周 3 月 27 日第 5 节至 5 周 3 月 27 日第 8 节	上课地点	实训室 402

	能力目标	知识目标	素质目标
教学目标	1. 能根据新生儿的感觉系统和运动系统特征，了解新生儿抚触的意义和注意事项； 2. 能根据教师示范完成新生儿抚触。	1. 了解新生儿的感觉系统和运动系统特征； 2. 了解新生儿抚触的意义； 3. 掌握新生儿抚触的方法和技巧。	养成具有较强的安全保护意识和高度的责任感的育婴师职业素养
能力训练任务	任务 1. 新生儿的感觉系统和运动系统特征 任务 2. 新生儿抚触的方法和技巧 任务 3. 新生儿抚触的意义和注意事项		
本次课使用的外语单词	抚触：touching 神经系统：nervous system 情商：emotional quotient（EQ）		
案例和教学材料	（指教材或讲义、课件、参考资料、仪器、设备等） 案例 1. 新生儿抚触视频 案例 2. 新生儿神经系统和感觉系统特征 案例 3. 教学做一体，利用婴儿模型，学习新生儿抚触的方法。 资料：《婴幼儿卫生与保健》、宝宝树网站等 仪器、设备：多媒体，模拟婴儿模型		

单元教学进度

步骤	教学内容及能力 / 知识目标	教师活动	学生活动	时间（分钟）
1（课程导入）	教学内容：通过一段视频引出什么是新生儿抚触。 能力：能对新生儿抚触有初步认知。 知识：新生儿抚触的基本知识	播放视频	观看视频	15

续表

步骤	教学内容及能力/知识目标	教师活动	学生活动	时间（分钟）
2（任务分析）	教学内容：视频中的动作名称是？育婴师为什么要给新生儿做这样的动作？这是由新生儿的什么情况决定的？ 能力：知道新生儿抚触的原因和意义 知识：新生儿神经系统和感觉系统特征	通过分配任务的方式把学生带入育婴师工作情境，教师（作为年轻父母）为学生（育婴师）布置工作任务，通过PPT呈现背景资料、任务内容、任务要求。	接受任务	10
3（任务实施）	教学内容：学生展示成果，教师点评，教师演示新生儿抚触过程，学生练习，实现教学做一体化。 能力：能独立完成抚触步骤 知识：新生儿抚触步骤	1. 在小组活动过程中为学生答疑解惑。 2. 启发、引导学生探究和思考新生儿抚触过程中应注意的问题。	1. 开展小组活动，每四人一组，充分讨论。 2. 查询网络和相关书籍，找出新生儿感觉系统和运动系统发育的知识点。 3. 小组展示新生儿抚触的意义。	30
		1. 根据学生提供的基本内容，启发学生归纳、总结新生儿的目的和意义。 2. 对学生进行职业道德渗透：养成具有较强的安全保护意识和高度的责任感的育婴师职业素养。	1. 思考新生儿抚触的意义。 2. 分组讨论，形成自己的理解。	25
		为学生示范如何给新生儿做抚触。	依据老师的示范，练习如何给新生儿做抚触。	70
4（考核评价）	教学内容：如何给新生儿做抚触 能力：能独立完成 知识：掌握新生儿抚触步骤	布置课上考核内容和要求，在课后根据学生的操作打分。	根据考核要求，自己展示新生儿抚触过程。	30
作业	将以上内容梳理，制作成《家庭育婴指导手册》小笔记，根据婴儿生长发育的规律，不断添加后续内容。			
课后体会	新生儿抚触不仅仅是对新生儿身体的动作，更是照顾者和孩子交流的重要途径，抚触可以促进婴儿的生长发育，加强免疫力，提高婴儿抗病能力，增加新生儿睡眠，并改善睡眠质量，同时有利于婴儿智力开发。做抚触的过程也可以培养育婴师较强的安全保护意识和高度的责任感。			

实践中锻炼　反思中成长
——第二批教学做验收课总结

一、活动背景回顾

为进一步推进各专业课程改革,提高教师教学能力与授课水平,学院自2015年起开始进行"教学做验收课"的建设与验收工作。2016年11月4日起,学院开展了第二批"教学做验收课"比赛,课程评审分为教学设计说课、"公开课"讲课、"随机课"讲课三个环节,每个环节都聘请了校内外教学专家进行专业点评,综合评定合格的教师进行才能进入下一阶段。整个活动三个阶段持续了两个多月时间,全校专职教师三十余人参加,可以说是对教师教学水平的一次全面检验和提升。

二、个人在教学做验收课比赛中的经历和收获

本次"教学做"验收课我选取的是《家庭育婴指导》这门课,前期已经对课程进行过整体设计、单元设计等一系列课程资源建设,课程资源较为完备。

1. 关于教学设计说课

说课是第一个环节,对课程的整体把握要求较高。我说课的内容是《新生儿抚触》,是整体教学计划中第一部分的第四个内容。教学设计说课前,我又把整体设计修改完善了一遍,针对其中的能力目标、知识目标和素质目标重新做了认真调整,更加突出学生的做和能力的获取。对整体内容的设计,还是坚持以婴儿成长为主线,针对性地解决每个阶段遇到的问题,完成发展任务。

说课环节还算顺利,清晰地将整个课程的设计呈现给大家,对专家提出的问题也给予了较为满意的回答,注意到专家更加关注中高职教学的区别和衔接,这也是高职教学中我们常常忽视的问题。

2. 关于公开课

如果说教学设计说课是对课程的整体把握,那么公开课就是对课程内容的具体展示了,不仅要求内容的完整、准确,更是对教师讲课基本功的考验。整个课件的制作重新修改,突出各个环节的作用,最重要的是时间的把控要绝对精准,45分钟,不能下课太早也不能拖堂,从语速到神情,从师生互动到技术技能训练,每一项都要求精益求精。再次还有感谢实训室宁老师和早教151班的同学们,不断的给我指导,帮助我进步。

3. 关于随机课

可以看出,此次验收课的难度是逐级加大。随机课更加考验教师的课堂把控水平和随机应变能力。由于我说课的课程《家庭育婴指导》没安排在本学期上,所以随机课只能听其他在讲课程。在随机课阶段专家听了我《青少年社会工作》这门课程的《校园暴力的预防和介入》,可能是压力有点大,后来专家反馈讲课过程中有点紧张(自己没感觉),总之是三个环节里最

不满意的一项。

三、教学反思

1. 重视课程资源建设

这次验收课最大的感受就是要讲好一门课必须有充足、优质的课程资源,特别是微课等数字化资源。本次能顺利走完验收课的全部流程,完全得益于前期所做的整体设计、单元设计等一系列课程资源建设,能在大赛来临时有备而来而不至于临时抱佛脚。今后,还要继续充实《家庭育婴指导》的后续资源建设,增加微课程的数量。

2. 授课内容力求准确、丰富,有深度

在公开课环节,专家给我提出了:知识点要精准等问题。由于我所讲授的《新生儿抚触》是实操内容,所以授课之前更多关注的是学生能否流畅记住整套动作,没有太多关注抚触动作的精准度。后经专家指导后,也意识到应该多给学生讲所以然的问题,丰富课堂内容,也完善高职生的知识体系。

3. 每次经历都是一次成长

在准备验收课的过程中,我反复推敲课件的所有内容,严控课堂上每一分钟的质量,虽然过程很痛苦,但觉得受益匪浅。经历说课、公开课和随机课的所有步骤后,自己对课程内容更加熟悉,对授课效果更加自信。其实每次经历都是一次成长,要想成为一名优秀的教师,必须不断锻炼,不断尝试,不断成长。

安全防范工程技术

课程标准

课程名称：安全防范工程技术　　　课程类型：职业技术课
总学时：72　　　　　　　　　　　　学分：4.5
适用专业：建筑智能化工程技术
执笔人：李玉轩　　　　　　　　　　审核人：刘盛
修订时间：2017 年 2 月

一、课程性质和任务

1. 课程性质

本课程是建筑智能化工程技术专业的一门专业核心职业技术课程，包括入侵报警系统、楼宇对讲系统、门禁系统、视频监控系统、火灾自动报警系统、消防联动控制系统等六部分内容。通过本课程的学习使学生掌握安防领域的基础理论知识、初步具备简单系统的运行与管理能力。

2. 课程任务

强调以工作过程为导向，培养学生掌握安防系统的基础知识及系统允许与管理能力。通过本课程的学习，使学生了解系统的基本结构；熟悉系统设备的功能；掌握安防系统各子系统的操作方法及相关参数的设置方法，同时培养学生爱岗敬业、团结协作的职业素养。

二、课程教学目标

1. 基本素质教育目标

（1）具有热爱科学、实事求是的学风，具有创新意识和创新精神。
（2）具有严肃认真、实事求是的科学态度和严谨的工作作风。
（3）具有良好的职业道德和环境保护意识。
（4）具有集体意识和团队合作能力。
（5）遵守纪律，具有质量意识、安全意识。

2. 知识教学目标

（1）掌握安防系统的系统结构及功能。

（2）掌握系统设备的类型、功能及接线要求。

3. 职业能力培养目标
（1）掌握安防系统的操作方法。
（2）掌握安防系统相关设备的参数设置方法及系统软件的使用方法。

三、课程内容标准

1. 学习任务一：入侵报警系统的运行与管理
（1）学时：12
（2）教学知识技能点
①知识点
入侵报警系统的系统组成；
入侵报警系统功能；
入侵探测器、入侵报警控制器的功能；
入侵报警控制器和入侵报警系统管理软件的应用。
②技能点
无线制入侵报警系统的调试；
分线制入侵报警控制器的设置与编程；
总线制入侵报警控制器的设置与编程；
入侵报警系统管理软件的使用。
（3）重点和难点
①重点：入侵探测器、入侵报警控制器的功能。
②难点：总线制入侵报警控制器的设置与编程。
（4）考核方式
笔试＋实操

2. 学习任务二：门禁系统的运行与管理
（1）学时：8
（2）教学知识技能点
①知识点
门禁系统的发展；
门禁系统的组成；
门禁系统的识别方式；
门禁系统的主要设备；
门禁系统的分类；
门禁系统的功能；
门禁系统的控制方式。
②技能点
单门式门禁系统的运行与管理；
联网型门禁系统的运行与管理。

（3）重点和难点

①重点：门禁系统的主要设备。

②难点：联网型门禁系统的运行与管理。

（4）考核方式

笔试+实操

3. 学习任务三：楼宇对讲系统的运行与管理

（1）学时：12

（2）教学知识技能点

①知识点

楼宇对讲系统的工作原理；

楼宇对讲系统的功能；

楼宇对讲系统的主要设备；

楼宇对讲系统的分类；

楼宇对讲系统的管理软件。

②技能点

单户型楼宇对讲系统的运行与管理；

单元型楼宇对讲系统的运行与管理；

联网型楼宇对讲系统的运行与管理；

与楼宇对讲系统共网的室内安防系统的运行与管理。

（3）重点和难点

①重点：楼宇对讲系统的主要设备。

②难点：联网型楼宇对讲系统的运行与管理。

（4）考核方式

笔试+实操

4. 学习任务四：视频监控系统的运行与管理

（1）学时：20

（2）教学知识技能点

①知识点

视频监控系统的前端部分；

视频监控系统的传输分配部分；

视频监控系统的控制部分；

视频监控系统的图像处理与显示部分。

①技能点

云台控制器的应用及操作；

顺序视频切换器与画面分割器的应用及操作；

矩阵切换主机的应用及操作；

硬盘录像机的应用及操作；

视频监控系统 WEB 的操作及专业网络视频监控平台（PSS）的操作。

(3)重点和难点
①重点:视频监控系统的前端部分及控制部分
②难点:矩阵切换主机的应用及操作
(4)考核方式
笔试+实操

5. 学习任务五:火灾自动报警系统的运行与管理
(1)学时:8
(2)教学知识技能点
①知识点
火灾自动报警系统的发展;
火灾自动报警系统的组成;
火灾探测器;
火灾报警控制器;
火灾自动报警系统的配套设备;
火灾自动报警系统。
②技能点
火灾探测器的认知、编码及功能测试;
火灾自动报警系统配套设备的认知及操作;
火灾报警控制器的认知及参数设置。
(3)重点和难点
①重点:火灾探测器、火灾报警控制器、火灾自动报警系统的配套设备。
②难点:火灾报警控制器的认知及参数设置。
(4)考核方式
笔试+实操

6. 学习任务六:消防联动控制系统的运行与管理
(1)学时:12
(2)教学知识技能点
①知识点
室内消火栓系统;
自动喷水灭火系统;
应急照明系统;
火灾应急广播系统;
消防电话系统;
防排烟系统。
②技能点
火灾应急广播系统的运行与管理;
消防电话系统的运行与管理;
排烟风机及消火栓用消防水泵控制系统的运行与管理。

（3）重点和难点
①重点：自动喷水灭火系统。
②难点：消防电话系统的运行与管理。
（4）考核方式
笔试。

四、实施建议

1. 教学条件
教学地点设在智能楼宇工程实训区，进行实训教学时每 4~6 名同学一组，每组同学配置一套实训系统。

2. 教材及参考资料
（1）《智能楼宇安防技术》，徐庆继，北京邮电大学出版社出版，2015
（2）安全防范系统实训装置的相关产品说明书及实训装置技术指导手册。

3. 教学方法
在教学方式上，采用基于行动导向的任务驱动法，采用"教、学、做一体化"教学模式，利用现有的实训系统，做到实物教学与理论教学有机结合，提高学生的专业学习兴趣，提高学生学习积极性，提高学生自主学习能力，培养学生收集、分析、整理资料的能力，增强学生实际动手能力和团队合作精神。

五、考核方式及评分办法

1. 期末理论考试
理论考试占总成绩的 30%，重点检查学生掌握基础知识、基本分析方法和结合实际分析问题、解决问题的能力。

2. 平时项目训练
项目考核占总成绩的 60%，重点检查学生系统安装的规范性和系统功能的正确性。

3. 学习态度与表现
平时表现、作业、学习报告和回答问题占 10%。

课程整体教学设计

一、课程基本信息

课程名称：安全防范工程技术		
所属系部：机电与信息工程系	制定人：李玉轩	
课程代码：04130403	学分：4.5	学时：72
授课时间：第二学年第四学期	授课对象：建筑智能化工程技术专业 二年级学生	

续表

课程类型：职业技术课	
先修课程： 建筑概论及法规 电路分析基础 电子技术应用 建筑电气 CAD 传感器应用	后续课程： 网络与通讯技术 微机原理与接口技术 建筑电气控制 PLC 灭火自动报警系统 楼宇综合布线 建筑设备监控系统工程设计与施工 楼宇智能化工程造价与施工管理 建筑配电与照明 智能楼宇管理师认证培训（中级） 电梯控制及监控 通风与空调工程

二、课程定位

1. 岗位分析

本专业毕业生的（技术、管理）岗位分析见表1。

表 1 楼宇智能化工程技术专业定位

服务面向		建筑行业
就业职业领域		建筑设备安装施工企业、建筑消防工程公司、安防工程公司、楼宇智能化系统集成公司、网络工程公司、房地产开发公司、造价咨询公司、建筑设计院、监理公司、物业管理公司、其他相关企事业单位
初始就业岗位	主要职业岗位	消防工程设计与施工、安防工程设计与施工、建筑电气工程设计与施工、智能化工程设计与施工、建筑设备运行管理与维护、智能楼宇管理员
	相近职业岗位	建筑设备安装工程预结算、安装工程质量管理、安装工程资料管理、安装工程监理、物业管理
岗位资格证书（首次就业岗位）		安装施工员（电气）、造价员、质量员、材料员、资料员、楼宇设备运行管理员等资格证书
升迁岗位资格证书		注册建造师（机电工程）、注册电气工程师、智能楼宇管理师、网络工程师、监理工程师、电气工程师等及相关管理岗位资格证书
升迁岗位资格证书获取时间（最少）		二级注册建造师获取时间2年，一级注册建造师获取时间5年，其他工程师获取时间5年

（1）专业培养目标与规格

培养适应社会主义市场经济需要，德、智、体、美等方面全面发展，面向建设行业就业岗位，掌握楼宇智能化工程技术专业必需的基础理论和专业技术，掌握楼宇电气工程、安防工程、楼宇自动化系统和楼宇设备运行管理等方面的专业知识，能胜任消防工程设计与施工、安防工程设计与施工、建筑电气工程设计与施工、智能化工程设计与施工、建筑设备监控系统管理与维护等岗位工作,能从事楼宇智能化系统集成、设计、安装、调试、工程管理的技术技能人才。

(2)职业证书

计算机应用等级证书,安装工程施工员、造价员、质量员、材料员、资料员资格证书,高级维修电工证书、综合布线技术培训证书、智能楼宇管理员等职业资格证书。

升迁后可获取注册建造师、注册电气工程师、智能楼宇管理师、楼宇自控系统工程师、网络工程师、监理工程师、电气工程师、智能化系统工程师等方面的职业资格证书。

2. 课程分析

"安全防范工程技术"是楼宇智能化工程技术专业最为重要的一门必修的职业技术课程。通过本课程的学习,使学生熟悉安防及智能建筑领域相关规范标准,安防工程一般流程及主要环节;能够进行门禁与对讲、周边防范、闭路电视监控、消防等安全防范工程的安装、调试、管理与维护工作。

课程分析见表2。

表2 职业岗位、职业核心能力与主干课程间的关系

职业岗位	职业核心能力	主干课程
安装工程施工员	1. 常用工具的使用能力 2. 高低压柜的安装能力 3. 动力、照明工程布线施工能力 4. 火灾自动报警系统设备安装施工能力 5. 安全防范工系统安装施工能力 6. 局域网与综合布线系统施工能力 7. 通信系统施工能力 8. 建筑设备系统安装施工能力 9. 小区域智能家居设备安装施工能力 10. 编制安装工程施工图预算能力 11. 编制安装工程施工组织计划能力 12. 参与招投标以及签订合同的能力 13. 施工项目主治管理能力 14. 竣工验收与绘制竣工图能力 15. 现场管理与资料归档能力 16. 工程图的适度能力	1. 建筑构造概论 2. 电工与电子技术 3. 安全防范工程技术 4. 火灾自动报警系统 5. 建筑设备监控系统工程设计与施工 6. 信息与网络系统 7. 楼宇智能化工程造价与施工管理 8. 建筑供配电与照明技术 9. 建筑电气控制技术与PLC 10. 安装工程制图与识图 11. 建筑电气工程施工
智能楼宇设备管理员	1. 建筑设备操作运行维护管理能力 2. 智能楼宇设备故障判断处理能力 3. 楼宇设备基础资料管理能力 4. 制定维修方案与岗位操作规范能力 5. 制定楼宇设备运行管理制度能力 6. 楼宇设备维修、设备更新管理能力 7. 楼宇设备品配件管理能力	1. 建筑构造概论 2. 电工与电子技术 3. 安全防范工程技术 4. 火灾自动报警系统 5. 建筑设备监控系统工程设计与施工 6. 信息与网络系统 7. 楼宇智能化工程造价与施工管理 8. 建筑供配电与照明技术 9. 安装工程制图与识图

续表

职业岗位	职业核心能力	主干课程
安装工程造价员	1. 建筑智能化系统工程量的计算能力 2. 准确应用有关计量计价文件的能力 3. 工料分析能力 4. 编制建筑智能化系统工程预算能力 5. 参与工程投标与合同签订能力 6. 参与组织强、弱电工程竣工验收能力 7. 施工过程管理能力 8. 施工安全管理 9. 施工事故处理能力 10、工程图的识读能力	1. 建筑构造概论 2. 电工与电子技术 3. 安全防范工程技术 4. 火灾自动报警系统 5. 建筑设备监控系统工程设计与施工 6. 信息与网络系统 7. 楼宇智能化工程造价与施工管理 8. 建筑供配电与照明技术 9. 安装工程制图与识图 10、建设法规 11、建筑电气工程施工

三、课程目标设计

1. 总体目标

课程设置的主要目的是使我校楼宇智能化工程技术专业学生掌握本专业必备的基础理论、专门知识,具有从事本专业实际工作的基本技能和初步能力;通过对该课程的学习,培养学生对楼宇安防设备的安装与运维能力,强化学生对建筑安防工程质量与安全并重的意识,增加就业机会。

2. 能力目标

(1)使学生具备一定楼宇消防及安防技术,初步形成解决实际问题的能力;

(2)使学生学习后续专业知识和职业技能打下基础;

(3)逐步培养学生的辨证思维,加强职业道德观念。

3. 知识目标

(1)掌握安防系统工程的基本概念;

(2)掌握安防系统工程常识;

(3)使学生熟悉构造与工作原理,熟悉安防系统工程的基本知识与常用安装方法;具有使用常见安防系统工程仪器常见安防系统工程仪表的技能;具有观察分析安防系统工程运行现象,实施调试、施工、安装、验收、培训、管理及质量监理的能力。

4. 素质目标

(1)具备良好的学习态度和责任心。

(2)具备较强的沟通能力及团队协作能力。

(3)具备勇于创新、敬业乐业的工作作风。

(4)具备强化安全意识、质量意识、养成规范化操作的职业习惯。

(5)通过查阅技术文档、相关程序的阅读和修改,培养学生的自学能力、搜集和查阅资料的能力。

(6)通过项目报告书,锻炼语言文字表达和书写报告的能力。

四、课程内容设计

项目名称	子项目名称	学时
安全防范系统的运行与管理	子项目1　入侵报警系统的运行与管理	12
	子项目2　门禁系统的运行与管理	8
	子项目3　楼宇对讲系统的运行与管理	12
	子项目4　视频监控系统的运行与管理	20
	子项目5　火灾自动报警系统的运行与管理	8
	子项目6　消防联动控制系统的运行与管理	12
合　计		72

五、项目任务设计

| 序号 | 教学内容 | | 能力培养目标 | 学时安排 | |
	任务名称	教学内容描述		合计	实训
1	入侵报警系统的运行与管理	1. 系统概述 2. 入侵探测器 3. 入侵报警控制器 4. 入侵报警系统管理软件	1. 了解入侵报警系统的结构、功能及系统类型 2. 熟悉入侵探测器、入侵报警控制器的分类、功能 3. 熟悉入侵报警系统设备的结构及接线要求 4. 掌握入侵报警系统的运行与管理方法	12	8
2	门禁系统的运行与管理	1. 门禁系统的发展 2. 门禁系统的组成 3. 门禁系统的识别方式 4. 门禁系统的主要设备 5. 门禁系统的分类 6. 门禁系统的功能 7. 门禁系统的控制方式	1. 了解门禁系统的发展、组成及识别方式 2. 熟悉门禁系统的识别方式、主要设备、分类、功能及运行方式 3. 熟悉门禁系统设备的结构及接线要求 4. 掌握门禁系统的运行与管理方法	8	4
3	楼宇对讲系统的运行与管理	1. 楼宇对讲系统的工作原理 2. 楼宇对讲系统的功能 3. 楼宇对讲系统的主要设备 4. 楼宇对讲系统的分类 5. 楼宇对讲系统的管理软件	1. 了解楼宇对讲系统的工作原理、功能、主要设备、分类 2. 熟悉楼宇对讲系统的管理软件 3. 熟悉楼宇对讲系统设备的结构及接线要求 4. 掌握楼宇对讲系统的运行与管理方法	12	8

续表

序号	教学内容		能力培养目标	学时安排	
	任务名称	教学内容描述		合计	实训
4	视频监控系统的运行与管理	1. 视频监控系统的前端部分 2. 视频监控系统的传输分配部分 3. 视频监控系统的控制部分 4. 视频监控系统的图像处理与显示部分	1. 了解视频监控系统传输分配部分、图像处理与显示部分的设备及功能 2. 熟悉视频监控系统前端部分及控制部分的设备及功能 3. 熟悉视频监控系统设备的结构及接线要求 4. 掌握视频监控系统相关设备的操作方法	20	10
5	火灾自动报警系统的运行与管理	1. 火灾自动报警系统的发展 2. 火灾自动报警系统的组成 3. 火灾探测器 4. 火灾报警控制器 5. 火灾自动报警系统的配套设备 6. 火灾自动报警系统	1. 了解火灾自动报警系统的发展、系统组成及系统分类 2. 熟悉火灾自动报警系统设备的设备类型及功能 3. 熟悉火灾自动报警系统设备的结构及接线要求 4. 掌握火灾自动报警系统相关设备的操作方法	8	4
6	消防联动控制系统的运行与管理	1. 室内消火栓系统 2. 自动喷水灭火系统 3. 应急照明系统 4. 火灾应急广播系统 5. 消防电话系统 6. 防排烟系统	1. 了解消防联动控制系统的类型、功能、适用场合、控制要求及设置要求 2. 熟悉消防联动控制系统设备的结构及接线要求 3. 掌握消防联动控制系统的运行与管理方法	12	8

六、项目情境设计

编号	子项目编号、名称	任务	情境	学时
1	子项目1 入侵报警系统的运行与管理	1. 无线制入侵报警系统的运行与管理 2. 分线制入侵报警系统的运行与管理 3. 总线制入侵报警系统的运行与管理	智能家居入侵报警系统设计（视频）	12
2	子项目2 门禁系统的运行与管理	1. 单门式门禁系统的运行与管理 2. 联网型门禁系统的运行与管理	小型智能门禁系统设计方案	8
3	子项目3 楼宇对讲系统的运行与管理	1. 单户型楼宇对讲系统的运行与管理 2. 单元型楼宇对讲系统的运行与管理 3. 联网型楼宇对讲系统的运行与管理 4. 与楼宇对讲系统共网的室内安防系统的运行与管理	智能家居对讲门禁系统设计（视频）	12

续表

编号	子项目编号、名称	任务	情境	学时
4	子项目4 视频监控系统的运行与管理	1. 云台控制器的应用及操作 2. 顺序视频切换器与画面分割器的应用及操作 3. 视频矩阵切换主机的应用及操作 4. 硬盘录像机的应用及操作 5. 视频监控系统WEB及视频管理软件（PSS）的操作	银行保安防盗及闭路电视监控系统设计方案	20
5	子项目5 火灾自动报警系统的运行与管理	1. 火灾自动报警系统的组成 2. 火灾自动报警系统配套设备的认知及操作 3. 火灾报警控制器的认知及操作	楼宇火灾自动报警系统模拟演示（微课程）	8
6	子项目6 消防联动控制系统的运行与管理	1. 火灾应急广播系统的运行与管理 2. 消防电话系统的运行与管理 3. 排烟风机及消火栓用消防水泵控制系统的运行与管理	6.1 烟雾火灾、电缆火灾喷雾演示（Flash） 6.2 预警用报警阀演示（Flash） 6.3 火灾报警系统演示（Flash）	12

七、课程进程表

子项目编号、名称	周次	学时	单元标题	能/知目标	师生活动	其他（含考核内容、方法）
子项目1 入侵报警系统的运行与管理	1	4	入侵报警系统的运行与管理	了解入侵报警系统的结构、功能及系统类型	师：通过短片与PPT，指导学生整体认知 生：观看视频，做笔记。	课堂提问
	1	4	入侵报警系统的运行与管理	熟悉入侵探测器、入侵报警控制器的分类、功能	师：通过PPT及实物了解系统组成 生：熟记系统组成，形成系统记忆	笔试
	1	4	入侵报警系统的运行与管理	熟悉入侵报警系统设备结构及接线要求	师：通过实际操作指导学生实践 生：在老师指导下动手实践	实际操作
子项目2 门禁系统的运行与管理	2	4	门禁系统的运行与管理	了解门禁系统的发展、组成及识别方式	师：通过短片与PPT，指导学生整体认知 生：观看视频，做笔记。	提问、笔试
	2	4	门禁系统的运行与管理	熟悉门禁系统的识别方式、主要设备、分类、功能及运行方式	师：通过实际操作指导学生实践 生：在老师指导下动手实践	实际操作

续表

子项目编号、名称	周次	学时	单元标题	能/知目标	师生活动	其他(含考核内容、方法)
子项目3 楼宇对讲系统的运行与管理	3	2	楼宇对讲系统的运行与管理	了解楼宇对讲系统的工作原理、功能、主要设备、分类	师:通过短片与PPT,指导学生整体认知。生:观看视频,做笔记。	提问、笔试
	3	2	楼宇对讲系统的运行与管理	熟悉楼宇对讲系统的管理软件	师:通过PPT及实物了解系统组成。生:熟记系统组成,形成系统记忆	提问、笔试
	3	4	楼宇对讲系统的运行与管理	熟悉楼宇对讲系统设备的结构及接线要求	师:通过实际操作指导学生实践。生:在老师指导下动手实践	实际操作
	3	4	楼宇对讲系统的运行与管理	掌握楼宇对讲系统的运行与管理方法	师:通过实际操作指导学生实践。生:在老师指导下动手实践	实际操作
子项目4 视频监控系统的运行与管理	4	4	视频监控系统的运行与管理	了解视频监控系统传输部分、图像处理与显示部分的设备及功能	师:通过短片与PPT,指导学生整体认知,并指导学生实际操作。生:观看视频,做笔记。在老师指导下进行实际操作	笔试、实际操作
	4	4	视频监控系统的运行与管理	熟悉视频监控系统前段部分及控制部分的设备及功能	师:通过短片与PPT,指导学生整体认知,并指导学生实际操作。生:观看视频,做笔记。在老师指导下进行实际操作	笔试、实际操作
	5	4	视频监控系统的运行与管理	熟悉视频监控系统设备的结构及接线要求	师:通过短片与PPT,指导学生整体认知,并指导学生实际操作。生:观看视频,做笔记。在老师指导下进行实际操作	笔试、实际操作
	6	4	视频监控系统的运行与管理	掌握视频监控系统相关设备的操作方法	师:通过短片与PPT,指导学生整体认知,并指导学生实际操作。生:观看视频,做笔记。在老师指导下进行实际操作	笔试、实际操作
	7	4	视频监控系统的运行与管理	掌握视频监控系统WEB及管理软件的操作	师:通过短片与PPT,指导学生整体认知,并指导学生实际操作。生:观看视频,做笔记。在老师指导下进行实际操作	笔试、实际操作

续表

子项目编号、名称	周次	学时	单元标题	能/知目标	师生活动	其他(含考核内容、方法)
子项目5 火灾自动报警系统的运行与管理	8	2	火灾自动报警系统的运行与管理	了解火灾自动报警系统的发展、系统组成及系统分类	师:通过短片与PPT,指导学生整体认知 生:观看视频,做笔记	课堂提问
	8	2	火灾自动报警系统的运行与管理	熟悉火灾自动报警系统设备的设备类型及功能	师:通过实际操作指导学生实践 生:在老师指导下动手实践	实际操作
	8	4	火灾自动报警系统的运行与管理	熟悉火灾自动报警系统设备的结构及接线要求	师:通过实际操作指导学生实践 生:在老师指导下动手实践	实际操作
子项目6 消防联动控制系统的运行与管理	9	4	消防联动控制系统的运行与管理	了解消防联动控制系统的类型、功能、适用场合、控制要求及设置要求	师:通过短片与PPT,指导学生整体认知 生:观看视频,做笔记	课堂提问
	9	4	消防联动控制系统的运行与管理	熟悉消防联动控制系统设备的机构及接线要求	师:通过短片与PPT,指导学生整体认知 生:观看视频,做笔记	课堂提问
	10	4	消防联动控制系统的运行与管理	掌握消防联动控制系统的运行与管理方法	师:通过短片与PPT,指导学生整体认知 生:观看视频,做笔记	课堂提问

八、首末次课设计

1. 首次课设计

一、课程导入	观看视频,让学生了解随着通信技术、传感器技术和计算机技术的日益发展,入侵报警系统作为防入侵、防盗窃、防抢劫、防破坏的有力手段已得到越来越广泛的应用。
二、任务分析	1. 讲述入侵报警系统的组成:入侵报警系统通常由前端设备、传输设备、信息处理/控制/管理设备和显示/记录设备四个部分构成; 2. 介绍入侵报警系统的类型:无线制入侵报警系统,分线制入侵报警系统,总线制入侵报警系统; 3. 介绍入侵探测器的分类:入侵探测器一般可按工作方式、传感器类型、信号传输方式、警戒范围、应用的场合、用途等进行分类; 4. 讲解入侵探测器的主要性能指标; 5. 介绍入侵报警控制器的分类和功能; 6. 介绍入侵报警系统软件功能特点。

续表

三、任务实施	1. 利用PPT及相关视频,指导学生了解几种常用无线入侵探测器的结构特征; 2. 阅读教材,结合PPT,熟悉无线入侵报警控制器及各类无线探测器的功能; 3. 利用HO-01B紧急求助按钮、HO-03门磁、DS820iT-CHI被动红外探测器、MD-448红外幕帘探测器、PA-456玻璃破碎探测器、DS422i-CHI主动红外对射探测器、HC-103声光报警器、DS6MX-CHI六防区报警控制器等实训设备,按照以下步骤指导学生观察实践: (1)仔细阅读知识链接部分相关内容; (2)根据外形特征辨别探测器类型; (3)将探测器外壳打开; (4)辨认探测器的接线端子及其功能。
	1. 利用教材,指导学生熟悉无线入侵报警控制器的设置编程操作; 2. 掌握无线入侵报警控制器的功能设置操作; 3. 利用HO-01B紧急求助按钮、HC-103声光报警器、DS820iT-CHI被动红外探测器、HO-03门磁、MD-448红外幕帘探测器、PA-456玻璃破碎探测器、DS422i-CHI主动红外对射探测器、DS6MX-CHI六防区报警控制器等实训设备,按照以下步骤指导学生观察实践: (1)仔细阅读知识链接部分相关内容; (2)完成紧急求助按钮、被动红外探测器、门磁、红外幕帘探测器、玻璃破碎探测器、主动红外对射探测器的地址码编写; (3)完成六防区报警控制器的复位操作; (4)完成六个防区的布防、撤防操作。
	1. 通过视频和实训设备,指导学生了解分线制入侵报警系统构成; 2. 通过PPT和图片,指导学生熟悉入侵探测器结构及特点。 3. 利用HO-01B紧急求助按钮、HO-03门磁、DS820iT-CHI被动红外探测器、MD-448红外幕帘探测器、PA-456玻璃破碎探测器、DS422i-CHI主动红外对射探测器、HC-103声光报警器、DS6MX-CHI六防区报警控制器等设备按照以下步骤,指导学生观察实践: (1)仔细阅读知识链接部分相关内容; (2)根据外形特征辨别探测器类型; (3)将探测器外壳打开; (4)辨认探测器的接线端子及其功能。
	1. 通过视频和PPT,指导学生熟悉六防区报警控制器的布防、撤防等操作; 2. 通过教材和PPT,指导学生掌握六防区报警控制器的编程方法; 3. 利用HO-01B紧急求助按钮、HC-103声光报警器、DS820iT-CHI被动红外探测器、HO-03门磁、MD-448红外幕帘探测器、PA-456玻璃破碎探测器、DS422i-CHI主动红外对射探测器、DS6MX-CHI六防区报警控制器等实训设备,按照以下步骤,指导学生观察实践: (1)仔细阅读知识链接部分相关内容; (2)完成紧急求助按钮、被动红外探测器、门磁、红外幕帘探测器、玻璃破碎探测器、主动红外对射探测器的地址码编写; (3)完成六防区报警控制器的复位操作; (4)完成六个防区的布防、撤防操作。

三、任务实施	1. 指导学生了解总线制入侵报警系统设备结构特征； 2. 利用实训设备知道学生熟悉总线制入侵报警系统设备的接线要求； 3. 利用 HO-01B 家用紧急求助按钮、HC-103 声光报警器、DS820iT-CHI 被动红外空间探测器、HO-03 门磁、MD-448 被动红外幕帘探测器、PA-456 玻璃破碎探测器、DS7400Xi 大型入侵报警控制器、DS7430 单总线驱动器、DS7412 串行接口模块、DS7457i 单防区扩展模块、DS7447 键盘等实训设备，按照以下步骤指导学生观察实践： （1）仔细阅读知识链接部分相关内容； （2）打开入侵报警控制器控制箱门； （3）辨认总线制入侵报警系统配套各类设备类型并了解其功能； （4）辨认总线制入侵报警系统各接线端子并了解其功能。	
	1. 通过视频和 PPT，指导学生熟悉大型入侵入侵报警控制器设置与编程方法； 2. 通过实训设备，指导学生掌握入侵报警系统软件的使用； 3. 利用 HO-01B 家用紧急求助按钮、HC-103 声光报警器、DS820iT-CHI 被动红外空间探测器、HO-03 门磁、MD-448 被动红外幕帘探测器、PA-456 玻璃破碎探测器、DS7400Xi 大型入侵报警控制器、DS7430 单总线驱动器、DS7412 串行接口模块、DS7457i 单防区扩展模块、DS7447 键盘等实训设备，按照以下步骤指导学生观察实践： （1）仔细阅读知识链接部分相关内容； （2）完成各防区功能设置； （3）完成各防区内探测器的地址编写； （4）完成入侵报警软件的安装与调试。	
四、考核评价	掌握相关理论，采用过程考核"理论＋实操"方式，开设实训以达到技能训练的目的，根据实训要求完成相关实操及实训报告。	
	问题1：请说明防区的概念及探测器与防区的关系。 问题2：思考一下在防区类型中的跟随防区具体含义是什么，请举例说明。 问题3：请说明防区的概念及探测器与防区的关系。 问题4：思考一下在防区类型中的跟随防区具体含义是什么，请举例说明。 问题5：同一防区内可以设置多少探测器？ 问题6：结合所学知识分析系统此时能否进行防区扩展，应如何进行？	
五、课堂小结	梳理和总结本节课所学的重点内容，包括入侵探测器、入侵报警控制器的功能，以及总线制入侵报警控制器的设置与编程。	
六、拓展提高 （课下）	学生利用相关学习网站，针对自身情况强化学习。	

2．末次课设计

一、课程导入	播放相关视频，让学生了解火灾自动报警系统能够实现火灾的早期发现和报警，而消防联动控制系统则在接到火警信号后执行灭火、隔火、防排烟、应急照明、安全疏散等任务。消防联动控制系统的控制对象有自动灭火系统、消防应急照明系统、专业通信系统、防排烟设施、电梯、非消防电源的断电控制等。

续表

二、任务分析	1. 室内消火栓系统：消火栓系统是最常用的一种水灭火系统，分为室外消火栓系统和室内消火栓系统两种； 2. 自动喷水灭火系统：湿式自动喷水灭火系统、干式自动喷水灭火系统、干湿两用自动喷水灭火系统； 3. 应急照明系统：应急照明系统分为疏散照明、备用照明和安全照明； 4. 火灾应急广播系统； 5. 消防电话系统：消防电话系统、分为多线制和总线制两种，中型及以上的系统一般采用总线制； 6. 防排烟系统：防排烟系统由防火门、防火卷帘、正压送风防烟设施、机械排烟设施、防火阀等部分组成。
三、任务实施	1. 通过视频和 PPT，指导学生熟悉火灾应急广播系统设备的结构及功能； 2. 通过实训设备指导学生了解火灾应急广播系统设备的接线要求； 3. 利用 GST-CD 录放盘和 GST-GF 150W 功率放大器，按照以下步骤指导学生观察实践： （1）仔细阅读知识链接部分相关内容； （2）辨认设备前后面板的结构。
	1. 通过视频和实训设备指导学生掌握 GST-CD 录放盘的操作方法； 2. 通过实训设备演示，指导学生掌握 GST-GF 150W 功率放大器的操作方法； 3. 通过视频和实训设备，指导学生掌握总线型火灾应急广播系统的操作方法； 4. 利用 JB-QG-GST200 火灾报警控制器（联动型）、JTY-GD-G3 智能光电感烟火灾探测器、JTW-ZCD-G3N 智能电子差定温感温火灾探测器、GST-BY002M 可燃气体探测器、GST-LD-8313 短路隔离器、J-SAM-GST9122 手动报警按钮、J-SAM-GST9123 消火栓按钮、GST-LD-8305 编址输出模块、GST-CD 录放盘、GST-GF 150W 功率放大器、GST-BMQ-1B 编码器等实训设备，按照以下步骤，指导学生观察实践： （1）仔细阅读知识链接部分相关内容； （2）重新设定火灾自动报警系统总线设备的地址码并写入； （3）给火灾自动报警系统通电； （4）将火灾自动报警系统总线设备进行设备定义； （5）设计火灾自动报警系统报警信息与火灾应急广播系统间的联动关系并编辑联动公式； （6）对火灾自动报警系统进行设备直接注册； （7）测试总线型火灾应急广播系统的功能。
	1. 通过图片和 PPT，指导学生了解消防电话系统设备的结构特征； 2. 通过视频和实训设备，指导学生掌握消防电话系统设备的应用方法； 3. 通过视频和实训设备，指导学生熟悉消防电话系统设备的接线要求； 4. 利用 GST-TS-Z01A 消防电话主机和 GST-LD-8304 消防电话专用模块，按照以下步骤指导学生观察实践： （1）仔细阅读知识链接部分相关内容； （2）辨认设备的接线端子并了解其功能。

续表

三、任务实施	1. 通过 PPT,指导学生掌握 GST-TS-Z01A 消防电话主机的操作方法; 2. 通过实训设备,指导学生掌握总线制消防电话系统的操作方法; 3. 利用 JB-QG-GST200 火灾报警控制器(联动型)、GST-TS-Z01A 消防电话主机、GST-LD-8304 消防电话专用模块、TS-100A 总线制固定式消防电话分机、TS-100B 总线制手提式消防电话分机、J-SAM-GST9122 手动报警按钮、GST-LD-8313 短路隔离器、GST-BMQ-1B 编码器等实训设备,按照以下步骤指导学生观察实践: (1)仔细阅读知识链接部分相关内容; (2)重新设定火灾自动报警系统总线设备的地址码并写入; (3)给火灾自动报警系统通电; (4)将火灾自动报警系统总线设备进行设备定义; (5)对火灾自动报警系统进行设备直接注册; (6)测试总线制消防电话系统的功能。 1、利用视频和 PPT,指导学生熟悉排烟风机控制系统的工作过程; 2、利用实训设备,指导学生了解排烟风机控制系统和火灾自动报警系统联动的方法; 3、利用排烟风机电气控制系统,按照以下步骤指导学生观察实践: (1)仔细阅读知识链接部分相关内容; (2)操作排烟风机控制系统。 1. 通过图片和视频,指导学生熟悉消火栓用消防水泵控制系统的工作过程。 2. 通过视频和实训设备,指导学生了解消火栓用消防水泵控制系统和火灾自动报警系统联动的方法。 3. 利用消火栓用消防水泵控制系统,按照以下步骤指导学生观察实践: (1)仔细阅读知识链接部分相关内容; (2)操作消火栓用消防水泵控制系统。
四、考核评价	掌握相关理论,采用过程考核"理论+实操"方式,开设实训以达到技能训练的目的,根据实训要求完成相关实操及实训报告。 问题 1:当火灾应急广播与公共广播合用时为什么火灾应急广播具有广播优先权? 问题 2:为什么火灾应急广播系统要使用定压输出的功率放大器? 问题 3:火灾应急广播系统如何接入到火灾自动报警系统中?请画出接线图。 问题 4:GST-LD-8305 编址输出模块能接入哪些设备(系统)到火灾自动报警系统? 问题 5:GST-TS-Z01A 消防电话主机的电话二总线接到哪个端子? 问题 6:火灾报警控制器(联动型)与 GST-LD-8304 消防电话专用模块连接的联动四总线是哪四根线?
五、课堂小结	梳理和总结本节课所学的重点内容,包括自动喷水灭火系统和消防电话系统的运行与管理。
六、拓展提高(课下)	学生利用相关学习网站,针对自身情况强化学习。

九、考核方案

考核采用阶段考核与综合考核相结合的方式,阶段考核按实训单元进行,课程最后一周选择一个中等复杂程度的项目进行综合考核。课程明确了学生每个技能训练项目应达到的专业技能标准,制定了相应的考核标准。实训任务单元结束后,应该按标准对学生进行相应考核,最终考核成绩是课程结束后结合单元考核以及综合考核成绩对学生进行综合评价。

1. 期末理论考试

理论考试占总成绩的30%,重点检查学生掌握基础知识、基本分析方法和结合实际分析问题、解决问题的能力。

2. 平时项目训练

项目考核占总成绩的60%,重点检查学生系统安装的规范性和系统功能的正确性。

3. 学习态度与表现

平时表现、作业、学习报告和回答问题占10%。

十、教学材料

教材:
《智能楼宇安防技术》,徐庆继编,北京邮电大学出版社,2013
教参:
(1)《智能小区安全防范技术(第二版)》,林火养主编,机械工业出版社,2015
(2)《安全防范技术与应用》,张玲,刘蕊主编,机械工业出版社,2014
仪器设备:电脑,多媒体显示屏,投影仪等。

十一、需要说明的其他问题(无)

十二、本课程常用术语中英文对照

Arming 布防
Burglar alarm system 安全防范报警设备
Engineering of security and protection system 安全防范(系统)工程
Infrared sensor 红外探测器
Intruder alarm system 入侵报警系统
IR,Infra-red 红外线
Access control 门禁控制
A visible walky-talky system 可视对讲系统
Wireless walky-talky system 无线对讲系统
Fire protection 消防设备
Extinguisher 灭火器
Emergency broadcasting 紧急广播设备
Fire detector 火警探测器
Water sprinkling system 自动喷水灭火系统

课程单元教学设计

课程名称	安全防范工程技术	作品名称	火灾自动报警系统的组成	项目章节	项目5 火灾自动报警系统的运行与管理（任务1）
授课学时	1	教材教参	教材：《智能楼宇安防技术》，北京邮电大学出版社，2013 教参：《智能小区安全防范技术（第二版）》，机械工业出版社，2015	授课专业年级	建筑智能化工程技术专业二年级
教学目标	知识		1. 了解火灾自动报警系统常用设备的工作原理。 2. 熟悉火灾自动报警系统的结构。 3. 理解火灾自动报警系统的联动过程。		
	能力		1. 运用图片、说明书、软件等资源，进行器件认识。 2. 能够进行系统组建，并掌握总线的连接方式。 3. 利用模拟演示动画，学习系统的联动过程。		
	素质		1. 提高学生利用网络学习资源，自主学习的能力。 2. 强化学生遵守国家规范、规程和标准的意识。		
主要教学内容		1. 火灾自动报警系统的器件认识。 2. 火灾自动报警系统的组成。 3. 火灾自动报警系统的联动过程。			
教学重点	火灾自动报警系统的组建（子任务2）		教学难点	火灾自动报警系统的联动过程（子任务3）	
解决方法		1. 根据学生的认知规律和学习特点，采用任务驱动的教学方式。 2. 课堂教学依托多种信息化手段，以学生为主体，教师为引领，提高学生自主学习能力，从而解决教学重难点。			
信息化教学环境		硬件：触摸一体机，投影仪，计算机。 软件：Windows 操作系统，IE 内核浏览器，Office 软件，视频播放软件，Flash 播放软件，QQ 软件，网络课程教学平台。			
教学设计思路		本知识点从教学目标及学生特点出发，依托信息化技术，构建了教学内容丰富，学习体验良好，教学过程可控的项目教学情景，使学生在教与学的互动中掌握知识，提高能力。	信息化资源利用	1. 课前预习：课程网站，微课，图片库，PPT。 2. 任务导入：视频，PPT。 3. 任务实施：视频，PPT，图片库，交互式软件，Flash 动画。 4. 课堂拓展：互动交流平台（QQ 群），课程网站，网络平台。	
课前预习		引导学生利用网络平台进行预习。课前布置预习作业，学生登录课程网站，自学多媒体课件，观看微课视频，整理设备图片库，搜集设备的使用说明书，做好充分的预习。			

续表

教学环节	教学内容	教学步骤、方法与手段
（一） 任务导入 （3分钟）	火灾视频引入，激发学生学习兴趣： 火灾自动报警系统是消防联动控制系统的神经中枢，在预防和处置初期火灾中起着至关重要的作用。	教师：利用视频、多媒体课件，明确任务目标、学习重难点，通过火灾视频，引入火灾自动报警系统。
（二） 任务实施 （40分钟）	从器件认识、系统组建、系统联动三方面，介绍火灾自动报警系统的组成及联动过程。	充分利用信息化教学资源，以学生为主体，教师为引领，提高学生自主学习的能力。
（二） 1.器件认识 （10分钟）	（1）根据预习情况，解决共性问题。 利用图片库和器件实物，对共性问题进行讲解： a. 感烟火灾探测器 （a）工作电压：总线 24V； （b）工作电流：监视电流≤0.8 mA；报警电流≤2.0 mA； （c）灵敏度（响应阈值）。 b. 手动报警按钮与消火栓按钮的区别 带电话插孔的为手动报警按钮，不带电话插孔的为消火栓按钮。 （2）利用交互动画软件，熟悉实训设备。 了解火灾自动报警系统各个器件在实训设备中的位置，为系统的安装与调试做好铺垫。	学生：一名学生到台前，结合器件图片，展示预习成果，并向教师询问预习中遇到的问题。 教师：检查预习情况，针对共性问题，结合器件实物，具体讲解。（多媒体课件、器件图片库） 教师：引导学生利用实训设备交互式动画软件，熟悉实训设备。在学生操作时注意巡查，发现问题并提示学生。 学生：操作软件，对设备布局有初步认识，在做中学。一名同学上台，进行演示讲解。

续表

教学环节	教学内容	教学步骤、方法与手段
（二） 2.系统组建 （15分钟）	（1）讲解自动控制系统的一般构成。 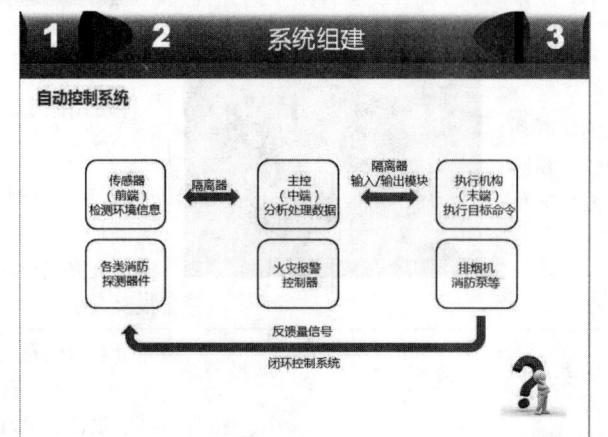 自动控制系统,一般由三部分构成,前端、中端和末端。前端多为传感器,用于检测环境信息,中端是主控,分析和处理数据,末端是执行机构,执行主控发出的目标命令。自动控制系统一般为闭环控制系统,有反馈量信号,由传感器再次检测,主控命令执行机构再次执行,如此循环,直至完成任务。 （2）利用设备图片库,形象直观的组建火灾自动报警系统,使学生加深理解。 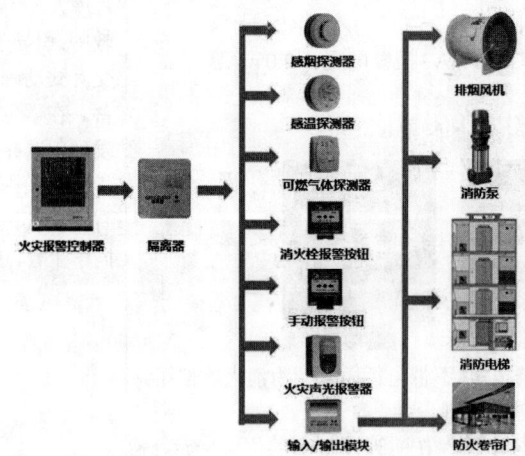 （3）利用一段话,高度总结。 总结概括:在火灾自动报警系统中,火灾报警控制器是系统的管理中心,通过隔离器运用总线,接收和处理各消防探测器的火警信号,再通过输入输出模块来控制相应的消防设备,如消防排烟机、消防泵等。 （4）引导学生利用网络资源,学会阅读、查找设备使用说明书,解决自身问题,提高自学能力。	教师:利用多媒体课件授课,细致讲解火灾自动报警系统的组建过程,使学生掌握学习重点。 学生:一位同学上台,再次叙述火灾自动报警系统的组建过程,加深理解。 学生通过听讲,发现问题,在老师的引导下,找到答案,解决问题。

续表

教学环节	教学内容	教学步骤、方法与手段
（二） 2. 系统组建 （15分钟）	隔离器的作用： a. 主要用于隔离总线上发生短路的部分，保证总线上的其他设备正常工作。 b. 待故障修复后，总线隔离器可自行将被隔离出去的部分重新纳入系统。 c. 使用隔离器便于确定总线发生短路的位置。	
（二） 3. 系统联动 （15分钟）	（1）利用演示动画，学习火灾自动报警系统的联动过程。指导学生操作，利用 Flash 动画，解决学习难点。 当火灾报警控制器处于自动状态时，二楼发生火情，产生烟雾，感烟探测器进行自动报警，将火警信号传输到一层监控室内的火灾自动报警主机中，屏幕上显示出发生火警的信息。报警主机发出启动各楼层声光报警器及消防广播的指令，提示楼内人员进行疏散，并命令客梯迫降至首层，打开轿厢门，并自动掉电。此时不可乘坐电梯，以免发生意外。防排烟系统启动排烟风机，火警层及相关层正压风口打开，将室内高温烟气排出室外，并联动新风机启动，使烟雾对人的伤害降至最低。经过一段时间的延时后，切断楼宇内火警层及相关层的非消防电源，启动应急照明系统。当火警层温度持续升高，感温元件达到 68 度时，喷淋头爆破，进行喷洒灭火，水流指示器动作，信号传输到报警主机中，进行集中显示。当管网内水压不足时，促使地下室泵房，压力开关动作，水力警铃报警，并传输到报警主机上，主机发出指令，联动喷淋泵控制柜，启动喷淋泵，进行增压补水，保证充足的灭火用水，直至将火扑灭。	教师：演示动画，讲解火灾自动报警系统的联动过程，指导学生操作终端，利用 Flash 动画，加深理解。在学生操作时，注意巡查，发现问题并提示学生。 请同学上台，再次叙述火灾自动报警系统的联动过程，解决学习难点。 播放毕业生工作视频，展现真实工作场景。 学生：听讲解，学习火灾自动报警系统的联动过程，操作终端，利用 Flash 动画，反复训练，加深理解。同学上台，再次叙述火灾自动报警系统的联动过程。观看毕业生工作视频，了解真实工作场景。

续表

教学环节	教学内容	教学步骤、方法与手段
(二) 3.系统联动 (15分钟)	(2)播放毕业生工作视频,展现真实工作场景。	
(三) 课堂拓展 (2分钟)	(1)交流平台:利用QQ群为专业学生搭建与毕业生的交流平台,鼓励学生与企业员工交流。 (2)课后作业:利用图片库组建系统,上交课程网站。 (3)思考问题:利用网络搜集相关消防器件,在互动交流平台上进行讨论。 (4)课下预习:继续研读器件使用说明书,重点看器件的端子说明,从课程网站中下载实训任务书、器件清单,为下节课的系统安装与调试做好准备。	
考核评价	课上以互动提问的形式,进行过程考核,现场解决学生自学中遇到的问题;课下,利用课程网站、互动交流平台,反馈学生学习情况,遇到问题及时解决。	
教学特色	(1)高仿真性:通过真实火灾案例视频,激发学生学习兴趣。 利用设备图片,进行器件认识,组建系统。 利用交互式软件,熟悉系统在实训设备中的位置。 利用Flash动画,模拟演示火灾中,系统的联动情况。 (2)培养职业感:通过毕业生工作视频,展现真实工作场景,培养学生职业感觉。 通过QQ群等互动交流平台,鼓励学生与毕业生进行交流。 (3)巩固知识:课程网站中微课等信息化资源,方便学生预习和复习,巩固知识点。 (4)提升能力:通过引导学生在信息化资源中查找答案,解决实际问题,使学生掌握自学方法。	
教学效果	(1)实现了教学目标,解决了学习重难点。 (2)整合了信息化教学资源,优化了课堂教学,教学时长由3学时缩短为1学时。 (3)激发学生学习兴趣,促进学生自主学习。 (4)专业学生在《智能楼宇管理师》消防部分认证考试中,平均成绩明显提高,一次通过率为100%。	

教学做验收课总结

"安全防范工程技术"是楼宇智能化工程技术专业的一门专业核心职业技术课程,全课72学时,4.5个学分,适用于楼宇智能化工程技术、电气自动化技术专业学生。课程内容包括入侵报警系统、楼宇对讲系统、门禁系统、视频监控系统、火灾自动报警系统、消防联动控制系统等六部分。通过本课程的学习使学生掌握安防领域的基础理论知识、初步具备简单系统的运行与管理能力。

强调以工作过程为导向,培养学生掌握安防系统的基础知识及系统允许与管理能力。通过本课程的学习,使学生了解系统的基本结构;熟悉系统设备的功能;掌握安防系统各子系统的操作方法及相关参数的设置方法,同时培养学生爱岗敬业、团结协作的职业素养。

在教学方法上,主张"教、学、做合一",即"事情怎样做就怎样学,怎样学就怎样教"。 在"教学做一体化"的教学模式中突出学生自主学习能力和解决实际问题能力的培养训练,在实践教学中又突出以学生"做"为主的项目任务驱动模式,就是要像在企业里一样,只给你作业要求说明或样板,自己就要用所学知识自己设计、自己制作,完成作业任务。所以在实际教学中也以此为主线来教学,多种教学方法相结合帮助学生学的好,做的更好。通过此次教学做验收课,我有以下几点体会:

1. 实施"教、学、做"一体化教学的目的是更好地培养学生自主学习能力和解决实际问题的能力。那么这里的"更好"包含几层意思:①原来的教学模式也是好的,也有此目的和效果,所以在实施新的教学模式时不能全盘否定原来的教学模式,原来的教学方法还要继续灵活采用,所谓的多种教学方法相结合。②更好不光是要比原来的教学效果好一些,纵向比较;更好是还要让更多的学生实实在在的有所收获,也包括横向比较。

2. 实施"教、学、做"一体化教学,强调做和学,即强调学生的主体性和能动性的培养,既是技能技术的学习训练,更是创新思维与综合能力的培养,是为了学生的全面发展,而非单纯的学技能。

3. 实施"教、学、做"一体化教学,没有范本,为实现职业教育的目标可以采用灵活多样的教学方法,在实施过程中始终以促进学生的学习为出发点实施有效教学,千万不能为实施一种新的教学方法而绞尽脑汁的完任务。

总之,对课程项目化、教学做一体教学的实践,使我受益颇深,通过不断进行教育教学改革,始终探索培养高素质人才的道路。

电气控制与 PLC

课程标准

课程名称:电气控制与 PLC　　　　　课程类型:职业技能训练课
学时:64　　　　　　　　　　　　　学分:4
适用专业:电气自动化技术专业
执笔人::王丽翠　　　　　　　　　　审核人:于莉
制订时间:2016 年 9 月　　　　　　　修订时间:2017 年 2 月

一、课程性质和作用

1. 课程性质与类型

"电气控制与 PLC"是电气自动化技术专业的必修课,该课程属于职业技能训练课,旨在培养学生掌握的硬件设计、软件设计及常见故障的诊断与排除方法。

2. 课程地位与作用

"可编程控制技术"是一门应用性很强的课程,该课程是在学生学习完"电路分析基础""电子技术应用"等课程后开设的。"可编程控制技术"的后续课程包括"机电设备 PLC 控制""电机控制及应用""自动线安装与调试",通过该课程的学习掌握 PLC 的硬件设计、软件设计及常见故障的诊断与排除方法,为后续综合性课程的学习及训练打下基础。

3. 课程设计思路

该课程以 THPFSM-1.2 型可编程控制器实训装置为依托,采用项目化教学方法,采用小组化、渐进式教学,以学生为主体开展教学活动,通过设定难度和复杂程度逐渐加大的工作任务,使学生在做中学、学中做,逐步掌握基本知识,培养独立解决问题的能力。

二、课程目标

1. 总体目标

通过对本课程的学习和训练,使学生熟悉电气控制与 PLC 的基础知识,掌握 PLC 基本指令的功能,并能用基本指令编写程序、进行调试,完成简单的控制任务,在完成任务的过程中,提高学生分析问题、解决问题的能力。

2. 知识目标

了解 PLC 的结构、工作原理。

掌握位逻辑指令、置位、复位、定时器、计数器、比较、传送、移位指令的基本功能和使用方法。

掌握 PLC 的基本使用方法,包括硬件连接、软件编程、调试。

了解可编程控制器的结构和工作原理。

3. 能力目标

能运用 PLC 指令相关知识,阅读和分析梯形图程序。

能根据 PLC 编程原则,运用所学指令系统,对控制系统进行设计、调试、排故。

4. 素质目标

强化安全意识,建立安全为先的思想,降低工业现场安全事故发生率。

在完成控制要求的前提下,寻找最优解决方案,培养学生创新意识。

形成严谨、认真的工作作风,按要求规范操作,避免工业现场接线凌乱,存在安全隐患。

三、课程内容与设计

1. 课程内容

编号	项目名称	子项目名称	学时
1	PLC 的认知	PLC 的应用及工作原理	4
		软件的使用及 PLC 连线原则	4
2	四人抢答器	启保停	4
		电机正反转	4
		四人抢答器	4
3	十字路口交通灯	顺序启动,逆序停止	4
		闪烁电路	4
		十字路口交通灯	8
4	音乐喷泉	仓库管理	4
		流水灯	4
		音乐喷泉	8
5	天塔之光	流水灯	4
		隔灯闪烁	4
		天塔之光	4

2. 项目内容设计

编号	子项目名称	能力目标	知识目标	训练方式、手段及步骤	可展示的结果
1	PLC 的应用及工作原理	能根据 PLC 的 I/O 模块选择、连接外围输入输出设备	了解 PLC 的产生、特点、结构、工作方式、寻址方式	训练方式及手段：PPT 讲授 + 播放应用视频；步骤：1. 播放 PLC 应用领域的相关视频 2. 对 PLC 的相关基本知识进行介绍	
1	软件的使用及 PLC 连线原则	能应用 PLC 的硬软件开发环境；能根据 PLC 的 I/O 模块选择、连接外围输入输出设备	掌握 STEP 7-Micro/WIN 编程软件的使用；掌握 PLC 外部连线原则	训练方式及手段：PPT 讲授 + 学生实践；步骤：1. 介绍 Micro/WIN 编程软件；2. 介绍 PLC 外部连线原则	
2	启保停	能用基本逻辑指令完成简单的控制要求；能根据梯形图编程原则对程序进行优化	掌握基本逻辑指令的使用；理解 PLC 扫描工作过程	训练方式及手段：PPT 讲授 + 学生实践；步骤：1. 介绍基本逻辑指令的基本知识；2. 布置、实施任务，并进行纠错和讲解	实训台上演示效果
2	电机正反转	能用置位、复位指令完成电机正反转控制的编程；能进行电机的电气接线	掌握置位、复位指令的使用；掌握电机基本控制回路	训练方式及手段：PPT 讲授 + 学生实践；步骤：1. 介绍置位、复位指令的基本知识；2. 布置、实施任务，并进行纠错和讲解	实训台上演示效果
2	四人抢答器	能正确选择指令完成四人抢答器的控制要求	掌握基本逻辑指令、置位、复位指令的使用及互锁的实现方法	训练方式及手段：学生实践；步骤：布置、实施任务，并进行纠错和讲解，比较采用不同指令的区别	实训台上演示效果
3	顺序启动,逆序停止	能根据控制要求选择适当的定时器指令编写程序完成相应的控制要求	掌握定时器指令的类型、存储区、动作原理	训练方式及手段：PPT 讲授 + 学生实践；步骤：1. 介绍定时器指令的基本知识；2. 布置、实施任务，并进行纠错和讲解	实训台上演示效果
3	闪烁电路	能用定时器指令实现闪烁电路的控制要求	掌握用定时器指令实现两输出控制的方法	训练方式及手段：学生实践；步骤：布置、实施任务，并进行纠错和讲解	实训台上演示效果
3	十字路口交通灯	能用定时器指令实现十字路口交通的控制要求	掌握用定时器指令实现多输出控制的方法	训练方式及手段：学生实践；步骤：布置、实施任务，实现用定时器指令实现多输出的控制，并进行纠错和讲解	实训台上演示效果

续表

编号	子项目名称	能力目标	知识目标	训练方式、手段及步骤	可展示的结果
4	仓库管理	能正确选择计数器指令,编写程序完成工作任务	掌握计数器指令的类型、动作原理;掌握正负跳变指令的使用方法	训练方式及手段:PPT讲授+学生实践;步骤:1.介绍计数器指令的基本知识;2.布置、实施任务,并进行纠错和讲解	实训台上演示效果
	流水灯	能综合运用计数器指令、比较指令完成流水灯工作任务	掌握比较指令的功能和使用方法	训练方式及手段:PPT讲授+学生实践;步骤:1.介绍比较指令的基本知识;2.布置、实施任务,并进行纠错和讲解	实训台上演示效果
	音乐喷泉	能综合运用计数器指令、定时器指令、比较指令完成相应的工作任务	掌握计数器指令、比较指令、正负跳变指令的使用	训练方式及手段:学生实践;步骤:布置、实施任务,并进行纠错和讲解	实训台上演示效果
5	流水灯	能综合运用数据传送指令、移位指令完成流水灯的控制任务	掌握数据传送指令、移位指令的类型及使用方法	训练方式及手段:PPT讲授+学生实践;步骤:1.介绍数据传送指令、移位指令的基本知识;2.布置、实施任务,并进行纠错和讲解	实训台上演示效果
	隔灯闪烁	能综合运用数据传送指令、循环移位指令完成隔灯闪烁的控制要求	掌握循环移位指令的类型及使用方法	训练方式及手段:PPT讲授+学生实践;步骤:1.介绍循环移位指令的基本知识;2.布置、实施任务,并进行纠错和讲解	实训台上演示效果
	天塔之光	能综合运用数据传送指令、移位寄存器指令完成相应的控制要求	掌握移位寄存器指令的使用方法	训练方式及手段:PPT讲授+学生实践;步骤:1.介绍移位寄存器指令的基本知识;2.布置、实施任务,并进行纠错和讲解	实训台上演示效果

四、课程考核方式

评价内容	详细内容	权重
平时成绩	出勤	10%
	课堂表现	10%
实训项目	项目2	20%
	项目3	20%
	项目4	20%
	项目5	20%

五、教学组织、实施与保障建议

1. 教学条件

拥有 19 台 THPFSM-1/2 型可编程控制器实训装置，19 台装有 STEP7 MicroWIN 软件的计算机。

2. 教材与课程资源

教材：《可编程控制器应用》，吕景泉，陈其亮，华东师范大学出版社，2014

教参：《PLC 应用技术项目化教程（S7-200）》，李海波，徐瑾瑜，机械工业出版社，2012

《电气控制与 PLC 应用技术》，梅丽凤，机械工业出版社，2012

教学软件：STEP 7-Micro/WIN、smzS7-200 仿真软件

课程整体教学设计

一、课程基本信息

课程名称：电气控制与 PLC		
课程代码：04120203	学分：4	学时：64
所属系部：机电与信息工程系	制定人：王丽翠	
授课时间：第三学期	授课对象：电气自动化专业二年级学生	
课程类型：电气自动化专业职业能力必修课，高级维修电工其中一个考核项		
先修课程：电路分析基础、电子技术应用	后续课程：电机控制及应用、机电设备 PLC 控制、自动线安装与调试	

二、课程定位

1. 岗位分析

本专业毕业生的（技术、管理）岗位分析。本专业初次就业岗位为电气设备安装工、维修工。二次晋升岗位为自动化生产线检修工。未来可晋升为电气主管。

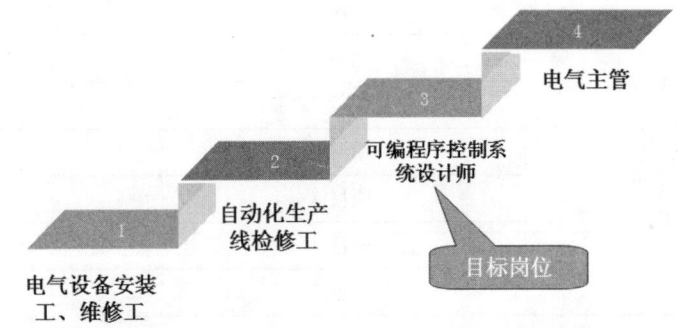

本课程面向的主要岗位是可编程控制系统设计师。其典型工作内容如下：

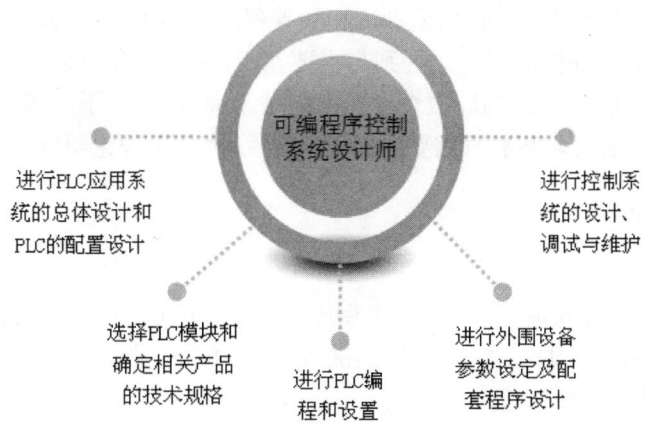

可编程序控制系统设计师岗所需的能力要求：

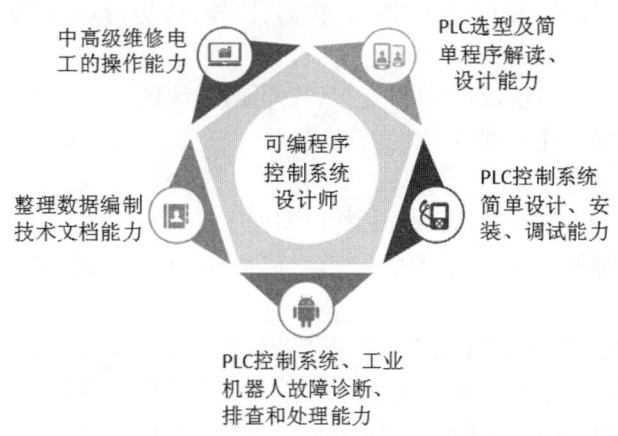

2. 课程分析

本课程的先修课为：电路分析基础、电子技术应用。后续课程为：电机控制及应用、机电设备 PLC 控制、自动线安装与调试。

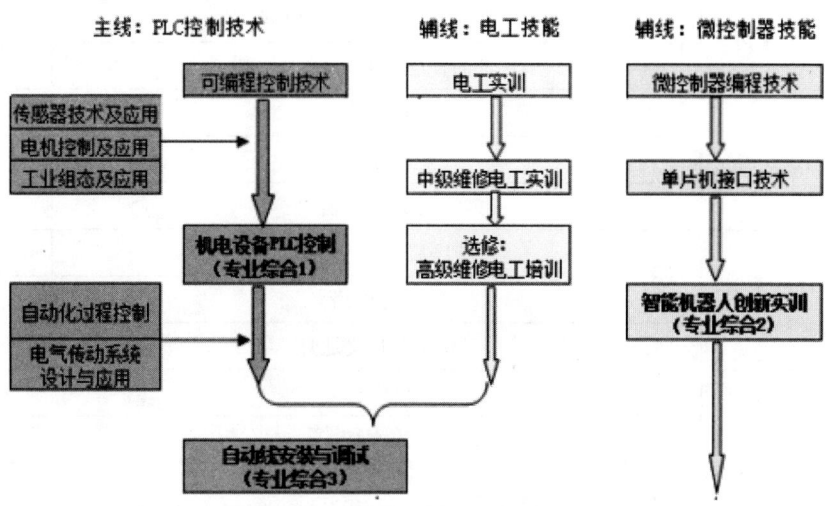

本课程与普通高校、中职（高职）、培训班相关课程的异同如下：共同点是四种教育类型都要培养学生 PLC 应用和维护的能力。区别点主要在于：中职教育主要面向一线操作岗位，侧重于培养学生熟练操作的能力；高职教育主要面向技术岗位，侧重于培养学生解决实际问题，并能进行调试运行的能力；本科教育主要面向设计岗位，侧重于理论研究。

三、课程目标设计

1. 总体目标
通过对本课程的学习和训练，使学生熟悉电气控制与 PLC 的基础知识，掌握 PLC 基本指令的功能，并能用基本指令编写程序、进行调试，完成简单的控制任务，在完成任务的过程中，提高学生分析问题、解决问题的能力。

2. 知识目标
了解 PLC 的结构、工作原理；

掌握位逻辑指令、置位、复位、定时器、计数器、比较、传送、移位指令的基本功能和使用方法；

掌握 PLC 的基本使用方法，包括硬件连接、软件编程、调试；

了解 PLC 的结构和工作原理。

3. 能力目标
能运用 PLC 指令相关知识，阅读和分析梯形图程序；

能根据 PLC 编程原则，运用所学指令系统，对控制系统进行设计、调试、排故。

4. 素质目标
强化安全意识，建立安全为先的思想，降低工业现场安全事故发生率。

在完成控制要求的前提下，寻找最优解决方案，培养学生创新意识；

形成严谨、认真的工作作风，按要求规范操作，避免工业现场接线凌乱，存在安全隐患。

四、课程内容设计

编号	项目名称	子项目名称	学时
1	PLC 的认知	PLC 的应用及工作原理	4
		软件的使用及 PLC 连线原则	4
2	四人抢答器	启保停	4
		电机正反转	4
		四人抢答器	4
3	十字路口交通灯	顺序启动，逆序停止	4
		闪烁电路	4
		十字路口交通灯	8
4	音乐喷泉	仓库管理	4
		流水灯	4
		音乐喷泉	8

编号	项目名称	子项目名称	学时
5	天塔之光	流水灯	4
		隔灯闪烁	4
		天塔之光	4

五、项目任务设计

序号	子项目名称	能力目标	知识目标	训练方式、手段及步骤	可展示的结果
1	PLC 的应用及工作原理	能根据 PLC 的 I/O 模块选择、连接外围输入输出设备	了解 PLC 的产生、特点、结构、工作方式、寻址方式	训练方式及手段：PPT 讲授+播放应用视频；步骤：1. 播放 PLC 应用领域的相关视频；2. 对 PLC 的相关基本知识进行介绍	
	软件的使用及 PLC 连线原则	能应用 PLC 的硬软件开发环境；能根据 PLC 的 I/O 模块选择、连接外围输入输出设备	掌握 STEP 7-Micro/WIN 编程软件的使用；掌握 PLC 外部连线原则	训练方式及手段：PPT 讲授+学生实践；步骤：1. 介绍 Micro/WIN 编程软件；2. 介绍 PLC 外部连线原则	
2	启保停	能用基本逻辑指令完成简单的控制要求；能根据梯形图编程原则对程序进行优化	掌握基本逻辑指令的使用；理解 PLC 扫描工作过程	训练方式及手段：PPT 讲授+学生实践；步骤：1. 介绍基本逻辑指令的基本知识；2. 布置、实施任务，并进行纠错和讲解	实训台上演示效果
	电机正反转	能用置位、复位指令完成电机正反转控制的编程；能进行电机的电气接线	掌握置位、复位指令的使用；掌握电机基本控制回路	训练方式及手段：PPT 讲授+学生实践；步骤：1. 介绍置位、复位指令的基本知识；2. 布置、实施任务，并进行纠错和讲解	实训台上演示效果
	四人抢答器	能正确选择指令完成四人抢答器的控制要求	掌握基本逻辑指令、置位、复位指令的使用及互锁的实现方法	训练方式及手段：学生实践；步骤：布置、实施任务，并进行纠错和讲解，比较采用不同指令的区别	实训台上演示效果

续表

序号	子项目名称	能力目标	知识目标	训练方式、手段及步骤	可展示的结果
3	顺序启动,逆序停止	能根据控制要求选择适当的定时器指令编写程序完成相应的控制要求	掌握定时器指令的类型、存储区、动作原理	训练方式及手段:PPT讲授+学生实践;步骤:1.介绍定时器指令的基本知识;2.布置、实施任务,并进行纠错和讲解	实训台上演示效果
	闪烁电路	能用定时器指令实现闪烁电路的控制要求	掌握用定时器指令实现两输出控制的方法	训练方式及手段:学生实践;步骤:布置、实施任务,并进行纠错和讲解	实训台上演示效果
	十字路口交通灯	能用定时器指令实现十字路口交通的控制要求	掌握用定时器指令实现多输出控制的方法	训练方式及手段:学生实践;步骤:布置、实施任务,实现用定时器指令实现多输出的控制,并进行纠错和讲解	实训台上演示效果
4	仓库管理	能正确选择计数器指令,编写程序完成工作任务	掌握计数器指令的类型、动作原理;掌握正负跳变指令的使用方法	训练方式及手段:PPT讲授+学生实践;步骤:1.介绍计数器指令的基本知识;2.布置、实施任务,并进行纠错和讲解	实训台上演示效果
	流水灯	能综合运用计数器指令、比较指令完成流水灯工作任务	掌握比较指令的功能和使用方法	训练方式及手段:PPT讲授+学生实践;步骤:1.介绍比较指令的基本知识;2.布置、实施任务,并进行纠错和讲解	实训台上演示效果
	音乐喷泉	能综合运用计数器指令、定时器指令、比较指令完成相应的工作任务	掌握计数器指令、比较指令、正负跳变指令的使用	训练方式及手段:学生实践;步骤:置、实施任务,并进行纠错和讲解	实训台上演示效果
5	流水灯	能综合运用数据传送指令、移位指令完成流水灯的控制任务	掌握数据传送指令、移位指令的类型及使用方法	训练方式及手段:PPT讲授+学生实践;步骤:1.介绍数据传送指令、移位指令的基本知识;2.布置、实施任务,并进行纠错和讲解	实训台上演示效果
	隔灯闪烁	能综合运用数据传送指令、循环移位指令完成隔灯闪烁的控制要求	掌握循环移位指令的类型及使用方法	训练方式及手段:PPT讲授+学生实践;步骤:1.介绍循环移位指令的基本知识;2.布置、实施任务,并进行纠错和讲解	实训台上演示效果
	天塔之光	能综合运用数据传送指令、移位寄存器指令完成相应的控制要求	掌握移位寄存器指令的使用方法	训练方式及手段:PPT讲授+学生实践;步骤:1.介绍移位寄存器指令的基本知识;2.布置、实施任务,并进行纠错和讲解	实训台上演示效果

六、项目情境设计

序号	子项目编号、名称	任务	情境	学时
1	1-1 PLC 的应用及工作原理	了解 PLC 的工作原理	王明想要用 PLC 来完成抢答器的任务,一起帮他了解 PLC 的内部结构和工作原理	4
	1-2 软件的使用及 PLC 连线原则	综合使用 PLC 的软硬件完成任务	王明了解了 PLC 的工作原理,那么如何使用编程软件,外部如何连线呢?	4
2	2-1 启保停	按下开始按钮,指示灯亮,且一直亮,直到按下停止按钮,灯才熄灭。试用 PLC 实现上述功能	电动机的运行属于连续运行,公司要求先在实训装置上进行模拟	4
	2-2 电机正反转	结合三相异步电动机的实物连线及正反转控制的基本原理编写 PLC 程序实现电动机的正反转	电梯公司让你设计电机正反转的控制系统	4
	2-3 四人抢答器	1. 系统初始上电后,主持人在总控制台上点击"开始"按键后,允许各队人员开始抢答,即各队抢答按键有效; 2. 抢答过程中,1、2、3、4 队中的任何一队抢先按下各自的抢答按键(S1、S2、S3、S4)后,该队指示灯(L1、L2、L3、L4)点亮,并且其他队的人员继续抢答无效,七段码显示该抢答成功队的队号; 3. 主控人员对抢答状态确认后,点击"复位"按键,系统又继续允许各队人员开始抢答,直至又有一队抢先按下各自的抢答按键	学校要举办一个环保知识问答的比赛,共有四个参赛队,设计一个四队抢答器	4
3	3-1 顺序启动,逆序停止	按下 S0 按钮,灯 L1 亮,3 s 后灯 L2 亮; 按下按钮 S1,灯 L2 灭,2 s 后灯 L1 灭	传送带的启动和停止遵循顺序启动、逆序停止的过程,公司让你先在实训台上模拟该过程	4
	3-2 闪烁电路	闭合开关 K1 2 s 后灯 L1 亮,灯亮 3 s 后熄灭,熄灭 2 s 后再次亮起,3 s 后再熄灭。如此循环	公司让你设计一个广告牌灯闪烁的控制系统	4
	3-3 十字路口交通灯	1. 闭合启动开关,东西红灯点亮 20 s,同时南北绿灯点亮 20 s→东西红灯点亮 3 s,同时南北绿灯闪烁 3 s→东西红灯点亮 2 s,同时南北黄灯点亮 2 s→东西绿灯点亮 20 s,同时南北红灯点亮 20 s→东西绿灯闪烁 3 s,同时南北红灯点亮 3 s→东西黄灯点亮 2 s,南北红灯点亮 2 s; 2. 打开启动开关,十字路口交通灯系统停止运行	交通部门在进行交通灯改造时要求采用 PLC 来设计十字路口的交通灯控制系统	8

续表

序号	子项目编号、名称	任务	情境	学时
4	4-1 仓库管理	一自动仓库存放某种货物,最多6 000箱,需对所存的货物进出计数。进入仓库用S0检测,出仓库用S1检测,货物多于1 000箱,灯L1亮;货物多于5 000箱,灯L2亮。其中,数值1 000和5 000分别存储在VW20和VW30字存储单元中	公司让你设计一个仓库管理的自动控制系统,显示仓库内货物的存放数量情况	4
	4-2 流水灯	1. 闭合开关K1,灯L1-L8顺次点亮,时间间隔为1 s。 2. 闭合开关,彩灯按照1→2→3…→8→1、2→3、4→5、6→7、8→8灯全亮的顺序点亮,间隔时间为1 s	广告公司要求为一个楼宇设计符合要求的装饰灯光系统	4
	4-3 音乐喷泉	1. 闭合启动开关SD,LED指示灯依次循环显示1→2→3…→8→1、2、3、4→5、6、7、8→1、2、3→4、5、6→7、8→1、2、3、4、5、6、7、8→1→2…,模拟当前喷泉"水流"状态。 2. 打开启动开关SD,LED指示灯停止显示,系统停止工作	广告公司要求设计一个模拟音乐喷泉水流状态的灯光系统	8
5	5-1 流水灯	9只彩灯,灯L1、L2、L3、L4、L5、L6、L7、L8、L9依次点亮,并循环。时间间隔1 s	自己设计一个别具一格的礼物送给同学当生日礼物	4
	5-2 隔灯闪烁	9只彩灯,要求隔灯闪烁,即灯L1、L3、L5、L7、L9亮1 s后灭,接着L2、L4、L6、L/8亮1 s后灭,并循环	广告公司要求设计一个9只彩灯隔灯循环闪烁的广告牌	4
	5-3 天塔之光	1. 闭合"启动"开关,指示灯按以下规律循环显示: L1→L2→L3→L4→L5→L6→L7→L8→L1→L2、L3→L4→L5、L6、L7、L8→L1→L2、L3、L4→L5、L6、L7、L8→L1、L2、L3、L4→L5、L6、L7、L8→L1→L1、L2、L3、L4→L1、L4→L1、L8→L1、L7→L1、L6→L1、L5→L1、L2、L3、L4→L1、L5、L6、L7、L8、→L1、L2、L3、L4、L5、L6、L7、L8→L1。 2. 打开"启动"开关,天塔之光控制系统停止运行	客户要求设计一个天塔的灯光按要求闪烁的系统	4

七、课程进程表

子项目编号、名称	周次	学时	单元标题	能/知目标	师生活动	其他(含考核内容、方法)
1-1 PLC的应用及工作原理	1	4	认识可编程控制器	1. 了解PLC的产生、特点、结构、工作方式、寻址方式； 2. 能根据PLC的I/O模块选择、连接外围输入输出设备	学生：了解PLC的特点、工作方式、寻址方式等 教师：播放PLC应用领域的相关视频；对PLC的相关基本知识进行介绍	考核学生对PLC的认识
1-2 软件的使用及PLC连线原则	2	4	西门子PLC编程软件	1. 掌握STEP 7-Micro/WIN编程软件的使用； 2. 掌握PLC外部连线原则； 3. 能根据PLC的I/O模块选择、连接外围输入输出设备	学生：练习使用STEP 7-Micro/WIN编程软件；练习PLC连线原则 教师：1、介绍Micro/WIN编程软件及PLC外部连线原则	考核学生对编程软件的使用及PLC外部连线方法
2-1 启保停	3	4	基本位操作指令的认知和编程	1. 掌握基本逻辑指令的使用； 2. 理解PLC扫描工作过程；能用基本逻辑指令完成简单的控制要求； 3. 能根据梯形图编程原则对程序进行优化	学生：完成启保停控制任务 教师：重点介绍基本位操作指令的功能	基本位指令的使用
2-2 电机正反转	4	4	触发器指令的认知和编程	1. 掌握置位、复位指令的使用； 2. 掌握电机基本控制回路； 3. 能用置位、复位指令完成电机正反转控制的编程； 4. 能进行电机的电气接线	学生：完成电机正反转的控制要求 教师：介绍置位、复位指令的基本知识	置位、复位指令的使用
2-3 四人抢答器	5	4	基本位操作指令的应用	1. 掌握基本逻辑指令、置位、复位指令的使用及互锁的实现方法； 2. 能正确选择指令完成四人抢答器的控制要求	学生：完成四人抢答器的控制任务 教师：布置任务，并在学生实施任务时进行指导	基本位指令的应用
3-1 顺序启动,逆序停止	6	4	定时器指令的认知和编程	1. 掌握定时器指令的类型、存储区、动作原理； 2. 能根据控制要求选择适当的定时器指令编写程序完成相应的控制要求	学生：应用通电延时定时器指令完成顺序启动,逆序停止的任务 教师：介绍定时器指令的基本知识	通电延时定时器指令的应用

续表

子项目编号、名称	周次	学时	单元标题	能/知目标	师生活动	其他(含考核内容、方法)
3-2 闪烁电路	7	4	定时器指令的应用	1. 掌握用定时器指令实现两输出控制的方法； 2. 能用定时器指令实现闪烁电路的控制要求	学生：用断电延时型定时器完成闪烁电路控制任务 教师：布置任务，并在学生实施过程中进行指导	断电延时型定时器的应用
3-3 十字路口交通灯	8	4	定时器指令的应用	掌握用定时器指令实现多输出控制的方法	学生：用定时器指令完成十字路口交通灯的控制任务 教师：布置任务，并在学生实施过程中进行指导	定时器指令的应用
	9	4	定时器指令的应用	能用定时器指令实现十字路口交通的控制要求	学生：用不同类型的定时器指令完成十字路口交通灯的控制任务 教师：布置任务，并在学生实施过程中进行指导	
4-1 仓库管理	10	4	计数器指令的认知和编程	1. 掌握计数器指令的类型、动作原理； 2. 掌握正负跳变指令的使用方法； 3. 能正确选择计数器指令，编写程序完成工作任务	学生：用计数器指令完成仓库管理的控制要求 教师：介绍计数器指令的基本知识	计数器的应用
4-2 流水灯	11	4	比较指令的认知和编程	1. 掌握比较指令的功能和使用方法； 2. 能综合运用计数器指令、比较指令完成流水灯工作任务	学生：用比较指令和定时器指令完成流水灯任务 教师：介绍比较指令的基本知识	比较指令的应用
4-3 音乐喷泉	12	4	计数器指令、比较指令的应用	掌握计数器指令、比较指令、正负跳变指令的使用	学生：综合运用各种指令完成音乐喷泉控制任务 教师：布置任务，并在学生实施任务时进行指导	计数器指令、比较指令的综合运用
	13	4	计数器指令、比较指令的应用	1. 能综合运用计数器指令、定时器指令、比较指令完成相应的工作任务	学生：用不同编程方法实施音乐喷泉任务 教师：引导学生采用不同方法完成任务	计数器指令、定时器指令、比较指令的综合运用

续表

子项目编号、名称	周次	学时	单元标题	能/知目标	师生活动	其他(含考核内容、方法)
5-1 流水灯	14	4	数据传送指令、移位指令的认知和编程	1. 掌握数据传送指令、移位指令的类型及使用方法； 2. 能综合运用数据传送指令、移位指令完成流水灯的控制任务	学生：运用数据传送指令、移位指令完成流水灯控制任务 教师：介绍数据传送指令、移位指令的基本知识	运用数据传送指令、移位指令的能力
5-2 隔灯闪烁	15	4	循环移位指令的应用	1. 掌握循环移位指令的类型及使用方法； 2. 能综合运用数据传送指令、循环移位指令完成隔灯闪烁的控制要求	学生：应用循环移位指令完成隔灯闪烁的任务 教师：介绍循环移位指令的基本知识	循环移位指令的应用
5-3 天塔之光	16	4	移位寄存器指令的认知和编程	1. 掌握移位寄存器指令的使用方法； 2. 能综合运用数据传送指令、移位寄存器指令完成相应的控制要求	学生：应用移位寄存器指令完成天塔之光控制要求 教师：介绍移位寄存器指令的基本知识	移位寄存器指令的应用

八、首末次课设计

1. 首次课设计

通过视频展示 PLC 在实际生产生活中的应用，从就业岗位能力、PLC 的广泛应用出发，介绍本课程的意义和重要性，引起学生的重视。并展示往届学生在本课程中所做的项目视频，引发学生学习兴趣并布置本课程要完成的四个项目。

2. 末次课设计

（1）回顾本课程介绍的基本指令；
（2）总结四个项目可以采用的不同方法，参见下图；
（3）指出系统调试的注意事项。

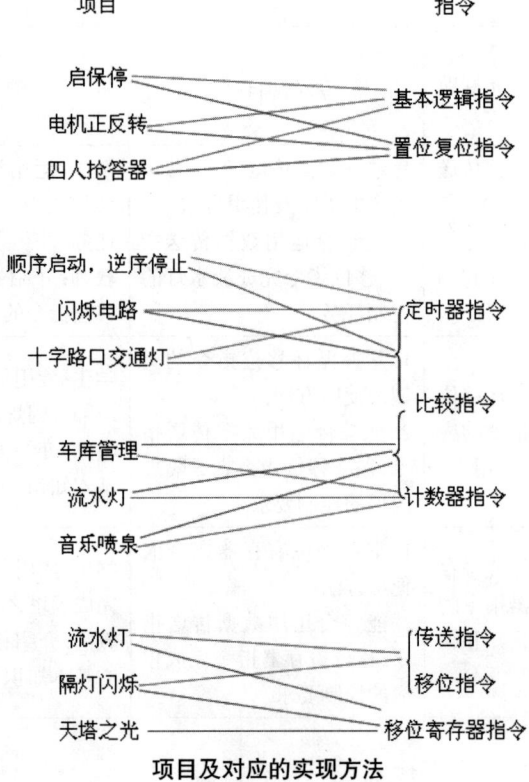

项目及对应的实现方法

九、考核方案

1. 课程整体评价

评价内容	详细内容	权重
平时成绩	出勤	10%
	课堂表现	10%
实训项目	项目2	20%
	项目3	20%
	项目4	20%
	项目5	20%

2. 每个项目的评价标准

《电气控制与PLC》课程实训考核评分标准

专业班级＿＿＿＿＿ 姓名＿＿＿＿＿ 学号＿＿＿＿＿ 成绩＿＿＿＿＿

项目	内容	满分	考核要求	评分标准	扣分	得分
十字路口交通灯	1. 正确选择输入输出设备进行地址分配	10	设备及端口地址选择正确	输入输出每错一处扣2分		
	2. 外部接线正确	20	电源线、地线及I/O信号线接线正确	每错一处扣5分		
	3. 正确编制梯形图程序	20	梯形图格式正确、能满足整个控制要求,梯形图整体结构优化合理。	每错一处扣5分		
	4. 进行调试	30	操作步骤正确,动作熟练。(允许根据制出情况反复修改和完善。)	若有违规操作,每次扣10分		
	5. 运行结果及口试答辩	20	程序运行结果正确、表述清楚,口试答辩正确	对运行结果表述不清楚者扣5分		
	合计					

十、教学材料

教材:《可编程控制器应用》,吕景泉,陈其亮,华东师范大学出版社,2014
教参:《PLC应用技术项目化教程(S7-200)》,李海波,徐瑾瑜,机械工业出版社,2012
《电气控制与PLC应用技术》,梅丽凤,机械工业出版社,2012
设备:THPFSM-1.2型可编程控制器实训装置
教学软件:STEP 7-Micro/WIN、smzS7-200仿真软件

十一、本课程常用术语中英文对照

Programmable Logic Controller ,PLC 可编程程序控制器
Input 输入
Output 输出
Parameter 参数
Instruction 指令

Central processor 中央处理器
Ladder chart/ladder diagram 梯形图
Statement list 语句表
Sequential function chart 顺序功能图
Trouble shooting 故障处理
Range 范围
Design 设计
Execute 执行
Data storage 数据存储
Format 格式
Normal open 常开
Normal close 常闭
Solenoid 线圈
Relay 继电器
Timer 定时器
Counter 计数器
Flowchart 流程图
Interlocking 互锁
Interrupt 中断
Step drive 步进
Electric machinery 电机
Step-down start 降压启动
Actuator 执行器
Module 模块
Handle 处理

课程单元教学设计

课程名称	电气控制与PLC		项目（章）	音乐喷泉	任务（节）	流水灯
授课学时	1课时	教材教参	教材：《可编程控制器应用》，吕景泉，陈其亮，华东师范大学出版社，2014 教参：《PLC应用技术项目化教程（S7-200）》，李海波，徐瑾瑜，机械工业出版社，2012 《电气控制与PLC应用技术》，梅丽凤，机械工业出版社，2012		授课班级	电气自动化151
教学目标	知识	掌握比较指令的功能和使用方法				
	能力	能综合运用定时器指令、比较指令完成流水灯任务				
	素质	在完成控制要求的前提下，开拓思路，寻找最优解决方案，培养学生创新意识				
教学重点	比较指令的使用			教学难点	比较指令类型的选择	
解决方法	通过布置的任务让学生在做中学，体会比较指令的选择和使用方法。					
教学环境	具有THPFSM-1.2型可编程控制器实训装置及安装有STEP 7-Micro/WIN软件的电脑的理实一体化实训室。					
教学设计思路	密切联系学生的实际生活创设情境，布置任务，增强学生的兴趣，使学生在做中学。引导学生对同一任务采用不同的编程方法，开拓思路，培养寻找最优方案的意识。		信息化资源利用	本任务采用多媒体教学，利用了1个视频、4张图片。 1. 课程导入：通过一张动图，创设情境。 2. 布置任务：通过一段视频展示本次任务的具体控制要求。 3. 通过三张图片介绍比较指令在实际生产生活中的应用领域。 4. 结合STEP 7软件介绍比较指令基本知识		
教学环节	教学内容			教学步骤、方法与手段		
布置任务	创设情境、布置任务(2分钟) 情境：客户要求你所在的印象广告公司为一个楼宇设计符合要求的装饰灯光系统。 任务：通过一段视频，布置任务具体要求：闭合开关K1，灯L1-L8顺次点亮，时间间隔为1 s，依此循环。			教师：通过一个动图创设情境，通过视频布置任务。 学生：接收任务，并讨论用之前介绍的指令给出一个方案。		

教学环节	教学内容	教学步骤、方法与手段
实施任务	1. 任务分析（3分钟） 引发学生思考讨论用现有知识能否完成此任务，并指出现有方法完成此任务的优缺点。 2. 通过图片介绍比较指令的应用领域：上下限控制、数值条件判断等。（2分钟） 上下限控制　　　　数值条件判断 3. 比较指令知识介绍（10分钟） 比较指令是将两个操作数按指定的条件比较，比较条件成立时，触点就闭合，否则断开。 比较指令 　　数值比较： 　　　　字节比较 ==、>=、<=、<、>、<> 　　　　整数比较 ==、>=、<=、<、>、<> 　　　　双整数比较 ==、>=、<=、<、>、<> 　　　　实数比较 ==、>=、<=、<、>、<> 　　字符串比较 ==、<> 比较指令格式	教师：介绍比较指令的应用领域、比较指令的基本知识、应用方法。 学生：学习新知识，到实训装置上完成任务。

教学环节	教学内容	教学步骤、方法与手段
实施任务	比较指令使用时的注意事项：1、操作数的类型包括：常数、I、Q、M、SM、V、S、L、AC；2、选择比较指令时数据类型要一致（在 STEP 7-Micro/WIN 软件中演示如何选择） 4. 安排实施任务（25 分钟） 一部分学生到用之前介绍的定时器指令实施任务，另一部分同学综合运用定时器指令和比较指令完成。学生到实训装置上编写程序、连线，进行软硬件的联合调试完成流水灯的任务。老师进行指导。 任务完成后分别请采用不同方法的学生展示自己的程序。两种方法进行比较。 教师对学生采用的方法进行总结，并指出在完成此任务过程中遇到的问题。 5. 布置拓展任务（3 分） 闭合开关后，彩灯按照 1→2→3…→8→1、2→3、4→5、6→7、8→8 灯全亮的顺序点亮，间隔时间为 1 秒。	
教学后记		

教学做验收课总结

2014 年入职参加的第一个活动就是聆听戴士弘教授为大家做的"单元设计"的辅导,耳目一新的教学设计和我所接受的本科、研究生的教学方法完全不同,也使我产生了极大的兴趣。

戴教授所介绍的教学方法为项目化教学方法,通过创设某种特定的情境,以任务为驱动,倡导学生参与教学的全过程,以学生为中心,融教、学、做为一体。教学过程以实际的项目为主线,实现教学内容整合;以项目为载体,实现教学做一体化;以项目考核为考核评价方式,全面提高学生的综合能力。活动当天,戴教授还全程对我院十余门课的课程建设一一进行了点评。通过戴教授的现场指导,使我对项目化教学方式有了一定的了解。

带着疑问和一些思考,我查阅了很多关于项目化教学方法的资料,同时观看了我院第一批教学做验收课的说课和公开课环节,从各位老师的课程设计及学院学术委员会成员的点评中收获颇丰。

在教学上,我尝试对课程"电气控制与PLC"进行了整体设计和单元设计。并多次听取督导和有经验的老师的建议,不断完善课程设计。

一、找准课程定位,设定教学目标

教学目标对教学具有导向功能,因此进行课程改革第一步就是要明确教学目标。在去企业实践的过程中,我们与本行业的一线技术人员进行沟通,了解企业需求,另外参考可编程序控制系统设计师及高级维修电工中对 PLC 部分考核的标准确定了本课程的教学目标,并细化了每个任务的知识目标、能力目标和素质目标,指导教学任务的设计安排。

二、对项目进行优化

项目化课程中项目任务的其核心要素,设计的项目即要包括相关的知识点,又要贴近企业,同时还要让学生感兴趣,从而发挥学生的主动性和主体性,让学生在做中学,学中做,全面提高解决实际问题的能力。我对课程项目的选择进行了反复琢磨和修改,确定了与学生生活密切相关且可包含本课程教学目标中知识点、能力点的四个项目,这四个项目由易到难,由简单到复杂,符合学生认识规律。另外每个项目包含几个子项目,使学生逐步解决复杂问题。

三、在实践中完善教学项目

在实际教学过程中,通过学生的反馈不断完善教学项目,同时改变教学方式。学生能力的提高是我们进行教学改革的最终目标,在实际教学过程中有时会与我们的预期有一定偏差,这时就要根据学生的需求及时进行相应的调整。比如在做四人抢答器这个任务的时候,最先我设计的子项目是做两人抢答器,而学生在完成的时候有两个难点,一个是主持人按按钮之后才能抢答,另一个是队员之间的互锁。同时解决这两个难点对学生有一定的困难,很少有学生能做出来。于是,我将两个难点进行拆分,分成了两个子项目,让学生逐个突破。

课程教学改革任重而道远,需要不断摸索、修改、完善。只有这样才能真正让学生乐学、善学,提高学生综合能力。

工程制图

课程标准

课程名称：工程制图　　　　　　　课程类型：专业必修课
学时：80　　　　　　　　　　　　学分：5
适用专业：机电一体化专业
执笔人：吕芳芳　　　　　　　　　审核人：吕芳芳
制订时间：2017年2月

一、课程性质和作用

1. 课程性质与任务

"工程制图"是机电一体化专业的职业技术课，属于必修课程。

2. 课程地位与作用

本课程是数控技术应用专业的一门专业基础课，是基于典型机械零部件识图、测绘和公差分析工作过程的课程。课程所形成的"图样识读、测绘和公差分析"工作能力，是开展专业学习领域其他课程学习的基础，是日后从事职业岗位技术工作的重要能力，并在后续涉及机械加工技术、机械装配等若干课程中持续贯穿运用与提高。课程的作用是针对职业岗位中典型工作任务，培养学生对机械产品的图样识读、测绘、公差分析的职业能力。

3. 课程设计思路

本门课程从典型工作任务对职业核心能力的要求到学习领域的设定，强调学习领域的教学内容是由多个学习情景的整合，在每个学习情景构建中分成应知知识点、职业能力要点、职业素质训练三个部分，为学生素质能力、职业能力、创新能力培养开拓了新的途径，每一个学习情景对应一个典型工作过程。

依据专业的职业能力需求，重构重组课程内容，打破以知识传授为主要特征的传统学科课程模式，转变为以典型的机械零件和部件为项目载体，以项目导向、任务驱动，进行基于工作过程的课程设计，将知识与技能有机融入到项目任务中，以寻求"教、学、做"一体，广泛采用多媒体教学资源，引导和维持学生的学习兴趣。在执行任务的过程中，探索吸收知识、练好技能，培养学生自主学习的能力和强化团队精神，为后续课程的学习和适应工作岗位奠定良好的基础。

二、课程目标

本课程的教学目标是培养学生正确应用正投影法来分析、绘制和识读机械图样的能力和空间想象能力;学会用绘图软件(AutoCAD 软件)绘制平面图形、中等复杂零件图、简单装配图及简单三维造型的能力,并能标注相关的尺寸和掌握相关技术要求。

通过任务引领型的项目活动,学生能掌握机电专业技能和相关专业知识,具有诚实、守信、善于沟通和合作的品质,热爱本职工作,为其职业能力的发展打下良好的专业基础。

1. 知识目标
(1)全面掌握机械制图中机件的表达方法及《机械制图国家标准》的有关规定。
(2)熟练掌握轴套类、盘盖轮类、箱壳类、叉架类零件的视图表达、尺寸标注。
(3)掌握标准件(键、销、螺纹、轴承)的构造、查表、规定标记和画法。
(4)了解图样上技术要求。
(5)掌握 AutoCAD 制图软件的绘图方法。

2. 能力目标
(1)通过绘图的学习培养能够根据国家标准独立地绘制正确清晰的产品机械图样的能力。
(2)通过识图培养独立看懂产品机械图样的能力。
(3)通过后继课程的学习,并能根据设计要求,具体的生产条件修正图样中的错误的能力。
(4)通过 AutoCAD 软件准确表达机械图纸的能力。

3. 素质目标
(1)通过零件绘图培养学生严谨的工作作风。
(2)通过小组工作法的课堂形式,培养学生与人沟通、团队合作意识。
(3)通过课程的任务完成,培养学生分析任务、拆分任务、完成任务的工作方法。

三、课程内容与项目设计

1. 课程内容框架

编号	课程内容安排	参考学时
1	减速器零部件的拆装	4
2	减速器零件图的绘制	56
3	减速器装配图的绘制	20

2. 教学内容设计

项目模块		减速器的拆装	学时	4
学习目标	知识目标:1. 了解减速器内部结构;2. 掌握工具量具的使用方法			
	能力目标:1. 正确使用常用工具和专用工具;2. 正确拆卸机械零部件;3. 零件尺寸基本测量能力			
	素质目标:通过减速器拆装培养学生严谨认真地工作作风			

续表

子项目	内容描述	教学方法建议	学时
1-1 减速器零部件拆装	1. 减速器内部结构 2. 拆装减速器零部件 3. 测量减速器零部件	方式手段： 1. 减速器模型；2. 多媒体 步骤： 1. 提出问题；2. 收集信息；3. 计划； 4. 决策；5. 实施；6. 检查；7. 评估	4

项目模块		减速器零件图的绘制	学时	56
学习目标	知识目标：1. 全面掌握机械制图中机件的表达方法及《机械制图国家标准》的有关规定；2. 掌握AutoCAD制图软件的绘图方法			
	能力目标：1. 具有能够根据国家标准独立地绘制正确清晰的产品机械图样的能力；2. 具有独立地看懂产品机械图样的能力			
	素质目标：1. 通过零件绘图培养学生严谨的工作作风；2. 通过小组工作法的课堂形式，培养学生与人沟通、团队合作意识；3、通过课程的任务完成，培养学生分析任务、拆分任务、完成任务的工作方法			

子项目	内容描述	教学方法建议	学时
2-1 减速器附件零件图	1. 制图的基本知识 2. 常用几何作图方法 3. 平面图形的分析和绘图方法 4. 投影的基本方法 5. 轴测图的画法 6. AutoCAD 绘图基础	方式手段： 1. 绘图工具；2. 多媒体；3. AutoCAD软件 步骤： 1. 提出问题；2. 收集信息；3. 计划； 4. 决策；5. 实施；6. 检查；7. 评估	16
2-2 减速器主要部件件图	1. 掌握机件的常用表达法和绘图 2. 基本公差与技术量知识 3. AutoCAD 绘图	方式手段： 1. 绘图工具；2. 多媒体；3. AutoCAD软件 步骤： 1. 提出问题；2. 收集信息；3. 计划； 4. 决策；5. 实施；6. 检查；7. 评估	24
2-3 减速器箱体零件图	1. 装配图的分析和绘图方法 2. AutoCAD 创建块模式绘制装配图	方式手段： 1. 计算机；2. 多媒体 步骤： 1. 提出问题；2. 收集信息；3. 计划； 4. 决策；5. 实施；6. 检查；7. 评估	16

项目模块		减速器装配图的绘制	学时	20
学习目标	知识目标：1. 掌握装配图的分析和绘图方法；2. 掌握AutoCAD创建块模式绘制装配图			
	能力目标：1. 读懂装配图的能力；2. 手工绘图装配图的能力；3 通过AutoCAD绘制装配图的能力			
	素质目标：通过分析装配图和绘制装配图培养学生严谨的工作作风			

续表

子项目	内容描述	教学方法建议	学时
3-1 减速学装配图的绘制	1.装配图的分析和绘图方法； 2.AutoCAD 创建块模式绘制装配图	方式手段： 1.多媒体；2.减速器；3.AutoCAD 软件 步骤： 1.提出问题；2.收集信息；3.计划；4.决策；5.实施；6.检查；7.评估 方式手段： 1.多媒体；2.减速器 步骤： 1.提出问题；2.收集信息；3.计划；4.决策；5.实施；6.检查；7.评估	20

四、课程考核方式

	考核内容	分数占比	小计
常规考核	课堂纪律	10	20
	出勤	10	
项目考核	小组互评	20	80
	教师评价	60	

五、教学组织、实施与保障建议

1. 教材选取原则

选用能较好体现工作过程或较好结合职业、行业标准或较好体现职业能力递进的教材；涉及的概念讲解要深入浅出，并配有大量实例，以使学生更容易理解和掌握。

2. 教材

《机械制图与 CAD 技术基础》，缪朝东主编，电子工业出版社，2014

3. 参考书

（1）《机械制图（第五版）》，刘哲，高玉芬主编，大连理工大学出版社，2011

（2）《AutoCAD 机械制图教程》，王技德，胡宗政主编，大连理工大学出版社，2010

（3）《机械制图》，李澄，吴天生，闻百桥，高等教育出版社，1983

4. 教学软件

AutoCAD2014 版

5. 所需设备

装好教学软件的计算机；

减速器模型；

常用机械拆装工具和量具，如：游标卡尺、扳手等。

课程整体教学设计

一、课程基本信息

课程名称：工程制图		
课程代码：04120201	学分：5	学时：80
所属系部：机电与信息工程学	制定人：吕芳芳	
授课时间：第一学期	授课对象：机电一体化专业一年级学生	
课程类型：机电一体化专业职业技术必修课		
先修课程：高等数学等	后续课程：机械设计基础、数控机床编程与加工等	

二、课程定位

1. 岗位分析

机电一体化专业的就业岗位有：从事加工制造业，家电生产和售后服务，数控加工机床设备使用维护，物业自动化管理系统，机电产品设计、生产、改造、技术支持，以及机电设备的安装、调试、维护、销售、经营管理等等。

初次就业、二次晋升、未来发展。

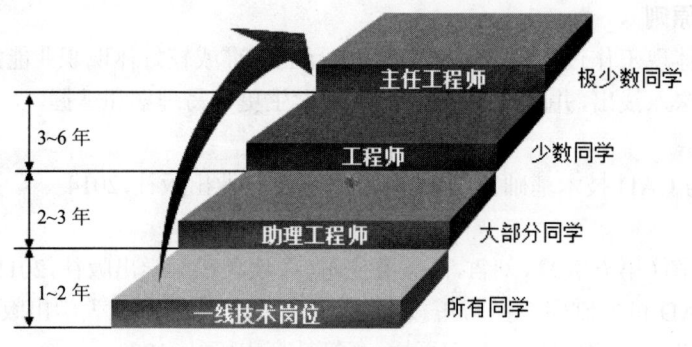

指出本课程面向的主要岗位。画出其典型工作流程图。

本课程在本专业主要面向的岗位：是机械产品装配工、机械维修钳工、机械产品装配工艺员、产品售后服务技术员。该岗位群的典型工作流程与对应的知识、能力和素质要求如下：

典型工作流程	知识要求	能力要求	素质要求
产品装配图分析	机械图样识读与测绘。	能看懂图纸和技术要求,会查机械手册。	细心、认真、规范
产品维修、装配方案	机械图样识读与测绘 常见故障诊断 维修、装配工艺	能正确利用测绘工量具进行正确测绘 能对常见故障进行正确诊断 能根据产品零部件实际情况合理制定装配、维修方案	严谨思维,团队协作规范、严格执行意识
产品维修、装配后进行调试、检测	机械图样识读与测绘 检测、调试	能对装配、维修后的机械产品进行调试、检测	较强的自学能力,勤奋苦干的良好作风,精益求精
质量检测与反馈	机械图样识读与测绘,技术测量与公差配合	能选择正确的量具完成产品装配检验,并善于总结装配维修完成情况	团队协作,创新精神

2. 课程分析

前修课程:高等数学。

后续课程:机械设计基础、数控机床编程与加工。

本课程与普通高校、中职(高职)、培训班相关课程的异同:普通高校主要面向产品设计与研发人员,内容方面增加了换面与较多画法几何知识。中职院校在开设类似课程方面主要面向生产一线操作工人,侧重于机械图样的识读。培训班开设类似课程则有更加明显的目的性,追求短期效果,保证绘图员考证的需要。

高职院校开设本课程,除了面向较易就业岗位的生产一线的工人之外,也要为晋升岗位服务,所以除了机械图样的识读外,还需要具备机械图样的绘制能力及较强的空间想象能力,为以后走上管理或研发工作岗位奠定技术基础。

三、课程目标设计

1. 总体目标

通过本课程学习可以使学生掌握基本视图、绘图技巧,熟练绘制工程图纸。具备独立运用AutoCAD设计和制作工程图的能力。达到专业绘图员等专业岗位的综合素质。学习本课程以后,根据需要可以考取全国CAD制图1级制图师职业资格证书。

2. 能力目标

(1)通过绘图的学习培养能够根据国家标准独立地绘制正确清晰的产品机械图样的能力。

(2)通过识图培养独立看懂产品机械图样的能力。

(3)通过后继课程的学习,并能根据设计要求,具体的生产条件修正图样中的错误的能力。

(4)通过AutoCAD软件准确表达机械图纸的能力。

3. 知识目标

(1)全面掌握机械制图中机件的表达方法及《机械制图国家标准》的有关规定。

(2)熟练掌握轴套类、盘盖轮类、箱壳类、叉架类零件的视图表达、尺寸标注。

(3)掌握标准件(键、销、螺纹、轴承)的构造、查表、规定标记和画法。

(4)了解图样上技术要求。
(5)掌握 AutoCAD 制图软件的绘图方法。

4. 素质目标
(1)通过零件绘图培养学生严谨的工作作风。
(2)通过小组工作法的课堂形式,培养学生与人沟通、团队合作意识。
(3)通过课程的任务完成,培养学生分析任务、拆分任务、完成任务的工作方法。

四、课程内容设计

项目名称	子项目名称	学时
1.减速器零部件的拆装	减速器的拆装	4
2.减速器零件图的绘制	减速器附件零件图	20
	减速器主要部件零件图	24
	减速器箱体零件图	12
3.减速器装配图的绘制	减速器装配图的绘制	20
合 计		80

五、项目任务设计

编号	子项目编号、名称	能力目标	知识目标	训练方式、手段及步骤	可展示的结果
1	1-1 减速器零部件拆装	1.能正确使用绘图仪器 2.能正确使用常用测绘量具并正确读数 3.能正确分析减速器工作原理 4.能正确给出拆装步骤 5.能正确选择工具进行拆装	1.正确使用常用工具和专用工具 2.正确拆卸机械零部件 3.零件尺寸基本测量能力	方式手段: 1.减速器模型 2.多媒体 3.工量具 步骤: 1.展示测绘工量具、让选择合适的测绘工量具进行长度、外径、内孔、高度测量,并正确读数。 2.动手转动轴,观察减速器的转速,分析减速器工作原理。 3.观察减速器结构情况,给出拆装顺序。 4.选择合适的工具进行拆装。	正确拆卸并回装,保证转动灵活

续表

编号	子项目编号、名称	能力目标	知识目标	训练方式、手段及步骤	可展示的结果
2	2-1 减速器附件零件图	1. 能正确测绘定位销,按国家标准进行标注、查表 2. 能正确测绘平键,按国家标准进行标注、查表 3. 能正确测绘螺母与螺栓,按国家标准进行标注、查表 4. 能自学双头螺柱、螺钉的表达与标注 5. 能正确测绘调整垫片挡油环,并利用剖视图进行表达,正确标注尺寸 6. 能正确测绘端盖 7. 能按机械制图国家标准进行图幅、字体、图线、尺寸标注练习 8. AutoCAD 绘图能力	1. 掌握制图的基本知识 2. 常用几何作图方法 3. 平面图形的分析和绘图方法 4. 投影的基本方法 5. 轴测图的画法 6. AutoCAD 绘图	方式手段: 1. 绘图工具 2. 多媒体 3. 减速器模型 步骤: 1. 测绘定位销,用一面视图绘制定位销,查表按标准件进行标注。 2. 测绘平键,用两面视图表达,查表按标准件进行标注。 3. 测绘螺母,用三面视图表达螺母,并按规定画法绘制内螺纹,查表按标准件进行标注。 4. 测绘螺栓,并按规定画法绘制外螺纹,查表进行标准件标注。 5. 测绘调整垫片、挡油环,用一个剖视图表达,正确标注尺寸 6. 按正确测绘方法与步骤测绘端盖,选择合适的投射方向确定主视图,合理、正确标注零件尺寸	减速器附件的相关零件图
	2-2 减速器主要部件零件图	1. 能正确测绘主动齿轮轴等,并用合适的表达方法表达工艺结构 2. 能正确测绘从动轴等,正确标注尺寸与形位公差 3. AutoCAD 绘图能力	1. 掌握机件的常用表达法和绘图 2. 基本公差与技术量知识 3. AutoCAD 绘图	方式手段: 1. 绘图工具 2. 多媒体 3. 减速器模型 步骤: 1. 观察主动齿轮轴等主要零部件的工艺结构,讨论工艺结构作用,选择合适的表达方案,正确测绘 2. 正确标注尺寸与形位公差	轴零件图 齿轮零件图 联轴器零件图 齿轮轴零件图
	2-3 减速器箱体零件图	1. 能选择正确表达方案表达箱盖与箱体 2. 能正确测绘箱盖与箱体 3. 能正确标注尺寸,给出合理的表面粗糙度	1. 箱体类零件铸造工艺结构 2. 局部剖视图画法与标注要点 3. 基本视图、向视图、局部视图画法与应用 4. 零件表达方案合理选择 5. 表面结构要素 6. AutoCAD 绘图	方式手段: 1. 计算机 2. 多媒体 3. 减速器模型 步骤: 1. 观察箱盖与箱体零件铸造工艺结构,讨论铸造工艺结构的特点与形成 2. 选择合理的表达方案表达箱盖、箱体 3. 正确测绘箱盖与箱体,选用正确的表面粗糙度进行标注	箱座零件图

续表

编号	子项目编号、名称	能力目标	知识目标	训练方式、手段及步骤	可展示的结果
3	3-1 减速器装配图的绘制	能正确绘制减速器装配图	1. 装配图的表达方法与要点 2. 装配图尺寸标注 3. 装配图技术要求 4. 极限与配合 5. 掌握 AutoCAD 创建块模式绘制装配图	方式手段： 1. 多媒体 2. 减速器 步骤： 1. 认真分析减速器，制定合理的表达方案，给出装配技术要求 2. 选择合理的配合种类与配合制度 3. 徒手绘制装配草图 4. 确定需标注的尺寸并标注 5. AutoCAD 制图	装配图

六、项目情境设计

每个项目的多个情境。即该项目的由来、约束条件和工作环境。

用情境引出项目任务。情境类型尽可能齐全，情境展示尽可能生动。

编号	子项目编号、名称	任务	情境	学时
1	1-1 减速器零部件拆装	1. 常用工具和量具的使用 2. 减速器工作原理 3. 拆装方法和步骤	一机械加工某设备的减速器出现漏油，需要对减速器进行拆卸查找原因	4
2	2-1 减速器附件零件图	1. 图线字体尺寸标注练习 2. 测绘定位销、螺母、螺栓、平键 3. 测绘调整垫片、挡油环、端盖、从动齿轮	工厂视孔盖和透盖损坏，需要制图员绘制图纸进行加工和配置	20
	2-2 减速器主要部件零件图	1. 测绘齿轮轴 2. 绘制齿轮 3. 从动轴	一机械厂设备运转时发现减速器主动轴窜轴，需要减速器轴承、齿轮等主要部件的零件图纸进行分析	24
	2-3 减速器箱体零件图	1. 测绘箱盖 2. 箱体零件	减速器生产厂需要对减速器箱体造型进行改进	12
3	3-1 减速器装配图的绘制	1. 装配图的分析和绘图方法 2. 装配图绘制	某工厂制图员建立减速器图纸数据库，存入电脑。	20

七、课程进程表

子项目编号、名称	周次	学时	单元标题	项目编号	能/知目标	师生活动	其他（含考核内容、方法）
1-1 减速器零部件拆装	1	4	减速器拆装	1	1. 正确使用常用工具 2. 正确使用量具 3. 零件尺寸基本测量能力 4. 了解减速器结构、工作原理和性能特点 5. 掌握减速器拆装方法顺序和注意事项	教师：展示测绘工量具，让学生练习使用要点；指导学生分析减速器工作原理；指导学生制定正确的拆装顺序；指导学生选用正确的拆装工具进行拆装。学生：选择合适的测绘工量具进行长度、外径、内孔、高度测量，并正确读数；弄清自己所属小组；根据任务书和引导文查阅资料；讨论分析减速器工作原理；讨论制定正确的拆装顺序；选择正确拆装工具进行拆装。	考核内容： 1. 减速器模型拆装 2. 工具的使用 考核方法： 过程考核
2-1 减速器附件零件图	2	4	制图的基本知识和技能	2	1. 掌握相关国家标准 2. 学会绘图工具的使用方法 3. 掌握常用几何作图方法 4. 掌握平面图形的分析和绘图方法	教师：1. 指导学生按留装订边的形式绘制图框、标题栏。2. 指导学生合理布图，进行图形抄画。3. 指导学生按图线要求进行加深，标注尺寸。学生：1. 学习机械制图国家标准。2. 在老师的指导下，标题栏绘制，合理布图，选择合适的比例，抄画指定的图形。	考核内容： 手绘图纸 考核方法： 过程考核
	3	4	点、直线、平面投影	2	1. 了解投影方法 2. 掌握点、线、平面的投影	教师：指导学生进行投影方法和相关概念的学习 学生：分组进行投影练习	考核内容： 手绘图纸 考核方法： 过程考核

续表

子项目编号、名称	周次	学时	单元标题	项目编号	能/知目标	师生活动	其他（含考核内容、方法）
2-1 减速器附件零件图	4	4	减速器定位销、平键、螺母绘制	2	立体投影	教师：1. 指出绘制机械图样时一般采用正投影法表示，引导学生正确理解正投影，徒手画出俯视图、主视图、左视图；2. 引导学生分析正投影的投影特性 1. 学生：绘制定位销等的三面视图；2. 在老师的引导下讨论并正确理解正投影特性，3 快速完成定位销的非圆视图，并正确标注。	考核内容：手绘图纸 考核方法：过程考核
	5	4	减速器端盖、调整垫片、挡油环绘制	2	1. 剖视图画法 2. 正确标注尺寸	教师：1. 指导学生用两面视图表达调整垫片、挡油环；2. 引导学生如果用视图为非圆的一个视图表达这类零件时，如何解决其中的虚线，引入剖视图的概念；3. 演示全剖视图的画法要点，指导学生用剖视图表达调整垫片、挡油环，并正确标注。学生：1. 绘制调整垫片、挡油环两面视图，对比一个视图加上尺寸标注，讨论表达方案的合理性；2. 看老师演示的全剖视图画法，用全剖视图表达两个零件	考核内容：手绘图纸 考核方法：过程考核
	6	4	AutoCAD 2014 界面及常用命令，绘图与编辑	2	了解 AutoCAD 的主要功能；悉 AutoCAD 的主要工作界面；掌握关于文件的基本操作；掌握命令的输入方法掌握基本绘图命令掌握基本编辑命令	教师：演示 AutoCAD 2014 界面及常用命令，绘图与编辑操作 学生：根据内容练习操作。	考核内容：AutoCAD 图纸 考核方法：过程考核

续表

子项目编号、名称	周次	学时	单元标题	项目编号	能/知目标	师生活动	其他（含考核内容、方法）
2-2 减速器主要部件零件图	7	4	测绘从动齿轮	2	掌握齿轮的标准画法	教师：1.引导学生用剖视图表达齿轮（轮齿部分先不画）；2.齿轮的规定画法；学生：1.测绘齿轮（齿根圆不测）；2.通过测齿轮外圆，数齿数，进行尺寸计算；3.按齿轮规定画法补全齿轮的表达视图。	考核内容：手绘图纸 考核方法：过程考核
	8	4	绘制齿轮轴	2	掌握机件的常用表达方法	老师：指导学生合理布常用图，绘制零件工作图 学生：绘制齿轮轴	考核内容：手绘图纸 考核方法：过程考核
	9	4	基本公差与技术测量技术知识	2	掌握极限与配合，测量技术基础，几何公差，表面粗糙度，普通结合件的互换性，典型零件的公差与测量。	老师：通过减速器绘制与装配讲解相关知识 学生：根据所学内容检查所绘零件图	考核内容：手绘图纸 考核方法：过程考核
	10	4	AutoCAD 2014 平面绘图与编辑（尺寸标注与文本注写）	2	掌握根据国际的要求建立尺寸标注样式；掌握尺寸标注的具体命令，掌握新建文字样式和文字的注写	教师：演示软件的操作 学生：根据资料上机练习	考核内容：AutoCAD 图纸 考核方法：过程考核
	11	4	AutoCAD 2014 平面绘制齿轮、齿轮轴（根据测绘手绘图纸）	2	掌握 AutoCAD 软件的操作	教师：巡视指导 学生：上机练习	考核内容：AutoCAD 图纸 考核方法：过程考核

续表

子项目编号、名称	周次	学时	单元标题	项目编号	能/知目标	师生活动	其他（含考核内容、方法）
2-2 减速器主要部件零件图	12	4	AutoCAD 2014 平面绘制综合练习	2	熟练掌握软件的操作,能够利用软件绘制零件平面图	教师:巡视指导 学生:上机练习	考核内容: AutoCAD 图纸 考核方法: 过程考核
2-3 减速器箱体零件图	13	4	箱盖零件工艺结构、内部表达	2	1. 掌握箱体类零件铸造工艺结构 2. 局部剖视图画法与标注要点 3. 基本视图、向视图、局部视图画法与应用	教师:1. 引导学生仔细观察箱盖工艺结构,掌握铸造工艺结构、机械加工工艺结构的特点与正确表达方法; 2. 指导学生更正错误画法。 学生:1. 掌握铸造工艺结构、机械加工工艺结构的特点与正确表达方法; 2. 更正错误画法	考核内容: 手绘图纸 考核方法: 过程考核
	14	4	箱体结构表达	2	1. 掌握零件表达方案合理选择 2. 表面结构要素	教师:1. 引导学生讨论箱体的表达方案,确定投射方向; 2. 指导学生确定最佳表达方案 学生:1. 讨论箱体的表达方案; 2. 在老师的指导下确定最佳方案,绘制箱体零件图; 3. 按要求进行表面粗糙度标注	考核内容: 手绘图纸 考核方法: 过程考核
	15	4	AutoCAD 2014 零件图的绘制（根据手绘图）	2	掌握新建文字样式和文字的注写;掌握使用块命令方法;熟练掌握样板文件的建立;	教师:巡视指导 学生:根据手绘图用 AutoCAD 软件制图	考核内容: AutoCAD 图纸 考核方法: 过程考核

续表

子项目编号、名称	周次	学时	单元标题	项目编号	能/知目标	师生活动	其他（含考核内容、方法）
3-1 减速器装配图的绘制	16	4	装配图表达方案	3	1. 掌握表达机器或部件的方法 2. 尺寸标注和技术要求 3. 零件序号和明细栏	教师：1. 引导学生掌握装配图表达方法； 2. 引导学生制定合理的减速器装配图表达方案。 学生：1. 在老师的引导下学习装配图表达方法； 2. 讨论制定合理的表达方案	考核内容：手绘图纸 考核方法：过程考核
		4	装配工艺结构表达	3	1. 了解装配工艺结构表达 2. 掌握减速器装配工艺结构画法	教师：1. 引导学生观察装配工艺结构； 2. 指导学生针对性学习装配工艺结构表达画法； 3. 演示装配工艺结构画法，指导学生完成装配工艺结构的表达。 学生：1. 在老师的指导下学习装配工艺结构表达画法； 2. 完成装配工艺结构画法。	考核内容：手绘图纸 考核方法：过程考核
	17	4	绘制减速器装配草图	3	1. 掌握键联接、销联接、螺纹联接画法 2. 掌握装配图画法	教师：1. 演示键联接、销联接、螺纹联接画法； 2. 导学生按减速器装配图表达方案绘制装配草图。 学生：1. 完成装配图中键联接、销联接、螺纹联接的画法； 2. 在老师指导下动手绘制减速器装配草图。	考核内容：手绘图纸 考核方法：过程考核
		4	AutoCAD 2014装配图的绘制	3	掌握建立多重引线样式；掌握用Mleader命令添加零件序号；熟练掌握表格样式的定义；掌握创建表格的方法步骤。	教师：巡视指导 学生：利用AutoCAD软件制图	考核内容：AutoCAD图纸 考核方法：过程考核
	18	4	AutoCAD 2014装配图的绘制	3	熟练运用AutoCAD软件画装配图的方法	教师：巡视指导 学生：利用AutoCAD软件制图	考核内容：AutoCAD图纸 考核方法：过程考核

八、首末次课设计

1. 首次课设计（面向全课，力争体验）

步骤一：本课程的研究对象和任务。用减速器模型和对应的图纸（图1至图3）吸引同学们，体会本门课程的学习内容。

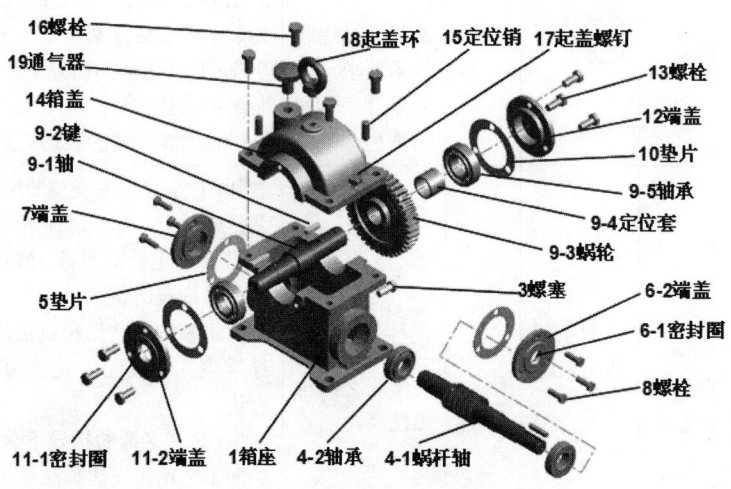

图1 减速器内部结构图

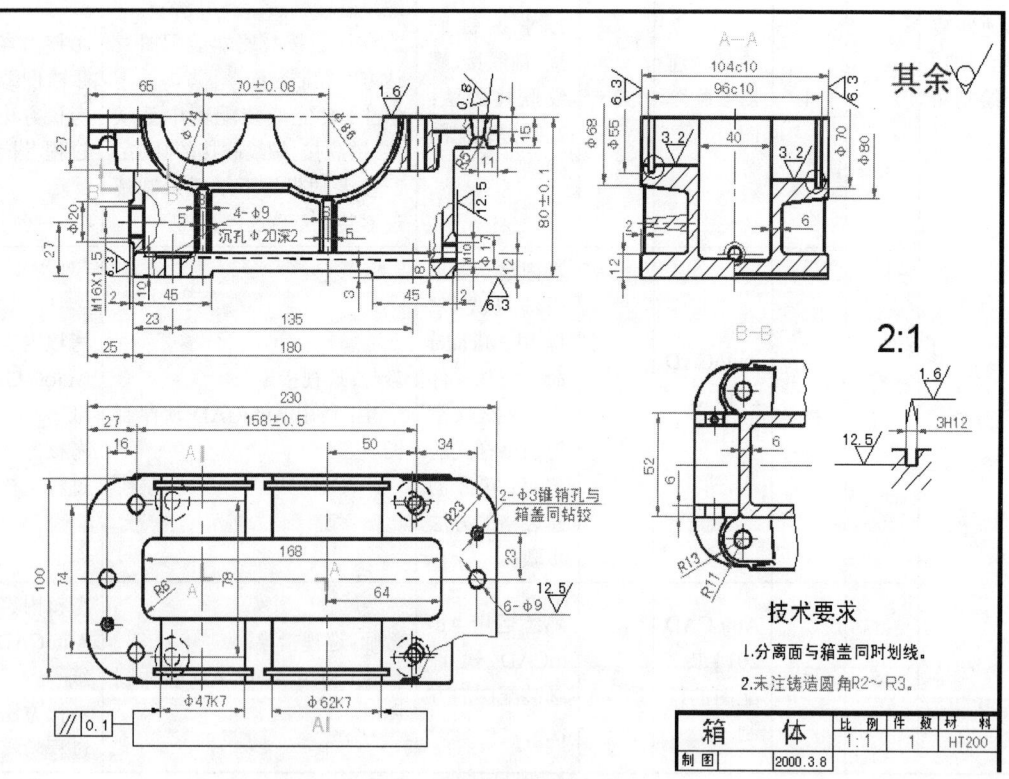

图2 减速器箱体零件图

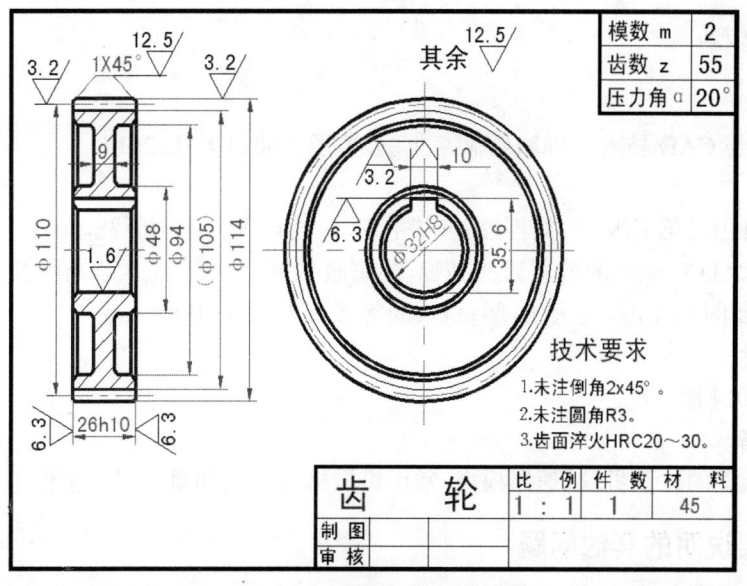

图 3　齿轮零件图

步骤二:情境导入。某机械加工厂某机械设备的减速器出现漏油,需要对减速器进行拆卸查找原因。

步骤三:拆装减速器。示范减速器的拆装步骤,在拆装过程中学习工具的使用方法以及拆装的顺序和注意事项。使学生对零件结构有直观的感受,分析减速器的结构和工作原理。

步骤四:下发任务单。5人一组对减速器模型进行拆装。

2. 末次课设计

步骤一:分小组,让同学们总结并汇报。

(1)本学期的主要知识内容有哪些?

(2)小组间分享手绘和 AutoCAD 绘制的图纸相互交流。

①绘图中需要注意的问题是什么?②减速器测绘时的困难有哪些?③在绘图中印象最深的是什么?

步骤二:教师进行总结、点评。

九、考核方案

考核方案先由指定教师写出,然后由课程组成员集体研讨商定。

	考核内容	分数占比	小计
常规考核	课堂纪律	10	20
	出勤	10	
项目考核	小组互评	20	80
	教师评价	60	

十、教学材料

1. 教材
《机械制图与 CAD 技术基础》，缪朝东主编，电子工业出版社，2014

2. 参考书
（1）《机械制图（第五版）》，刘哲，高玉芬主编，大连理工大学出版社，2011
（2）《AutoCAD 机械制图教程》，王技德，胡宗政主编，大连理工大学出版社，2010
（3）《机械制图》，李澄，吴天生，闻百桥，高等教育出版社，1983

3. 教学软件
AutoCAD2014 版

4. 所需设备
装好教学软件的计算机；减速器模型；常用机械拆装工具和量具，如：游标卡尺、扳手等。

十一、需要说明的其他问题

（1）本课时实践性较强，宜精讲、多练、从中加强绘图能力训练。课程的作业分配量可以根据实际情况酌情增减。

（2）部件测绘时根据进度需要调整课程的时间，安排尽量紧凑，不影响实践环节的完整性。

（3）本课程只能为学生的绘图和读图能力打下一定基础，在后继课程、生产实习、课程设计和毕业设计中必须逐步提高。

（4）为了增强读图能力，可安排一些参考学习实际工作图活动。

十二、本课程常用术语中英文对照

工程制图常用英文缩写	公差配合类英文
ANGLE 角度	直线度（straightness）
NATURE R 自然 R	公差/值（tolerance/value）
ALL ROUND 周边,全周	基本尺寸（basic size）
NG 粗牙	偏差（deviation）
BOT（BOTT） 底部	上/下偏差（upper/lower deviation）
NF 细牙	配合/间隙配合/过盈配合/过渡配合（fit/clearance fit/interference fit/ transition fits）
CB 沉头孔	
PART NO 料号	单/双边公差（unilateral/bilateral tolerance）
CL 中心线	标准/精度公差（standard/ precision tolerance）
PUNCH 冲头	基准/特征/点/线/平面/轴线（datum/feature/ point/line/ plane/axis）
C+0.02 单边放大 0.02 间隙	
PIERCE PUNCH 落料冲头	最大/小材料状态（M/LMC=maximum/least material condition）
chamfer（C） 倒角	
PCS 个,块,件	理论正确尺寸（theoretical size）
CA（NCA） 清角(不清角)	基本尺寸（basic dimension）
Q'TY 数量	直径/半径（diameter/radius）

工程制图常用英文缩写	公差配合类英文
CENTER（CEN） 中心，园心 REF 参考 DWG NO 图号 REV 版次 DEEP（DEP） 深度 RIGHT 右 EDGE 刀口 SYM 中心对齐 ECN NO 设变号码 SMALL 小端 EWL（newl） 清线头（不清线头） S 落料斜度 FINISH 硬度 SCALE 比例 GAP 单边间隙 SECTION A-A 剖视 A-A HEIGHT 高度 SHEET 表单，页次 HATCHING 阴影线 SURFACE 表面 HEAT TREATMENT 热处理 TAP 攻牙 INSERT 入块 TYP 相同，尺寸一致 LARGE 大端 THRU（THR） 贯穿 LEFT 左 TOP 顶部 MM 螺纹的规格 THICK 厚度 MARK 记号标记 TAPPER 锥度斜度 MATEL 材料材质 TAN 切点 MAX 最大值 TAP1/2NPT 1/2 英制管牙 MIN 最小值 UNIT 单位 NAME 名称 VIWE A 视图 A NEF 特别攻牙 SECA-A A-A 剖视 NRT 新制管牙	平面度（flatness） 圆度（circularity） 圆柱度（cylindricity） 线轮廓度（profile of a line） 面轮廓度（profile of a surface） 定向公差（orientation tolerance） 平行度（parallelism） 垂直度（perpendicularity） 倾斜度（角度）（angularity） 位置度（position） 对称度（symmetry） 同轴度（同心度）（concentricity） 圆跳动（circular runout） 全跳动（total runout） 坐标尺寸（coordinate dimensioning） 几何尺寸（geometric dimensioning） 拔模斜度（draft angle） 分型线（parting line） 外圆角/内圆角拔模斜度（rounds/fillets draft） 肋材和尖角（rib and corner） 顶/测/端视图（top/side/end view）

课程单元教学设计

课程名称	工程制图		项目（章）	减速器零件图绘制	任务（节）	2-1 减速器附件零件图
授课学时	1	教材教参	《机械制图与 CAD 技术基础》，缪朝东主编，电子工业出版社，2014		授课班级	机电 161
教学目标	知识	利用正投影特性掌握三视图的形成和投影规律				
	能力	培养学生三视图的空间想象能力 空间与三视图转换的逻辑思维能力				
	素质	在零件图绘制过程中养成严谨细致的技术行为习惯				
教学重点	三视图的性质和投影规律			教学难点	视图的形成过程和空间概念的建立	
解决方法	以学习任务的完成活动为主线，多种教学方法交替使用，突出重点、突破难点，同时配合多媒体演示，实物教具、小组任务激发学生的学习兴趣，提高学习效率					
教学设计思路	以减速器附件零件图的绘制任务切入，引导学生绘制基本三视图投影，教师演示、学生分组分析，掌握零件三视图投影规律			信息化资源利用	1. 媒体素材：文本素材、图像类素材 2. 教学课件	
教学环境	机械设计实训室：投影仪、减速器模型、自制空间绘图模型、减速器连接键、定位销					
教学环节	教学内容				教学步骤、方法与手段	
课程导入（5分钟）	1. 古诗：《题西林壁》。让学生思考诗人是怎样观察庐山的？让学生跨越学科界线，从诗歌中提炼出隐含的制图知识。比如诗人观察山的角度和方向，角度不同所看到的山的形状则不同。 2. 引入图片"猜数字"和"猜人物关系"，以观察者的角度观察，再次强调观察方向角度的重要性。 3. 飞机和汽车不同投影面的图片。 总结"从不同的角度看同一物体，视觉的效果可能不同，要比较真实地反映出物体的特征我们可从多角度观看物体。"这一重要结论，为后面的知识点奠定基础。				引入图片 循序渐进 由浅入深 得出结论	
探索新知（15分钟）	1. 从正面上面和侧面三个方向观察两圆柱组合体的形状，画出了三视图，对零件的三个方向的形状有一个概念。 2. 三投影面体系的建立和三投影面的展开。 3. 投影规律。 4. 三视图与物体的方位的对应关系。				教师引导 小组讨论 教师总结	

续表

教学环节	教学内容	教学步骤、方法与手段
练习阶段（10分钟）	1. 圆锥台摆放位置不同,三视图的画法。 2. 立方体组合体的三视图。	练习讨论 归纳总结
小组任务（10分钟）	减速器连接键的三视图绘制: 1. 提出工作任务 教师:组织、协调学生分组,五人一组。 学生:观察减速器平键。 2. 任务实施 学生:各组分别在图纸上绘制零件图,试着标注尺寸。 教师:协调组织学生制定初步表达方案,为学生答疑。 3. 任务总结 学生:1. 分组展示初步方案,相互讨论、修改方案;2. 确定最终表达方案。 教师:审阅学生图纸,确定学生对知识点的掌握情况。	提出任务 任务实施 任务总结
归纳总结（5分钟）	1. 教师总结。 2. 布置课后作业练习减速器定位键的三视图。 3. 学生反馈在任务完成过程中容易遇到的问题,解决的方法。	教师总结 布置作业 学生反馈
教学后记	1. 绘图的规范性还需要加强。 2. 提高运用绘图工具的能力。 3. 在小组任务中加强尺寸标注的练习,效果会更好。	

小　结

在项目化教学过程中,随着项目的逐步开展,学生的自学能力和分析问题解决问题能力逐步加强。在项目的最后阶段,教师的指导逐渐被学生的自主解决所替代,增强了学生自主学习能力。在以后的教学中,不断探索新的内容和方法用于学生素质和能力的提示,以及独立解决实际问题的能力。

劳动与社会保障

课程标准

课程名称:劳动与社会保障　　　　课程类型:理论＋实践课
学时:64　　　　　　　　　　　　　学分:4
适用专业:社区管理与服务专业
执笔人:阮利　　　　　　　　　　　审核人:付健
制订时间:2015 年 9 月　　　　　　 修订时间:2017 年 3 月

一、课程性质和任务

"劳动与社会保障"是"社区管理与服务"专业一门必修课,旨在使学生了解和掌握劳动就业和社会保险的理论知识、基本政策和具体的实务流程,本课程是在学习了社会调查与统计、社会工作方法等职业基础课程之后的一门职业技术课程,后续课程还有社区服务、社区工作实务等技能训练课程。课程设计以社区工作站劳动保障岗位需要为出发点,以典型工作任务为驱动,通过该课程的学习,可以培养学生分析问题、解决问题及相关的实务操作能力,切实提高专业技能与素质,为适应职业发展需要打下良好基础。

二、课程目标

1. 能力目标

(1)学习理解能力,能够坚持学习和正确解读国家劳动就业和社会保险等方面政策法规。
(2)表达能力,能够运用群众易于接受的语言和表达方式,提供针对性宣传和咨询服务。
(3)业务经办能力,能够熟练地根据工作标准办理就失业登记、职业指导和介绍、社会保险等业务的登记、申请和审核工作。
(4)信息处理能力,能够运用计算机开展人力资源统计并实行动态管理,收集、发布相关服务信息等。
(5)组织协调能力,能够协调社区资源开展就业服务、退休人员活动组织等。
(6)应变能力,能够处理突发事件和群众关心的突出问题。

2. 知识目标

(1)掌握劳动就业以及社会保险等相关法规政策。

(2)掌握政策宣传、咨询的主要方法和工作内容。
(3)掌握劳动力资源调查统计方法和动态管理方法。
(4)掌握就业援助对象的方法及途径。
(5)掌握职业指导的方法、职业培训的主要内容以及职业介绍的服务规程。
(6)掌握退休人员社会管理的主要工作内容。

3. 素质目标

(1)坚持依法服务宗旨,贯彻落实相关政策。
(2)爱岗敬业,树立终身学习理念,不断钻研业务。
(3)坚持以人为本,提供针对性和有效性的优质服务。
(4)在服务过程中,做到以礼相待,认真负责,程序规范,注重时效。
(5)廉洁自律,自觉抵制不正之风。
(6)与相关部门工作人员良好沟通,具有团结协作精神。

三、课程内容与要求

1. 课程内容框架

编号	课程内容或项目模块	教学单元	学时
1	社区劳动力资源管理	劳动力信息采集、就业失业登记、就业困难人员认定、信息处理	16
2	就业服务	政策咨询服务、职业指导、职业介绍、职业培训服务、就业援助、创业服务	26
3	退休人员社会化服务	退休人员基本信息采集、自我管理与互助服务组织建立、特殊人员管理服务、组织开展文体活动、健康咨询养老服务	10
4	社会保险服务	城乡居民基本养老保险、城乡居民基本医疗保险、灵活就业人员社保补贴、退休人员养老金领取资格认证	12

2. 课程内容设计

课程内容或项目模块	社区劳动力资源管理		学时	16
学习目标	知识目标:掌握劳动力资源相关概念和调查统计方法。			
	技能目标:能够入户调查采集本辖区各类人员信息,分类建立健全基础台账,实现重点和动态管理。			
	素质目标:严肃认真,及时准确,使用文明用语,注意禁忌。			
学习单元	内容描述	教学方法建议		学时
1.劳动力信息采集	能够运用调查统计方法,采集辖区社区从业人员、失业人员、就业困难人员、新增劳动力资源等基本信息。	任务驱动法,设置任务情境,做中学相关概念以及工作流程。		4
2.就业失业登记	能够按照失业登记、就业登记基本程序审核登记人员的材料,指导填写相关表格,办理各类就失业登记。	任务驱动法,设置任务情境,做中学相关政策以及工作流程。		4

续表

学习单元	内容描述	教学方法建议	学时
3. 就业困难人员认定	能够按照就业援助对象认定程序初审相关材料,并根据认定情况在就失业证上注明。	任务驱动法,设置任务情境,做中学相关政策以及工作流程。	4
4. 信息处理	能够进行信息整理、分类与汇总,建立各类人员的基础管理台账。	任务驱动法,设置任务情境,做中学相关政策以及工作流程。	4

课程内容或项目模块	就业服务		学时	26
学习目标	知识目标:掌握政策咨询服务的主要方法;掌握职业指导的方法、职业培训的主要内容以及职业介绍的服务规程;了解就业援助方法及途径。			
	技能目标:能够对政策咨询提供查询答复,多种途径宣传解读政策;能够引导求职者和用人单位树立正确的择业观念和用人观念,为服务对象提供培训信息以及鉴定服务,有针对性的开展就业推荐;能够运用优惠政策指导帮助就业困难人员自主创业、自谋职业、灵活就业,利用公益性岗位进行安置帮扶。			
	素质目标:以礼相待,认真负责,真情服务,分类指导,政策解读准确,工作讲究时效。			
学习单元	内容描述	教学方法建议	学时	
1. 政策咨询服务	能够针对不同群体所咨询的就业扶持政策以及社会保险政策进行查询答复与分类指导。	角色扮演法,设置任务情境,分组进行业务操作。	4	
2. 职业指导	能够根据人力资源市场供求现状和求职者本人条件、意愿进行个性化指导,帮助用人单位树立守法意识。	角色扮演法,设置任务情境,分组进行业务操作。	8	
3. 职业介绍	能够根据职业供求信息,组织招聘洽谈活动有针对性的开展就业推荐,并进行跟踪服务。	角色扮演法,设置任务情境,分组进行业务操作。	4	
4. 职业培训服务	能够根据求职者实际情况和就业需求推荐培训项目,并提供职业技能鉴定相关服务。	任务驱动法,设置任务情境,做中学相关政策以及工作流程。	4	
5. 就业援助	能够开展个案帮扶,能够开发社区公益性岗位,对就业困难群体提供托底安置。	任务驱动法,设置任务情境,做中学相关政策以及工作流程。	4	
6. 创业服务	能够指导申请小额担保贷款,调查核实小额担保贷款人员信用情况和经营情况。	任务驱动法,设置任务情境,做中学相关政策以及工作流程。	2	

课程内容或项目模块	退休人员社会化服务		学时	10
学习目标	知识目标:掌握退休人员社会化服务的主要工作内容,特殊群体分类以及相关政策。			
	技能目标:能够建立退休人员管理台账以及退休人员自我管理和互助服务组织实行动态管理,能够为辖区内退休人员组织文化体育活动,并提供养老护理信息等服务。			
	素质目标:沟通及时,了解需求,走访服务。			
学习单元	内容描述	教学方法建议	学时	
1. 退休人员基本信息采集	能够通过入户、登记等方式采集核实本辖区退休人员基本信息,了解养老护理需求,发放社会化管理服务联系卡。	任务驱动法,设置任务情境,做中学相关政策以及工作流程。	2	

续表

学习单元	内容描述	教学方法建议	学时
2. 自我管理与互助服务组织建立	能够根据辖区退休人员分布情况,编入自我管理和互助服务组织,建立动态管理网络,发挥其职能。	任务驱动法,设置任务情境,做中学相关政策以及工作流程。	2
3. 特殊人员管理服务	能够建立特殊群体管理台账,为其提供服务解决生活困难等实际问题。	任务驱动法,设置任务情境,做中学相关政策以及工作流程。	2
4. 组织开展文体活动	能够引导和组织退休人员开展文体活动,制定计划,组织实施并进行总结。	角色扮演法,设置任务情境,分组进行业务操作。	2
5. 健康咨询养老服务	能够联系社区卫生服务机构,建立健康档案;进行发布和更新养老护理服务信息等服务。	角色扮演法,设置任务情境,分组进行业务操作。	2

课程内容或项目模块	社会保险服务	学时	12
学习目标	知识目标:掌握城乡居民养老保险、医疗保险的参保范围、缴费档次以及待遇享受标准以及灵活就业社会保险补贴、退休人员丧葬补助金和遗属津贴等相关政策。		
	技能目标:能够办理居民养老保险、医疗保险参保缴费手续、基本养老金申领手续、医疗保险报销结算手续;能够受理审核灵活就业人员社会保险补贴申请;能够为辖区内退休人员办理领取养老金资格认证手续。		
	素质目标:政策解读准确,材料审核细致,办理业务注意时效。		

学习单元	内容描述	教学方法建议	学时
1. 城乡居民基本养老保险	能够根据政策办理居民养老保险参保缴费手续以及基本养老金申领手续。	任务驱动法,设置任务情境,做中学相关政策以及工作流程。	4
2. 城乡居民基本医疗保险	能够根据政策办理居民医疗保险参保缴费手续以及报销结算手续。	任务驱动法,设置任务情境,做中学相关政策以及工作流程。	4
3. 灵活就业人员社保补贴	能够根据程序受理灵活就业人员社会保险补贴申请,核定申报材料。	任务驱动法,设置任务情境,做中学相关政策以及工作流程。	2
4. 退休人员养老金领取资格认证	能够为辖区内退休人员办理领取养老金资格认证手续,为死亡退休人员的家属办理丧葬补助金和遗属津贴相关手续。	任务驱动法,设置任务情境,做中学相关政策以及工作流程。	2

四、课程考核方式

	考核内容	考核方法	所占比例
平时考核成绩占60%	个人平时考核(出勤与完成作业情况)	教学日志记录、理论知识作业	30%
	小组项目考核(项目任务完成情况)	项目任务成果	30%
期末考核成绩占40%	实训一:社区劳动力信息管理	实际操作	10%
	实训二:职业指导和介绍服务	分组演示	10%
	实训三:退休人员自我管理与互助服务	分组演示	10%
	实训四:城乡居民社会保险业务	实际操作	10%

五、教学组织、实施与保障建议

1. 教学团队

主讲教师应具备本专业（相关专业）中级以上专业技术职务任职资格，教学团队中应有来自工作一线的行业专家担任兼职教师。

2. 教学条件

应具有计算机、网络系统及相应的教学设备。

3. 教材与课程资源的利用

（1）教材、参考书、重要网站网址

《社会保障概论》，周绿林主编，天津大学出版社，2012

《劳动与社会保障法》，方莎主编，对外经济贸易大学出版社，2012

《劳动保障协理员（国家职业资格四级）》，中国劳动社会保障出版社，2012

http://www.tj.lss.gov.cn

天津市人力资源和社会保障局相关文件，以及工作表格等

（2）校内外资源

利用校内社区管理实训基地"社区服务中心"实现部分实际任务的相关实操，有条件组织到校外实训基地由一线专家实地讲解。

课程整体教学设计

一、课程基本信息

课程名称：劳动与社会保障		
所属系部：社会事业系	制定人：阮利	
课程代码：03220118	学分：4	学时：64
授课时间：第三学期	授课对象：社区管理与服务专业二年级学生	
课程类型：职业技术课		
先修课程：社会调查与统计、社会工作方法	后续课程：社区服务、社区工作实务	

二、课程定位

1. 岗位分析

本专业毕业生的（技术、管理）岗位分析如下图所示：

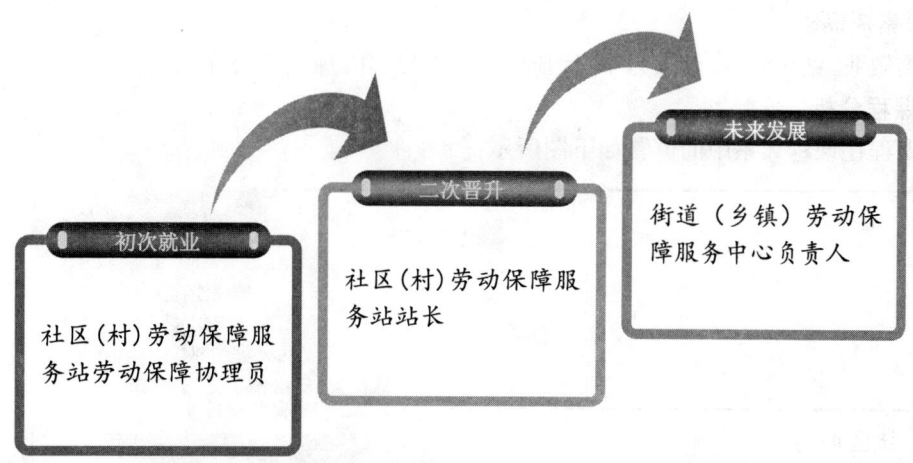

本课程面向的主要岗位是社区工作站劳动保障协理员,主要工作职责包括劳动力资源管理、就业服务、社会保险服务、退休人员社会化管理服务等内容,其典型工作流程图如下:

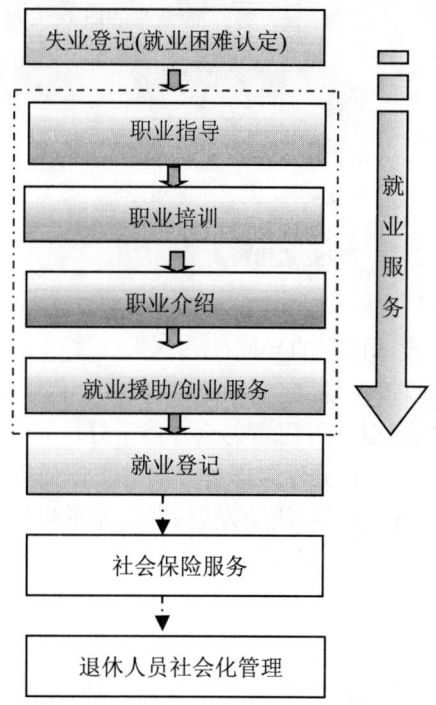

该岗位的主要能力需求、知识需求和素质需求:
(1)知识需求
应该熟悉劳动就业以及社会保险法规政策,掌握宣传、咨询和服务的主要方法技巧以及业务具体操作程序。
(2)能力需求
具有较强的学习、理解、表达、应变能力和一定的组织协调能力。

(3)素质需求

爱岗敬业,钻研业务,以人为本,优质服务,团结协作,廉洁奉公守法。

2. 课程分析

本课程在课程体系中的位置如下图所示:

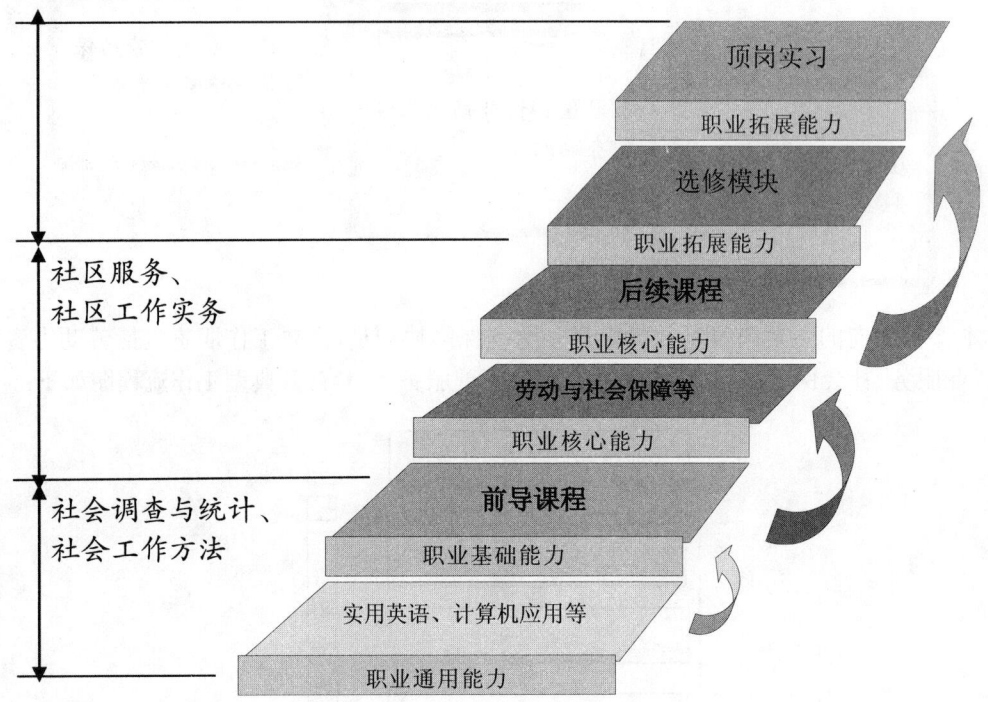

高职、中职与普通高校开设本课程的异同:

(1)高职,侧重运用国家政策法规,完成就业服务、社会保险服务、退休人员社会化管理服务等典型工作任务,明白为什么这样干,思考怎么才能干好。

(2)中职,侧重完成就业服务、社会保险服务等简单工作任务,会干即可。

(3)普通高校,侧重劳动和社会保障历史发展、理论体系和政策法规研究,重理论轻实务。

三、课程目标设计

1. 总体目标

本课程设计以劳动保障协理员岗位需要为出发点,以典型工作任务为驱动,使学生在真实的职业情境中,切实提高业务操作能力以及职业素养,能够根据国家政策法规和主管部门制定的工作标准,运用调查方法和工作技巧,完成劳动力资源管理、就业服务、社会保险服务、退休人员社会化管理服务等工作任务,具备一定的可持续发展能力。

2. 能力目标

(1)学习理解能力,能够坚持学习和正确解读国家劳动就业和社会保险等方面政策法规。

(2)表达能力,能够运用群众易于接受的语言和表达方式,提供针对性宣传和咨询服务。

(3)业务经办能力,能够熟练地根据工作标准办理就失业登记、职业指导和介绍、社会保险等业务的登记、申请和审核工作。

（4）信息处理能力，能够运用计算机开展人力资源统计并实行动态管理，收集、发布相关服务信息等。
（5）组织协调能力，能够协调社区资源开展就业服务、退休人员活动组织等。
（6）应变能力，能够处理突发事件和群众关心的突出问题。

3. 知识目标
（1）掌握劳动就业以及社会保险等相关法规政策。
（2）掌握政策宣传、咨询的主要方法和工作内容。
（3）掌握劳动力资源调查统计方法和动态管理方法。
（4）掌握就业援助对象的方法及途径。
（5）掌握职业指导的方法、职业培训的主要内容以及职业介绍的服务规程。
（6）掌握退休人员社会管理的主要工作内容。

4. 素质目标
（1）坚持依法服务宗旨，贯彻落实相关政策
（2）爱岗敬业，树立终身学习理念，不断钻研业务
（3）坚持以人为本，提供针对性和有效性的优质服务
（4）在服务过程中，做到以礼相待，认真负责，程序规范，注重时效
（5）廉洁自律，自觉抵制不正之风
（6）与相关部门工作人员良好沟通，具有团结协作精神

四、课程内容设计

项目名称	项目名称		学时
W街Y社区劳动保障协理员业务工作	项目1	社区劳动力资源管理	16
	项目2	就业服务	26
	项目3	退休人员社会化服务	10
	项目4	社会保险服务	12
合　计			64

五、能力训练项目设计

编号	项目编号、名称	子项目	能力目标	知识目标	训练方式、手段及步骤	可展示的结果
1	项目1 社区劳动力资源管理	1.1 劳动力信息采集 1.2 就业失业登记 1.3 就业困难人员认定 1.4 信息处理	1. 能够制定信息采集工作方案,采集社区从业人员、失业人员、新增劳动力资源等基本信息; 2. 能够按照就业失业登记基本程序,指导填写登记表格,审核登记人员的材料; 3. 能够按照就业援助对象认定程序,审核相关材料; 4. 能够进行信息整理、分类与汇总,建立各类人员的基础管理台账	1. 劳动力资源构成; 2. 就业形式、失业人员类别; 3. 就业援助对象的范围、十类群体的界定; 4. 信息动态管理方法、常用台账分类	角色扮演、分组讨论、业务操作	失业人员登记表、就业困难人员基本情况登记表、援助申请认定表、零就业家庭人员就失业状态及家庭收入证明、社区劳动力管理台账、失业人员管理台账、就业困难人员管理台账
2	项目2 就业服务	2.1 政策咨询服务 2.2 职业指导 2.3 职业介绍 2.4 职业培训服务 2.5 就业援助 2.6 创业服务	1. 能够根据国家现行就业扶持政策的主要内容,进行针对性指导; 2. 能够根据人力资源市场供求现状引导树立正确的用人观念和择业观; 3. 能够根据职业供求信息,组织招聘洽谈活动有针对性的开展就业推荐并进行跟踪服务; 4. 能够根据失业人员的培训意向和职业期望,推荐培训项目,并提供职业技能鉴定相关服务; 5. 能够根据就业困难人员的具体情况制定帮扶计划,开发社区公益性岗位提供托底安置	1. 政策咨询服务的工作内容和主要方法; 2. 常见的求职挫折及其诱因、用人单位应尽的义务及禁止行为; 3. 职业供求信息的获取途径; 4. 职业培训的主要方法; 5. 公益岗的类型和开发原则; 6. 小额担保贷款的贷前调查的方式和内容	角色扮演、分组讨论、业务操作	工作过程演示、工作台账、求职登记表、招聘登记表、社区招聘会工作方案、职业培训计划、就业困难人员帮扶计划、公益性岗位认定申请表、小额担保贷款跟踪服务信息卡

续表

编号	项目编号、名称	子项目	能力目标	知识目标	训练方式、手段及步骤	可展示的结果
3	项目3 退休人员社会化服务	3.1 退休人员基本信息采集 3.2 自我管理与互助服务组织建立 3.3 特殊人员管理服务 3.4 组织开展文体活动 3.5 健康咨询养老服务	1. 能够通过入户探访等方式核实社区退休人员基本信息，发放社会化管理服务联系卡； 2. 能够根据辖区退休人员分布情况，编入自我管理和互助服务组织，建立动态管理网络； 3. 能够了解退休人员生活状况，对特困、重病、孤寡老人开展走访慰问，开展帮扶活动； 4. 能够组织退休人员开展文体活动，丰富退休人员精神文化生活； 5. 能够为退休人员开展健康管理活动，提供养老服务信息	1. 退休人员的接收、转入、转出、注销； 2. 自我管理和互助服务组织的建立标准和职能； 3. 特殊群体分类以及救助政策； 4. 计划制定、活动组织、情况总结的工作内容	角色扮演、分组讨论、业务操作	退休人员基本信息卡、退休人员社会化管理服务联系卡、自我管理和互助服务组织设立工作方案、帮扶活动方案、文体娱乐活动计划、健康咨询活动方案、工作台账
4	项目4 社会保险服务	4.1 城乡居民基本养老保险 4.2 城乡居民基本医疗保险 4.3 灵活就业人员社保补贴 4.4 退休人员养老金领取资格认证	1. 能够根据政策办理居民养老保险参保缴费手续以及基本养老金申领手续； 2. 能够根据政策办理居民医疗保险参保缴费手续以及报销结算手续； 3. 能够根据政策受理灵活就业人员社会保险补贴申请，核定申报材料； 4. 能够根据政策为社区退休人员办理领取养老金资格认证手续，以及死亡退休人员家属丧葬补助金和遗属津贴等相关手续	1. 城乡居民基本养老保险的相关规定； 2. 城乡居民基本医疗保险的相关规定； 3. 灵活就业人员的界定以及社会保险补贴政策对象范围和标准； 4. 办理养老金和遗属津贴领取资格认证的有关规定	角色扮演、分组讨论、业务操作	天津市城乡居民基本养老保险个人申报核定表、养老保险待遇申报名册、养老保险申领人员信息采集名册、天津市城乡居民基本医疗保险申报核定表、城乡居民医疗保险个人申报交接表、大龄失业人员灵活就业社会保险补贴审批表、失业人员灵活就业社会保险补贴协议、失业人员灵活就业享受社会保险补贴家庭收入和就业援助证明、天津市家居本市退休人员养老金领取情况调查表、丧葬补助金和遗属津贴待遇申请表

六、项目情境设计

本课程以小赵进入 T 市 B 区 W 街 Y 社区担任劳动保障协理员为背景展开：学生——小赵，教师——劳动保障服务站站长。

编号	项目编号、名称	子项目	情境设计	学时
1	项目1 社区劳动力资源管理	1.1 劳动力信息采集 1.2 就失业登记 1.3 就业困难人员认定 1.4 信息处理	1.1 小赵刚刚来到社区担任劳动保障协理员，之前经过人口普查，社区已经掌握大量居民基本情况，应该如何开展劳动力资源信息采集工作？ 1.2 社区居民小郑，21 岁，电脑艺术设计专业大专毕业，有 PD 证书，大学毕业后无工作，应该办理什么手续？小郑经过家庭资助开办图文设计中心，从事个体经营，又应该办理什么手续？ 1.3 社区居民孙大姐，38 岁，原在民营企业工作，企业停业，其夫为残疾人未就业，还有一个 2 岁的孩子需要抚养。如何使孙大姐得到最大限度的帮扶？ 1.4 以上调查情况应该如何进行信息处理？	16
2	项目2 就业服务	2.1 政策咨询服务 2.2 职业指导 2.3 职业介绍 2.4 职业培训 2.5 就业援助 2.6 创业服务	2.1 社区残疾青年钱某来到工作站，他幼年因车祸下肢瘫痪，由于父母双亡，之前接受社会各界捐助进行治疗，表示自己已经成年是自力更生的时候，该回报社会了！应提供怎样的咨询服务？ 2.2 社区居民杨某，男，30 岁，高中学历，之前在民营企业工作，对电子产品比较感兴趣，至今失业半年多，几次到人才市场求职一直未找到满意的岗位，来到了社区劳动保障服务寻求帮助？ 社区居民周某，男，50 岁，从某国有企业下岗后自己创办了一家餐馆，现有员工 4 人，他拿出招聘启事，请求帮助招 2 名服务员。 2.3 如何指导杨某、周某进行求职和用工登记？如何组织社区专场招聘会？ 2.4 如何为杨某、周某准备录用的工作人员等社区登记失业人员推荐职业培训项目？如何为杨某、周某准备录用的工作人员等社区登记失业人员提供职业技能鉴定服务？ 2.5 社区居民王大姐，42 岁，原在一家纺织厂做挡车工，因单位破产失业了，由于年龄偏大又无其他技能，成为就业困难人员，小赵如何制定帮扶计划？结合社区的具体情况，如何开发岗位安置王大姐等就业困难人员？ 2.6 杨某在单位积累了一定经验后选择创业，他爱社区开设便民维修门市部，目前资金还有一定缺口，想申请小额贷款，找到小赵寻求帮助？	26

续表

编号	项目编号、名称	子项目	情境设计	学时
3	项目3 退休人员社会化服务	1 退休人员基本信息采集 2 自我管理与互助服务组织建立 3 特殊人员管理服务 4 组织开展文体活动 5 健康咨询养老服务	3.1 小赵办公过程中接待一位大娘,自我介绍道:"我是从S社区转过来的退休人员,我姓刘,这是我的证明"。他应该如何进行处理? 3.2 Y社区是一个企业职工聚集的社区,今年又退休了一批职工,整理完基本信息,小赵如何建立动态管理网络? 3.3 有社区居民反映,同在12号楼5门7楼居住的孤寡老人刘大爷,已经有很多天没下楼了,小赵应该如何做呢? 3.4 重阳节快到了,如何开展系列活动? 3.5 如何为孤寡老人刘大爷提供养老服务?	10
4	项目4 社会保险服务	1 城乡居民基本养老保险 2 城乡居民基本医疗保险 3 灵活就业人员社保补贴 4 退休人员养老金领取资格认证	4.1 社区居民李某,男,28岁,重度残疾,从未工作,目前享受低保待遇,他想以后能够拿到养老金,如何参保?社区居民陈某,女,60岁,已缴存20年,想申领养老金如何办理? 4.2 楼门长孙大爷到居委会来发糖,说儿媳妇6月刨腹产生下大孙子,孩子住院观察了几天,花了5000多,小赵应如何提示?孙大爷办理了基本医疗保险后如何报销? 4.3 社区居民吴大姐,找到一个家政小时工的工作,收入微薄,为了之后能够拿到养老金,找到小赵寻求帮助? 4.4 小赵办公过程中接到马大娘女儿打来的电话,马大娘卧病在床,无法参加领取养老金资格认证,应该怎么办?	12

七、课程进程表

项目编号、名称	周次	学时	单元标题	子项目编号	能/知目标	师生活动	其他(含考核内容、方法)
项目1 社区劳动力资源管理	1	4	劳动力信息采集	1.1	1. 掌握劳动力资源构成、从业人员分类; 2. 能完成劳动力信息采集	教师:作为工作站站长说明情境,带入角色,布置任务 学生:制定信息采集工作方案,设计调查问卷	考核调查方法与沟通技巧的应用
	2	4	就失业登记	1.2	1. 掌握就失业登记制度、失业人员类别; 2. 能完成失业登记、就业登记指导与审核	教师:重点讲解就失业制度和登记要点 学生:办理就失业登记,审核相关材料	考核业务表单是否填写规范
	3	4	就业困难人员认定	1.3	1. 掌握就业援助对象的范围; 2. 能完成就业困难人员认定特别是零就业家庭认定登记,审核相关材料	教师:重点讲解十类群体的界定和材料审核要点 学生:办理就业困难认定登记,审核相关材料	考核认定类别是否正确

续表

项目编号、名称	周次	学时	单元标题	子项目编号	能/知目标	师生活动	其他(含考核内容、方法)
项目1 社区劳动力资源管理	4	4	信息处理	1.4	1. 掌握常用台账分类； 2. 能完成信息动态管理	教师：重点讲解台账设计 学生：能完成分类台账设计以及数据汇总	考核社区劳动力信息管理能力
项目2 就业服务	5	4	政策咨询服务	2.1	1. 掌握政策咨询服务的工作内容和主要方法； 2. 能根据就业扶持政策完成针对性咨询服务	教师：重点讲解就业扶持政策和咨询服务原则 学生：角色扮演咨询服务过程	考核针对性政策咨询服务能力
	6	4	个人职业指导	2.2	1. 掌握职业生涯设计； 2. 能进行择业观指导	教师：重点讲解职业指导规范 学生：角色扮演个人职业指导服务过程	考核针对性求职指导能力
	7	4	单位用工指导	2.2	1. 掌握招聘启事的主要内容； 2. 能进行用工指导	教师：重点讲解用人单位应尽的法律义务 学生：角色扮演单位用人指导服务过程	考核针对性用工指导能力
	8	4	职业介绍	2.3	1. 掌握职业供求信息的获取途径； 2. 能组织招聘洽谈和进行跟踪服务	教师：重点讲解职业介绍的工作流程 学生：完成求职登记、用工登记，制定社区招聘会工作方案并进行跟踪服务	考核职业介绍工作的效度
	9	4	职业培训	2.4	1. 掌握职业培训的主要方法和创业培训的主要内容； 2. 能完成职业培训项目的推荐和职业技能鉴定的相关服务	教师：重点讲解职业准入和职业资格证书制度 学生：完成制定失业人员职业培训计划	考核职业培训工作的效度
	10	4	就业援助	2.5	1. 掌握就业援助的途径和公益岗的类型和开发原则； 2. 能进行社区公益性岗位的开发与托底安置	教师：重点讲解个案管理方法 学生：制定就业困难人员帮扶计划	考核个性化精细化援助能力
	11	2	创业服务	2.6	1. 掌握个人小额担保贷款的相关规定； 2. 能进行小额担保贷款的贷前调查和贷后跟踪	教师：重点讲解贷前调查的方式和内容、贷后跟踪管理服务的主要方法 学生：核实小额担保贷款人员信用情况和经营情况	考核调查和支持服务能力

续表

项目编号、名称	周次	学时	单元标题	子项目编号	能/知目标	师生活动	其他(含考核内容、方法)
项目3 退休人员社会化服务	11	2	退休人员基本信息采集	3.1	1.掌握退休人员基本信息卡的内容、退休人员社会化管理服务内容; 2.能完成退休人员的接收、转入、转出、注销	教师:重点讲解退休人员社会化管理服务内容 学生:完成退休人员接收工作	考核退休人员信息采集能力
项目3 退休人员社会化服务	12	2	自我管理与互助服务组织建立	3.2	1.掌握自我管理和互助服务组织的建立标准和职能; 2.能完成自我管理和互助服务组织的建立和动态管理	教师:重点讲解自我管理和互助服务组织的建立流程 学生:完成自我管理和互助服务组织的建立工作	考核自我管理和互助服务组织的动态管理能力
项目3 退休人员社会化服务	12	2	特殊人员管理服务	3.3	1.掌握特殊群体分类以及救助政策; 2.能完成特殊群体的管理服务工作	教师:重点讲解特殊群体分类以及救助政策 学生:建立分类管理台账以及制定帮扶措施	考核特殊群体的服务能力
项目3 退休人员社会化服务	13	2	组织开展文体活动	3.4	1.掌握计划制定、情况总结的工作内容; 2.能进行活动组织实施	教师:重点讲解计划总结的要点 学生:制定活动计划并组织实施	考核活动策划能力
项目3 退休人员社会化服务	13	2	健康咨询养老服务	3.5	1.掌握健康管理以及养老服务的工作内容; 2.能联系社区卫生服务机构建立健康档案,发布和更新养老护理服务信息	教师:重点讲解养老服务的工作内容 学生:制定健康咨询活动方案	考核活动策划能力
项目4 社会保险服务	14	4	城乡居民基本养老保险	4.1	1.掌握城乡居民基本养老保险的相关规定; 2.能办理养老保险参保缴费和申领手续	教师:重点讲解城乡居民基本养老保险的保障对象、缴费标准和享受条件 学生:完成办理养老保险参保缴费和申领业务	考核政策解读和业务操作能力
项目4 社会保险服务	15	4	城乡居民基本医疗保险	4.2	1.掌握城乡居民基本医疗保险的相关规定; 2.能办理医疗保险参保缴费和报销手续	教师:重点讲解城乡居民基本医疗保险的保障对象、缴费标准和享受标准 学生:完成办理医疗保险参保缴费和报销业务	考核政策解读和业务操作能力

续表

项目编号、名称	周次	学时	单元标题	子项目编号	能/知目标	师生活动	其他（含考核内容、方法）
项目4 社会保险服务	16	2	灵活就业人员社保补贴	4.3	1. 掌握灵活就业人员社会保险补贴政策对象范围和标准； 2. 能办理灵活就业人员社会保险补贴申请业务	教师：重点讲解灵活就业人员范围以及补贴标准 学生：完成社会保险补贴申请和材料审核	考核政策解读和业务操作能力
	16	2	退休人员养老金领取资格认证	4.4	1. 掌握养老金和遗属津贴领取资格认证的有关规定； 2. 能进行资格认证业务	教师：重点讲解相关规定 学生：办理养老金领取资格认证以及相关手续	考核政策解读和业务操作能力

八、首末次课设计

1. 首次课设计

课程引入——课程简介——任务1.1

试想一下工作场景：作为社区劳动保障工作人员，来人接待不主动，一问三不知，无所适从很是慌乱的样子（切换到另一情境对比，工作准备充分，热情接待，应对自如）提问学生想做哪一个？

想做好就要了解岗位职责、工作任务以及任职要求，进行课程简介。

带入情境中，布置分析任务1.1。

2. 末次课设计

任务4.4——课程总结

完成任务4.4。

进行全课总结：项目任务是为了学习方便设置的，实际工作中可能是多个任务的整合，结合实训过程中存在主要问题，突出讲几点：

政策性强，工作要有依据，文件都有适用范围，政策解读要正确。

操作性强：按照工作流程，表格填写准确全面，材料审核清楚，认真核对，注意时效。

个性化突出：咨询服务具有针对性，能够提供有效服务。

价值伦理：平等尊重，助人自决，语言、面部表情、身体姿态等运用。

九、考核方案

考核内容		考核方法	所占比例
平时考核成绩占60%	个人平时考核（出勤与完成作业情况）	教学日志记录、理论知识作业	30%
	小组项目考核（项目任务完成情况）	项目任务成果	30%

续表

	考核内容	考核方法	所占比例
期末考核成绩占 40%	实训一：社区劳动力信息管理	实际操作	10%
	实训二：职业指导和介绍服务	分组演示	10%
	实训三：退休人员自我管理与互助服务	分组演示	10%
	实训四：城乡居民社会保险业务	实际操作	10%

十、教学材料

教材、参考书：
《社会保障概论》，周绿林主编，天津大学出版社，2012
《劳动与社会保障法》，陆岳松主编，中国政法大学出版社，2012
《劳动保障协理员（国家职业资格四级）》，中国劳动社会保障出版社，2012
教学仪器设备：
社区管理与服务实训基地，具有计算机、网络系统及相应的办公设备。

十一、需要说明的其他问题（无）

十二、本课程常用术语中英文对照

labor force　劳动力
employment registration　就业登记
registration of unemployment　失业登记
flexible employment　灵活就业
long-term unemployment　长期失业
vocational training　职业培训
occupation skill appraisal　职业技能鉴定
social insurance　社会保险
endowment insurance　养老保险
medical insurance　医疗保险
unemployment insurance　失业保险
social pooling　社会统筹
individual account　个人账户
labor law　劳动法
labor contract law　劳动合同法
non-full-time Employment　非全日制用工
labor relationship　劳动关系
minimum wage　最低工资
probation period　试用期

课程教学单元设计

课程名称	劳动与社会保障		作品名称	城乡居民基本医疗保险	项目章节	项目4子项目2
授课学时	1	教材教参	教材:《社会保障概论》,周绿林主编,天津大学出版社 教参:《劳动保障协理员(国家职业资格四级)》,中国劳动社会保障出版社		授课专业年级	社区管理与服务专业大二年级
教学目标		知识	1. 掌握城镇居民基本医疗保险的保障范围、筹资方式。 2. 掌握城镇居民基本医疗保险业务受理期和待遇享受期。 3. 掌握参保资格审核、缴费标准认定。 4. 掌握享受优惠政策的人员类型。			
		能力	1. 能够学习和领会国家医疗保险的相关政策法规。 2. 能够提供医疗保险政策宣传和咨询服务。 3. 能够熟练地办理城镇居民基本医疗保险的参保登记业务。 4. 能够运用计算机开展数据统计和信息上报工作。			
		素质	1. 定期学习,不断钻研业务。 2. 依法服务,廉洁自律。 3. 以人为本,优质服务。 4. 认真负责,注重时效。			
教学重点	不同人员类别的缴费标准。 业务受理期和待遇享受期。 参保资格审核。				教学难点	新生儿办理时间和待遇享受。 参保档次以及享受优惠人员范围。
解决方法	1. 利用角色扮演,人在情境中,模拟业务办理过程提升学习兴趣以及实操能力。 2. 利用图示法、对比法等手段把复杂的政策和业务流程进行解析。 3. 利用教学平台软件应用视频、图表、专题讲座、微课等教学资源帮助学生理解应用。					
教学环境	实训室,硬件:办公设备(电脑),软件:办公软件、教学广播软件。					
教学设计思路	本单元根据行动导向教学法,以社区居民为新生儿办理基本医疗保险登记为任务驱动,利用角色扮演法,进行任务实施、检查和评价,运用图示法、对比法等突破教学重难点,使学生从被动的接受知识讲解转化为主动的探究业务办理依据和操作流程。在业务办理活动中提高学生咨询服务能力和依法服务、优质服务的职业素养。				信息化资源利用	1. 课程导入:播放视频(视频为医疗保险惠及新生儿)。 2. 任务发布:利用ppt导入情境。 3. 任务实施:通过教师广播教学、学生操作办公软件、情景模拟完成教、学、做,图片展示筹资金额和参保流程等教学重难点。 4. 拓展应用:学生完成任务操作,录制视频上传到办公软件,图片、政策法规、专业知识、专题讲座、微课等教学共享资源。 5. 能力测试:办公软件进行测试。 6. 交流学习:QQ群、网站资源。

续表

教学环节	教学内容	教学步骤、方法与手段
一、课程导入（7分钟）	播放视频（医疗保险惠及新生儿）： 思考：医疗保险的待遇享受条件？提示新生儿的特殊性。 视频要点： 医疗保险属于惠民政策，减轻居民医疗负担； 医疗保险的待遇享受是以参保为前提，一般缴费次年为参保年度（待遇享受期为次年1月1日至12月31日），新生儿随时参保，随参随享。	教师： 通过播放视频，引发学生思考（可以与任务4.1养老保险比较）。 学生： 观看视频，结合已有知识进行讨论发言。
二、任务发布（3分钟）	PPT导入情境： 楼门长孙大爷到居委会来发糖，说儿媳妇5月剖腹产生下大孙子，孩子住院观察几天就花了5000多，也是一笔不小的开支，小赵应如何应对？ 任务分析：工作依据是什么？如何填写表单、审核材料？工作步骤有哪些？	教师： 通过播放PPT导入情境，引导学生进行任务分析，发布工作表单。 学生： 结合情境进入角色，进行任务分析。
三、任务实施（60分钟）	工作依据：地方政策、最新动态 1. 参保资格审核 覆盖范围：城乡居民（学生、儿童和未就业居民）。 办理时间：每年9月至12月为下一年度城乡居民参保缴费办理期 特别说明： 在参保缴费期内出生，并在90日内办理次年度参保缴费手续的，自出生之日起至12月31日享受当年度居民医保待遇，次年1月1日至12月31日享受下一年度居民医保待遇；在90日后办理次年度参保缴费手续的，自缴费次日起至12月31日享受当年度居民医保待遇，次年1月1日至12月31日享受下一年度居民医保待遇。 办理方式： 入学入托的学生儿童以学校、托幼机构为单位统一组织，其他居民和未入托入学的儿童以家庭为单位参保，符合城乡居民基本医疗保险参保条件的人员应当持户口簿、居民身份证等有效证件，到街道（乡镇劳动保障服务中心）及其社区（村）劳动保障工作站办理。 2. 填写《天津市城镇居民基本医疗保险申报核定表》 四类人员：院校学生、高中以下学生儿童、新生儿和成年居民。 十种类型：重度残疾人员（残联）、享受低保人员、特困救助人员、民政优抚对象、民政特殊困难人员、低收入家庭未成年人（民政）、低收入家庭60周岁以上人员、助学学生、离休干部配偶（老干部管理部门）及一般人员。	教师： 1. 引导学生查询工作依据自主探究。 2. 观察记录小组活动过程中出现的主要问题。 3. 运用图表法清晰说明填写表格过程中的突出问题以及业务完整流程。 学生： 1. 查询工作依据，解读政策。 2. 审核证件，填写《申报核定表》。 3. 模拟政策咨询和业务说明过程。

续表

教学环节	教学内容	教学步骤、方法与手段
三、任务实施（60分钟）	**2017年度居民基本医疗保险筹资标准** | 人员类别	参保档次	筹资标准	其中：	
---	---	---	---	---
			个人缴费	政府补助
成年居民	高档	1480	680	800
	中档	1180	380	800
	低档	950	150	800
学生儿童	学生儿童档	930	130	800 | 3. 业务说明与提示（如何完成参保？） (1) 社区登记；(2) 街道审核后打印《天津市社会保险缴费通知单》；(3) 居民持通知单在规定时限内，到指定的银行储蓄网点办理缴费。缴费后，由银行出具社会保险费缴费收据。 **登记**（户口簿、居民身份证、出生医学证明原件及复印件）→ **核定**（核定参保资格、缴费金额后，打印《天津市社会保险缴费通知单》）→ **缴费**（到指定的金融机构缴费，开具社会保险缴费专用收据） 4. 上报材料，反馈信息。 5. 建立台账（参保、续保、提档）。	
四、评价总结（15分钟）	挑选一组同学现场展示本单元的教学效果，评价由学生互评和教师点评两个环节构成，评价标准如下： | 考核项目	考核要求
---	---
职业素养	服务热情，注重礼仪；认真负责，程序规范，及时反馈；语言表达清楚，普通话流利
知识目标	掌握城乡居民基本医疗保险的最新政策；熟悉参保登记业务流程；
能力要求	能够提供医疗保险政策宣传和咨询服务；能够熟练地办理城镇居民基本医疗保险的审核登记业务；		教师： 1. 挑选一组同学进行现场展示。 2. 请组内成员、其他组同学点评。 3. 进行评价总结。 学生： 1. 观看现场展示。 2. 进行点评。

续表

教学环节	教学内容	教学步骤、方法与手段
五、拓展应用（5分钟）	1.布置新任务，学生完成业务办理，录制视频上传到办公软件。 2.完成专题讲座等资源拓展学习。	教师： 1.布置新任务。 2.共享资源展示。 学生： 1.完成实训任务。 2.自主拓展学习。
教学后记	建立城乡居民基本医疗保险制度，将真正实现人人享有基本医疗保障的目标，有利于公民权利的均等化，进一步促进了社会公平正义、和谐稳定。此项工作政策性非常强，居民医保的人员类型、筹资方式等政策和参保缴费经办程序以及应该注意的问题要讲清、讲明，要切实做好惠民政策宣传以及参保信息登记。教师根据教学目标、学生特点、知识掌握规律，运用多种教学方法与信息手段，让学生在完成具体参保登记任务的过程中提高政策解读能力、咨询服务能力，形成认真负责、注重时效的职业素养。	

任务驱动的四步教学法
——劳动与社会保障课程改革总结

本学期我参加了学院组织的第二批教学做验收课活动,通过说课、作课、讲课几个阶段专家点评反复修改,《劳动与社会保障》这门课程设计以及教学得到了进一步提升,下面就我的教学改革及体会汇报如下:

一、项目化课程是教学改革的必然方向

高职教育培养的是适应生产、建设、管理、服务第一线需要的,德、智、体、美等全面发展的高等技术应用型专门人才。这一特色化的人才培养目标表明学生通过专业课程的学习,应当在具有必备的基础理论知识和专门知识的基础上,重点掌握从事某一专业领域实际工作的基本能力。因此,高职教育课程应以学生就业为导向,以培养职业能力为本位,着眼提高学生实际操作能力。

课程项目化的设计正好符合了高职学生的思维和学习特点。传统的教学内容往往是一堆枯燥的概念理论,教学方法单一、教学手段单调、教学资源不足,从教学现场来看,教师讲得费劲,学生学得费力,整体效果不好。而课程项目化的教学内容则是与就业岗位工作任务密切相关的行动化的学习任务,学生分成一个个学习小组,在体现职业环境特点的教学氛围中,教师做示范,学生边讨论、边动手,理论与实践紧密结合,逐步实现学习者角色与工作者角色的统一,让高职学生学而不厌,学有所用,激发了学生的学习动机,提高了学生的学习积极性,从而能有效地提高学习效果。

二、教学做一体化是项目化课程设计的主要内容

以工作过程为导向的项目课程,其以职业能力的培养为课程的目标,以岗位需求为依据,以工作结构为框架,课程设计突出"任务中心"和"情境中心",以职业活动为主线,针对实际工作任务需要,重新组织和设计教学内容,加强了课程内容和工作之间的联系,着重培养了学生的职业能力,实现了实践与理论一体化。

1. 教学内容的重构

原来的教学内容是学科体系的结构,是按照学科知识的内在逻辑顺序所建立的学科门类和学科内部知识的组合关系。课程项目化模式的基础体系是工作体系,在项目选取方面,通过深入开展调研工作,详细了解岗位工作的各个层面,概括出基本覆盖工作岗位群的工作任务,以此作为项目设计的基础,如就业服务、社会保险服务等。在项目顺序排列方面,课程项目化改革是要求以工作逻辑取代知识逻辑,其课程内容的顺序排列线索就需要在项目的关系中去寻找。基本是并列式,即这些项目之间既不存在复杂程度差别,也不存在明显的相互关系,项目内部有些是流线式,即这些项目是按照前后逻辑关系依次进行的,如失业登记、职业指导和职业介绍等等。

2. 教学方法的改革

采用任务驱动模式，实现教学做一体，在做中学、做中教，并利用角色扮演等多种方法提升学习兴趣与教学效果。在教学实践中探索总结了"任务驱动的四步教学法"，即任务分析—实际操作—情景模拟—评价总结。

第一步，任务分析。向学生下达工作任务同时提供政策文件、工作表单等课程资源，工作任务是学习的载体，要组织学生分析工作任务，进行导学，不再进行系统讲授，由学生在完成工作任务中探究。

第二步，实际操作。对于操作难度不大的工作任务，可指导学生独立地进行操作，这时教师主要是做好引导、答疑、纠偏等工作；对于操作难度较大的工作任务，组织学生在小组内进行分析研究，教师可深入小组进行点拨；对于有些操作难度大的工作任务，教师可进行操作示范，边讲边做，学生则边听边看边做。

第三步，情景模拟。由学生进行角色扮演，演示咨询服务和业务办理过程，全面反映知识掌握情况、实际操作技能以及应变处理能力。

第四步，评价总结。包括小组自评、小组互评和教师点评，学生可以自由发言、点名发言、代表发言等，结合讨论交流的情况，教师应及时进行点评归纳，主要从知识、技能和态度三个方面进行。

3. 教学资源的丰富

课程资源依托学院校园网络，是学生自主学习和完成项目任务的主要支持，包括开展工作的必备知识（专业知识检索）、工作依据（政策法规）、工作流程中需要的材料（常用表格）等，还有自主学习的拓展资料（专题讲座），以及图片、视频、微课等丰富的信息化资源。

4. 教学评价的多元

考核方式体现平时学习过程以及职业能力的培养要求，课程采用过程评价、项目考核方式，具体方案如下：过程评价分理论与实践两部分，主要是考核学生分析问题、解决问题的综合能力与素质，以笔试形式对各项目主要知识点进行考核占30%，以成果形式对各项目完成情况进行考核占30%，终结考核按照分项目考核共40%，主要考核完成典型工作任务的能力水平，评价要素纳入职业素养的考察，从知识、技能、素养多方面全方位综合鉴定学习成果。

三、项目化课程实施效果以及努力方向

实施一体化教学，打造不一样的课堂。学习任务从工作岗位中来，有助于学生体验岗位职责，掌握技术技能。合理利用信息化教学手段与教学资源，采用不同的教学组织形式，让课堂充满活力，真正让学生"动"起来，享受到学习乐趣，从而变"要我学"为"我要学"。

项目化课程对于教师的要求也很高，教学任务来源于工作岗位就要加强调研实践，教学组织要合理应用信息化资源，也要加强教材建设等配套建设，总之今后我还要不断优化教学设计，提升教学效果。

实用英语

课程标准

课程名称：实用英语　　　　　　　　课程类型：公共必修课
总学时：128　　　　　　　　　　　　学分：7
适用专业：(除商务英语专业)所有专业
执笔人：黄晓林　　　　　　　　　　审核人：于臻臻
制订时间：2017年3月

一、课程性质和任务

1. 课程性质

"实用英语"是学院各专业学生必修的一门公共基础课程，是为培养面向生产、建设、服务和管理一线需要的高技能人才服务的。不仅要帮助学生打好英语语言基础，更重要的是培养学生在生产实践、职场交流和文化交流等方面的英语语言实际应用能力。

本课程开设时间为第一、二学期，后续课程是各专业英语课。本课程也为各专业后续课程的学习提供英语语言能力支持。

2. 课程标准设计思路

为各专业服务，突出英语的语言功能性作用，强化听说能力的培养。

3. 课程任务

实用英语以培养学生实际应用英语的能力为目标，侧重职场环境下英语语言交际能力的培养，使学生逐步提高用英语进行交流与沟通的能力；使学生掌握有效的英语学习方法和策略，培养学生的学习兴趣和自主学习能力，提高学生的综合文化素养，为提升学生的就业竞争力及未来的可持续发展打下必要的基础。

二、课程目标

总目标：经过128学时的实用英语教学，不仅要帮助学生打好语言基础，更要注重培养学生实际应用语言的技能，特别是用英语处理与未来职业相关业务的能力。使学生掌握一定的英语基础知识和技能，具有一定的听、说、读、写、译的能力，从而能借助词典阅读和翻译有关英语业务资料，在涉外交际的日常活动和业务活动中进行简单的口头和书面交流，并为今后进一步提高英语的交际能力打下基础。

1. 知识目标

学生应掌握常考的词汇与结构、阅读技巧和基本的翻译技巧。

2. 能力目标

在掌握了基本的语法知识的同时,应注重培养学生的基本语言表达能力和沟通能力,包括听力能力、应用文写作能力和与人沟通的能力。

3. 素质目标

学生通过实用英语学习,不仅能够实现职场上的有效沟通和交流,同时培养学生以英文为载体的办事技能。教学目标描述如下。

能力较好的学生:有较强的自信心和自主学习能力。能就熟悉的话题及日常生活内容用英语进行较自然的交流;能读懂中等难度的读物和报刊、杂志;能写出语义连贯且结构较完整的应用文;能有效利用网络等多种教育资源获取信息。能自觉评价学习效果,形成有效的英语学习策略。

能力一般的学生:有较明确的英语学习动机和积极主动的学习态度。能听懂教师有关熟悉话题的陈述,并能就日常生活话题与他人进行简单的交流;能读懂简单读物和部分报刊、杂志的内容,克服生词障碍,理解大意。能与他人合作,解决问题,共同完成学习任务。能对自己的学习进行评价,总结学习方法。能利用一些教育资源进行学习。

能力较差的学生:对英语学习表现出一定的积极性和初步的自信心。能听懂有关熟悉话题的语段和简短的故事。能与教师或同学就熟悉的话题交换一些信息。能读懂小故事及其他文体的简单书面材料。能参照范例或借助图片写出简单的句子。能参与简单的角色扮演等活动。能在老师指导下尝试使用适当的学习方法,克服学习中的困难。

三、课程内容标准和要求

1. 课程内容安排表

课程内容主要包含:培养学生听力技能口头交流能力、词汇结构应用能力、阅读能力、翻译能力、书面交流能力、专业英语应用能力,并注重综合文化素养的培养,以适应我国社会发展和国际交流的需要。

序号	能力训练项目模块	工作任务模块	参考学时
1	口头交流能力	掌握公共场合、会议、协商、道歉与商务等主题的口头交流技能	40
2	词汇结构应用能力	掌握常用词汇的构词法、用法及句型,并能正确的灵活应用	10
3	阅读能力	掌握科学、教育、文化、科普等各方面文章的阅读技巧,并能正确理解文章主题、主要内容	25
4	翻译能力	掌握句子、短文的翻译技巧,并能准确的进行笔译(英译汉)	20
5	书面交流能力	掌握英语邀请信、感谢信、祝贺信、证明信通知、预订函、备忘录、电子邮件、投诉信、求职信和招聘启事等的格式与常用的词汇和句式,并能撰写	15
6	专业英语应用能力	掌握一定的专业词汇、常用句型;并能在职场进行一般口头、书面沟通	18

2. 课程内容标准与要求

● 对能力较好学生的标准和要求

对于这部分学生主要培养英语综合应用能力,特别是听说能力和职场英语能力,使他们在今后工作和社会交往中能用英语有效地进行口头和书面的信息交流,同时增强其自主学习能力,提高其专业英语能力,并注重综合文化素养的培养,以适应我国社会发展和国际交流的需要。

(1)掌握3 500个英语单词(含在中学阶段已经掌握的词汇)以及由这些词构成的常用词组,对参考词汇表中列出的3 000个共核词汇能在口头和书面表达时加以熟练运用。另需掌握500个与行业相关的常见英语词汇。

(2)掌握基本的英语语法,能在职场交际中熟练运用所学语法知识。

(3)能听懂日常生活用语和与未来职业相关的一般性对话或陈述。

(4)能就日常话题和与未来职业相关的话题进行比较有效的交谈。

(5)能读懂一般题材和与未来职业相关的英文材料,理解基本正确。

(6)能就一般性话题写命题作文,能模拟套写与未来职业相关的应用文,如信函、通知、个人简历等。内容基本完整,表达基本准确,语义连贯。

(7)能借助词典将一般性题材的文字材料和与未来职业相关的业务材料译成汉语。译文达意、通顺,格式恰当。

● 对能力一般学生的标准和要求

以全面培养学生综合应用能力为目的,具有一定的听、说、读、写、译的能力,从而能借助词典阅读和翻译相关英语业务资料,在涉及交际的日常活动和业务活动中进行简单的口头和书面交流,并为今后进一步提高英语的交际能力打下基础。

(1)掌握3 000个英语单词(含在中学阶段已经掌握的词汇)以及由这些词构成的常用词组,对参考词汇表中列出的2 500个共核词汇能在口头和书面表达时加以运用。另需掌握500个左右与行业相关的常见英语词汇。

(2)掌握基本的英语语法,并能在职场交际中基本正确地加以运用。

(3)能基本听懂日常生活用语和与未来职业相关的简单对话。

(4)能就日常话题和与未来职业相关的话题进行简单的交谈。

(5)能基本读懂一般题材和与未来职业相关的英文资料,理解基本正确。

(6)能就一般性话题写命题作文,能填写和模拟套写与未来职业相关的简短英语应用文,如表格、简历、通知、信函等。语句基本正确,表达清楚,格式恰当。

(7)能借助词典将一般性题材的文字材料和与未来职业相关的一般性业务材料译成汉语。理解基本正确,译文达意,格式恰当。

● 对能力较差学生的标准和要求

使学生掌握一定的英语基础知识和技能,培养学生掌握必要的、实用的英语语言知识和技能,掌握词汇和句子结构的正确应用,具有阅读和翻译与本专业有关的业务资料的初步能力,为进一步提高英语的应用能力打下一定的基础。

(1)掌握参考词汇表中列出的2 500个共核词汇(含在中学阶段已经掌握的词汇)以及由这些词构成的常用词组,能在口头和书面表达时加以运用。根据具体情况适当学习一些与行业相关的常见英语词汇。

(2)掌握基本的英语语法,并能基本加以运用。
(3)能基本听懂日常生活用语。
(4)能就日常话题进行简单的交流。
(5)能基本读懂一般题材的英文资料,理解基本正确。
(6)能填写和模拟套写常见的简短英语应用文,如表格、简历、通知、信函等。语句基本正确,格式基本恰当。

四、实施建议

1. 课程组织形式

实用英语课程重在强调"实用"二字,"实用"必须要从学生的行动中体现出来,因此课程组织必须充分以学生为主体。在整个教学实施过程中,采取教师讲授、专题讨论、模拟情景表演等相结合的形式进行课题教学活动。

2. 教学方法

调动学生的眼、耳、口、手各个器官,同时进行训练。

对理论较强的词汇、语法和翻译理论教学,可采取启发式、小组讨论的教学方法,使学生能在相互讨论的轻松状态下潜移默化地强化学习内容;

对学生听说能力的训练,采用情景教学法,还原职场和涉外交际中的各种情境,引导学生大量输入信息,从而大胆模仿和实践,进行模拟情景角色表演;

对学生阅读能力的培养,可采取学生讲解、学生点评、教师总结补充的方法给学生更多自由阅读的机会,培养学生独立去理解文章内容和拓展思路的能力;

对学生写作能力的培养,采取任务驱动的方法,让学生根据实例进行模仿套写,再进行学生之间的相互点评、修改,最后老师进行点评,指出问题。

3. 教学评价

(1)评价方式

形成性考核与终结性考试相结合,强化形成性考核;注重考核内容的多角度(即听、说、读、写各个方面)和多层面(即注重对学生英语基础能力、口语交际能力、英语书面分析表述能力等层面的考核),从而全面提高学生英语综合应用能力。成绩构成为:平时成绩占40%(平时成绩包括出勤、作业、课堂互动回答问题、小组任务型活动及阶段测试);期末考试占60%。

(2)考核要求具体说明

阶段测试:有口试、笔试或小组任务的方式对学生的学习情况进行实时监控。阶段测试本着复习、巩固和客观检查的原则,重在测试后的反馈和查缺补漏,不宜给学生过多的压力,目的在于使学生真正掌握知识点。

测试项目、内容、题型及时间分配表如下。

序号	测试项目	测试内容	题型	百分比
Ⅰ	听力技能	对话、短文	多项选择、填空、简答	10%
Ⅱ	词汇、语法应用	词汇用法、句法结构、词形变化等	多项选择、填空	10%
Ⅲ	阅读技能	一般性和应用性文章	多项选择、填空、简答、匹配	30%

序号	测试项目	测试内容	题型	百分比
IV	翻译能力（英译汉）	句子和段落	多项选择、段落翻译	20%
V	写作技能	摘要、信函、简历、申请书、协议书等	套写、书写、填写或翻译	10%
VI	口语能力	典型工作情景对话交流	英语对话交流	20%

4. 教材与课程资源的利用

（1）教材

①《新编实用英语综合教程（天津版）》，《新编实用英语（天津版）》编写组，高等教育出版社，2006

②《高等学校英语应用能力考试模拟训练试题集 A\B 级（天津版）》，本书编写组，高等教育出版社，2008

③《现代职业英语实用综合教程》，曹玉泉、王丽雅，南开大学出版社，2010

（2）参考书

①《高职高专教育英语课程教学基本要求》，教育部高等教育司，高等教育出版社，2000

②《新编实用英语综合教程教师参考书（天津版）》，《新编实用英语（天津版）》编写组，高等教育出版社，2006

③《新编实用英语 学学 练练 考考（天津版）》，《新编实用英语（天津版）》编写组，高等教育出版社，2006

（3）其他资源

本校英语教师自编的资源库，包括：

①《高等学校英语应用能力考试模拟训练试题集 A\B 级解析（天津版）》

②《英语 A\B 级词缀表》

③《高等学校英语应用能力考试 A\B 级精析精练》

④《英语应用能力 A\B 级实用写作范文》

另外还有教师自制的教学挂图、教学卡片等。

课程整体教学设计

一、课程基本信息

课程名称：实用英语		
课程代码：00110029	学分：7	学时：128
所属系部：基础部	制定人：刘彦斌　于臻臻　马静	
授课时间：第一、二学期	授课对象：非英语专业高职一年级学生	

课程类型:基本素质必修课	
先修课程:无	后续课程:各专业专业英语

二、课程定位

1. 能力要求

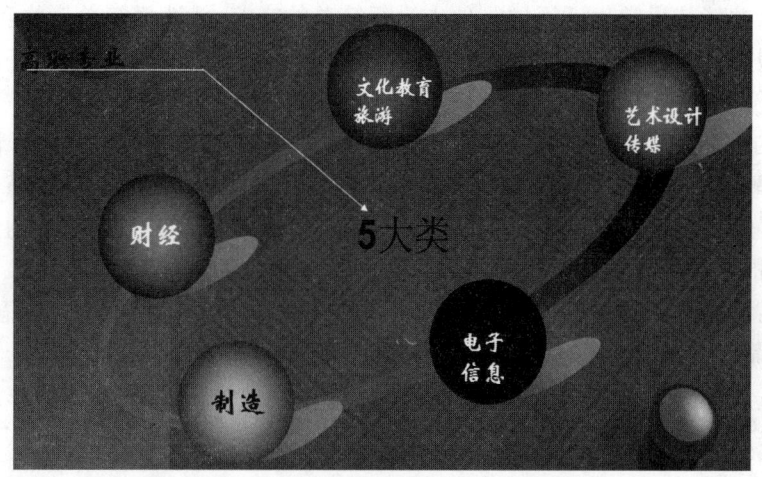

随着我国改革开放的不断深化发展,特别是我国加入 WTO 以来,外国独资企业、中外合资企业越来越多,国有企业也纷纷参与国际贸易。国际交流越来越频繁,对外语人才的需求也就越来越大。近些年来,高职毕业生的口语能力越来越受到用人单位的重视,因为高职毕业生主要从事第一线的业务工作,在频繁的接待和技术交流中需要口语交流,而进入涉外或合资企业工作英语则成了必备的工具。因此,英语课不仅是一门非常重要的公共基础,也是一门专业工具课。根据国际标准,外语应用是现代人才所必备的八大核心能力之一,所以英语课也是核心能力课。

2. 课程分析

实用英语以培养学生实际应用英语的能力为目标,侧重职场环境下英语语言交际能力的培养,使学生逐步提高用英语进行交流与沟通的能力;使学生掌握有效的英语学习方法和策略,培养学生的学习兴趣和自主学习能力,提高学生的综合文化素养,为提升学生的就业竞争力及未来的可持续发展打下必要的基础。本课程无前续课程,后续课程为各专业的专业英语。本课程为基础课,本课程要立足为专业服务、为就业服务、为高素质高技能人才培养服务;突出技能性、实践性,同时关注人文性、综合性。

三、课程目标设计

总体目标:经过 128 学时的实用英语教学,不仅要帮助学生打好语言基础,更要注重培养学生实际应用语言的技能,特别是用英语处理与未来职业相关业务的能力。使学生掌握一定的英语基础知识和技能,具有一定的听、说、读、写、译的能力,从而能借助词典阅读和翻译有关英语业务资料,在涉外交际的日常活动和业务活动中进行简单的口头和书面交流,并为今后进一步提高英语的交际能力打下基础。

能力目标:具有英语运用能力、沟通协调能力、语言环境适应能力和信息处理能力,创新与应变能力。

能力较好的学生:有较强的自信心和自主学习能力。能就熟悉的话题及日常生活内容用英语进行较自然的交流;能读懂中等难度的读物和报刊、杂志;能写出语义连贯且结构较完整的应用文;能有效利用网络等多种教育资源获取信息。能自觉评价学习效果,形成有效的英语学习策略。

能力一般的学生:有较明确的英语学习动机和积极主动的学习态度。能听懂教师有关熟悉话题的陈述,并能就日常生活话题与他人进行简单的交流;能读懂简单读物和部分报刊、杂志的内容,克服生词障碍,理解大意。能与他人合作,解决问题,共同完成学习任务。能对自己的学习进行评价,总结学习方法。能利用一些教育资源进行学习。

能力较差的学生:对英语学习表现出一定的积极性和初步的自信心。能听懂有关熟悉话题的语段和简短的故事。能与教师或同学就熟悉的话题交换一些信息。能读懂小故事及其他文体的简单书面材料。能参照范例或借助图片写出简单的句子。能参与简单的角色扮演等活动。能在老师指导下尝试使用适当的学习方法,克服学习中的困难。

知识目标:学生要掌握 2 000~3 500 个高频词及 800 与未来职业相关的英语词汇;能读懂和专业相关的简单文章,熟练掌握商务应用文写作。

素质目标:具备良好的学习方法、心理素质、英语应用能力和交际能力、合作意识和责任意识、积极的工作态度和业务素质。

四、课程内容设计

项目名称	子项目名称	学时
日常礼仪	Book 1 Unit 1　Hello, Hi!	8
	Book 1 Unit 2　Saying Thanks or Sorry	8
	Book 2 Unit 1　Invitation Etiquette	8
	Book 2 Unit 7　Farewell	6
合　计		30

项目名称	子项目名称	学时
文化习俗	Book 1 Unit 4　Punctuality and Culture	8
	Book 1 Unit 5　Our Weather and Climate	8
	Book 1 Unit 7　Holiday Celebrations	8
	Book 2 Unit 6　Shopping and Sightseeing	8
	Book 2 Unit 5　Food Blogs	8
合　计		40

项目名称	子项目名称	学时
日常交流	Book 1 Unit 3　Road Signs and Commuting	8
	Book 2 Unit 2　E-mail	8
	Book 2 Unit 3　Communication by Phone	8
	Book 2 Unit 8　Applying for a Job	10
合　计		34

项目名称	子项目名称	学时
康体娱乐	Book 1 Unit 6　Olympics and Sports	8
	Book 1 Unit 8　From Fat to Fit	8
	Book 2 Unit 4　Hotel Service	8
合　计		24

五、项目任务设计

序号	子项目编号、名称	能力目标	知识目标	训练方式、手段及步骤	可展示的结果
1	Book 1 Unit 1 Hello, Hi!	使用基本句型进行问候	常用句型和词汇	角色扮演，分组讨论，小演讲展示	角色扮演，讲演展示
2	Book 1 Unit 2 Saying Thanks or Sorry	使用基本句型表示感谢和道歉	常用句型和词汇；感谢信	角色扮演，分组讨论，小演讲展示	角色扮演，讲演展示
3	Book 1 Unit 3 Road Signs and Commuting	使用基本句型进行问路	常用句型和词汇	角色扮演，分组讨论，小演讲展示	角色扮演，讲演展示
4	Book 1 Unit 4 Punctuality and Culture	使用基本句型进行关于遵守时间和相关文化的交流	常用句型和词汇	角色扮演，分组讨论，小演讲展示	角色扮演，讲演展示
5	Book 1 Unit 5 Our Weather and Climate	使用基本句型谈论天气	常用句型和词汇，天气预报	角色扮演，分组讨论，小演讲展示	角色扮演，讲演展示
6	Book 1 Unit 6 Olympics and Sports	使用基本句型对运动进行讨论	常用句型和词汇	角色扮演，分组讨论，小演讲展示	角色扮演，讲演展示
7	Book 1 Unit 7 Holiday Celebrations	使用基本句型对节日进行讨论，了解相关文化	常用句型和词汇	角色扮演，分组讨论，小演讲展示	角色扮演，讲演展示

续表

序号	子项目编号、名称	能力目标	知识目标	训练方式、手段及步骤	可展示的结果
8	Book 1 Unit 8 From Fat to Fit	使用基本句型对健身进行讨论	常用句型和词汇	角色扮演,分组讨论,小演讲展示	角色扮演,讲演展示
9	Book 2 Unit 1 Invitation Etiquette	了解基本的邀请句型	常用句型和词汇;邀请信	角色扮演,分组讨论,小演讲展示	角色扮演,讲演展示
10	Book 2 Unit 2 E-mail	了解电子邮件的写法	常用句型和词汇	角色扮演,分组讨论,小演讲展示	角色扮演,讲演展示
11	Book 2 Unit 3 Communication by Phone	使用基本句型进行电话交流	常用句型和词汇	角色扮演,分组讨论,小演讲展示	角色扮演,讲演展示
12	Book 2 Unit 4 Hotel Service	使用基本句型进行酒店情景的交流	常用句型和词汇	角色扮演,分组讨论,小演讲展示	角色扮演,讲演展示
13	Book 2 Unit 5 Food Blogs	使用基本句型进行点餐	常用句型和词汇	角色扮演,分组讨论,小演讲展示	角色扮演,讲演展示
14	Book 2 Unit 6 Shopping and Sightseeing	使用基本句型进行旅游交流	常用句型和词汇	角色扮演,分组讨论,小演讲展示	角色扮演,讲演展示
15	Book 2 Unit 7 Farewell	使用基本句型进行告别	常用句型和词汇	角色扮演,分组讨论,小演讲展示	角色扮演,讲演展示
16	Book 2 Unit 8 Applying for a Job	使用基本句型进行面试求职	常用句型和词汇;简历	角色扮演,分组讨论,小演讲展示	角色扮演,讲演展示

六、项目情境设计

编号	项目模块	子项目名称	任务	情境	学时
1	日常礼仪	Book 1 Unit 1 Hello, Hi!	1. 初次见面和朋友间见面不同的问候方式; 2. 工作和生活中向他人表示感谢和道歉; 3. 通过口头和书面方式邀请朋友或工作伙伴参加特定的活动; 4. 向朋友和工作伙伴告别并表示感谢	1.1 史密斯先生和王明在 ABC 公司的年会上初次见面,双方互相问候并交换名片	8
		Book 1 Unit 2 Saying Thanks or Sorry		1.2 史密斯先生和王明通过工作接触成为朋友,王明更是充当导游,带着史密斯先生游览了天津,史密斯先生对他的热情招待和帮助十分感谢	8
		Book 2 Unit 1 Invitation Etiquette		1.3 史密斯先生为了感谢王明的热情招待,邀请他参加他和朋友们的周末聚会	8
		Book 2 Unit 7 Farewell		1.4 史密斯先生要结束天津的工作回到美国,临行前他特地向王明告别,并邀请他来美国	6

续表

编号	项目模块	子项目名称	任务	情境	学时
2	文化风俗	Book 1 Unit 4 Punctuality and Culture	1. 中西方对于时间的看法； 2. 怎样从讨论天气开始，引出新的对话； 3. 讨论中西方典型的节日及起源； 4. 讨论中西方美食文化及典型区别； 5. 能简单介绍天津的著名景点	2.1 布朗先生和李明讨论中西方对于时间观念的态度和区别	8
		Book 1 Unit 5 Our Weather and Climate		2.2 布朗先生来自英国，他经常和李明讨论天气，李明向他询问英国人喜欢谈论天气的原因	8
		Book 1 Unit 7 Holiday Celebrations		2.3 正值中国传统的端午节，李明先生邀请布朗先生来看龙舟赛吃粽子，布朗先生也向李明介绍了典型的西方节日	8
		Book 2 Unit 5 Food Blogs		2.4 布朗先生和李明来到了天津的食品街，在品尝美食的同时也讨论了中西方美食文化的差异	8
		Book 2 Unit 6 Shopping and Sightseeing		2.5 李明带布朗先生游览了天津的著名景点，并为他介绍	8
3	日常交流	Book 1 Unit 3 Road Signs and Commuting	1. 能简单的问路和为他人指路； 2. 写一封 E-mail； 3. 办公情境如何接打电话； 4. 会写求职信，求职情境下的对话练习	3.1 史密斯先生要去天津大学参加一个讲座，他不知道如何乘坐地铁，于是他向正准备乘坐地铁的李红问路，李红为他指路	8
		Book 2 Unit 2 E-mail		3.2 史密斯先生写邮件向李红表示感谢	8
		Book 2 Unit 3 Communication by Phone		3.3 史密斯先生打电话给 ABC 公司的销售部经理想预约见面，他的秘书玛丽接听了电话并记录的留言	8
		Book 2 Unit 8 Applying for a Job		3.4 李红应聘了 ABC 公司销售部经理助理一职，她写了简历，正参加面试	10
4	康体娱乐	Book 1 Unit 6 Olympics and Sports	1. 讨论自己喜欢的运动并说明原因； 2. 讨论如何保持健康，进行健康的运动锻炼； 3. 在酒店进行预订，并办理登记入住	4.1 李明和李红相约去天津的水滴参观，并讨论了自己喜欢的运动和运动明星	8
		Book 1 Unit 8 From Fat to Fit		4.2 李明约李红跑步锻炼，并向她介绍了健康生活方式的重要性	8
		Book 2 Unit 4 Hotel Service		4.3 李明和李红去北京旅游，他们通过电话预订房间，到达后办理登记入住	8

七、课程进程表

编号	子项目编号、名称	能力目标	知识目标	师生活动	考核方法
1	Book 1 Unit 1 Hello, Hi!	使用基本句型进行问候	常用句型和词汇	观看视频、播放音频练习听力,根据老师给出的情境进行角色扮演	考核学生是否能用基本句型进行问候
2	Book 1 Unit 2 Saying Thanks or Sorry	使用基本句型表示感谢和道歉	常用句型和词汇;感谢信	播放视频,播放音频结合PPT教学内容,用思维导图扩展学生词汇量,要求学生根据情境进行角色扮演	考核学生是否能用基本句型对他人表示感谢和道歉
3	Book 1 Unit 3 Road Signs and Commuting	使用基本句型进行问路	常用句型和词汇	播放问路动画,学生根据动画总结常用句式和词汇,并结合老师给的情境进行角色表演	考核学生是否能用基本句型进行问路和指路
4	Book 1 Unit 4 Punctuality and Culture	使用基本句型进行关于遵守时间和相关文化的交流	常用句型和词汇	观看视频、播放音频练习听力,根据老师给出的情境进行角色扮演	考核学生是否能用基本句型讨论中西方对于时间的态度差异
5	Book 1 Unit 5 Our Weather and Climate	使用基本句型谈论天气	常用句型和词汇,天气预报	播放英文天气预报,音频进行听力练习,PPT布景,角色扮演天气预报员	考核学生是否能用基本句型讨论天气
6	Book 1 Unit 6 Olympics and Sports	使用基本句型对运动进行讨论	常用句型和词汇	播放视频,播放音频结合PPT教学内容,用思维导图扩展学生词汇量,要求学生根据情境进行角色扮演	考核学生是否能用基本句型进行关于自己所喜爱运动讨论
7	Book 1 Unit 7 Holiday Celebrations	使用基本句型对节日进行讨论,了解相关文化	常用句型和词汇	观看视频,了解中西方节日的相关文化,用蓝墨云班课发布相关节日的小故事激发学生学习兴趣	考核学生是否能用基本句型介绍中西简单的节日
8	Book 1 Unit 8 From Fat to Fit	使用基本句型对健身进行讨论	常用句型和词汇	播放音频,观看视频,对用英文就医有一定的了解,并能根据教师给出的情境进行角色扮演对话	考核学生是否能用基本句型进行生活方式的介绍
9	Book 2 Unit 1 Invitation Etiquette	了解基本的邀请句型	常用句型和词汇;邀请信	播放音频,观看视频,根据PPT上所给出的重点和难点能够表达邀请他人、接受他人邀请和拒绝他人邀请。	考核学生是否能用基本句型进行口头邀请;会写邀请信
10	Book 2 Unit 2 E-mail	了解电子邮件的写法	常用句型和词汇	播放视频,播放音频结合PPT教学内容,用思维导图扩展学生词汇量,要求学生根据情境进行角色扮演	考核学生是否能写英文的E-mail

续表

编号	子项目编号、名称	能力目标	知识目标	师生活动	考核方法
11	Book 2 Unit 3 Communication by Phone	使用基本句型进行电话交流	常用句型和词汇	观看视频、播放音频练习听力,根据老师给出的情境进行角色扮演	考核学生是否能用基本句型进行问候
12	Book 2 Unit 4 Hotel Service	使用基本句型进行酒店情景的交流	常用句型和词汇	播放音频,观看视频,了解酒店服务中常用的英文表达方式,并能根据教师给出的情境进行角色扮演对话	考核学生是否能用基本句型进行客房预订,登记入住
13	Book 2 Unit 5 Food Blogs	使用基本句型进行点餐	常用句型和词汇	观看视频、播放音频练习听力,根据老师给出的情境进行角色扮演	考核学生是否能用基本句型进行中西方饮食文化的介绍
14	Book 2 Unit 6 Shopping and Sightseeing	使用基本句型进行旅游交流	常用句型和词汇	播放英文购物视频,用音频进行听力练习,PPT布景,对购物观光情境进行角色扮演	考核学生是否能用基本句型介绍天津典型的旅游景点
15	Book 2 Unit 7 Farewell	使用基本句型进行告别	常用句型和词汇	播放音频,观看视频,根据PPT上所给出的重点和难点能够表与他人告别	考核学生是否能用基本句型进行告别
16	Book 2 Unit 8 Applying for a Job	使用基本句型进行面试求职	常用句型和词汇;简历	播放音频和视频,教师从最新的中国日报上截取英文招聘启示,教学生学会书写求职简历和求职信	考核学生是否能用基本句型进行求职;能写求职简历

八、首末次课设计

1. 首次课设计

首次课向学生介绍实用英语课程开展的基本情况和需要学生下载的 app,如蓝墨云班课软件等。从小组讨论开始,让学生试着用英语表达自己的想法,第一次课主题项目是打招呼,简单易懂。让学生通过角色扮演的方式进行对话练习,克服张不开嘴的尴尬,带学生体验适应情境教学。

2. 末次课设计

回顾本课程学习的主要内容,师生共同完成课程总结。

九、考核方案

考核形式:注重过程考核。

平时成绩:占 40%(构成:出勤、作业、平时测验、课堂提问、学习情况等)。

期末成绩(占 60%):

(1)听说模块:进行角色表演(实用对话)占 20 分。主要考核《新编实用英语》中 Talking

Face to Face 部分的重点段落，2 人一组通过抽签决定表演段落。

（2）写作模块：测试形式写 1~2 篇应用文，占 20 分。

（2）阅读、翻译模块：进行综合能力测试，占 60 分。测试形式笔试，此部分参加期末统一考试。

以上 3 个模块占 60%：(20 分 +20 分 +60 分)×60%。

十、教学材料

1. 教材

①《新编实用英语综合教程（天津版）》，《新编实用英语（天津版）》编写组，高等教育出版社，2006

②《高等学校英语应用能力考试模拟训练试题集 A\B 级（天津版）》，本书编写组，高等教育出版社，2008

③《现代职业英语实用综合教程》，曹玉泉、王丽雅，南开大学出版社，2010

2. 参考书

①《高职高专教育英语课程教学基本要求》，教育部高等教育司，高等教育出版社，2000

②《新编实用英语综合教程教师参考书（天津版）》，《新编实用英语（天津版）》编写组，高等教育出版社，2006

③《新编实用英语学学 练练 考考（天津版）》，《新编实用英语（天津版）》编写组，高等教育出版社，2006

3. 其他资源

本校英语教师自编的资源库，包括：

①《高等学校英语应用能力考试模拟训练试题集 A\B 级解析》（天津版）

②《英语 A\B 级词缀表》

③《高等学校英语应用能力考试 A\B 级精析精练》

④《英语应用能力 A\B 级实用写作范文》等

另外还有教师自制的教学挂图、教学卡片等。

课程单元教学设计（一）

课程名称	实用英语		作品名称	Applying for a Job（Having a Job Interview）	项目章节	第二册第 8 单元任务 2 Applying for a Job
授课学时	1	教材教参	《新编实用英语综合教程 2（天津版）》，高等教育出版社，2012 《新编实用英语综合教程 2（天津版）配套教学参考书》，高等教育出版社，2012		授课专业年级	非英语专业大学一年级

续表

教学目标	知识	1. 熟练掌握4句面试情境下涉及自我介绍的句子 2. 掌握回答面试典型问题的常用词和句子 3. 熟悉面试的基本流程		
	能力	1. 具备在面试情境下与面试官进行简单对话的能力，并且能流利地进行自我介绍 2. 具备在面试典型问题回答环节灵活应变的口语表达能力 3. 具备用正确的语音语调进行口语表达的能力		
	素质	1. 能够在面试情境中表现得体、稳重、大气 2. 在平等、友善的前提下态度诚恳、谦逊地完成面试		
教学主要内容	以完成面试任务为驱动，以围绕自我介绍的相关词句以及在面试典型问题回答环节的交际性对话为主要教学内容，并在此过程中指导学生形成表现得体、稳重、在平等、友善的前提下态度诚恳、谦逊地完成面试的职业素养			
教学重点	在面试情境下，运用正确英文词句进行自我介绍		教学难点	在面试对话过程中，如何灵活运用英文语句回答典型问题
解决方法	1. 利用音频、视频等信息化手段创设语言学习的不同情境和语境 2. 利用QQ群群投票和群活动信息化手段，调动学生兴趣和参与积极性 3. 采用随机扫描二维码的信息化手段，随机把学生分组，加大考查学生学习效果的难度，提高课堂效率 4. 引入第三方免费使用的测试平台，实现课上课下不受限的即时测试和测试反馈 5. 通过在PPT教学课件中加入VB代码，可实现简单的人机互动，更便于学生课后自主学习			
信息化教学环境	多媒体教室，硬件：投影仪、教师机、学生机、智能手机，软件：课件、腾讯QQ或微信APP，测试平台：http://www.examcoo.com/			

			续表
教学设计思路		本节课以让学生独立完成面试任务为教学目标,以多元智能理论为理论基础,利用视频、音频;免费测试平台;多媒体课件;QQ群功能及微信扫描二维码等多种信息化手段,创设面试的典型语境,变化不同的教学方法,将视觉、听觉、交流等多元智能运用于英语听说的学习过程,四种信息化手段的运用,突破了教学难点,解决了教学重点,学生从被动式的英语学习转化为主动式的英语练习交流。在小组讨论和完成面试任务的过程中,训练学生提高英语沟通能力和情境应变能力	信息化资源利用	本堂课共利用2个视频,1段音频,一个免费即时测试及成绩反馈分析平台,一个添加VB代码的单词练习课件,使用QQ群功能两个,分别是:群投票和发起群活动功能,使用一个微信扫描二维码功能。 1. 课前准备和导入:引入使用QQ群投票功能布置的课前调查,导入本次课的内容 2. 布置任务:播放音频、视频创设面试情境,使学生身临其境完成角色转换。 3. 任务实施:通过教师播放视频、音频,学生在免费测试平台进行课堂测试,学生使用添加VB代码的课件进行单词拼写练习,从视、听、说、写四个方面进行多感官训练,使学生具备灵活运用语言的能力和情境应变的能力(2个视频内容一致,首先播放的是没有字幕的,目的在于锻炼学生的听力,第二次播放的视频是带字幕并且突出显示了重点的词和句子,1个音频播放两次,第一次是测试听力,第二次是讲解重点句型,免费的即时测试平台是用来进行课堂测试及成绩分析,课件用来做课堂练习)。 4. 任务考核:让学生用微信扫描二维码随机分配任务,增加考查难度。 5. 任务考核评价:使用QQ群投票功能进行任务评价,简便快速。 6. 学生反馈:QQ群即时交流。 7. 课后作业(课后扩展):利用QQ群发起群活动功能,向学生介绍由学生会组织的英文模拟招聘会,鼓励学生学以致用
课前准备工作	在教学平台上布置考试,课上通过分析考试结果,检查预习效果		

续表

教学环节	教学内容	教学步骤、方法与手段
一、任务导入（5分钟）	考试结果分析：先分析课前布置的针对本单元教学内容的测试结果，针对学生问题较多的内容导入本节课教学内容。	教师： 分析课前调查的结果，并导入本次课内容。
	重点： 本节课的重点是如何在面试情境下，运用正确英文词句进行自我介绍。引入需要掌握的四个基本句型： My name is…, and I'm from… I graduated from…, majoring in… I would like to apply for… After graduation, I worked as a/an…for…year(s) 难点： 是在面试对话过程中，如何灵活运用英文语句回答典型问题。 教学环节：布置任务→任务实施→任务考核与评价→任务总结→作业（任务扩展）	教师： 使用多媒体PPT进行讲解。 学生： 明确本次课的重点和难点，了解教学环节。
二、任务实施（20分钟）	布置任务 为了提高考查难度，先不介绍任务的具体内容，只是把任务要求告知学生。学生在任务展示环节，用本次课所学完成规定任务。	教师： 播放一小段音频和视频，让学生进入情境，并了解两部分学习内容的要点。 学生： 观看视频，进入学习氛围。

续表

教学环节	教学内容	教学步骤、方法与手段
二、任务实施（20分钟）	重点：自我介绍 ①用课件归纳出学生列举出的一个自我介绍应该包含的几个信息点。 Brief Self-introduction includes: - Name - Hometown - Graduate College - Job Objective - Work Experience ②引入课前让学生预习的词汇并展示在对话学习中与自我介绍包含信息点相关的句型结构。 Words for memorizing (Previewed) graduate apply major professionally course Sentences for Mastering ♦ My name is..., and I'm from... ♦ I graduated from..., majoring in... ♦ I would like to apply for... ♦ After graduation, I worked as a/an...for...year(s) ③再次播放听力音频，讲解对话，并标注所需掌握的4个重点句型，并引导学生把4个基本句型和自我介绍包含的信息点结合起来，形成一个较完整的自我介绍。 ④小组讨论后，让学生结合自身实际用所学的4个句型来进行自我介绍展示。	教师： 1. 播放课件让学生了解在稍后的对话学习中的侧重点，同时引出随后的课堂测试。 2. 总结出4个自我介绍的常用句型，用课件帮助学生记忆。 学生： 1. 思考问题 2. 积极参加小组讨论。

续表

教学环节	教学内容	教学步骤、方法与手段
二、任务实施（20分钟）	难点：交际情境对话（如何回答典型问题） ①播放不带字幕的视频，让学生观看后试着以说出关键词的方式来总结面试中的典型问题。 ②第二遍播放带字幕的视频，让学生注意带标识的重点词汇和句型。 ③进入词汇扩展练习，总结重点词汇。 ● be interested in ● responsibility ● strengths ● weaknesses ● impressive ● reliable ④总结面试典型问题，归纳常用回答的句型。 ● How to express your attitude towards this position? I am very excited about… ● How to briefly introduce your working experience? I had many job responsibilities. ● How to convey your advantages to the interviewer? I am very reliable, and I will try to... ● How to express your eagerness to join this company? Your company is very…, and I hope for…	教师： 1. 播放视频。 2. 指导学生利用添加 VB 代码的课件进行词汇扩展练习。 3. 总结面试中典型问题及回答的基本句型。 学生： 1. 观看视频，记忆突出显示的词和句子。 2. 学生用课件进行词汇习。 3. 熟悉句型，为任务展示做准备。
三、任务展示与评价（8分钟）	任务展示（能力考核） 考核要求： 本次课设置两个任务，角色分别是面试官和面试者。为了提高考查难度，任务内容和角色由学生使用手机微信扫描二维码的方式随机获得。获得任务后随机请两组同学上台展示任务。 考核内容： Task 1 李明申请了天津进出口公司的销售经理一职，请根据随机分配的角色进行面试环节展示。 Task 2 张华申请了 ABC 公司的总经理助理一职，请根据随机分配的角色进行面试环节展示。 学生反馈 学生在 QQ 群进行即时交流，对两组同学的表现进行讨论，然后进行投票。 考核评价 让学生登录 QQ 群进行投票，根据两组同学的表现，如语音语调、句型运用情况进行评价。对投票结果进行点评。	教师： 1. 指导学生根据学号扫描不同的二维码。 2. 挑选两组同学进行任务展示，并给予简单的点评。 3. 在 QQ 群发起投票，让学生进行评价。 学生： 1. 认真观看两组同学的任务展示。 2. 在 QQ 群根据同学表现进行投票，选出表现较好的一组。

续表

教学环节	教学内容	教学步骤、方法与手段
四、任务总结（4分钟）	让一个学生板书本节课所学的重点内容，包括用来做自我介绍的4个基本句型及回答面试典型问题的4句话。 Summary What have you learned in this class?	教师： 对本节课重点内容进行梳理和总结。 学生： 认真观看同学书写，加强记忆。
五、任务扩展（3分钟）	课后扩展部分 关注学生在班级群的对于学习效果的交流，查看学生完成作业的情况。对于学生上传的视频，优秀的展示视频上传至班级群，供其他同学学习借鉴。去模拟招聘会现场了解学生的知识的实际运用情况，并及时在班级群进行反馈。 1. 针对性强化学习 登录 http://www.examcoo.com/ 网站，完成电子作业。 2. 利用移动设备学习 利用手机拍摄自我介绍的视频上传至QQ群，关注QQ群发布的模拟招聘会的活动信息，并积极参与。	教师： 课后通过QQ班级群了解学习效果和学生保持互动交流。去模拟招聘会现场及时记录学生对所学知识的运用情况。 学生： 1. 拍摄自我介绍的视频并及时上传。 2. 以学生自主学习为主，有学习上的疑难可以在QQ讨论群咨询或讨论。
教学后记	求职过程包括很多环节，面试无疑是最重要的一环。英文面试所占比例因公司性质各有不同，但无疑都是必需的环节。能否流利、准确地回答问题并展示自己，对于面试者能否顺利通过面试并最终求职成功，起着十分关键的作用。教师根据教学目标、学生特征、知识特征，将信息技术与教学深度融合，让学生在完成面试任务的过程中学会熟练运用相关词句，培养能够与面试官进行基本对话的能力、在面试典型问题回答环节灵活应变的口语表达能力，形成在面试中表现得体、稳重、在平等、友善的前提下态度诚恳、谦逊地完成面试的职业素养。	

本表由于臻臻制作。

课程单元教学设计(二)

课程名称	实用英语	项目(章)	Communication by Phone	任务(节)	Unit 3
授课学时	2	教材教参	《新编实用英语教程2》	授课班级	非英语专业大学一年级
教学目标	知识	1. 熟悉电话交流常用的重点词汇 2. 掌握电话留言的格式、内容和常见英文表达 3. 掌握电话交流中的英文常用语句和句型,主要涉及问候、告诉对方被呼叫对象不能接听电话的原因、询问对方信息、为对方记录留言			
	能力	1. 能够熟悉电话交流中的礼仪规范和禁忌 2. 能掌握在英文情境中打电话 3. 能根据教师提供的情境自编自演一个对话			
	素质	接电话时候要表现出和蔼可亲的态度,积极主动的帮助来电人员协调沟通问题,要使用礼貌用语,语速不应过快或者过慢,要音量适中,吐字清楚,保证对方能够听清楚你所表达的内容			
教学重点	能够在特定语境下运用正确英文词句进行电话交流		教学难点	易混淆词和表达方式记忆困难	
解决方法	通过实景图片、Flash动画、视频和移动教学平台,让学生身临其境的进入教学语境之中。在信息化教学环境中提高学生的英语听说能力。同时提高学生动手能力和分析、解决问题能力。教师利用多种教学方法和递进式教学任务,不断增加学习难度,加深学生对于重点词汇例句的理解和掌握运用,突破教学的重、难点,提升教学效果				

续表

教学设计思路	学情分析： 本次授课时间为大一年级的下学期。本课程为公共基础课，学生通过大一第一学期的学习后已经有了一定的词汇基础，已具备一定的听说基础。但是学生的语音语调基础比较薄弱，缺乏英语语言的思维能力，常出现 Chinglish 的情况。而且每个学生的英语学习兴趣、方法和成绩都不尽相同，许多学生缺乏自主学习能力和团队合作意识。 教学设计思路： 本课为《实用英语2》第三单元电话交流之听说环节，主要学习用英语进行电话交流。课程开始先回顾上次课中讲解的课文重点句型，找学生将课文中接打电话的重点句型分类写在黑板上，其作用是帮助学生们复习本单元课文的关键词、关键句。培养学生在学习英语的过程中注重归纳总结，为本节课要学习的对话做好铺垫。接下来，教师利用视频导入方式对视频中的电话常用英语表达方式进行归纳总结和分析讲解，难度比课本要难，并以不同教学形式加深学生对于重点教学内容的理解和掌握，使学生能够达到灵活运用电话交流常用词句来进行日常交流的教学目标。	信息化资源利用	本次课程运用课程资源平台，15张图片、两段音频和两段视频贯穿完成整个教学过程。教学过程中运用软件为蓝墨云班课、英语流利说和英语趣配音。 1. 课程导入：引入课程资源平台上学生提前预习作业点评，并对蓝墨云班课给出的成绩统计进行分析，为学生讲解难题错题。 2. 任务介绍：播放视频、图片设定情境，帮助学生完成角色转换。 3. 任务实施：播放视频。一段视频为 Holding the line，一段视频为 Taking the message. 学生观看视频两遍然后总结这两段视频中的接电话和做电话留言的句型和关键词。让每位同学重复视频中的重点句型。从视、听、说三方面进行多感官训练，加强学生的英语表达能力和词汇量。并要求学生在课上根据教师给出的情境做小组对话表演。 3. 作业： ① 修改整理课上小组对话并以音频形式上交教师。 ② 在英语趣配音软件里搜索《商务会议电话》进行配音，并将作品发给教师。
教学环境	多媒体教室。硬件：投影仪、教师机；软件：蓝墨云班课，英语流利说、英语趣配音			
教学环节	教学内容		教学步骤、方法与手段
一、教学内容和教学目标	在蓝墨云班里告知学生教学内容和教学目标： 知识目标： 1. 能自如地将电话礼仪运用到电话交流中 2. 学习如何在英文情境中打电话 3. 掌握电话留言的格式、内容和常见英文表达 能力目标： 能够随机应变，熟练并规范地进行英文电话交流 素质目标： 拨打或接听电话过程中体现礼仪规范		教师：运用蓝墨云班课告知学生本课教学内容和教学目标 学生：提前预习云班课中的视频资料，并找出视频中的难懂之处

续表

教学环节	教学内容	教学步骤、方法与手段
二、课程导入（5分钟）	简单回顾教学目标 观看视频 Holding the line，呈现工作任务。基于视频内容，向学生提问。 教学方法：视听法 Holding the line	教师：播放视频 Holding the line，呈现工作任务。基于视频内容，向学生提问。 学生：看视频并回答问题。在观看视频过程中，学生对打电话常用语句进行新的记忆过程。
三、视听说训练（20分钟）	学习基本句型和电话礼仪知识 1. 回顾视频中接电话的常用句式并请学生列举 1）How can I help you? 2）I would like to speak with Mr. Smith please. 3）Could I ask who is calling please? 4）OK. Ms. Anderson, would you mind holding the line a moment? 2. 学习本课重点语句和句型 1）May I speak to Mr. Zhang Lihua? 2）Hello, who's calling, please? 3）Can I take a message? 4）When will he be expected? 5）Would you mind telling him that I called him? 6）You must have the wrong number. 7）I am sorry, but he is not in at the moment. 8）He will be back in a few minutes.	

教学环节	教学内容	教学步骤、方法与手段
三、视听说训练（20分钟）	3. 观看视频2，学习电话交流中的礼仪规范和重点语句和句型 4. 列举视频 Taking a message 中重点句型 1）I'm afraid Mr. Smith is too busy right now to take your call. 2）I see. Can you ask him to call me back please？ 3）Certainly，can I have your number？ 4）Yes，it's 444-1234. 教学方法：引导发现法，视听法	教师：根据课本中的 Sample Dialogues 和两段办公室电话交流的视频，令学生总结常用电话用语。 学生：总结出视频中出现的常用电话用语，跟读常用的语句、句子接龙训练。
四、情境训练（17分钟）	巩固和拓展 学生结合所看视频和听力练习中的常用语句和句型，根据子项目情境任务要求，两人一组在该工作环境内完成电话交流。 教学方法：任务教学法	教师：观摩指导。 学生：小组训练，成果展示。

续表

教学环节	教学内容	教学步骤、方法与手段
五、考核评价（3分钟）	小组展示,学生与教师共同评价。评价观测点:礼仪规范;对话情节丰富;常用语句和句型使用规范;语音语调规范。 教学方法:指导及归纳法(指出新句型、优缺点等)	教师:评价、总结。 学生:评价。
六、能力拓展	1. 总结本课重点句型 2. 强调礼仪规范(重点体现在句型结构和用词) 3. 要求学生在英语趣配音里面下载 Leaving a message at an office 并配音后发给教师 Leaving a Message at an Office. 4 商务留言　难度:★★★★★ 来看看正式一点的商务类留言怎么说吧	教师:总结重点句型和英文电话沟通中的礼仪规范;布置课下配音任务。 学生:学生根据教师要求下载英语趣配音中的任务并配音后传给老师。
教学特色	本课程为高职学生的公共基础课,本课为《实用英语2》第三单元电话交流之听说环节,主要学习用英语进行电话交流。教学中应坚持结合实践,使"教学做一体化"教学充满活力。教学内容和实践结合,能保持学用一致,增强教学内容的实用性。实践教学不仅能培养学生的综合职业能力,同时还能促进学生做人、做事、求知、创新等素质的全面提高。	

本表由马静制作。

教学做验收课总结(一)

于臻臻

本学期我参加了学院的"教学做"课程改革活动,通过一系列的说课、讲课和不断的修改,我的感触颇深。"教学做一体化"教学改革是培养学生职业能力的重要途径之一。基础理论知识可以在课堂内获得,专业知识和职业技能则需通过理论传授、实践教学等多形式教学方法才能使学生直观地理解和掌握。"教学做一体化"教学将多种教学方法融为一体,有助于学生获得职业经验,提高职业能力。"教学做一体化"教学改革符合素质本位教育的要求。"教学做一体化"教学不仅可使学生学到专业知识,还可在多形式的实践教学中培养学生的集体主义和团结协作精神;有助于培养学生严谨认真的科学精神和求真务实的科学态度;有利于增强学生对专业的深入了解和热爱,提高自己的专业水平;也有利于提高学生的职业道德素养,使学生们的身心得到健康发展。"教学做一体化"教学改革利于理论与实践的结合。理论教学脱离实践会使学生不理解理论的应用价值,造成职业学院学生学习理论课程兴趣和动力不足;失去理论指导的实践教学只能变成简单的重复练习,单调枯燥。"教学做一体化"教学的实质是通过各种实例的启发,引导学生自主探索,挖掘个人体验,以获取技术应用能力和职业能力的教学过程。在这一过程中,不仅可以培养学生的探索精神,还可培养学生的创新能力,使难以理解的理论问题,在不同的实践教学环节中,得到理解和升华,使之形成一种新的职业形态。

通过参与教学改革,我有如下体会:

(一)系统性原则,挖掘教学的功能最大化

英语课堂教学设计是一个系统工程。英语课堂教学设计的对象是由诸多要素组成的教学系统,因此需要运用系统论思想和方法对参与课堂教学过程的各要素及其相互关系作出分析、判断和运作。英语课堂教学设计从教学的要素出发,把握和优化教学结构,从而达到教学功能的最大化。

(二)主体性原则,构建教学的学生之道

英语教学设计的出发点和归宿是学生的发展。英语教学的目的是学生的发展和成长,因此教学设计的基点就在于如何实现这个目的。学生学习的基础和学习的特征是英语课堂教学设计的依据。通过教学设计构建一种最适宜于学生的教学,从而达到学生的发展,这是英语课堂教学设计的价值指向,也是教学应有的归宿.从教学目标到教学结果之间的教学过程的开展是教学设计的主体部分,学生的发展是在这个过程中实现的。尊重主体性原则,才能构建适合学生的"教学之道"。

(三)导向性原则,明确教学的思想理念

英语课堂教学设计必须有明确的英语教学思想的引领,有其特定的英语教学理论的指引。每一种教学设计都有相应的教学思想指引,只不过有的教师意识到了,有的教师还没意识到。

不管怎样，所有的教学设计总有与其相对应的教学理念和教学思想的支配。有的教师以英语知识作为英语教学的价值取向，就出现"集中识词"的现象，而忽视目标能力的培养，尤其是交际能力的培养，成为"哑巴英语"的教法。科学的课堂教学设计必须在正确的教学论和学生论的指导下进行，才能符合教学规律。

（四）整合性原则，涵盖教学的多元要素

系统论认为，整体大于部分之和，英语教学的成败在一定程度上取决于教学设计的整合程度。英语课堂教学有着复杂的多元要素，而且这些要素又互相联系、互为影响，因此英语课堂教学设计必然是这些要素的多元整合。在英语课堂教学设计中，教师必须克服只关注目标倾向而忽视文化要素和思维要素的整合，重视教学目标、教学内容、教学方式在教学过程中的交互使用。

（五）实践性原则，达到教学的课程目标

英语学习是实践性比较强的学科学习，只有通过大量的语言实践活动，学生才有可能熟练地掌握目标语。英语课堂教学必须摒弃那种只注重背单词、讲语法、做试题，而忽视语言实践活动的教学方法，需要以科学的英语教学理念来设计课堂教学，尤其要设计好语言活动，突出英语学习的实践性，并通过语言实践活动达到英语课程目标。

教学做验收课总结（二）

马 静

本学期我参加了学院的"教学做"课程改革活动，通过一系列的说课、讲课和不断的修改，我的感触颇深。"教学做一体化"教学改革是培养学生职业能力的重要途径之一。基础理论知识可以在课堂内获得，专业知识和职业技能则需通过理论传授、实践教学等多形式教学方法才能使学生直观地理解和掌握。"教学做一体化"教学将多种教学方法融为一体，有助于学生获得职业经验，提高职业能力。"教学做一体化"教学改革符合素质本位教育的要求。"教学做一体化"教学不仅可使学生学到专业知识，还可在多形式的实践教学中培养学生的集体主义和团结协作精神；有助于培养学生严谨认真的科学精神和求真务实的科学态度；有利于增强学生对专业的深入了解和热爱，提高自己的专业水平；也有利于提高学生的职业道德素养，使学生们的身心得到健康发展。"教学做一体化"教学改革利于理论与实践的结合。理论教学脱离实践会使学生不理解理论的应用价值，造成职业学院学生学习理论课程兴趣和动力不足；失去理论指导的实践教学只能变成简单的重复练习，单调枯燥。"教学做一体化"教学的实质是通过各种实例的启发，引导学生自主探索，挖掘个人体验，以获取技术应用能力和职业能力的教学过程。在这一过程中，不仅可以培养学生的探索精神，还可培养学生的创新能力，使难以理解的理论问题，在不同的实践教学环节中，得到理解和升华，使之形成一种新的职业形态。

通过参与教学改革，我有如下体会：

1. 做好教学设计，是开展"教学做一体化"教学的关键。认真做好每一次课的教学设计，

不仅可以调动学生的学习兴趣、激发学生的学习热情,而且能使学生始终保持主动的求知欲望。教师在课前必须对教学过程中的每一个环节进行推敲、预演,课堂上采用引导、讨论、让学生上讲台表述自己观点等一系列方法,使课堂成为学生探究知识的舞台。

2. 优选教学项目,加强"教学做一体化"教学的针对性。项目的选择要具有代表性,按课程内容选择项目,既要反映教学的难点和重点,也要反映现代社会的热点和学生关心的问题,密切联系社会和工程实际,具有时代性。通过项目介绍,引导学生提出问题并创造性地解决问题,最终总结出相关理论,使理论知识的学习不显乏味。按项目内容开展教学,可以提高学生对知识技能的综合运用能力,实现从学习到工作的平稳过渡。

3. 坚持结合实践,使"教学做一体化"教学充满活力。教学内容和实践结合,能保持学用一致,增强教学内容的实用性。实践教学不仅能培养学生的综合职业能力,同时还能促进学生做人、做事、求知、创新等素质的全面提高。教师先制定好学习的任务和目标,由学生去找答案。

总之,在实践教学中,教学做的项目化课程便于学生系统的掌握课程的重点和难点,可以有目的性地去学习相关扩展知识,从而拓宽学生的知识宽度和广度,同时在学中做,做中学也符合英语语言交际这一基本功能,可以激发学生的学习兴趣和积极性。但在教学过程中一定要把握理论内容和实践内容的一致性,避免盲目的无针对性的参观;其次在教学内容中要尽量渗透新知识,使学生了解专业的发展;再就是在实践方式上可采用多种形式,充分发挥学生的积极性。

商务谈判

课程标准

课程名称：商务谈判　　　　　　　　课程类型：专业核心课
总学时：64　　　　　　　　　　　　学分：4
适用专业：商贸系电子商务专业
执笔人：赵晓珊　　　　　　　　　　审核人：黄晓林
制订时间：2017 年 3 月

一、课程性质和作用

1. 课程性质与类型

"商务谈判"是电子商务专业的一门职业基本技能课程。是一门理论性、实践性和艺术性都很强的应用性科学，它从大量的谈判实践中总结规律，提炼技巧，对谈判者的个体修养提出一定要求，因而具有很强的实践性和操作性。

本课程全面系统地传授商务谈判的基础知识与基本技能，重点突出对学生商务谈判能力与技巧的培养。课程的内容以舒婷网络集团同乙方清华同方责任有限公司进行商务谈判为大项目，以商务谈判准备、商务谈判的开局、商务谈判磋商过程、商务谈判签约四个子项目为主线，从认识商务谈判、商务谈判的准备、商务谈判心理、商务谈判计划的制订、商务谈判开局、僵局与让步、价格谈判的策略与技巧、商务谈判备忘录与合同的签订等任务安排教学内容。

2. 课程地位与作用

通过本课程的学习，使学生对商务谈判的发生原理、商务谈判的原则和程序、商务谈判的准备工作、商务谈判计划的制订、谈判策略与技巧的使用、商务谈判的内容等有一个较全面的了解，掌握商务谈判的基础知识、技巧与理论，掌握商务谈判的程序与内容；并通过项目化教学和实际训练，使学生具备一定的谈判能力，并能在实践中运用这些理论与技巧进行商务谈判，使学生具备谈判者应具备的基本素质和条件。

3. 课程设计思路

（1）以职业岗位需求为依据，确定课程目标；

（2）在教学模式上，应做到教师与学生的互动式教学，注意启发学生的思路；注意课堂讲述与参观学习相结合，将丰富生动的实物教学融入课堂。

(3)本课程实践性强,覆盖面广,必须前后联系,从总体上让学生把握所学课程的内容和作用,由于商务谈判的理念更新的速度快,对于本学科出现的新方法。新思路应及时补充。

(4)以团队为单位,以项目的典型任务为载体,围绕任务的解决设计教学活动。

(5)根据教学的内容提要和学生特点,选择相应教学手段与方法。

二、课程目标

通过本课程的学习和实践,学生能操作、懂技巧、会谈判。使学生系统掌握商务谈判的基本理论、基本知识和基本技能,学会利用策略进行商务谈判,学会从事企业、个人的谈判活动,具备分析和解决实际问题的能力,培养学生诚实、守信、善于沟通和合作的品质,对电子商务专业学生职业能力培养和职业素养的养成起主要支撑作用。

1. 能力目标

(1)达到良好的语言表达能力。
(2)会根据不同场合、不同人物行握手礼。
(3)会根据不同人物交换名片。
(4)会使用电话用语。
(5)具有优雅的形体语言表达技巧。
(6)会使用处理投诉事件的用语。
(7)会根据场合选择商务着装。

2. 知识目标

(1)理解沟通的过程。
(2)掌握名片使用礼仪。
(3)掌握电话与电子邮件礼仪。
(4)掌握接待 VIP 的礼仪。
(5)了解收集就业信息的途径。
(6)了解客户的类型。

3. 素质目标

(1)培养与人沟通、团结协作的团队精神。
(2)培养挫折打击的承受能力。
(3)培养创新意识。

三、课程内容与要求

1. 课程内容框架

项目名称	子项目名称	教学单元	学时
舒婷网络集团(我方)同乙方清华同方责任有限公司进行商务谈判	子项目1 准备阶段	单元1~3	12
	子项目2 开局阶段	单元4~6	12
	子项目3 磋商阶段	单元7~14	32
	子项目4 签约阶段	单元15、16	8
合 计			64

2. 教学内容设计

教学过程分为商务谈判的准备阶段、开局阶段、磋商阶段和签约阶段四个阶段。

课程内容或项目模块	子项目1 准备阶段		学时	12
学习目标	知识目标：1. 掌握语言表达的技巧；2. 掌握收集信息的方法；3. 掌握收集信息的方法；4. 掌握见面问候语；5. 掌握名片使用礼仪；6. 掌握谈判策划书的构成			
	技能目标：1. 较强的语言表达能力；2. 具有组织能力；3. 收集市场信息的能力；4. 在商务接待时，会介绍己方和对方团队成员；5. 在与客户见面时，会正确交换名片；6. 谈判方案的编写			
	素质目标：1. 培养与人沟通、团结协作的团队精神；2. 挫折打击的承受能力；3. 培养创新意识			
学习单元	内容描述	教学方法建议	学时	
1. 选择谈判人员、组建谈判班子	情境： 我方与清华同方责任有限公司采购电脑的谈判在即，谈判人员该如何选择？ 任务： 选择谈判人员、组建谈判班子	通过案例讨论、设计，学习选择谈判人员、组建谈判班子的相关知识	4	
2. 与谈判相关的信息的收集	情境： 谈判小组建成后，是否要掌握对方公司的信息呢？如果是，要用什么方法收集？ 任务： 与谈判相关的信息的收集	通过案例讨论、设计，学习与谈判相关的信息的收集的方法	4	
3. 拟定本次谈判的计划；东道主对客方谈判小组的迎接。	情境： ①在掌握了对方的信息后，怎样拟定本次谈判的计划？ ②上海客户到达天津，应如何接待才能给对方留下良好第一印象？ 任务： ①拟定本次谈判的计划； ②东道主对客方谈判小组的迎接	通过案例讨论、设计，学习拟定本次谈判的计划；利用学生情境表演、教师总结、小组讨论、多媒体课件、微信等多种手段，创设商务接待情境	4	

课程内容或项目模块	子项目2 开局阶段	学时	12
学习目标	知识目标：1. 了解感情交流式开局策略；2. 掌握西欧式报价的特点；3. 掌握日本式报价的特点		
	技能目标：1. 会使用礼节性语言聊天；2. 会灵活掌握报价方法；3. 会灵活掌握报价方法		
	素质目标：1. 培养与人沟通、团结协作的团队精神；2. 挫折打击的承受能力；3. 培养创新意识		

续表

学习单元	内容描述	教学方法建议	学时
1. 营造松弛、缓慢、持久的谈判气氛	情境： 谈判双方均为第一次见面，应如何打破陌生局面，顺利破冰？ 任务： 营造松弛、缓慢、持久的谈判气氛	通过教师组织、启发、学生讨论，使学生学会营造松弛、缓慢、持久的谈判气氛	4
2. 提出报价	情境： 在营造了松弛、缓慢、持久的谈判气氛后，在了解了电脑的品质、特点后，该如何进入谈判的正题？ 任务： 提出报价	通过教师组织、启发、学生讨论，使学生学会提出报价	4
3. 提出报价	情境： 在营造了松弛、缓慢、持久的谈判气氛后，在了解了电脑的品质、特点后，该如何进入谈判的正题？ 任务： 提出报价	通过教师组织、启发、学生讨论，使学生学会提出报价	4

课程内容或项目模块		子项目3 磋商阶段	学时	32
学习目标	知识目标：1. 理解倾听的技巧；2. 掌握语言表达的技巧；3. 理解出现僵局的原因；4. 理解理想让步的模式；5. 掌握商务宴请的组织；6. 掌握四种提问的方式；7. 掌握欲擒故纵策略			
	技能目标：1. 具有良好的倾听能力；2. 较强的语言表达能力；3. 会适时的利用休会的方法来打破僵局；4. 会适时的利用正确的让步模式来打破僵局；5. 会安排商务宴请的接待；6. 会安排商务宴请的座次；7. 会运用适当提问方式来发问；8. 会使用欲擒故纵的策略			
	素质目标：1. 培养与人沟通、团结协作的团队精神；2. 挫折打击的承受能力；3. 培养创新意识			

学习单元	内容描述	教学方法建议	学时
1. 讨价还价，修正对方的报价	情境： 在提出报价后，我方装出满不在乎的态度，掩饰急需的心情，对方应如何应对？ 任务： 讨价还价，修正对方的报价，从而最接近自己的目标。	通过教师组织、启发、学生讨论，使学生学会提问，修正对方的报价	4
2. 讨价还价，修正对方的报价	情境： 双方就价格问题经过多番讨论仍然没有结果，此时双方应怎么处理此局面？ 任务： 在底线范围内，考虑是否做出让步	通过教师组织、启发、学生讨论，使学生学会讨价还价，修正对方的报价	4

续表

学习单元	内容描述	教学方法建议	学时
3. 在底线范围内,考虑是否做出让步	情境: 双方仍然在价格问题上僵持不下,我方应该如何应对? 任务: 在底线范围内,考虑是否做出让步	通过教师组织、启发、学生讨论,使学生学会让步	4
4. 列举我方优势	情境: 价格仍然没有达成共识,双方本着合作共赢的原则,是否考虑让步? 任务: 列举我方优势	通过教师组织、启发、学生讨论,使学生学会列举我方优势	4
5. 僵局出现,打破僵局	情境: 价格仍然没有达成共识,双方本着合作共赢的原则,是否考虑让步? 任务: ①列举我方优势; ②僵局出现,打破僵局	通过教师组织、启发、学生讨论,使学生学会僵局出现,打破僵局	4
6. 僵局出现,打破僵局	情境: 价格仍然没有达成共识,双方本着合作共赢的原则,是否考虑让步? 任务: ①列举我方优势; ②僵局出现,打破僵局	通过教师组织、启发、学生讨论,使学生学会僵局出现,打破僵局	4
7. 商务宴请	情境: 在做出让步之前,午饭时间到了,谈判暂时停止,双方此时应该怎么办? 任务: 商务宴请	通过教师组织、启发、学生讨论,使学生学会商务接待	4
8. 商务宴请	情境: 在做出让步之前,午饭时间到了,谈判暂时停止,双方此时应该怎么办? 任务: 商务宴请	通过教师组织、启发、学生讨论,使学生学会商务宴请	4

课程内容或项目模块		子项目 4 签约阶段	学时	8
学习目标	知识目标:1. 掌握合同签订的流程;2. 掌握合同的撰写;3. 掌握签约礼仪			
	技能目标:1. 能收到成交阶段谈判人员发出的信号;2. 会编写合同;3. 根据流程进行合同的签订			
	素质目标:1. 培养与人沟通、团结协作的团队精神;2. 挫折打击的承受能力;3. 培养创新意识			

学习单元	内容描述	教学方法建议	学时
1. 合同的起草	情境： ①在经过了商务宴请之后，我方做出了让步，此时对方谈判人员的表情变得十分轻松，那么，我方该怎么办？ ②在起草了合同之后，双方就合同细节继续沟通，具体该如何去做？ 任务： 合同的起草	通过教师组织、启发学生、实际操作，使学生学会合同的起草	4
2. 合同的审核	情境： 在双方审核完合同之后，该做什么呢？ 任务： ①合同的审核； ②合同的签订	通过教师组织、启发学生、实际操作，使学生学会合同的审核以及学会合同的签订	4

四、课程考核方式

考核内容		考核方法	所占比例
平时考核成绩占比60%	准备阶段	小组汇报	10%
	开局阶段	课堂展示 教师点评	15%
	磋商阶段	课堂展示 学生互评	25%
	签约阶段	课堂展示 学生互评	10%
期末考核成绩占比40%	口试	主讲教师评分	40%

五、教学组织、实施与保障建议

1. 教学团队
4~6名跨专业专兼职教师。

2. 教学条件
实训平台软件、多媒体课件、商务谈判实训室（可以容纳60人）。

3. 教材与课程资源的利用
（1）教材
《商务谈判实用技术》，夏圣亭、刘安宁、杨怡主编，高等教育出版社，2012
（2）参考书
《商务谈判》，屈云波等编著，企业管理出版社，2012
《商务谈判》，张廷茂等编著，河北人民出版社，2012
《商务谈判》，黄敏学著，武汉大学出版社，2012
《商务谈判》，冯英健著，清华大学出版社，2012
《商务谈判》，冯英健著，机械工业出版社，2013

课程整体教学设计

一、课程基本信息

课程名称:商务谈判		
所属系部:商贸系	制定人:赵晓珊	
课程代码:02120031	学分:4	学时:64
授课时间:第三学期	授课对象:电子商务专业学生	
课程类型:职业技术课		
先修课程:电子商务运营、电子商务技术基础	后续课程:客户关系管理、网络营销综合实训	

二、课程定位

1. 岗位分析

根据社会对电子商务专业的人才需求变化、职业岗位变化、产业调整变化与技术发展动态等信息,与行业、企业、专业建设指导委员会成员一道分析职业岗位的需求量、职业岗位需求变化趋势与新要求,确定职业岗位与职业面向,对其进行可行性分析。根据电子商务专业商务类对接产业相应的技术领域和工作领域来确定职业岗位。

我们将电子商务专业的职业岗位分为以下三类:

(1)网络营销员

利用网站为企业开拓网上业务、网络品牌管理、客户服务等工作。熟悉网络、网络营销和办公软件;负责公司产品在网络上的推广;对网络营销感兴趣,并能很好的掌握电子商务及网络发展的各种理念。

● 职业技能需求

①思想积极进取,做事认真执着。具备良好的情绪控制能力、学习掌握能力、沟通交流能力以及团队协作意识;

②良好的执行力:新市场营销法则助推企业成长电子商务营销、食品餐饮营销、建筑房产营销、消费品营销;

③性格开朗热情,集体意识强;

④能够根据要求,完成上级安排的其他相关任务;

⑤沟通力强,思维活跃,思路全面,执行力强;

⑥精通搜索引擎网络推广的原理和方法;

⑦熟悉互联网营销和促销;

⑧熟悉互联网、通讯类产品及服务;

⑨熟悉项目策划案和各类营销文案的撰写。

- 能力需求

①文字表达能力；
②资料收集能力；
③用户体验能力；
④自己动手能力；
⑤善与交流能力；
⑥资源利用能力；
⑦应考总结能力；
⑧适应变化能力。

（2）网站策划员

网站策划要明确企业真实的网络营销需求，以 SEO 优化和用户体验 UEO 作为核心思想策划网站，并且画出网站内容的拓扑图，重点突出网站核心内容，网站的结构服从于用户使用习惯。

- 职业技能需求

①工作激情，能吃苦耐劳，愿意在工作中和公司一起成长；
②热爱互联网，对网络热点敏感，对网络社区熟悉；
③有创意，有独立思考能力，能创造性的完成工作；
④有一定的文字功底，有一定的组织信息的能力；
⑤文学、音乐、影视、游戏等主题有独特爱好；
⑥善于沟通，有良好的文字功底，商业文案撰写经验。能熟练使用计算机和办公软件。
⑦具备良好的表达沟通能力，较强的工作执行能力，分析和解决问题的能力，能承受较强的工作压力；
⑧有责任心，服务意识和团队合作精神，有独立开发能力。

- 知识需求

①具备网络营销的知识；
②基础过硬的文案策划能力；
③有一定的美工基础；
④了解一些常见的程序语言；
⑤了解网站 SEO 优化。

（3）网络客服员

负责公司网站的客户服务工作，解答产品问题，接听并记录客户需求，公司产品在互联网的销售工作等。有网络应用的基础（会上论坛发贴子、发电子邮件、与客户 QQ 沟通等）。

2. 课程分析

"商务谈判"我院商贸系电子商务专业必修的专业技能核心课程，该课程作用是使学生通过学习，现代谈判的策略和技巧。通过系统的学习使学生了解商务谈判的主要内容、基本过程及谈判过程中的基本流程，具备现代商务谈判的基本技术；熟悉现代谈判策略、谈判语言技巧、谈判僵局处理等知识的运用。并能结合我国的实际和改革发展的需要，要求学生能够结合课程内容有反思、有质疑、培养学生的独立思考问题和解决问题的综合能力。

三、课程目标设计

1. 整体目标

通过本课程的学习和实践,学生能操作、懂技巧、会谈判。使学生系统掌握商务谈判的基本理论、基本知识和基本技能,学会利用策略进行商务谈判,学会从事企业、个人的谈判活动,具备分析和解决实际问题的能力,培养学生诚实、守信、善于沟通和合作的品质,对电子商务专业学生职业能力培养和职业素养的养成起主要支撑作用。

2. 能力目标

(1)达到良好的语言表达能力;
(2)会根据不同场合、不同人物行握手礼;
(3)会根据不同人物交换名片;
(4)会使用电话用语;
(5)具有优雅的形体语言表达技巧;
(6)会使用处理投诉事件的用语;
(7)会根据场合选择商务着装。

3. 知识目标

(1)理解沟通的过程;
(2)掌握名片使用礼仪;
(3)掌握电话与电子邮件礼仪;
(4)掌握接待 VIP 的礼仪;
(5)了解收集就业信息的途径;
(6)了解客户的类型。

4. 素质目标

(1)培养与人沟通、团结协作的团队精神;
(2)培养挫折打击的承受能力;
(3)培养创新意识。

四、课程内容设计

项目名称	子项目名称	学时
舒婷网络集团(我方)同乙方清华同方责任有限公司进行商务谈判	子项目1 准备阶段	12
	子项目2 开局阶段	12
	子项目3 磋商阶段	32
	子项目4 签约阶段	8
合 计		64

五、项目任务设计

序号	子项目编号、名称	任务	能力目标	知识目标	训练方式、手段及步骤	可展示的结果
1	子项目1 准备阶段	1. 选择谈判人员、组建谈判班子；2. 与谈判相关的信息的收集；3. 拟定本次谈判的计划；4. 东道主对客方谈判小组的迎接	1. 较强的语言表达能力；2. 具有组织能力；3. 具有处理突发事件的应变能力；4. 掌握对方公司的谈判风格以及谈判人员的组成（重点）；5. 收集市场信息的能力；6. 谈判方案的编写；（难点）7. 会用电话或者电子邮件的方式和对方沟通	1. 掌握语言表达的技巧；2. 掌握收集信息的方法；3. 理解SWOT分析法；（重点）4. 掌握谈判策划书的构成；（重点）5. 掌握电话沟通的要求；6. 掌握网络沟通的策略	通过案例讨论、设计，学习内容的相关知识，学生能够拟定本次谈判的计划	报告、情境展示
2	子项目2 开局阶段	1. 营造松弛、缓慢、持久的谈判气氛；2. 提出报价	1. 会使用礼节性语言聊天；（重点）2. 会选择选择中性话题；3. 懂得尊重对方的态度，嘘寒问暖；4. 会灵活掌握报价方法；（难点）5. 会根据不同人物交换名片；6. 会根据客人的重要程度安排坐车时的座位；7. 会根据场合选择商务着装	1. 了解感情交流式开局策略；2. 掌握采取进攻式开局策略；3. 掌握西欧式报价的特点；（重点）4. 掌握日本式报价的特点；（重点）5. 了解除法报价法；（重点）6. 了解比较报价法；（重点）7. 掌握接待礼仪	通过教师组织、启发、学生讨论，使学生学会营造松弛、缓慢、持久的谈判气氛	案例操作

续表

序号	子项目编号、名称	任务	能力目标	知识目标	训练方式、手段及步骤	可展示的结果
3	子项目3 磋商阶段	1. 讨价还价，修正对方的报价，从而最接近自己的目标； 2. 在底线范围内，考虑是否做出让步； 3. 列举我方优势； 4. 僵局出现，打破僵局。 5. 商务宴请。	1. 会使用欲擒故纵的策略； 2. 会使用红脸白脸策略； 3. 具有良好的倾听能力； 4. 较强的语言表达能力； 5. 具有处理突发事件的应变能力； 6. 具有优雅的形体语言表达技巧； 7. 会与一般型客户沟通； 8. 会与刁难型客户沟通； 9. 会适时的利用休会的方法来打破僵局； 10. 会安排商务宴请的座次； 11. 会根据客人的类型点菜	1. 掌握欲擒故纵策略； 2. 掌握红脸白脸策略； 3. 理解倾听的技巧； 4. 掌握语言表达的技巧；（重点） 5. 掌握突发事件的处理方法；（难点） 6. 了解非语言沟通的几种表现形式； 7. 掌握站、做、行的姿势（重点） 8. 理解出现僵局的原因； 9. 掌握打破僵局的方法；（难点） 10. 掌握商务宴请的座位安排；（重点） 11. 掌握商务宴请的组织； 12. 了解与客户进餐的技巧（重点）	通过教师组织、启发、学生讨论，使学生学会讨价还价	情景模拟
4	子项目4 签约阶段	1. 合同的起草； 2. 合同的审核； 3. 合同的签订	1. 能收到成交阶段谈判人员发出的信号； 2. 会编写合同； 3. 会根据流程进行合同的签订； 4. 会根据国际礼仪进行签约	1. 掌握合同签订的流程； 2. 掌握合同的撰写； 3. 掌握强越礼仪	通过教师组织、启发学生、实际操作，使学生学会在电子商务平台下的合同的签订	情景模拟

六、项目情境设计

编号	子项目编号、名称	任务	情境	学时
1	子项目1 准备阶段	1. 选择谈判人员、组建谈判班子； 2. 与谈判相关的信息的收集； 3. 拟定本次谈判的计划； 4. 东道主对客方谈判小组的迎接	1.1 我方与清华同方责任有限公司采购电脑的谈判在即，谈判人员该如何选择？（是） 1.2 谈判小组建成后，是否要掌握对方公司的信息呢？如果是，要用什么方法收集？（是） 1.3 在掌握了对方的信息后，怎样拟定本次谈判的计划？ 1.4 上海客户到达天津，应如何接待才能给对方留下良好第一印象？	12
2	子项目2 开局阶段	1. 营造松弛、缓慢、持久的谈判气氛； 2. 提出报价	2.1 谈判双方均为第一次见面，应如何打破陌生局面，顺利破冰？ 2.2 在营造了松弛、缓慢、持久的谈判气氛后，在了解了电脑的品质、特点后，该如何进入谈判的正题？	12
3	子项目3 磋商阶段	1. 讨价还价，修正对方的报价，从而最接近自己的目标； 2. 在底线范围内，考虑是否做出让步； 3. 列举我方优势； 4. 僵局出现，打破僵局； 5. 商务宴请	3.1 在提出报价后，我方装出满不在乎的态度，掩饰急需的心情，对方应如何应对？ 3.2 双方就价格问题经过多番讨论仍然没有结果，此时双方应怎么处理此局面？ 3.3 双方仍然在价格问题上僵持不下，我方应该如何应对？ 3.4 价格仍然没有达成共识，双方本着合作共赢的原则，是否考虑让步？ 3.5 在做出让步之前，午饭时间到了，谈判暂时停止，双方此时应该怎么办？	32
4	子项目4 签约阶段	1. 合同的起草； 2. 合同的审核； 3. 合同的签订	4.1 在经过了商务宴请之后，我方做出了让步，此时对方谈判人员的表情变得十分轻松，那么，我方该怎么办？ 4.2 在起草了合同之后，双方就合同细节继续沟通，具体该如何去做？ 4.3 在双方审核完合同之后，该做什么呢？	8

七、课程进程表

子项目编号、名称	周次	学时	单元标题	项目编号	能/知目标	师生活动	其他(含考核内容、方法)
子项目1 准备阶段	1	4	选择谈判人员、组建谈判班子	1	知识目标:1.掌握语言表达的技巧;2.掌握收集信息的方法;能力目标:1.较强的语言表达能力;2.具有组织能力;	通过案例讨论、设计,学习选择谈判人员、组建谈判班子的相关知识	课堂表现与分析报告考核(5%)
	2	4	与谈判相关的信息的收集	1	知识目标:掌握收集信息的方法 能力目标:收集市场信息的能力	通过案例讨论、设计,学习与谈判相关的信息的收集方法	课堂表现与分析报告考核(5%)
	3	4	拟定本次谈判的计划;东道主对客方谈判小组的迎接。	1	知识目标:1.掌握见面问候语;2.掌握名片使用礼仪;3.掌握谈判策划书的构成 能力目标:1.在商务接待时,会介绍己方和对方团队成员;2.在与客户见面时,会正确交换名片;3.谈判方案的编写	通过案例讨论、设计,学习拟定本次谈判的计划;利用学生情境表演、教师总结、小组讨论、多媒体课件、微信等多种手段,创设商务接待情境。	课堂展示与分析报告考核(5%)
子项目2 开局阶段	4	4	营造松弛、缓慢、持久的谈判气氛	2	知识目标:了解感情交流式开局策略 能力目标:会使用礼节性语言聊天	通过教师组织、启发、学生讨论,使学生学会营造松弛、缓慢、持久的谈判气氛	课堂表现与案例操作结果的考核(5%)
	5	4	提出报价	2	知识目标:掌握西欧式报价的特点 能力目标:会灵活掌握报价方法	通过教师组织、启发、学生讨论,使学生学会提出报价	课堂表现与案例操作结果的考核(10%)
	6	4	提出报价	2	知识目标:掌握日本式报价的特点 能力目标:会灵活掌握报价方法	通过教师组织、启发、学生讨论,使学生学会提出报价	课堂表现与案例操作结果的考核(10%)

续表

子项目编号、名称	周次	学时	单元标题	项目编号	能/知目标	师生活动	其他(含考核内容、方法)
子项目3 磋商阶段	7	4	讨价还价,修正对方的报价	3	知识目标:掌握四种提问的方式 能力目标:会运用适当提问方式来发问	通过教师组织、启发、学生讨论,使学生学会提问,修正对方的报价	课堂表现(5%)
	8	4	讨价还价,修正对方的报价	3	知识目标:掌握欲擒故纵策略 能力目标:会使用欲擒故纵的策略	通过教师组织、启发、学生讨论,使学生学会讨价还价,修正对方的报价	课堂表现(5%)
	9	4	在底线范围内,考虑是否做出让步	3	知识目标:理解倾听的技巧 能力目标:具有良好的倾听能力	通过教师组织、启发、学生讨论,使学生学会让步	课堂表现(5%)
	10	4	列举我方优势	3	知识目标:掌握语言表达的技巧 能力目标:较强的语言表达能力	通过教师组织、启发、学生讨论,使学生学会列举我方优势	课堂表现(5%)
	11	4	僵局出现,打破僵局	3	知识目标:理解出现僵局的原因 能力目标:会适时的利用休会的方法来打破僵局	通过教师组织、启发、学生讨论,使学生学会僵局出现,打破僵局	课堂表现(5%)
	12	4	僵局出现,打破僵局	3	知识目标:理解理想让步的模式 能力目标:会适时的利用正确的让步模式来打破僵局	通过教师组织、启发、学生讨论,使学生学会僵局出现,打破僵局	课堂表现(5%)
	13	4	商务宴请	3	知识目标:掌握商务宴请的组织 能力目标:会安排商务宴请的接待	通过教师组织、启发、学生讨论,使学生学会商务接待。	课堂表现与上机操作结果的考核(10%)
	14	4	商务宴请	3	知识目标:掌握商务宴请的组织 能力目标:会安排商务宴请的座次	通过教师组织、启发、学生讨论,使学生学会商务宴请。	课堂表现(5%)

子项目编号、名称	周次	学时	单元标题	项目编号	能/知目标	师生活动	其他(含考核内容、方法)
子项目4 签约阶段	15	4	合同的起草	4	知识目标：掌握合同签订的流程 能力目标：能收到成交阶段谈判人员发出的信号	通过教师组织、启发学生、实际操作，使学生学会合同的起草	课堂表现与案例应用结果的考核（5%）
	16	4	合同的审核	4	知识目标：掌握合同的撰写；掌握签约礼仪 能力目标：会编写合同；根据流程进行合同的签订	通过教师组织、启发学生、实际操作，使学生学会合同的审核以及学会合同的签订	课堂表现与案例应用结果的考核（10%）

八、首末次课设计

1. 首次课设计

商务谈判实践教学的基本目的是理论联系实际，开阔视野，巩固学生已学过的商务谈判的基本理论和方法，培养和锻炼学生运用谈判知识分析问题和解决问题的能力，掌握谈判的综合技能与素质。

教学过程强调以调动学生积极性为核心，以参与和体验为基本方式，以模拟实践教学为主线，实行强化能力培养的模块式实训。在确立商务谈判基础能力培养目标体系的基础上，通过能力分解，构建若干个能力培养训练单元，即以一项（组）能力培养为一个实训单元，系统进行该项能力的打造与培养；再由若干个训练单元组成训练模块；再由训练模块组成系统的实训课程，完成课程的实训。

实训项目的设计思路是：以现实商务谈判问题构建课内实训项目，提出问题，启发学生的解决思路，学生在实训室仿真情境中，寻找解决的方案并加以实现。学生在实践中发现问题，教师引导，上升到理论，补充理论内容，提供部分解决方案，学生进一步实践，直到彻底解决问题。

经过多年的实践证明，采用该种方法进行实践教学，大大提高了学生的学习积极性，学生养成了很强的实践技能意识。由于谈判情景的模拟是带有探索性和创新性的，解决方法不是唯一的，通过该种训练方法，我们发现了许多有创新潜力的学生。这些学生毕业后在工作岗位上正在运用本课程所学的知识和能力为企业服务。另外向学生介绍本课程还配有专门的实验课以及大量的课下实训练习题，并有专门的网站提供学习资料下载、学习经验交流。

2. 末次课设计

通过本学期的商务谈判的学习，让学生认识到在没有学到商务谈判这门课之前，他们对谈判了解的还不算太多。但实际，它与我们的生活很贴近，通过这学期的商务谈判学习学生不仅学到了有关商务谈判的专业知识，而且通过老师的启发，得到了许多关于商务谈判的应用，真正领略到营销的力量和它对于一项商业活动所起到的作用。

通过这课程的学习，让学生掌握和理解商务谈判的概念，对当今网络经济时代下市场的新特点以及商务谈判的新模式有了新的认识，加强了学生对商务谈判知识的理解，通过系统的学习使学生了解商务谈判的主要内容、基本过程及谈判过程中的基本流程,具备现代商务谈判的基本技术;熟悉现代谈判策略、谈判语言技巧、谈判僵局处理等知识的运用。并能结合我国的实际和改革发展的需要,要求学生能够结合课程内容有反思、有质疑、培养学生的独立思考问题和解决问题的综合能力。

九、考核方案

采取口试方式,采取给定学生一个特定的题目,让学生自行设计、组织语言,然后回答问题。范围应涵盖所有讲授内容,侧重学生对实务操作的掌握及综合运用能力。

考核依据为文字主教材(高等教育出版社,夏圣亭、刘安宁、杨怡主编《商务谈判实用技术》,2012)。

本课程的考核内容是教学大纲的主要内容,要以本考试说明为主。学生在学习过程中,依据教学大纲规定的"掌握和了解"两个层次来把握。

掌握的部分:是指本课程中的基本原理和基本知识点,是学生进一步学习专业知识和其从事相关工作密切相关的内容,对于这一部分内容,要求学生要准确记忆、深刻理解并能运用。

了解的部分:是指本课程中的基本常识,对于这部分内容,要求学生能知晓即可。

平时:平时作业、实训占总评成绩的 40%

结课:期末考核占总评成绩的 60%。采取口试考核的形式对学生进行考察考核标准:

80 分以上:能够正确运用所学的基本理论,结合实际情况展开分析,能够准确并且深刻地领会题目含义,思路清晰且详细的回答问题。

60~80 分:基本能够正确运用所学的理论,结合实际情况展开分析,基本能够准确并且领会题目含义,思路较清晰并较为详细的回答问题。

60 分以下:不能能够正确运用所学的理论,结合实际情况展开分析,题目含义领会不到位,思路混乱,不能独立回答问题。

十、教学材料

1. 教材

《商务谈判》,钱东人、朱海波主编,高等教育出版社,2012

2. 辅助材料

《商务谈判》,屈云波等编著,企业管理出版社,2012
《商务谈判》,张廷茂等编著,河北人民出版社,2012
《商务谈判》,黄敏学著,武汉大学出版社,2012
《商务谈判》,冯英健著,清华大学出版社,2012
《商务谈判》,冯英健著,机械工业出版社,2013

十一、本课程常用术语中英文对照

Amount　金额
Customs duty　关税
Freight　运费

Price 单价
Net price 净价
Export licence 出口许口证
Forward price 期货价格
FOB-free on board 离岸价（船上交货价）
C&F-cost and freight 成本加运费价（离岸加运费价）
CIF-cost，insurance and freight 到岸价（成本加运费、保险费价）
Delivery 交货
Consignee 收货人
Iimmediate shipments 立即装运
Prompt shipments 即期装运
Indent 订单
Counter offer 还盘
Offer 发盘（发价）
Inquiry；Enquiry 询盘（询价）
Business negotiation 交易磋商
Purchase contract 购货合同

课程进程模版

教学单元	1	2	3	4	5	6	7	8	9	10	11	12	13	14	15	16
子项目	子项目1　准备阶段				子项目2　开局阶段				子项目3　磋商阶段				子项目4　签约阶段			
任务	1. 选择谈判人员、组建谈判班子； 2. 与谈判相关的信息的收集； 3. 拟定本次谈判的计划； 4. 东道主对客方谈判小组的迎接				1. 营造松弛、缓慢、持久的谈判气氛； 2. 提出报价				1. 讨价还价，修正对方的报价，从而最接近自己的目标； 2. 在底线范围内，考虑是否做出让步； 3. 列举我方优势； 4. 僵局出现，打破僵局。 5. 商务宴请				1. 合同的起草； 2. 合同的审核； 3. 合同的签订			

续表

教学单元	1	2	3	4	5	6	7	8	9	10	11	12	13	14	15	16
能力目标	1. 较强的语言表达能力； 2. 具有组织能力； 3. 具有处理突发事件的应变能力； 4. 掌握对方公司的谈判风格以及谈判人员的组成；（重点） 5. 收集市场信息的能力； 6、谈判方案的编写；（难点） 7. 会用电话或者电子邮件的方式和对方沟通				1. 会使用礼节性语言聊天；（重点） 2. 会选择选择中性话题； 3. 懂得尊重对方的态度，嘘寒问暖； 4. 会灵活掌握报价方法；（难点） 5. 会根据不同人物交换名片； 6、会根据客人的重要程度安排坐车时的座位； 7. 会根据场合选择商务着装				1. 会使用欲擒故纵的策略； 2. 会使用红脸白脸策略； 3. 具有良好的倾听能力； 4. 较强的语言表达能力； 5. 具有处理突发事件的应变能力； 6. 具有优雅的形体语言表达技巧； 7. 会与一般型客户沟通； 8. 会与刁难型客户沟通； 9. 会适时的利用休会的方法来打破僵局； 10. 会安排商务宴请的座次； 11. 会根据客人的类型点菜				1. 能收到成交阶段谈判人员发出的信号； 2. 会编写合同； 3. 会根据流程进行合同的签订； 4. 会根据国际礼仪进行签约			
知识目标	1.掌握语言表达的技巧； 2.掌握收集信息的方法； 3.理解SWOT分析法（重点） 4.掌握谈判策划书的构成；（重点） 5.掌握电话沟通的要求； 6.掌握网络沟通的策略				1. 了解感情交流式开局策略； 2. 掌握采取进攻式开局策略； 3. 掌握西欧式报价的特点；（重点） 4. 掌握日本式报价的特点；（重点） 5. 了解除法报价法；（重点） 6、了解比较报价法；（重点） 7.掌握接待礼仪				1. 掌握欲擒故纵策略； 2. 掌握红脸白脸策略； 3. 理解倾听的技巧； 4. 掌握语言表达的技巧；（重点） 5. 掌握突发事件的处理方法；（难点） 6. 了解非语言沟通的几种表现形式； 7. 掌握站、做、行的姿势（重点） 8.理解出现僵局的原因； 9.掌握打破僵局的方法；（难点） 10.掌握商务宴请的座位安排；（重点） 11.掌握商务宴请的组织； 12.了解与客户进餐的技巧（重点）				1.掌握合同签订的流程； 2.掌握合同的撰写； 3.掌握强越礼仪			

课程单元教学设计

课程名称	商务谈判	项目（章）	子项目1 谈判准备阶段	任务（节）	任务4 东道主对客方谈判小组的迎接
授课学时	1	教材教参	《商务谈判》，钱东人、朱海波主编，高等教育出版社，2012	授课班级	电商151、电商152
教学目标	知识	1.掌握见面问候语；2.掌握名片使用礼仪；3.掌握握手礼仪；4.掌握乘车礼仪；5.掌握乘电梯礼仪；6.掌握商务宴请礼仪			
	能力	1.在商务接待时，会介绍己方和对方团队成员；2.在与客户见面时，会正确交换名片；3.会根据场合．与不同人物行握手礼；4.用商务车接客户回酒店时，会安排乘车座次；5.客户到达酒店时，会使用乘电梯礼仪；6.在招待客户用餐时，会正确安排商务宴请的座位位次			
	素质	1."处变不惊"的应变力；2.积极进取．永不言败的良好心态；3.勇于承担责任的能力；4.思维敏捷，具备对客户心理活动的洞察力；5."客户至上"的服务观念；6.人际关系的协调能力			
教学重点	1.在与客户见面时，会正确交换名片；2.会根据场合．与不同人物行握手礼；3.用商务车接客户回酒店时，会安排乘车座次；4.在招待客户用餐时，会正确安排商务宴请座位位次				教学难点	在接待客户期间，会灵活运用正确的商务礼仪以此给对方留下良好的第一印象
解决方法	通过情境表演、教师总结、小组讨论、多媒体课件微信等多种手段，创设商务接待情境，将学生情境表演贯穿于课堂任务学习过程之中，突破了教学难点、解决了教学重点				
教学环境	多媒体教室，硬件：投影仪、教师机				
教学设计思路	本节课以上海舒婷网络集团到天津同清华同方责任有限公司进行电脑采购为情境展开，围绕商务接待，以天津方公司任务为驱动，利用学生情境表演、教师总结、小组讨论、多媒体课件、微信等多种手段，创设商务接待情境，将学生情境表演贯穿于课堂任务学习过程之中，突破了教学难点、解决了教学重点，在商务接待活动中训练学生提高沟通能力和情境应变能力			信息化资源利用	投影仪、教师机、PPT
教学环节		教学内容			教学步骤、方法与手段
一、课程导入（2分钟）		中国古代著名思想家荀子说过："人无礼则不立,事无礼则不成、国无礼则不宁"。对谈判对手的迎接是第一次通过礼仪展示自己，为了做好迎接工作，谈判东道主一方需提前做好接待方案。在了解了上海舒婷网络集团的信息之后，上海客户即将到达天津，应如何做好接待才能给对方留下良好第一印象？			教师：讲解。学生：倾听。

续表

教学环节	教学内容	教学步骤、方法与手段
二、任务分析（3分钟）	1. 任务内容 做为天津清华同方责任有限公司的销售员，林先生去滨海机场接从上海前来洽谈设备采购事宜的舒婷网络集团公司的总经理陈先生（男，50岁，高级工程师）、项目经理吴先生（男，36岁，哈弗博士后）、项目副经理李先生（男，33岁）和办公室主任张女士（女，30岁）。接到客人后，林先生首先向对方进行自我介绍，上海公司的张女士也向林先生介绍了一行人。之后，林先生将一行人带到自己公司经理安排的酒店，在酒店门口，遇到了前来接待欢迎的公司经理周先生（男，45岁，高级工程师）、销售经理郑女士（女，36岁，高级营销师）和职员张先生（男，24岁）。林先生当即向双方进行了介绍，双方互换名片，周经理向上海的客人表示了欢迎。 任务：(1) 林先生如何向对方介绍团队成员。 (2) 双方如何互换名片。 (3) 双方应如何握手。 (4) 天津公司如何安排乘车事宜。 (5) 电梯礼仪。 (6) 请安排商务宴请的座位位次。 2. 任务要求 学生分组完成，每八人一组，通过任务背景资料，在课堂上设计情境小品，做好东道主对客方谈判小组的迎接任务，讨论结束后由小组代表进行情境展示。	教师： 通过播放PPT，呈现背景资料、任务内容、任务要求。 学生： 接受工作任务。
三、任务实施（35分钟）	1. 学生分组讨论与方案展示（15分钟） 根据天津清华同方责任有限公司的销售员林先生去滨海机场接从上海前来洽谈设备采购事宜的舒婷网络集团公司的总经理陈先生一行人的要求，设计接待情境，并将结果以角色扮演的方式在班级中展现出来。 2. 教师结合小组展示方案结果，启发学生找指出角色扮演中的不足，教师总结在与客户见面时的问候用语、正确交换名片礼仪、握手礼、乘车座次、以及在招待客户用餐时，商务宴请的座位位次。（20分钟） 根据学生小组展示的内容以及各组评价，归纳出东道主对客方谈判小组的迎接接待的各种礼仪： (1) 问候语：主人到车站、机场去迎接客人，应提前到达，恭候客人的到来，决不能迟到让客人久等。接到客人后，应首先问候"一路辛苦了""欢迎您来到天津""欢迎您来到我们公司"等。 (2) 名片礼仪：当双方交换名片时，应遵循先客后主、先低后高的原则双手递上，身体可微微前倾，说一句"请多关照"。你想得到对方名片时，可以用请求的口吻说："如果您方便的话，能否留张名片给我？" 作为接名片的人，双手接过名片后，应仔细地看一遍，千万不要看也不看就放入口袋。	学生： 1. 开展小组活动，每八人一组，充分讨论。 2. 八个学生分别扮演情境中出现的八个角色，并完成任务要求。 3. 小组展示。 教师： 在小组活动过程中为学生答疑解惑。 教师： 1. 根据本节课工作任务内容，借助各类货物图片，归那总结出东道主对客方谈判小组的迎接接待的各种礼仪。

续表

教学环节	教学内容	教学步骤、方法与手段
三、任务实施（35分钟）	（3）握手礼仪：行至距握手对象1米处，双腿立正，上身略向前倾，伸出右手，四指并拢，拇指张开与对方相握，握手时用力适度，上下稍晃动3、4次，随即松开手，恢复原状。与人握手，神态要专注、热情、友好、自然，面含笑容，目视对方双眼，同时向对方问候。 （4）乘车礼仪： 双排五座车（有专职司机）： 顺序是：后排右座→后排左座→后排中座→副驾驶座。 双排五座车（老板）： 顺序是：副驾驶座→后排右座→后排左座→后排中座。 三排七座车（有专职司机）： 顺序是：后排右座→后排左座→后排中座→中排右座→中排左座→副驾驶。 三排七座车（老板）： 顺序是：副驾驶座→后排右座→后排左座→后排中座→中排右座→中排左座。 （5）电梯礼仪：主导客人上、下电梯。首先必须先按电梯按钮，以手压住打开的门，让客人先进，如果人数很多，则应该先进电梯，按住开关，先招呼客人，再让公司的人上电梯。出电梯时刚好相反，按住开关客人先出电梯，自己才走出电梯。如果上司在电梯内，则应让上司先出，自己最后再出电梯。 （6）商务宴请座次： 　　第一种座次排法：面门居中者为上，坐在房间正门中央位置的人一般是主人，称为主位；对面背对门的是第二主人。主人右侧的位置是第一主宾位，左侧是第二主宾位，第二主人右侧是第三主宾，左侧是第四主宾。 　　第二种座次排法：主人右侧的位置是第一主宾位，左侧是第三主宾位，第二主人右侧是第二主宾，左侧是第四主宾。这种主要是强调一对一的照顾。	2. 对学生进行素质教育渗透：要有"处变不惊"的应变力；要思维敏捷，具备对客户心理活动的洞察力；要有"客户至上"的服务观念。 学生： 1. 学习东道主对客方谈判小组的迎接接待的各种礼仪。 2. 懂得在接待客户期间，会灵活运用正确的商务礼仪以此给对方留下良好的第一印象。

续表

教学环节	教学内容	教学步骤、方法与手段
四、总结评价（5分钟）	教师对本节课重难点进行教学总结,点评有代表性的小组在本节课中的具体操作。 本教学单元分为自我评价和教师评价的方法： 学生互评：课下学生通过登陆微信群,互评讨论学习心得。 教师评价：根据学生在课堂的表现（小组讨论、视频角色扮演予以评价。	教师： 本节课重难点进行教学总结、评价。 学生： 根据任务要求,对比其他小组的展示情况,找到自身的不足。
	课后作业。	教师： 布置课下的录视频作业 学生： 在课下分小组完成作业,录下视频并上传班级微信群。
教学后记	在主方谈判时,东道主对客方的迎接首先应当以遵守基本商务礼仪为基础,来表明对对方的尊重,并且以此来获得对方的尊重。其次,根据需要,东道主应当尽可能了解客方生活个性需求,并且能够满足对方需求,以此来表明己方的诚意,博得对方的好感,从而取得对方在谈判中的认可和信赖,这对能给对方留下良好的第一印象起着十分关键的作用。教师根据教学目标、学生特征、知识特征,将信息技术与教学深度融合,让学生在完成具体任务的过程中学习与客户见面时的问候用语、正确交换名片礼仪、握手礼、乘车座次、以及在招待客户用餐时,商务宴请的座位位次等商务礼仪,并学会灵活运用正确的商务礼仪,在接待客户期间给对方留下良好的第一印象。	

微控制器编程技术

课程标准

课程名称：微控制器编程技术　　　　　课程类型：职业技术课
学时：56　　　　　　　　　　　　　　学分：4
适用专业：电气自动化技术、应用电子技术
执笔人：于莉　　　　　　　　　　　　审核人：于莉、路文玲
制订时间：2015 年 5 月　　　　　　　 修订时间：2017 年 2 月

一、课程性质和作用

1. 课程性质与类型

"微控制器编程技术"是电气自动化技术、应用电子技术专业的必修课、职业技术课程。

2. 课程地位与作用

前导课程为"计算机基础""电路分析基础""电子技术应用"；后续课程为"单片机接口技术应用""智能机器人创新实训"等课程。

本课程使学生掌握一般控制器的编程语言和锻炼技巧，例如单片机 C 语言、模块化编程、流程图模块编程等方法，为学生进一步学习相应的专业知识打下一定的程序设计语言基础。本课程旨在培养学生的编程能力、逻辑思维能力以及分析问题解决问题的综合能力。

3. 课程设计思路

课程设计和教学过程中，在项目化课程设计的基础上，理解和记忆程序基本结构，熟练上机调试技能，灵活掌握编程技巧，以考促学、锻炼创新能力。强化实践操作，通过举一反三、理论学习 - 实践操作 - 测验 - 总结等多种方法锻炼学生对程序的理解及逻辑思维能力。

二、课程目标

1. 总体目标

本课程针对单片机（嵌入式）系统的调试工和设备维护员岗位的编程基础能力需求，制定课程培养目标，通过完成微控制器 C 语言程序设计项目，让学生根据 C 语言编程的规范，运用 C 语言进行程序的编写、运行和调试，完成各程序设计子项目，积累面向单片机的编程经验，掌握流程图辅助编程的思路和方法，培养学生必备的职业素质，使学生实现与职业岗位零距离。

2. 能力目标

(1)能够根据C语言的编程规范和逻辑结构,读懂C语言简单程序。
(2)能够根据要求对已有C语言进行调试和修改。
(3)使用Keil C软件进行源程序编辑、编译的操作方法与技能。
(4)使用流程图编程的思路和方法。
(5)流程图和C语言对照修正编程方法。
(6)能够进行程序设计和程序的运行、调试。

3. 知识目标

(1)掌握C语言的编程规范和逻辑结构。
(2)掌握C语言数据类型及其运算。
(3)掌握顺序、分支、循环结构程序设计。
(4)掌握一维数组、二维数组的使用。
(5)掌握单片机C语言开发软件Kell的使用。
(6)了解单片机C语言特有语句的使用。
(7)知道VJC编程的使用。

4. 素质目标

(1)编制同一程序设计任务可以采用不同编程方法,锻炼用多种方法解决实际问题的探索精神。
(2)编程规范上稍有松懈,会导致最后的程序错误,在反复编程和调试过程中锻炼严谨的逻辑思维能力。

三、课程内容与设计

1. 课程内容框架

序号	课程内容或项目模块	教学单元	学时
1	子项目1　C语言程序设计	1. 屏幕显示程序设计 2. 新生入学信息的输出 3. 不同形状周长和面积的计算 4. 体重质量指数BMI的计算与显示 5. 货运自助服务程序设计 6. 国王的麦子计算 7. 知识竞赛的成绩分析 8. 模拟计算器的程序	32
2	子项目2　面向硬件(单片机)C语言编程	1. 单片机C语言开发环境的熟悉 2. 单片机C语言头文件的编制	8
3	子项目3　图形化交互式C语言的编程设计	1. 单向红绿灯 2. 传送带 3. 自动小车	16

2. 教学内容设计

课程内容或项目模块		子项目 1　C 语言程序设计		学时	32
学习目标	知识目标：1.C 语言程序的结构；2.C 语言数据类型及其算；3. 顺序、分支、循环结构程序设计；4. 数组；5. 函数				
	技能目标：1. 能够根据 c 语言的编程规范和逻辑结构，读懂 C 语言简单程序；2. 能够根据要求对已有 C 语言进行调试和修改；3. 能够进行程序设计和程序的运行、调试				
	素质目标：1. 编制同一程序设计任务可以采用不同编程方法，锻炼用多种方法解决实际问题的探索精神；2. 编程规范上稍有松懈，会导致最后的程序错误，在反复编程和调试过程中锻炼严谨的逻辑思维能力				
学习单元		内容描述		教学方法建议	学时
1. 屏幕显示程序设计		了解本课程的概貌、如何学习、编写一个最简单的程序		信息化手段 实际编程实例 举一反三 一题多解 以考促学	4
2. 新生入学信息的输出		C 程序组成、编写输出一行字符的 C 程序、编写一个简单的界面程序、编写比较 2~3 个数大小的程序			4
3. 不同形状周长和面积的计算		理解并记忆 C 的各种数据类型、理解并记忆 C 的各种表达式、编写表达式求解的程序并验证、运算符与表达式简单编程			4
4. 体重质量指数 BMI 的计算与显示		putchar()、getchar() 字符输入输出函数编程、scanf()，printf() 格式输入输出函数编程、顺序程序设计			4
5. 货运自助服务程序设计		if 语句中表达式的运用、if 语句的基本结构、switch 语句的基本结构、选择结构程序设计			4
6. 国王的麦子计算		三种循环结构的编程、嵌套结构编程，编写九九乘法表			4
7. 知识竞赛的成绩分析		一维、二维数组的编程			4
8. 模拟计算器的程序		函数的说明、函数的调用、函数的实参形参、函数的递归调用			4

课程内容或项目模块		子项目 2　面向硬件（单片机）C 语言编程		学时	8
学习目标	知识目标：1. 单片机 C 语言开发软件 Kell 的使用；2. 单片机 C 语言特有语句的使用				
	技能目标：使用 Keil C 软件进行源程序编辑、编译的操作方法与技能				
	素质目标：1. 编制同一程序设计任务可以采用不同编程方法，锻炼用多种方法解决实际问题的探索精神；2. 编程规范上稍有松懈，会导致最后的程序错误，在反复编程和调试过程中锻炼严谨的逻辑思维能力				
学习单元		内容描述		教学方法建议	学时
1. 单片机 C 语言开发环境的熟悉		Keil 软件的使用、用 Keil 软件建立工程和运行		信息化手段 实际编程实例 举一反三 一题多解 以考促学	4
2. 单片机 C 语言头文件的编制		头文件、特殊存储器、惯用程序流程			4

课程内容或项目模块	子项目 3　图形化交互式 C 语言的编程设计	学时	16
学习目标	知识目标：VJC 编程的使用、掌握硬件接口与程序控制的对应关系、程序对灯、电机、光敏传感器的控制方法		
	技能目标：1. 使用流程图编程的思路和方法；2. 流程图和 C 语言对照修正编程方法		
	素质目标：1. 编制同一程序设计任务可以采用不同编程方法，锻炼用多种方法解决实际问题的探索精神；2. 编程规范上稍有松懈，会导致最后的程序错误，在反复编程和调试过程中锻炼严谨的逻辑思维能力		

学习单元	内容描述	教学方法建议	学时
1. 单项红绿灯	硬件接口与程序控制的对应关系、程序对灯亮灭的控制及时间控制，把 VJC 和 C 的相互对照编程训练	信息化手段 实际编程实例 举一反三 一题多解 以考促学	4
2. 传送带	齿轮传动、齿轮箱对传动方向的改变、程序对电机的控制、把 VJC 和 C 的相互对照编程训练		4
3. 自动小车	光敏传感器的工作原理和程序控制、两轮差速控制小车的左右转和前进、用光敏控制小车的循迹或是追光活动，把 VJC 和 C 的相互对照编程训练		8

四、课程考核方式

考核内容		考核方法	所占比例
平时考核成绩占比	平时成绩	考勤、作业、课堂表现情况	40%
阶段考核成绩占比	子项目 1　阶段考核	程序设计和调试	60%
	子项目 2　阶段考核		
	子项目 3　阶段考核		

五、教学组织、实施与保障建议

1. 教学条件

（1）每位学生配有电脑可以实际编程练习。
（2）能力源工程实践套件、以及配套 JVC-POWERON 软件。
（3）C 语言编程开发软件 winTC 软件。
（4）单片机编程调试软件 Keil 软件。

2. 教材与课程资源的利用

（1）教材
①《单片机 C 语言轻松入门（第 3 版）》，周坚主编，北京航空航天大学出版社，2017
②《单片机 C 语言程序设计教程与实训（第 2 版）》，张秀国主编，北京大学出版社，2016
（2）参考书
《单片机 C 语言编程实践》，程利民、朱晓玲主编，电子工业出版社，2011

课程整体教学设计

一、课程基本信息

课程名称:微控制器编程技术		
课程代码:04220712	学分:4	学时:56
所属系部:机电与信息工程系	制定人:于莉	
授课时间:第3学期	授课对象:大二,电气、应电学生	
课程类型:电气自动化技术、应用电子技术专业的必修课、职业技术课程		
先修课程:计算机基础、电路分析基础、电子技术应用	后续课程:单片机接口技术应用、智能机器人创新实训等	

二、课程定位

1. 岗位分析

电气自动化专业的就业岗位有:自动化设备工艺操作员、电气设备安装工、电气设备调试工、电气设备维护员、自动化产品销售员。参见图1。

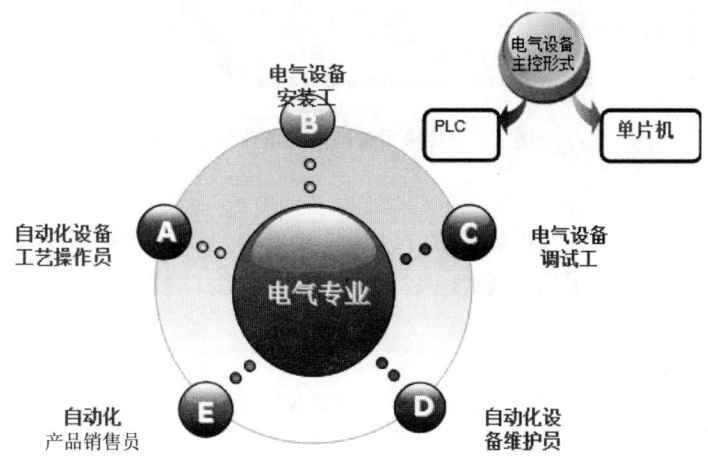

图1 电气自动化专业岗位分析图

初次就业、二次晋升、未来发展如图 2 所示。

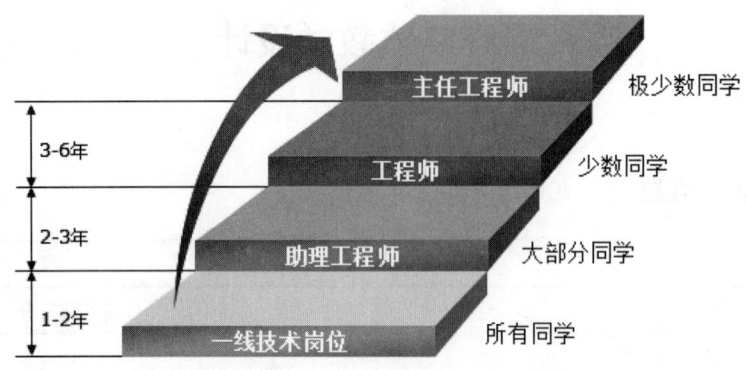

图 2　初次就业、二次晋升、未来发展图

本课程和后续的单片机相关课程面向的岗位（图 3）：单片机（嵌入式）系统的调试工和设备维护员。

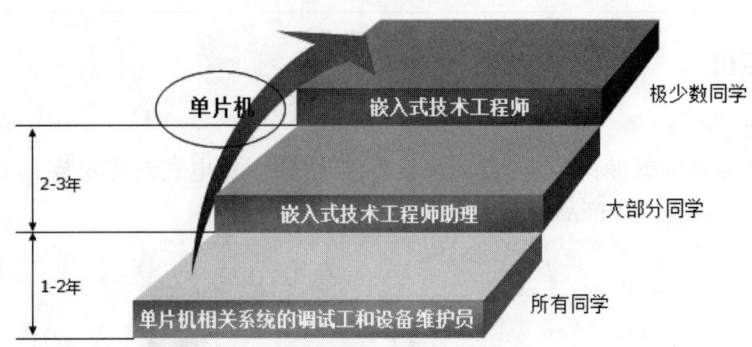

图 3　单片机相关岗位的就业与发展图

2. 课程分析

表 1 是电气专业课程体系，从表中可以清楚地看到，其前修课程为："计算机基础""电路分析基础""电子技术应用"；其后续课程为："单片机接口技术应用""智能机器人创新实训"等。

表 1　电气专业课程体系结构

类别		课程
职业素质	通识课程	思想道德修养与法律基础、军事理论、计算机应用基础、毛泽东思想和中国特色社会主义理论体系概论、实用英语、高等数学、形势与政策、心理健康教育、体育、就业指导与创业教育
	素质教育课程	社会实践、操行评定、普通话训练、硬笔书法、礼仪、入学教育

续表

类别		课程
职业技能训练	基本知识	知识基础:电路分析基础、电子技术应用
		识图制图:机械制图与 CAD、PCB 设计与制作
		供配电知识:工厂供配电系统
	知识技能训练	以 PLC 控制技术为主线,并行维修电工和单片机技术两条辅线 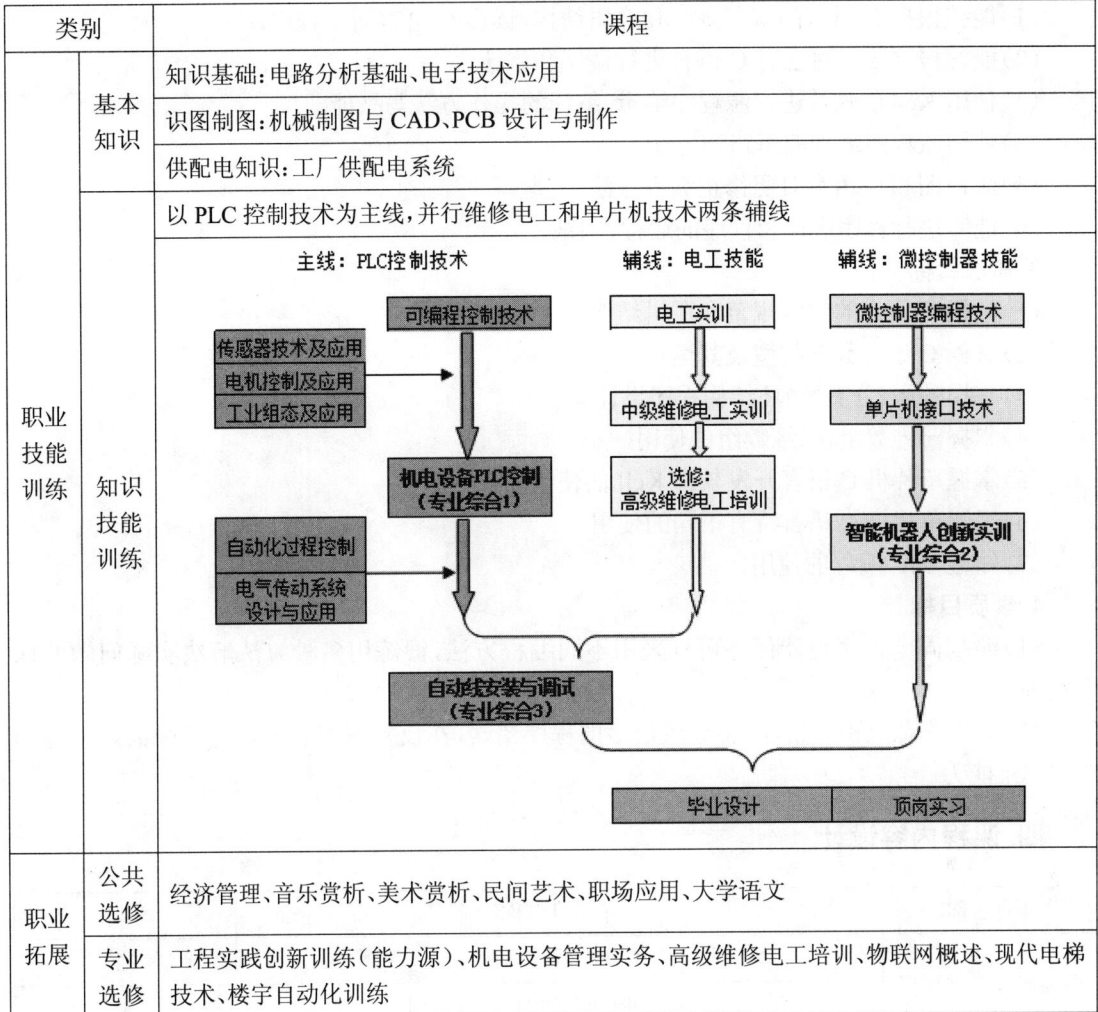
职业拓展	公共选修	经济管理、音乐赏析、美术赏析、民间艺术、职场应用、大学语文
	专业选修	工程实践创新训练(能力源)、机电设备管理实务、高级维修电工培训、物联网概述、现代电梯技术、楼宇自动化训练

本课程与普通高校、中职、培训班相关课程一样同样是讲 C 语言,但是更侧重于面向硬件的单片机 C 语言,主要区别体现在以下几个方面:(1)为后续单片机编程打基础,侧重于单片机控制用到的部分,和一些单片机特有的语句应用。(2)逻辑复杂的和单片机编程用不到的不多讲。(3)建立逻辑思维和程序流程的思想。

三、课程目标设计

1. 总体目标

本课程针对单片机(嵌入式)系统的调试工和设备维护员岗位的编程基础能力需求,制定课程培养目标,通过完成微控制器 C 语言程序设计项目,让学生根据 C 语言编程的规范,运用 C 语言进行程序的编写、运行和调试,完成各程序设计子项目,积累面向单片机的编程经验,掌握流程图辅助编程的思路和方法,培养学生必备的职业素质,使学生实现与职业岗位零距离。

2. 能力目标

（1）能够根据C语言的编程规范和逻辑结构，读懂C语言简单程序。
（2）能够根据要求对已有C语言进行调试和修改。
（3）使用Keil C软件进行源程序编辑、编译的操作方法与技能。
（4）使用流程图编程的思路和方法。
（5）流程图和C语言对照修正编程方法。
（6）能够进行程序设计和程序的运行、调试。

3. 知识目标

（1）掌握C语言的编程规范和逻辑结构。
（2）掌握C语言数据类型及其运算。
（3）掌握顺序、分支、循环结构程序设计。
（4）掌握一维数组、二维数组的使用。
（5）掌握单片机C语言开发软件Kell的使用。
（6）了解单片机C语言特有语句的使用。
（7）知道VJC编程的使用。

4. 素质目标

（1）编制同一程序设计任务可以采用不同编程方法，锻炼用多种方法解决实际问题的探索精神。
（2）编程规范上稍有松懈，会导致最后的程序错误，在反复编程和调试过程中锻炼严谨的逻辑思维能力。

四、课程内容设计

项目名称	子项目名称	学时
微控制器C语言程序设计	C语言程序设计	32
	面向硬件（单片机）C语言编程	8
	图形化交互式C语言的编程设计	16
	合　计	56

五、项目任务设计

序号	子项目编号、名称	能力目标	知识目标	训练方式、手段及步骤	可展示的结果
1	子项目1 C语言程序设计	1. 能够读懂C语言简单程序 2. 能够根据要求对已有C语言修改	1. C语言程序的结构 2. C语言数据类型及其算 3. 顺序、分支、循环结构程序设计 4. 数组 5. 函数	教学做 信息化手段 实际编程实例 举一反三 一题多解 以考促学	课堂编程练习 编程作业

续表

序号	子项目编号、名称	能力目标	知识目标	训练方式、手段及步骤	可展示的结果
2	子项目2 面向硬件（单片机）C语言编程	使用Keil C软件进行源程序编辑、编译的操作方法与技能	1. 单片机C语言开发软件KEIL的使用 2. 单片机C语言特有语句的使用	教学做 信息化手段 实际编程实例 举一反三 一题多解 以考促学	课堂编程练习 编程作业
3	子项目3 图形化交互式C语言的编程设计	1. 使用流程图编程的思路和方法 2. 流程图和C语言对照修正编程方法 3. 能够进行程序设计和程序的运行、调试	VJC编程的使用	教学做 信息化手段 实际编程实例 举一反三 一题多解 以考促学	课堂编程练习 编程作业

六、项目情境设计

序号	子项目编号、名称	任务	情境	学时
1	子项目1 C语言程序设计	1. 屏幕显示程序设计 2. 新生入学信息的输出 3. 不同形状周长和面积的计算 4. 体重质量指数BMI的计算与显示 5. 货运自助服务程序设计 6. 国王的麦子计算 7. 知识竞赛的成绩分析 8. 模拟计算器的程序	1.1 你是某程序设计公司的员工，负责编写公司承接的程序设计。某公司需要一套屏幕显示程序的编制，请你来编写。 1.2 某学校需要对刚入学的新生的信息进行输入和输出显示，请你来编写。 1.3 某教育公司要编写一个程序，实现输入形状和边等信息，能求出周长和面积并输出显示，请你来谢谢该程序。 1.4 某用户要求输入身高、体重，能够计算出BMI的值并显示，供用户去判断是超重/偏重/标准/偏瘦，请你来编程。 1.5 某货运公司为减轻客服人员的压力，将部分货运咨询改为自助服务，用户将货运的距离和运输质量输入电脑，即可得出货运单价和总价。你所工作的程序设计公司承接了以上工程，现任命你来进行程序设计。 1.6 相传古代印度国王舍罕要褒奖他的聪明能干的宰相达依尔（国际象棋发明者），问他需要什么，达依尔回答说："国王只要在国际象棋的棋盘上第一个格子放一粒麦子，第二个格子放上二粒，第三个格子放四粒，以此类推，每一格的麦子数是前一格的两倍，一直放到64格，我就感恩不尽了"。国王答应了，结果全印度的粮食用完还不够。国王很纳闷，怎么也算不清这笔账。请你来帮国王编程计算。 1.7 某知识竞赛需要存储选手的信息以及成绩，并对成绩进行一定的分析，请你来编写程序。 1.8 某教育公司需要编制一个模拟计算器的程序，输入要计算的数值和符号，能输出结果，请你来编写。	32

序号	子项目编号、名称	任务	情境	学时
2	子项目2 面向硬件（单片机）C语言编程	1. 单片机C语言开发环境的熟悉 2. 单片机C语言头文件的编制	2.1 该公司的程序设计重心转向面向硬件（单片机系统）的编程，请你熟悉单片机C语言的开发环境。	8
			2.2 面向硬件（单片机）的编程，在c语言中，硬件与软件的连接点在于头文件，请你编写一个基本的头文件。	
3	子项目3 图形计化交互式C语言的编程设	1. 单向红绿灯 2. 传送带 3. 自动小车	3.1 公司业务调整为面向硬件控制的编程。本次任务：绿黄红的灯亮时间分别为3s、1s、4s，如此循环点亮。请你采用流程图与C程序结合的方式编程以提高效率，并实现软硬件的联调。	16
			3.2 传送带通过电机、齿轮箱、齿轮带动皮带运动、传送带可以用来传送货物，是流水现等现代化生产加工中心的重要组成部分。请你采用流程图与C程序结合的方式编程，并实现软硬件的联调。	
			3.3 自主导向的自动小车，通过两个光敏传感器可以进行巡线、追光等动作，请你采用流程图与C程序结合的方式编程，并实现软硬件的联调。	

七、课程进程表

子项目编号、名称	周次	学时	单元标题	项目编号	能/知目标	师生活动	其他（含考核内容、方法）
子项目1 C语言程序设计	1	4	屏幕显示程序设计	1-1	了解本课程的概貌、如何学习、编写一个最简单的程序	教师：布置任务，对必要的知识讲解，并在学生完成任务过程中予以指导和督促。 学生：作为公司程序员，按要求编制程序。	小组程序展示和打分
	2	4	新生入学信息的输出	1-2	C程序组成、编写输出一行字符的C程序、编写一个简单的界面程序、编写比较2~3个数大小的程序	教师：布置任务，对必要的知识讲解，并在学生完成任务过程中予以指导和督促。 学生：作为公司程序员，按要求编制程序。	小组程序展示和打分
	3	4	不同形状周长和面积的计算	1-3	理解并记忆C的各种数据类型、理解并记忆C的各种表达式、编写表达式求解的程序并验证、运算符与表达式简单编程	教师：布置任务，对必要的知识讲解，并在学生完成任务过程中予以指导和督促。 学生：作为公司程序员，按要求编制程序。	小组程序展示和打分

续表

子项目编号、名称	周次	学时	单元标题	项目编号	能/知目标	师生活动	其他（含考核内容、方法）
子项目1 C语言程序设计	4	4	体重质量指数BMI的计算与显示	1-4	putchar(), getchar() 字符输入输出函数编程、scanf(), printf() 格式输入输出函数编程、顺序程序设计	教师：布置任务，对必要的知识讲解，并在学生完成任务过程中予以指导和督促。学生：作为公司程序员，按要求编制程序。	小组程序展示和打分
	5	4	货运自助服务程序设计	1-5	if 语句中表达式的运用、if 语句的基本结构、switch 语句的基本结构、选择结构程序设计	教师：布置任务，对必要的知识讲解，并在学生完成任务过程中予以指导和督促。学生：作为公司程序员，按要求编制程序。	小组程序展示和打分
	6	4	国王的麦子计算	1-6	三种循环结构的编程、嵌套结构编程，编写九九乘法表	教师：布置任务，对必要的知识讲解，并在学生完成任务过程中予以指导和督促。学生：作为公司程序员，按要求编制程序。	小组程序展示和打分
	7	4	知识竞赛的成绩分析	1-7	一维、二维数组的编程	教师：布置任务，对必要的知识讲解，并在学生完成任务过程中予以指导和督促。学生：作为公司程序员，按要求编制程序。	小组程序展示和打分
	8	4	模拟计算器的程序	1-8	函数的说明、函数的调用、函数的实参形参、函数的递归调用	教师：布置任务，对必要的知识讲解，并在学生完成任务过程中予以指导和督促。学生：作为公司程序员，按要求编制程序。	小组程序展示和打分
子项目2 面向硬件（单片机）的C语言编程	9	4	单片机C语言开发环境的熟悉	2-1	Keil 软件的使用、用 Keil 软件建立工程和运行	教师：布置任务，对必要的知识讲解，并在学生完成任务过程中予以指导和督促。学生：作为公司程序员，按要求编制程序。	小组程序展示和打分
	10	4	单片机C语言头文件的编制	2-2	头文件、特殊存储器、惯用程序流程	教师：布置任务，对必要的知识讲解，并在学生完成任务过程中予以指导和督促。学生：作为公司程序员，按要求编制程序。	小组程序展示和打分

子项目编号、名称	周次	学时	单元标题	项目编号	能/知目标	师生活动	其他(含考核内容、方法)
子项目3 图形计化交互式C语言的编程设	11	4	单向红绿灯	3-1	硬件接口与程序控制的对应关系、程序对灯亮灭的控制及时间控制、把VJC和C的相互对照编程训练	教师:布置任务,对必要的知识讲解,并在学生完成任务过程中予以指导和督促。学生:作为公司程序员,按要求编制程序。	作品展示
	12	4	传送带	3-2	齿轮传动、齿轮箱对传动方向的改变、程序对电机的控制、把VJC和C的相互对照编程训练	教师:布置任务,对必要的知识讲解,并在学生完成任务过程中予以指导和督促。学生:作为公司程序员,按要求编制程序。	作品展示
	13-14	8	自动小车	3-3	光敏传感器的工作原理和程序控制、两轮差速控制小车的左右转和前进、用光敏控制小车的循迹或是追光活动、把VJC和C的相互对照编程训练	教师:布置任务,对必要的知识讲解,并在学生完成任务过程中予以指导和督促。学生:作为公司程序员,按要求编制程序。	作品展示

八、首末次课设计

1. 首次课设计

步骤一:本课程能干什么?为后续那些课程、竞赛服务?

用丰富的图片、视频和仿真,吸引同学们深入体会本课程为后续课程所奠定的重要基础,后续课程包括单片机课、机器人课、竞赛包括电脑鼠和能力源。参见图4到图7。

微控制器编程技术

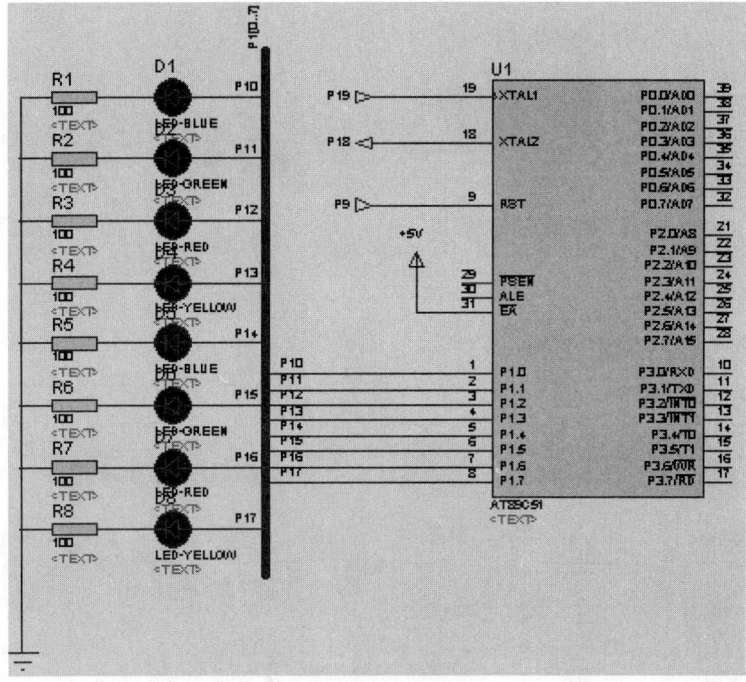

(a)单片机硬件图

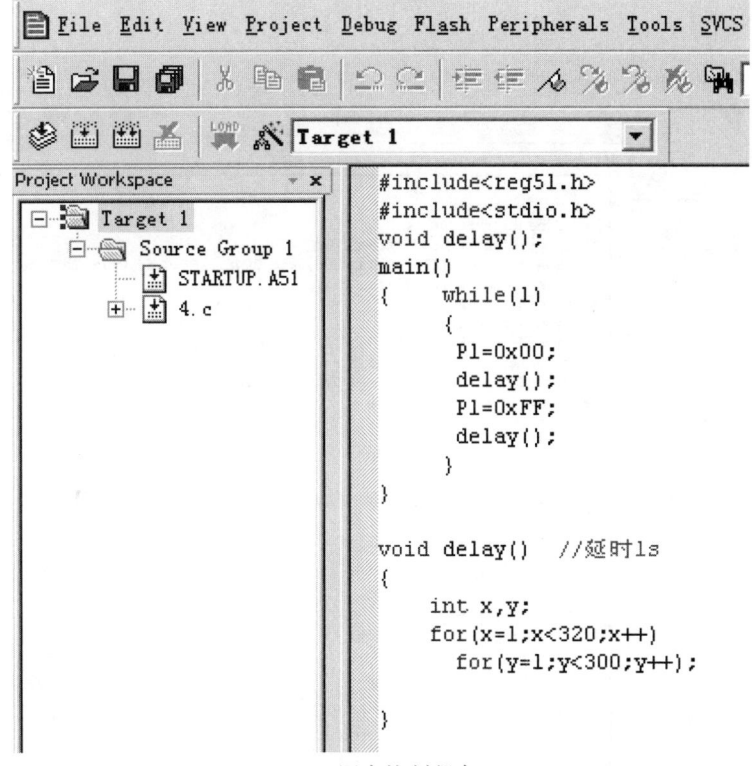

(b)C语言控制程序

图4 单片机LED控制仿真图

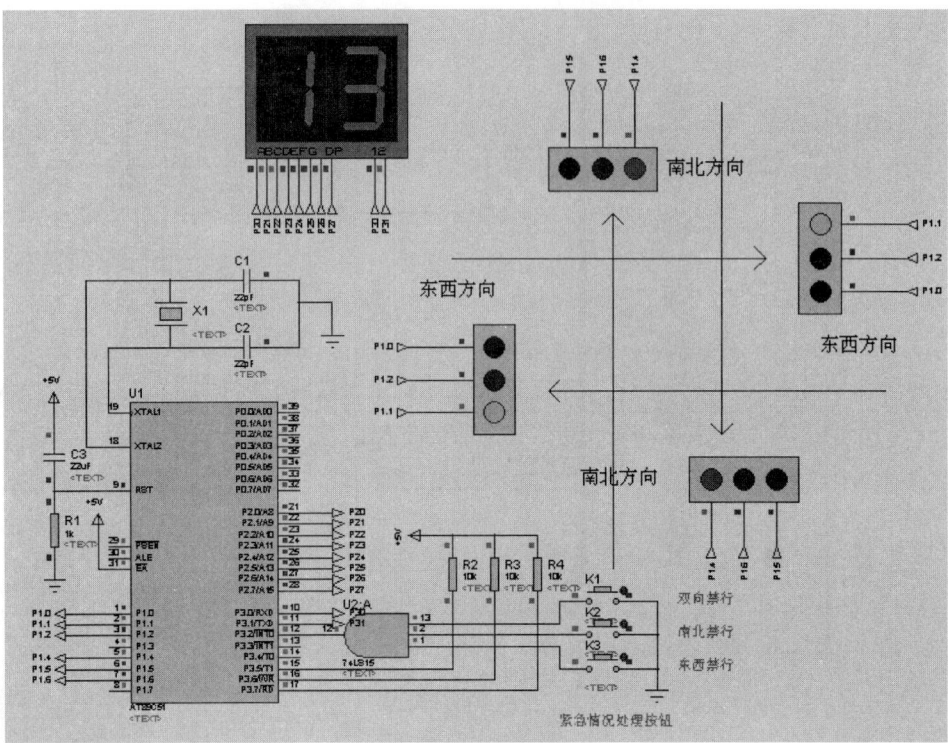

(a)单片机硬件图

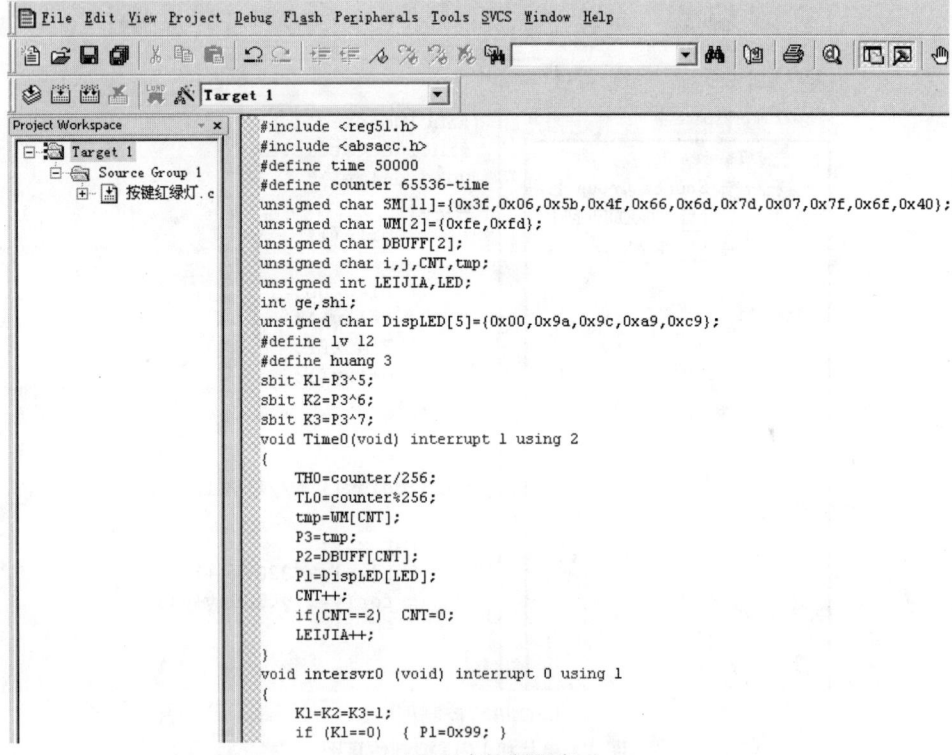

(b)C语言控制程序

图5　单片机十字路口交通灯控制仿真图

图 6　电脑鼠主控电路板

POWERON
能力源
xPartner
START
RESET

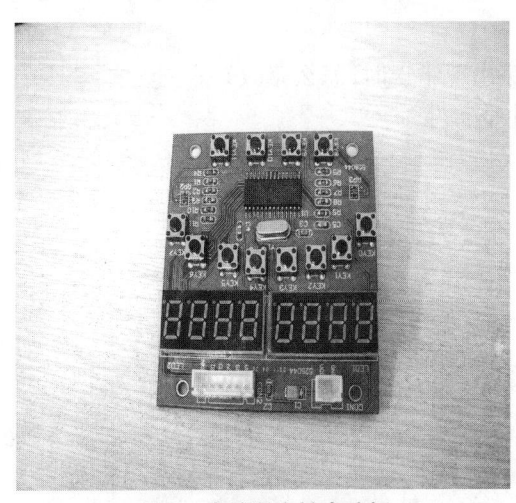

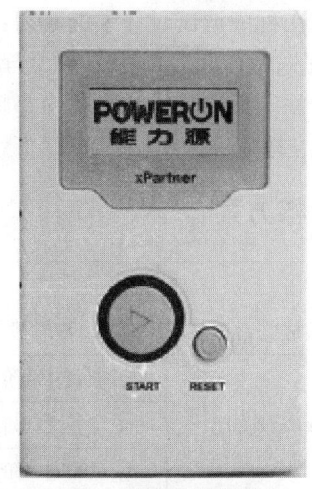

图 7　能力源控制盒

步骤二：本课程的精彩程序体验——国王的麦子、猜数游戏、99 乘法表等。

（1）先抛开编程，让同学们解决问题本身，问题有一定的趣味性和难度。

（2）用已经编制好的程序来解决以上问题，让同学们简单的读一读程序，自己运行一下这个程序玩一玩。参见图 8。

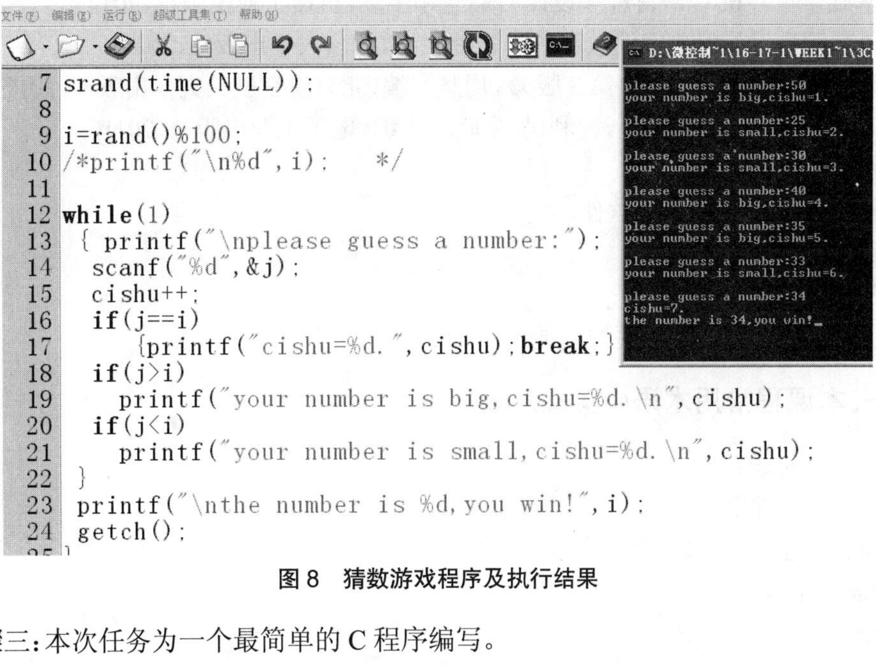

文件(F) 编辑(E) 运行(R) 超级工具集(T) 帮助(H)
srand(time(NULL));
i=rand()%100;
/*printf("\n%d",i);   */
while(1)
 { printf("\nplease guess a number:");
  scanf("%d",&j);
  cishu++;
  if(j==i)
     {printf("cishu=%d.",cishu);break;}
  if(j>i)
    printf("your number is big,cishu=%d.\n",cishu);
  if(j<i)
    printf("your number is small,cishu=%d.\n",cishu);
 }
printf("\nthe number is %d,you win!",i);
getch();
D:\微控制~1\16-17-1\WEEK1~1\3C
please guess a number:50
your number is big,cishu=1.
please guess a number:25
your number is small,cishu=2.
please guess a number:30
your number is small,cishu=3.
please guess a number:40
your number is big,cishu=4.
please guess a number:35
your number is big,cishu=5.
please guess a number:33
your number is small,cishu=6.
please guess a number:34
cishu=7.
the number is 34,you win!

图 8　猜数游戏程序及执行结果

步骤三：本次任务为一个最简单的 C 程序编写。

教 C 程序基本结构、主程序写法、预定义程序使用、程序格式等内容。

下发任务单：同学编写任务单要求的程序。

2. 末次课设计

步骤一：分小组，让同学们总结并汇报。

（1）本学期的主要知识内容有哪些？

(2)你在程序调试过程中的心得:
①编程先做什么后做什么?②当程序出现错误时,怎么修改?
(3)让你印象深刻的几个程序是哪几个?
步骤二:教师进行总结、点评。

九、考核方案

考核内容		考核方法	所占比例
平时考核成绩占比	平时成绩	考勤、作业、课堂表现情况	40%
阶段考核成绩占比	子项目1 阶段考核	程序设计和调试	60%
	子项目2 阶段考核		
	子项目3 阶段考核		

十、教学材料

● 教材

《单片机C语言程序设计教程与实训(第2版)》,张秀国主编,北京大学出版社,2016

● 参考书

《零基础学单片机C语言程序设计》,赵建领主编,机械工业出版社,2014
《C语言程序设计经典案例教程》,韦良芬主编,北京大学出版社,2010
《单片机C语言轻松入门(第3版)》,周坚主编,北京航空航天大学出版社,2017
《单片机C语言编程实践》,程利民、朱晓玲主编,电子工业出版社,2011

● 教学软件

TC软件、keil51程序调试软件。

● 所需设备

装好教学软件的计算机。
VJC控制器、数据线及相关控制硬件。

十一、本课程常用术语中英文对照

identifier   标识符
keyword   关键字
operator   运算符
constant   常量
pointer   指针
structure   结构体
include   包含(导入头文件)
stdio.h   输入输出头文件
void   不返回任何值
main   主要

printf 打印、输出
IDE 集成开发环境
source File 源文件
warning 警告
project 工程
int 整型
short int 短整型
unsigned short int 无符号短整型
long int 长整型
float 浮点型
double 双精度
char 字符型
scanf 输入函数
getchar() 接受字符函数
putchar() 输出字符函数
variable 变量
compiler 编译器
date type 数据类型
console 控制台
declaration 声明
initialization 初始化
true 真
false 假
if 如果
else 否则
sizeof 所占内存字节数
switch 分支结构
case 与常值匹配
break 跳转
default 缺省、默认
While 当循环
do...while 直到循环
continue 结束本次循环进行下一次迭代
counter 计数器
array 数组
dimension 维数
single dimensional array 一维数组
double dimensional array 二维数组
sorting 排序

bubble sort　冒泡排序
ascending order　升序
descending order　降序
subscript　下标
step　步长
row　行
column　列
traverse　遍历
pointer　指针
address　地址
base address　基地址
memory member　内在单元
function　函数
void　空值
return　返回

课程单元教学设计

单元标题：货运自助服务程序设计（其中的 switch 语句部分）			单元教学学时	55 分钟
			在整体设计中的位置	第 5 次
授课班级	电气151	上课时间	周 月 日第 节至 周 月 日第 节	上课地点　实训 402
教学目标	能力目标		知识目标	素质目标
	具备用 switch 语句进行分支结构程序编程、运行、调试的能力。		掌握分支结构的流程和程序设计。 掌握 switch 语句的基本结构和使用方法。	用不同编程方法编写同意任务，锻炼用多种方法解决实际问题的探索精神。 编程规范上稍有松懈，会导致最后的程序错误，在反复编程和调试过程中锻炼严谨的逻辑思维能力。

续表

能力训练任务	本次教学情境为：某货运公司为减轻客服人员的压力,将部分货运咨询改为自助服务,用户将货运的距离和运输质量输入电脑,即可得出货运单价和总价。你所工作的程序设计公司承接了以上工程,现任命你来进行程序设计。 具体的编程要求： 运输公司运费的计算是依据物品的质量和运输距离决定的,计算方法为： 运费 t= 运输距离 s* 运输质量 w* 单价 p 单价标准为 5 元/(吨*千米),如果距离远可以按以下情况优惠： S<500km,无优惠 500km<=s<1000km,优惠 2% 1000km<=s<2000km,优惠 5% 2000km<=s<3000Km,优惠 8% S>=3000km,优惠 10% 运行程序,由用户输入运输距离 s 和运输质量 w,程序输出单价 p 和总金额 t。
本次课使用的外语单词	switch [swɪtʃ] n. 开关 转换 转换器 case [keɪs] n. 事例 情况 default [dɪˈfɔːlt] n. 未履行 [计] 缺省,默认 break [breɪk] n. 破裂 中间休息 间断
案例和教学材料	案例 1：将星期一,星期二,……,星期六,星期日依次编号为 1，2，……，6，7,编一个程序从键盘输入星期的序号,则输出对应的星期几。例如,输入 6,则输出 Saturday。 案例 2：编一程序可查询驾驶证可以驾驶的车辆类型。要求从键盘输入驾照的类型。比如输入驾照类型 'C',输出"你可以驾驶小轿车"。其中,A 牌驾照可驾驶大客车、人货车和小轿车,B 牌驾照可驾驶人货车和小轿车,C 牌驾照可驾驶小轿车,D 牌驾照可驾驶摩托车。 案例 3：编一程序将成绩的百分制转换为等级制。百分制与等级制的对应关系如下：90~100 对应 A、80~89 对应 B、70~79 对应 C、60~69 对应 D、0~59 对应 E。 教学材料： 讲课 PPT、程序调试软件、任务书。

单元教学进度

步骤	教学内容及能力/知识目标	教师活动	学生活动	时间
1	switch 语句语法、流程图	PPT 讲解	听、记	5 分钟
2	switch 语句应用示例	PPT 说明题意。 分析题意。 在 win-TC 软件中，一边引导同学思考，一边写程序，进行调试。 在调试中设置几个错误点，引导同学进行修改。	跟随教师的引导学习。 重点知识、应用技巧等内容随手记笔记。	10 分钟
3	switch 语句应用练习	PPT 说明题意。 引导分析题意。 在学生练习过程中巡视、帮助。 练习结束时，点评同学的练习情况，并把优秀程序进行讲解。	理解题意。 编程练习。 听取点评。 将优秀程序对照自己的程序。	15 分钟
4	switch 语句应用活用示例	PPT 说明题意。 分析题意。 分析与前面题目的活用点。 在 win-TC 软件中，一边引导同学思考，一边写程序，进行调试。 在调试中设置几个错误点，引导同学进行修改。	跟随教师的引导学习。 重点知识、应用技巧等内容随手记笔记。	10 分钟
5	应用 switch 语句完成本次编程任务	在学生练习过程中巡视、帮助。 练习结束时，点评同学的练习情况，并把优秀程序进行讲解。	编程练习。 听取点评。 将优秀程序对照自己的程序。	15 分钟
作业	将用 if 和 if-else 语句所编的程序，改为 switch 语句。			
课后体会	1. 输入的距离不同，程序可以自动给出打折后的单价，并计算总价。 2. 用三种分支语句解决了同一个问题，训练用多种方法解决实际问题的能力。 3. 体会三种分支语句各自的特点，并在实际应用中选择合适的去使用。			

企业经济业务核算

课程标准

课程名称：企业经济业务核算　　　课程类型：专业核心课
总学时：128　　　　　　　　　　　学分：8
适用专业：会计
执笔人：伦丽珍　　　　　　　　　 审核人：李建玲
制订时间：2017 年 2 月

一、课程性质和任务

"企业经济业务核算"课程是会计专业的一门重要的核心课程，是会计专业知识结构体系中的主体部分。该课程以实训为主导，有严格规范的确认、计量、记录和报告的工作环节；有制度化的岗位设置；有成熟的手工操作规范；有先进的电算操作软件。财务会计工作的操作流程化、岗位职责化在本课程中得到充分体现。该课程的建设，对会计与审计专业的整体建设起着决定性作用。

1. 课程性质

本课程是会计专业的一门专业主干课，通过本课程的学习能使学生掌握对企业各项经济业务核算和编制会计报的技能，提高学生的实际操作能力，为今后从事会计工作或其他相关工作打好基础。

在专业人才培养目标中处于核心地位。先修课程："基础会计与实训""出纳业务训练""财经法规与会计职业道德"。

后续课程："成本核算实务""电算会计综合实训""财务管理实务""审计实务""财务报表分析"。

2. 标准设计思路

以校企合作开发为平台，以培养高质量的技能人才为目标，以实际工作任务为载体，分析完成各项工作任务应具备的知识和能力，并依据这些知识和能力的要求确定各相关学习情境或任务的具体教学内容。

3. 课程任务

本课程内容也是目前会计类社会考试和选拔考试的重要考试科目。比如，会计职称考试、会计从业资格考试、电算化考试等都以该课程内容为考查重点。只有学好这门课,学生才能应对各种考试选拔,成为行业中较高素质会计人才。

二、课程目标

通过任务引领型的项目活动,了解会计记账工作的系统知识,掌握会计记账工作各项业务的流程和核算方法。

1. 职业知识

(1)理解企业经济业务会计核算所使用的四个会计核算基本前提基本内容、八个会计信息质量要求应用要义、六大会计要素和五类会计科目核算内容。

(2)理解企业发生的十二个任务进行会计处理涉及的基本概念和基本知识,掌握其数据计算方法和会计处理方法。

(3)掌握三类账簿登记方法。

(4)掌握资产负债表、利润表、现金流量表的编制方法。

2. 职业技能

(1)能根据科目余额汇总表账务处理程序,确定不同会计账户使用的三栏式、数量金额式、多栏式明细账,并会初始建账。

(2)能根据企业发生的采购及付款业务、销售及收款业务、薪酬业务、投资与筹资业务、总账业务、报表业务六个项目做出职业判断和分析,能够确定发生的经济业务应当使用的会计账户,并对业务数据进行准确计算。

(3)熟练审核原始凭证,能根据发生的经济业务准确填制记账凭证。

(4)能根据记账凭证登记明细账、日记账和总账。

(5)能根据账簿资料编制会计报表。

3. 职业素质

(1)认真并正确的审核原始凭证、严谨的工作作风和一丝不苟的敬业精神。

(2)遵纪守法的思想观念和廉洁自律的会计品质。

(3)面对不符合会计核算制度的情况有自我保护的法律意识。

(4)坚定立场,不做假账,灵活应对。

(5)工作创新的意识(运用 Excel 表格快速完成月末庞大的计算工作)。

(6)保持微笑、谦和、细致的工作态度。

三、课程内容标准和要求

1. 课程内容安排表

序号	课程内容或项目模块	工作任务模块	参考学时
1	会计核算员企业认知、岗位认知、角色认知	会计核算员企业认知、岗位认知、角色认知	4
2	货币资金业务核算	库存现金、银行存款、其他货币资金业务核算	10
3	应收及预付款业务核算	应收票据、应收账款、预付账款、业务其他应收款、应收款项的减值的核算	12

续表

序号	课程内容或项目模块	工作任务模块	参考学时
4	存货业务核算	原材料核算、委托加工物资核算、周转材料业务核算、库存商品业务核算、存货清查及期末减值计量	16
5	投资业务核算	交易性金融资产、持有至到期投资、可供出售的金融资产、长期股权投资业务核算	10
6	固定资产业务核算	固定资产取得、折旧、后续支出、处置、清查和期末计价业务核算	16
7	无形资产及其他资产业务核算	无形资产、其他资产的业务核算	4
8	投资性房地产业务核算	成本模式计量投资性房地产业务核算、公允价值模式计量投资性房地产业务核算	6
9	负债业务核算	短期借款、应付和预收款、应付职工薪酬、应交税费、非流动负债业务的核算	16
10	收入、费用和利润业务核算	收入、费用和利润的核算	12
11	所有者权益业务核算	实收资本、资本公积、留存收益的核算	8
12	财务报告列报	资产负债表、利润表和现金流量表	14

2. 课程内容标准与要求

项目1：会计核算员企业认知、岗位认知、角色认知
1. 项目概况
会计核算员企业认知、岗位认知、角色认知。
2. 项目要求
了解岗位工作内容，理解岗位工作职责；
重点回顾借、贷复试记账法的基本内本内容。
3. 能力目标
能区分不同业务使用的原始凭证；
能确定各类账户结构；
能运用借、贷记账法记账规则编制会计分录。

项目2：货币资金业务核算
1. 项目概况
货币资金是企业流动性最强的资产，主要进行现金、银行存款的管理与核算。
2. 项目要求
了解货币资金的概念与性质；
重点掌握现金的管理和核算；
重点掌握银行转账结算方式和银行存款的核算；
理解其他货币资金包含的内容及核算。
3. 能力目标
能够对库存现金的收付业务进行账务处理；
能够对银行存款的收付业务进行账务处理；
能够进行银行对账，并编制银行存款余额调节表；
能对其他货币资金的收付业务进行账务处理。

项目 3:应收及预付款业务核算
1. 项目概况
应收账款主要进行应收账款、应收票据的管理和核算。
2. 项目要求
重点掌握应收票据内容、利息计算及账务处理;
掌握应收账款的范围、确认及核算;
重点掌握坏账及坏账损失的处理方法(难点);
掌握其他应收款和预付账款的内容及账务处理。
3. 能力目标
能够完成应收票据的利息、贴现的计算,并进行相关账务处理;
能够对应收账款进行相关账务处理;
能够对预付账款和其他应收款进行相关账务处理;
能够计算坏账损失,并进行账务处理。

项目 4:存货业务核算
1. 项目概况
存货占流动资产的比重较大,对其进行管理和核算尤为重要。
2. 项目要求
了解存货的概念及分类;
能够对存货进行初始计量和期末计量;
理解不同存货的计价;
重点掌握存货按实际成本核算;
重点掌握存货按计划成本核算;
掌握存货的清查方法和核算。
3. 能力目标
能采用实际成本法对存货业务进行会计处理;
能采用计划成本法对存货业务进行会计处理;
能正确计算材料成本差异;
能对委托加工物资业务进行会计处理;
能对周转材料进行会计处理;
能正确核算企业的库存商品;
能完成存货盘点并正确处理盘点结果;
能确认存货减值并正确进行会计处理。

项目 5:投资业务核算
1. 项目概况
投资是在保证企业资金流动的前提下,为获取更多收益而进行的。
2. 项目要求
掌握交易性金融资产的含义和确认条件;
掌握持有至到期投资的含义及特征;
掌握可供出售金融资产含义及内容;
能够对长期股权投资投资进行初始计量和后续计量以及减值的处理。
3. 项目目标
能够对交易性金融资产的确认、计量进行基本账务处理;
能运用成本法对长期股权投资进行账务处理;

续表

能运用权益法对长期股权投资进行账务处理；
能对长期股权投资减值核算进行账务处理。

项目6：固定资产业务核算

1. 项目概况
企业拥有的固定资产种类多、规格杂'金额大,主要进行固定资产的管、使用和核算。
2. 项目要求
掌握固定资产的初始计量；
掌握国定资产折旧计提范围、计提方法和核算；
掌握固定资产的处置和清查的核算；
了解固定资产减值的核算。
3. 项目目标
能确定固定资产入账价值,并能进行账务处理；
能准确计算折旧,并能进行账务处理；
能对固定资产更新改造支出进行账务处理；
能对固定资产减值业务计算,并进行账务处理；
能对固定资产清查进行账务处理；
能对固定资产处置进行账务处理。

项目7：无形资产及其他资产业务核算

1. 项目概况
无形资产是企业拥有或控制的没有实物形态的可辨认非货币性资产,应正确理解无形资产的概念和核算。
2. 项目要求
账务无形资产的计量及核算方法；
掌握无形资产的处置方法；
理解无形资产的概念；
了解无形资产的内容及特征；
了解其他资产的核算方法。
3. 项目能力
能够对取得无形资产业务进行相应的计算及账务处理；
能够对无形资产摊销、转让的有关业务计算,并能够进行相应的账务处理；
能对长期待摊费用业务进行相关账务处理。

项目8：投资性房地产业务核算

1. 项目概况
主要核算企业投资行房产、地产的核算,包括成本模式计量投资性房地产业务核算和公允价值模式计量投资性房地产业务核算。
2. 项目要求
理解投资性房地产的核算范围；
掌握采用成本模式计量投资性房地产的会计核算方法,并掌握账务处理；
掌握采用公允价值模式模式计量投资性房地产的会计核算方法,并掌握账务处理
3. 项目能力
能够确定哪些房地产属于投资性房地产；
能够采用成本模式计量投资性房地产,并进行会计处理；
能够采用公允价值模式计量投资性房地产,并进行会计处理。

项目 9：负债业务核算
1. 项目概况
负债包括流动负债和长期负债。
2. 项目要求
了解流动负债的概念和相关内容；
掌握短期借款的计价及核算方法；
掌握应交税金、应付职工薪酬、应付账款和其他流动负债的核算方法；
掌握长期借款的概念、特点及其核算；
掌握利息费用的处理原则；
掌握债券发行价格及摊销、债券利息的计算及其账务处理；
掌握长期应付款的含义、特点及内容。
3. 项目能力
能够进行短期借款业务账务处理；
能够进行应付及预收款项业务账务处理；
能够进行应付职工薪酬业务账务处理；
能够准确进行一般纳税企业增值税、消费税、营业税等税费的基本计算，并能进行简单账务处理；
能够对应付债券、长期借款等非流动负债能进行账务处理。

项目 10：收入、费用和利润业务核算
1. 项目概况
利润是企业一定会计期间的经营成果，包括收入减去费用后的净额、直接计入当期当期利润的里德和损失。
2. 项目要求
掌握收入概念、确认、计量和核算；
掌握费用概念、确认、内容和核算；
掌握利润的构成与核算；
掌握所得税费用的构成和核算；
掌握净利润的分配的核算。
3. 项目能力
能够对销售商品取得收入业务进行账务处理；
能够对其他业务取得收入进行账务处理；
能对管理费用、销售费用、财务费用等业务进行账务处理；
能对利润形成与分配业务进行账务处理；
能对所得税费用进行计算并进行账务处理。

项目 11：所有者权益业务核算
1. 项目概况
所有者权益是所有者对企业净资产的要求权，而负债是债权人对企业全部财产的要求权。
2. 项目要求
掌握所有者权益的概念及特征、内容；
掌握实收资本、资本公积、留存收益的会计处理。
3. 项目能力
能够根据投资者的不同投资方式进行实收资本增减业务相应的账务处理；
能够根据资本公积的不同情况进行账务处理；
能够计提并核算盈余公积；
能够完成未分配利润的结转。

续表

项目 12:财务报告列报
1. 项目概况 财务报告是根据日常的会计核算资料进行归集、加工和汇总后编制而成的,是企业会计核算的最终成果,是对外提供财务信息的主要形式。 2. 项目要求 了解财务报告的构成; 掌握资产负债表和利润表的具体编制方法; 熟悉现金流量表和所有者权益表的编制方法; 了解财务报告附注的作用和内容。 3. 项目能力 能够编制资产负债表; 能够编制利润表; 能够编制现金流量表; 能够编制所有者权益变动表; 能够撰写相关报表附注。

四、实施建议

用新的教学理念和教学方法实施教学,以学生为主体,为了培养学生综合应用能力,建议实行以下具体方法:

(1)案例式教学。通过案例式教学,帮助学生正确理解和消化教学内容,增强感性认识,理论联系实际、培养综合分析问题、解决问题的能力。

(2)实践小组。通过组建学生实习团队,引导学生根据社会实际,有目的有针对性地选择题目,增强独立地全过程运用所学理论解决问题。

(3)会计沙龙。针对会计程的特点而尝试一种特殊的教学方式。一般是针对一个特定的经济管理问题,事先进行较为充分的准备;然后,由学生们集聚在一起,在轻松的氛围中进行畅谈,相互启发,也可以争论,形成相同或不同的思路;并于事后形成文字材料。

五、教学评价

采用期末闭卷考核。比例分配如下:
①平时成绩(含课堂表现)40%;
②期末考试 60%。

六、教材与课程资源的利用

1. 参考书

《初级会计实务》,伦丽珍主编,高等教育出版社,2014
《初级会计实务》,财政部会计资格评价中心编,中国财政经济出版社,2016
《初级会计实务轻松过关一》,东奥会计在线编,北京大学出版社出版社,2016

2. 课程资源的利用

(1)注重校内教学模式和校外教学方法的应用。

（2）积极开发和利用相关网络资源，搭建网络学习平台，开发网络课程，实现网上答疑和进行网上学习测试。

（3）充分利用诸如电子书籍、电子期刊、数据库、数字图书馆、教育网站和电子论坛等网上信息资源，使教学从单一媒体向多种媒体转变；教学活动从信息的单向传递向双向交换转变；由学生单独学习向合作学习转变。同时应积极创造条件搭建远程教学平台，扩大课程资源的交互空间。

（4）充分发挥校外实训基地的作用，为学生的综合实训和顶岗实习提供实训场所。

课程整体教学设计

一、课程基本信息

课程名称：企业经济业务核算		
课程代码：011200059	学分：8	学时：128
授课时间：第一学年第二学期和第二学年第一学期	授课对象：一年级下学期和二年级上学期	
课程类型：会计专业职业能力必修课，职业技术课		
先修课程：基础会计与实训、出纳业务训练、财经法规与会计职业道德	后续课程：成本核算实务、财务报表分析、审计实务、财务管理	

二、课程定位

1. 岗位分析

本专业毕业生的岗位分析：初次就业岗位为出纳和会计助理，晋升岗位为成本会计、往来会计、收入会计等，未来发展岗位为会计主管或财务总监。

本课程面向的主要岗位如下图。

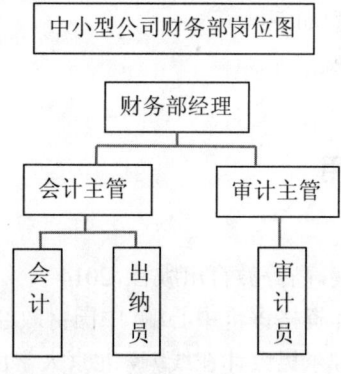

适应岗位的主要能力需求、知识需求和素质需求，并兼顾拓展能力培养。

● 能力需求：（1）会计职业判断能力；（2）会计账务处理能力；（3）会计数据计算能力；

(4)经济业务分析能力。
- 知识需求:(1)掌握会计报表体系及结构;(2)掌握会计要素的计量方法;(3)掌握会计要素的确认原则;(4)理解会计信息质量要求。
- 素质需求:(1)作风严谨;(2)服务意识;(3)诚信精神;(4)法律意识。

2. 课程分析

本课程在课程体系中的位置如下图所示。

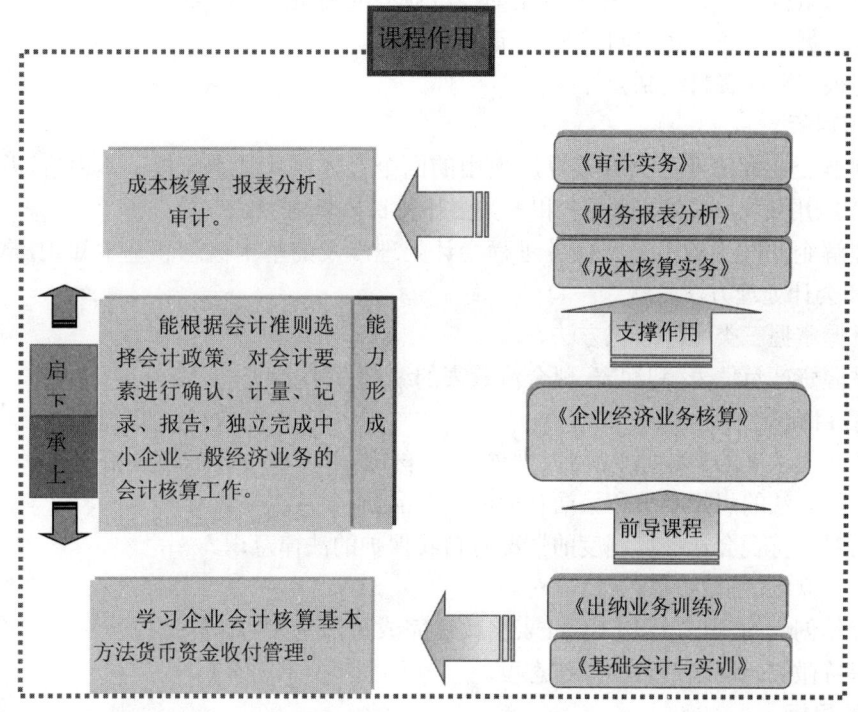

本课程与普通高校、中职(高职)、培训班相关课程的异同。

中职:强化基本知识讲解,深度不够,广度不够,全面动手操作少。

培训班:片面追求取证,"讲课+做练习题"的模式,动手操作没有。

本科院校:"讲课+练习"的模式,更加强调理论,动手操作少。

我们的目标:培养具有企业内控管理素质、财务管理知识体系的具备一定管理能力的会计岗位人才,注重教学与育人并重、知识与动手共进步。

三、课程目标设计

1. 总体目标

结合国家助理会计师资格考核标准,通过学生完成项目和任务,培养学生能运用借贷记账法,对中小企业会计业务进行账务处理,并具备向大型企业会计岗位就业能力;能够根据原始凭证填制规范审核原始凭证,能够对企业发生的销售与收款、采购与付款、职工薪酬、投资与筹资经济业务进行分析填制记账凭证和登记账簿,对成本计算结果、税费计算结果能够编制记账凭证和登记账簿,并能根据账簿登记资料编制会计报表;使学生能胜任往来会计、总账会计、收入会计、存货会计、会计主管等会计岗位的工作,具备良好的职业素质和职业意识。

2. 能力目标

（1）能根据科目余额汇总表账务处理程序，确定不同会计账户使用的三栏式、数量金额式、多栏式明细账，并会初始建账。

（2）能根据企业发生的采购及付款业务、销售及收款业务、薪酬业务、投资与筹资业务、总账业务、报表业务六个项目做出职业判断和分析，能够确定发生的经济业务应当使用的会计账户，并对业务数据进行准确计算。

（3）熟练审核原始凭证，能根据发生的经济业务准确填制记账凭证。

（4）能根据记账凭证登记明细账、日记账和总账。

（5）能根据账簿资料编制会计报表。

3. 知识目标

（1）理解企业经济业务会计核算所使用的四个会计核算基本前提基本内容、八个会计信息质量要求应用要义、六大会计要素和五类会计科目核算内容。

（2）理解企业发生的十二个任务进行会计处理涉及的基本概念和基本知识，掌握其数据计算方法和会计处理方法。

（3）掌握掌握三类账簿登记方法。

（4）掌握资产负债表、利润表、现金流量表的编制方法。

4. 素质目标

（1）认真并正确的审核原始凭证、严谨的工作作风和一丝不苟的敬业精神。

（2）遵纪守法的思想观念和廉洁自律的会计品质。

（3）面对不符合会计核算制度的情况有自我保护的法律意识。

（4）坚定立场，不做假账，灵活应对。

（5）工作创新的意识（运用 Excel 表格快速完成月末庞大的计算工作）。

（6）保持微笑、谦和、细致的工作态度。

5. 其他目标

考取会计从业资格证书和助理会计师证书。

四、课程内容设计

序号	项目名称	学时
1	会计核算员企业认知、岗位认知、角色认知	4
2	货币资金业务核算	10
3	应收及预付款业务核算	12
4	存货业务核算	16
5	投资业务核算	10
6	固定资产业务核算	16
7	无形资产及其他资产业务核算	4
8	投资性房地产业务核算	6
9	负债业务核算	16

续表

序号	项目名称	学时
10	收入、费用和利润业务核算	12
11	所有者权益业务核算	8
12	财务报告列报	14
合 计		128

五、能力训练项目设计

编号	能力训练项目名称	子项目编号、名称	能力目标	知识目标	训练方式、手段及步骤	可展示的结果
1	会计核算员企业认知、岗位认知、角色认知	1-1 会计核算员企业认知、岗位认知、角色认知	能区分不同业务使用的原始凭证	了解岗位工作内容，理解岗位工作职责	模拟岗位完成《基础会计与实训》业务模拟企业操作	原始单据、记账凭证、账簿
2	货币资金业务核算	2-1 库存现金业务	能够对库存现金的收付业务进行账务处理	理解库存现金的日常管理	审核原始凭证，填制记账凭证，登记账簿	原始凭证，记账凭证、账簿
		2-2 银行支付结算及银行存款业务	能够对银行存款的收付业务进行账务处理 能够进行银行对账，并编制银行存款余额调节表	掌握银行支付结算方式的使用特点 掌握银行存款业务账户使用 理解银行对账的意义和方式		
		2-3 其他货币资金业务	能对其他货币资金的收付业务进行账务处理	理解其他货币资金的核算范围		
3	应收及预付款业务核算	3-1 应收票据业务核算	能够完成应收票据的利息、贴现的计算，并进行相关账务处理	理解应收票据的入账价值，掌握应收票据相关业务处理	审核原始凭证，填制记账凭证，登记账簿	原始凭证，记账凭证、账簿
		3-2 应收账款业务核算	能够对应收账款进行相关账务处理	理解应收账款入账价值的确定，掌握应收账款相关业务处理		
		3-3 预付账款业务核算	能够对预付账款和其他应收款进行相关账务处理	理解预付账款和其他应收款的核算范围，掌握相关业务处理		
		3-4 其他应收款业务核算				
		3-5 应收款项减值业务核算	能够计算坏账损失，并进行账务处理	理解减值的含义，掌握坏账计提的方法和账务处理		

续表

编号	能力训练项目名称	子项目编号、名称	能力目标	知识目标	训练方式、手段及步骤	可展示的结果
4	存货业务核算	4-1 原材料业务核算	能采用实际成本法对存货业务进行会计处理	了解存货的一般分类 掌握存货的基本概念和确认条件 掌握各种存货的核算,掌握存货取得和发出的计价方法 掌握原材料按实际成本核算和计划成本核算的账户设置和账务处理 掌握库存商品的核算内容和基本账务处理 掌握委托加工物资的计价和账务处理; 理解周转材料的核算内容,熟悉周转材料的摊销方法 掌握存货清查盘盈盘亏的核算 理解存货减值的意义及其账务处理	审核原始凭证,填制记账凭证,登记账簿	原始凭证,记账凭证、账簿
		4-2 委托加工物资核算	能采用计划成本法对存货业务进行会计处理 能正确计算材料成本差异			
		4-3 周转材料业务核算	能对委托加工物资业务进行会计处理 能对周转材料进行会计处理			
		4-4 库存商品业务核算	能正确核算企业的库存商品 能完成存货盘点并正确处理盘点结果			
		4-5 存货清查及期末减值计量	能确认存货减值并正确进行会计处理			
5	投资业务核算	5-1 交易性金融资产投资业务核算	能够对交易性金融资产的确认、计量进行基本账务处理 能运用成本法对长期股权投资进行账务处理	解交易性金融资产的含义,掌握交易性金融资产的确认、计量 了解长期股权投资的含义,掌握成本法、权益法核算的范围 掌握成本法和权益法的区别和基本运用,并进行账务处理 理解长期股权投资减值核算的原理	审核原始凭证,填制记账凭证,登记账簿	原始凭证,记账凭证、账簿
		5-2 长期股权投资业务核算	能运用权益法对长期股权投资进行账务处理 能对长期股权投资减值核算进行账务处理			

续表

编号	能力训练项目名称	子项目编号、名称	能力目标	知识目标	训练方式、手段及步骤	可展示的结果
6	固定资产业务核算	6-1 固定资产取得业务核算	能确定固定资产入账价值,并能进行账务处理 能准确计算折旧,并能进行账务处理 能对固定资产更新改造支出进行账务处理 能对固定资产减值业务计算,并进行账务处理 能对固定资产清查进行账务处理 能对固定资产处置进行账务处理	熟悉固定资产的确认条件 掌握取得固定资产的入账价值的确定方法 掌握固定资产折旧的计算方法 理解固定资产后续支出的范围,掌握会计处理 理解固定资产减值、清查与处置的含义,掌握账务处理	审核原始凭证,填制记账凭证,登记账簿	原始凭证,记账凭证、账簿
		6-2 更新改造固定资产业务的核算				
		6-3 固定资产折旧计提的核算				
		6-4 固定资产清查和处置的核算				
		6-5 固定资产减值的核算				
7	无形资产及其他资产业务核算	7-1 无形资产业务核算	能够对取得无形资产业务进行相应的计算及账务处理 能够对无形资产摊销、转让的有关业务计算,并能够进行相应的账务处理 能对长期待摊费用业务进行相关账务处理	了解无形资产的内容,掌握无形资产入账价值的确定,并掌握相应的计算及账务处理 了解无形资产的特点,理解无形资产减值准备确认,掌握主要账务处理 了解长期待摊费用的概念、核算范围,掌握相关账务处理	审核原始凭证,填制记账凭证,登记账簿	原始凭证,记账凭证、账簿
		7-2 其他资产业务核算				
8	投资性房地产业务核算	8-1 成本模式计量投资性房地产业务核算	能够确定哪些房地产属于投资性房地产 能够采用成本模式计量投资性房地产,并进行会计处理 能够采用公允价值模式计量投资性房地产,并进行会计处理	理解投资性房地产的核算范围 掌握采用成本模式计量投资性房地产的会计核算方法,并掌握账务处理 掌握采用公允价值模式计量投资性房地产的会计核算方法,并掌握账务处理	审核原始凭证,填制记账凭证,登记账簿	原始凭证,记账凭证、账簿
		8-2 公允价值模式计量投资性房地产业务核算				

续表

编号	能力训练项目名称	子项目编号、名称	能力目标	知识目标	训练方式、手段及步骤	可展示的结果
9	负债业务核算	9-1 短期借款业务核算	能够进行短期借款业务账务处理	了解负债的分类和特点，掌握负债的入账价值的确定	审核原始凭证，填制记账凭证，登记账簿	原始凭证、记账凭证、账簿
		9-2 应付和预收款业务核算	能够进行应付及预收款项业务账务处理	熟练掌握短期借款、应付及预收款项、应付职工薪酬的核算方法，并能进行账务处理		
		9-3 应付职工薪酬业务核算	能够进行应付职工薪酬业务账务处理			
		9-4 应交税费业务核算	能够准确进行一般纳税企业增值税、消费税、营业税等税费的基本计算，并能进行简单账务处理	熟练掌握一般纳税企业增值税、消费税、营业税的基本计算，并能进行简单账务处理		
		9-5 非流动负债业务的核算	能够对应付债券、长期借款等非流动负债能进行账务处理	掌握应付债券、长期借款等非流动负债的基本核算方法，并能进行账务处理		
10	收入、费用和利润业务核算	10-1 收入业务核算	能够对销售商品取得收入业务进行账务处理 能够对其他业务取得收入进行账务处理	了解收入的基本概念，熟悉收入的种类及确认方法，掌握收入实现的核算，并能进行相关账务处理 掌握商业折扣、现金折扣、销售折让及销售退回的核算，并能进行相关账务处理	审核原始凭证，填制记账凭证，登记账簿	原始凭证、记账凭证、账簿
		10-2 费用业务核算	能对管理费用、销售费用、财务费用等业务进行账务处理	了解费用的基本概念，熟悉费用的种类及确认方法，掌握费用发生的核算，并能进行相关账务处理		
		10-3 利润业务核算	能对利润形成与分配业务进行账务处理	了解利润的形成与分配的一般程序，掌握利润的形成与利润分配的账务处理		
		10-4 所得税费用计算与核算	能对所得税费用进行计算并进行账务处理	熟解并掌握所得税费用的一般知识及账务处理		

编号	能力训练项目名称	子项目编号、名称	能力目标	知识目标	训练方式、手段及步骤	可展示的结果
11	所有者权益业务核算	11-1 实收资本业务核算	能够根据投资者的不同投资方式进行实收资本增减业务相应的账务处理	了解实收资本的内容，掌握不同出资方式下实收资本及其增减业务的核算，并能够进行相应的账务处理	审核原始凭证，填制记账凭证，登记账簿	原始凭证、记账凭证、账簿
		11-2 资本公积业务核算	能够根据资本公积的不同情况进行账务处理 能够计提并核算盈余公积	了解资本公积的内容，熟练掌握资本公积的核算，并能够进行相应的账务处理		
		11-3 留存收益业务核算	能够完成未分配利润的结转	了解留存收益的核算范围，并能够进行相应的核算及账务处理		
12	财务报告列报	12-1 资产负债表编报	能够编制资产负债表 能够编制利润表 能够编制现金流量表 能够编制所有者权益变动表 能够撰写相关报表附注	了解财务报告的组成和结构体系，并能阐述投资人、债权人查看财务报告的目的熟悉、掌握资产负债表的结构、编制原理和方法，能熟练编制资产负债表 掌握利润表的结构、编制原理和方法，能熟练编制利润表 掌握现金流量表的结构、编制原理和方法，能熟练编制现金流量表 掌握所有者权益变动表的结构、编制原理和方法，能熟练所有者权益变动表	依据会计资料编制会计报表	会计报表
		12-2 利润表编报				
		12-3 现金流量表编报				
		12-4 所有者权益变动表编报				

六、项目情境设计

编号	子项目编号、名称	任务	情境	学时
1	1-1 会计核算员企业认知、岗位认知、角色认知	会计核算员企业认知训练	在到达实习单位之后，王同学要对该企业的各项财务制度、会计核算方法、使用的会计科目进行熟悉和了解，他应如何开始呢？	4
		岗位认知、角色认知训练	王同学对该企业各个岗位的工作内容、工作职责进行熟悉，已准备进入岗位角色工作，他应该如何熟悉岗位工作职责和内容呢？	

续表

编号	子项目编号、名称	任务	情境	学时
2	2-1 库存现金业务	对库存现金收付业务处理	熟悉了企业管理规定和各岗位工作内容后,会计主管让王同学先在总账会计岗位工作,从最简单的货币资金业务开始,交给他一些收付现金的原始凭证,让他区分开了,根据现金收取的原始凭证作相关账务处理,并完成凭证传递	10
		对违规库存现金付款原始凭证训练	根据分开的现金付款的原始凭证进行账务处理,并完成凭证传递。在这个过程中,发现一些不符合规定的原始单据,王同学应该怎么办?	
	2-2 银行支付结算及银行存款业务	熟悉银行支付结算方式及原始凭证	现金业务操作掌握以后,主管引领王同学完成银行业务操作,首先给他一些银行结算的原始凭证,让其熟悉各种银行支付结算方式	
		对不同银行支付结算方式收付款训练	根据各种银行支付结算方式的原始凭证,分类收款和付款,根据收款原始凭证作相关账务处理,并完成凭证传递	
		月末银行对账训练	月末,银行传来对账单,王同学完成银行对账,并试编制银行存款余额调节表交主管审核	
	2-3 其他货币资金业务	对外埠存款处理	财务部收到异地采购员传回来的采购凭证和银行结算单据,并外地采购任务结束,退回多余款项	
3	3-1 应收票据业务核算	商业承兑汇票收款训练	企业销售一批商品,收到对方交来的一张商业承兑汇票,要求办理相关业务账务处理	12
		银行承兑汇票付款训练	企业从供应商处采购一批原材料,因资金回笼时间问题,经供应商同意,与开户银行协商,开出一张银行承兑汇票抵付货款,汇票期限6个月,要求办理相关业务账务处理	
	3-2 应收账款业务核算	含折扣赊销的应收款业务训练	企业赊销商品一批,销售协议中有商业折扣条款和现金折扣条款,要求办理应收款业务和收款业务账务处理	
	3-3 其他应收款业务核算	其他应收款业务训练	王同学对企业发生的罚没款、保险理赔款等企业应收款业务	
	3-4 预付账款业务核算	预付款采购业务训练	企业销售商品一批,因商品比较紧俏,协议中规定客户预付部分款项,企业按合同规定履行了交货业务,并收取其余款项,要求办理相关业务账务处理	
	3-5 应收款项减值业务核算	应收款项减值测试	企业年末汇总企业应收各类款项,按照应收款余额百分比法,进行应收款项减值测试,请按规定计算测定,并按准则规定进行账务处理	

续表

编号	子项目编号、名称	任务	情境	学时
4	4-1 原材料业务核算	存货发出核算训练	月末,企业计算发出材料单位成本,王同学按照全月一次加权平均法计算单位成本并汇总发出材料总成本	16
		计划成本法采购原材料训练	企业按照计划成本法核算采购材料成本,并月末计算材料成本差异	
	4-2 委托加工物资核算	委托加工物资业务训练	企业委托东方公司加工原材料一批,企业要求王同学核算委托加工物资的成本	
	4-3 周转材料业务核算	周转材料业务训练	企业有周转用包装物一批,会计主管要求王同学把包装物成本按照五五摊销法进行核算	
	4-5 库存商品业务核算	库存商品业务训练	月末,对企业完工入库产成品及销售出库产品进行账务处理	
	4-5 存货清查及期末减值计量	存货清查训练	月末,企业进行存货盘点,根据盘点结果王同学编制盘点报告单,并进行账务处理	
		存货期末减值测试训练	月末根据市场情况,企业存货发生了减值迹象,会计主管要求王同学进行处理	
5	5-1 交易性金融资产投资业务核算	交易性金融资产投资业务训练	企业有部分闲置资金,因股票市场行情较好,所以把该部分闲置资金购买股票,短期内择机出售,赚取差价	10
	5-2 长期股权投资业务核算	长期股权投资业务训练	企业为了扩大经营,在河北省保定市投资设立一个分厂,由王同学负责核算对该企业的投资核算	
6	6-1 固定资产取得业务核算	外购固定资产业务训练	企业外购一台机器设备,保险、买价、税费发票齐全,王同学进行账务处理	16
		自行建造固定资产业务训练	企业自行采购钢筋水泥等,建造厂房一栋,建造过程中领用了本企业原生产用的原材料和产成品,王同学依据建造情况进行账务处理	
	6-2 更新改造固定资产业务的核算	更新改造固定资产业务训练	因生产经营需要,把一栋原办公楼改造成员工宿舍,王同学对该改造之处进行账务处理	
	6-3 固定资产折旧计提的核算	固定资产折旧计提业务训练	月末,依据企业固定资产现有情况,王同学对企业固定资产计提折旧	
	6-4 固定资产清查和处置的核算	固定资产清查和毁损业务训练	年末,企业对固定资产进行账实核查并对12月份毁损的固定资产进行处理	
	6-5 固定资产减值的核算	固定资产减值测试训练	年末,企业对固定资产进行减值测试,并进行处理,同时对固定资产的使用年限、预计净残值等进行重新估计	

续表

编号	子项目编号、名称	任务	情境	学时
7	7-1 无形资产业务核算	外购无形资产业务训练	企业获得某品牌的特许经营权,合同签订15年使用期限,王同学负责对该特许经营权核算	4
		研发无形资产业务训练	企业研发部门正在研究开发一项新型设计,已经完成研究阶段,现在已经基本确定能够开发成功,正在进行测试	
		无形资产后续计量业务训练	企业对持有所有权的无形资产月末摊销,并对研究开发项目月末处理	
	7-2 其他资产业务核算	长期待摊费用业务训练	月末对企业的长期待摊费用进行账务处理	
8	8-1 成本模式计量投资性房地产业务核算	成本模式计量投资性房地产业务训练	企业把更新改造好的员工宿舍4层至5层对外出租,并且每层造价均相等,因处于周边无同类建筑物市场价格可以比较,故采用1-3层作为自用固定资产,4-5层作为投资性房地产,采用成本模式核算	6
	8-2 公允价值模式计量投资性房地产业务核算	公允价值模式计量投资性房地产业务训练	企业能够取得相关建筑物的市场价格,对原出租员工宿舍变更为公允价值模式核算	
9	9-1 短期借款业务核算	短期借款业务训练	企业因资金周转需要,从银行借如3个月借款,王同学依据借款合同进行账务处理	16
	9-2 应付和预收款业务核算	应付账款业务训练	王同学依据企业赊购业务进行账务处理	
		预收账款业务训练	王同学依据企业预收款业务进行账务处理	
	9-3 应付职工薪酬业务核算	应付职工薪酬业务训练	月末,王同学依据员工出勤情况,进行工资计提,并对当月发生的员工五险一金缴纳及职工福利支出进行核算	
	9-4 应交税费业务核算	应交增值税业务训练	月末,王同学对当月增值税进销项计算、缴纳进行账务处理	
		应交消费税业务训练	月末,王同学对当月消费税进行账务处理	
		其他税费业务训练	月末,王同学对城市维护建设税等其他税费进行账务处理	
	9-5 非流动负债业务的核算	长期借款业务训练	月末,王同学对企业5年期借款进行利息计提等处理	
		应付债券业务训练	企业发行5年期企业债券,王同学对发行情况进行核算	

续表

编号	子项目编号、名称	任务	情境	学时
10	10-1 收入业务核算	收入业务训练	王同学对企业当月收入业务进行汇总账务处理	12
	10-2 费用业务核算	费用业务训练	王同学对企业当月发生的费用业务进行汇总账务处理	
	10-3 利润业务核算	利润业务训练	月末,核算企业当期利润	
	10-4 所得税费用计算与核算	所得税费用处理训练	月末根据税法调整会计利润,计算企业所得税费用,并进行账务处理	
11	11-1 实收资本业务核算	实收资本业务训练	年末,核查本企业实收资本情况,并对所有者当月追加投资账务处理	8
	11-2 资本公积业务核算	资本公积业务训练	对所有者当月追加投资发生的资本公积业务以及其他资本公积业务进行账务处理	
	11-3 留存收益业务核算	留存收益业务训练	年末对企业净利润按照会计准则、企业章程、董事会决议进行账务处理	
12	12-1 资产负债表编报	资产负债表编报训练	年末,编制资产负债表并附注说明	14
	12-2 利润表编报	利润表编报训练	年末,编制利润表并附注说明	
	12-3 现金流量表编报	现金流量表编报训练	年末,编制现金流量表并附注说明	
	12-4 所有者权益变动表编报	所有者权益变动表编报训练	年末,编制所有者权益变动表并附注说明	

七、课程进程表

第××次	周次	学时	单元标题	项目编号	能/知目标	师生活动	其他(含考核内容、方法)
1	1	4	企业认知、岗位认知、角色认知	1-1	理解财务会计岗位的设置及主要职责用,对会计岗位角色认知	岗位角色扮演 基础会计与实训业务模拟操作	对岗位职责的掌握情况 完成模拟业务会计操作
2	2	4	现金业务处理	2-1	理解库存现金的日常管理,能够对库存现金的收付业务进行账务处理	岗位角色扮演 完成处理并传递凭证	现金收付业务会计凭证、账簿

续表

第×次	周次	学时	单元标题	项目编号	能/知目标	师生活动	其他(含考核内容、方法)
3	3~4	6	银行收付结算业务处理	2-2	掌握银行存款及其结算方式,能够对银行存款的收付业务进行账务处理,能够进行银行对账,并编制银行存款余额调节表	岗位角色扮演 完成银行结算基本业务处理 完成银行对账,编制银行存款余额调节表	银行9种结算方式会计凭证、账簿 银行对账,编制银行存款余额调节表
4	4~5	4	商业汇票业务处理	3-1	理解应收票据的入账价值,能够完成应收票据的利息、贴现的计算,并进行相关账务处理	岗位角色扮演 计算应收票据价值和贴现值,并进行相关账务处理	应收票据备查簿、会计凭证、账簿
5	5~6	4	应收账款业务处理	3-2	理解应收账款入账价值的确定,并能够对应收账款进行相关账务处理	岗位角色扮演 确定应收账款入账价值,相关账务处理	会计凭证、账簿
6	6~7	4	应收款减值测试	3-3	能够对应收款项进行减值测试,并进行账务处理	岗位角色扮演 应收款项进行减值测试,账务处理	应收款项减值计算表 会计凭证、账簿
7	7~9	8	原材料业务处理	4-1	掌握存货取得和发出的计价方法,理解原材料按实际成本核算和计划成本核算的账户设置和账务处理,能正确计算材料成本差异;能根据原材料业务编制记账凭证	岗位角色扮演 原材料发出计价核算 原材料采购入库核算 材料成本差异分摊相关账务处理	进账单、入库单、出库单 材料成本差异计算表 会计凭证、账簿
8	9	2	委托加工物资业务处理	4-2	理解委托加工物资的计价和账务处理;能根据委托加工物资业务编制记账凭证	岗位角色扮演 委托加工物资发出、费用支出、收回入库相关账务处理	进账单、入库单、出库单 会计凭证、账簿
9	10	2	周转材料业务处理	4-3	理解周转材料的核算内容,熟悉周转材料的摊销方法,能够对不同情况下包装物的账务处理流程	岗位角色扮演 周转材料出入库、分摊计算、相关账务处理	进账单、入库单、出库单 会计凭证、账簿
10	10~11	4	存货清查及期末减值	4-4	掌握存货清查盘盈盘亏的核算;理解存货减值的意义,能够账务处理	岗位角色扮演 存货减值测试、存货盘点	存货减值计算表、存货盘点报告单、
11	11~12	4	交易性金融资产业务处理	5-1	了解交易性金融资产的含义,掌握交易性金融资产的确认、计量账务处理流程和核算方法,并能够进行基本账务处理	岗位角色扮演 证券交易交割单认知 交易性金融资产的确认、期末计价、出手账务处理	会计凭证、账簿

续表

第×次	周次	学时	单元标题	项目编号	能/知目标	师生活动	其他（含考核内容、方法）
12	12~13	6	长期股权投资业务处理	5-2	了解长期股权投资的含义，掌握长期股权投资成本法、权益法核算的范围，掌握成本法和权益法的区别和基本运用，掌握长期股权投资的账务处理流程和核算方法，并能进行账务处理 理解长期股权投资减值核算的原理、账务处理流程和核算方法，并能进行账务处理	岗位角色扮演 证券交易交割单认知 长期股权投资成本法核算账务处理 长期股权投资权益法核算账务处理	长期股权投资减值计算表、会计凭证、账簿
13	14~15	6	固定资产取得业务处理	6-1	熟悉固定资产的确认条件 掌握取得固定资产的入账价值的确定方法，并能进行账务处理	岗位角色扮演 审核固定资产增加相关原始凭证，区别固定资产增值税抵扣政策分为，相关账务处理	增值税抵扣政策的运用，验收单、会计凭证、账簿
14	15	2	固定资产更新改造业务处理	6-2	理解固定资产后续支出的范围，并能进行账务处理	岗位角色扮演 固定资产更新改造账务处理	增值税抵扣政策的运用会计凭证、账簿
15	16	4	固定资产折旧计提业务处理	6-3	掌握固定资产折旧的计算方法，并能进行账务处理	岗位角色扮演 固定资产折旧计算及账务处理	折旧费用计提表，会计凭证、账簿
16	17	2	固定资产清查和处置业务处理	6-4	理解固定资产减值、清查与处置的含义，并能进行账务处理	岗位角色扮演 固定资账务处理产清查和处置	会计凭证、账簿
17	17	2	固定资产减值业务处理	6-5	理解固定资产减值的含义，并能进行账务处理	岗位角色扮演 固定资产减值测试及账务处理	固定资产减值计算表、会计凭证、账簿
18	18	2	无形资产业务处理	7-1	了解无形资产的内容，能够进行相应的计算及账务处理	岗位角色扮演 无形资产确认金额计算，摊销计算、出售税费计算，相关账务处理	固定资产摊销表、会计凭证、账簿
19	18	2	其他资产业务处理	7-2	了解长期待摊费用的概念、核算范围，能够完成相关账务处理	岗位角色扮演 计算长期待摊费用摊销金额	长期待摊费用摊销表、会计凭证、账簿

续表

第×次	周次	学时	单元标题	项目编号	能/知目标	师生活动	其他(含考核内容、方法)
20	19	3	成本模式计量投资性房地产业务处理	8-1	理解投资性房地产的核算范围 掌握采用成本模式计量投资性房地产的会计核算方法,并能进行账务处理	岗位角色扮演 采用成本模式核算投资性房地产,完成相关账务处理	会计凭证、账簿
21	19~20	3	公允价值模式计量投资性房地产业务处理	8-2	掌握采用公允价值模式计量投资性房地产的会计核算方法,并能进行账务处理	岗位角色扮演 采用公允价值模式核算投资性房地产,完成相关账务处理	会计凭证、账簿
22	20	2	短期借款业务处理	9-1	熟练掌握短期借款的核算方法,并能进行账务处理	岗位角色扮演 短期借款利息计提、完成相关账务处理	短期借款利息计提表、会计凭证、账簿
23	21	4	应付职工薪酬业务处理	9-2	熟练掌握应付职工薪酬的核算方法,并能进行账务处理	岗位角色扮演 完成应付职工薪酬账务处理	应付职工薪酬计算表、会计凭证、账簿
24	22~23	6	应交税费业务处理	9-3	熟练掌握一般纳税企业增值税、消费税的基本计算,并能进行简单账务处理	岗位角色扮演 计算企业应交增值税、消费税等税费计算,完成相关账务处理	增值税和消费税计算表、会计凭证、账簿
25	23~24	4	非流动负债业务处理	9-4	掌握应付债券、长期借款等非流动负债的基本核算方法,并能进行账务处理	岗位角色扮演 应付债券、长期借款利息等计算,完成相关账务处理	借款利息计提表、债券利息计提表、会计凭证、账簿
26	24~25	4	收入业务处理	10-1	了解收入的基本概念,熟悉收入的种类及确认方法,掌握收入实现的核算,并能进行相关账务处理;掌握商业折扣、现金折扣、销售折让及销售退回的核算,并能进行相关账务处理	岗位角色扮演 完成涉及商业折扣、现金折扣、销售折让及销售退回的收入业务账务处理	会计凭证、账簿
27	25	2	费用业务处理	10-2	了解费用的基本概念,熟悉费用的种类及确认方法,掌握费用发生的核算,并能进行相关账务处理	岗位角色扮演 完成企业费用计算及账务处理	会计凭证、账簿

续表

第×次	周次	学时	单元标题	项目编号	能/知目标	师生活动	其他(含考核内容、方法)
28	26	2	利润业务处理	10-3	了解利润的形成的一般程序,掌握并能够进行利润的形成的账务处理	岗位角色扮演 完成利润形成账务处理	会计凭证、账簿
29	26~27	4	所得税费用计算与核算	10-4	熟悉所得税费用的一般知识,能够进行所得税计算及账务处理	岗位角色扮演 完成所得税计算及账务处理	会计凭证、账簿
30	27~28	4	实收资本与资本公积业务处理	11-1	了解实收资本(股本)的内容,掌握不同出资方式下实收资本及其增减业务的核算,并能够进行相应的账务处理 了解资本公积的内容,熟练掌握资本公积的核算,并能够进行相应的账务处理	岗位角色扮演 完成不同出资方式下实收资本(包含资本攻击业务)及其增减业务的账务处理	会计凭证、账簿
31	28~29	4	留存收益业务处理	11-2	了解留存收益的核算范围,并能够进行相应的核算及账务处理	岗位角色扮演 完成留存收益计算及账务处理	会计凭证、账簿
32	29~30	4	资产负债表编报	12-1	悉掌握资产负债表的结构、编制原理和方法,能熟练编制资产负债表	岗位角色扮演 资产负债表	资产负债表
33	30	2	利润表编报	12-2	掌握利润表的结构、编制原理和方法,能熟练编制利润表	岗位角色扮演 编制利润表	利润表
34	31~32	6	现金流量表编报	12-3	掌握现金流量表的结构、编制原理和方法,能熟练编制现金流量表	岗位角色扮演 编制现金流量表	现金流量表
35	32	2	所有者权益变动表编报	12-4	掌握所有者权益变动表的结构、编制原理和方法,能熟练编制所有者权益变动表	岗位角色扮演 编制所有者权益变动表	所有者权益变动表

八、首末次课设计

1. 首次课设计

第一步,用《基础会计与实训》部分经济业务描述让学生直接做分录,同时老师也做,按提交顺序计算时间和正确率。

第二步,给学生刚才所做业务涉及的原始凭证,不给经济业务描述,让学生填制记账凭证,同时老师也做,按提交顺序计算时间和正确率。

第三步,总结,说明经济业务 - 原始凭证 - 记账凭证的关系,然后说明本课程模拟企业财务核算制度说明,岗位职责说明、认知,情境创设,明确考核要求。

第四步,对三个项目之间的关系加以说明并介绍部分参考书籍给学生课外参考。

2. 末次课设计

回顾本学年学习的主要内容,列举学生操作中出现的问题,对三个项目按照企业财务报告列报的原则总结排序,重新勾勒三个项目的逻辑关系,推荐学生后续努力的方向。

九、考核方案

考核方案表

考核方式与考核结果						
课内成绩	项目考核 30%	子项目 1	子项目 2	…	子项目 n	小计
	出勤+课堂表现 20%	子项目 1	子项目 2	…	子项目 n	小计
第二课堂	网中网实训平台 20%	子项目 1	子项目 2	…	子项目 n	小计
结果考核 30%	期末测试(闭卷)					小计
总 分 合 计						

项目考核 30% 部分评价表

项目名称	考核内容	评价标准	分值比例	评分			
				自评 15%	组评 15%	教师评 75%	合计
		合计	100%				

十、教学材料

(1)《初级会计实务》,伦丽珍,华东师范大学出版社,2014

(2)《初级会计实务》,财政部会计资格评价中心,中国财政经济出版社,2015

(3)《会计分岗实训》网中网实训平台。

(4)《轻松过关系列之一:2015 年初级会计职称考试应试指导及全真模拟测试·初级会计实务》,张志凤、刘忠,北京大学出版社,2015

十一、需要说明的其他问题

从新的设计理念出发,该课程更多的引入实务操作内容,预计效果比传统的教学方式要好,但因为是初步尝试,在设计上还存在诸多不成熟之处,并受到许多问题的困扰:

(1)能力训练项目因教学时间不足可能不易全面展开;
(2)课程设计中能力训练项目与理论知识的衔接存在矛盾;
(3)课程设计中的能力训练对教师自身实践技能水平提出一定的挑战;
(4)课程设计中能力训练项目与学生学习主动性产生一些矛盾;
(5)前后关联课程不能很好的衔接。

十二、本课程常用术语中英文对照

(一)

Assets　资产类
Current assets　流动资产
Cash and cash equivalents　货币资金
Cash　现金
Cash in bank　银行存款
Other cash and cash equivalents　其他货币资金
Note receivable　应收票据
Account receivable　应收账款
Bad debt reserves　坏账准备
Raw materials　原材料

(二)

Liability　负债类
Short-term borrowing　短期借款
Notes payable　应付票据
Account payable　应付账款
Long-term loans　长期借款

(三)

Owners' Equity　所有者权益类
Paid-up capital(or stock)　实收资本(或股本)
Capital reserve　资本公积
Surplus reserves　盈余公积
Current year profits　本年利润
Profit distribution　利润分配
Undistributed profit　未分配利润

（四）

Cost　成本类
Cost of manufacture　生产成本
Manufacturing overhead　制造费用

（五）

Profit and loss　损益类
Prime operating revenue　主营业务收入
Investment income　投资收益
Non-operating income　营业外收入
Operating costs　主营业务成本
Tax and associate charge　主营业务税金及附加
Nonbusiness expenditure　营业外支出

附：课程整体设计体会

　　本课程是会计专业知识技能训练主干课程，按照传统教学模式比较枯燥，易导致学生产生厌学情绪，不能体现对学生技能水平的培养。如何提高学生的学习兴趣，采用什么样的教学方法，一直没有找到突破口。通过这次课程教学设计并经过课堂的教学实践，本人收获很多。通过项目化设计、任务化实施、情景化模拟，凸显了课程的一体化，使学生学以致用，在轻松、快乐、和谐的学习氛围中得到知识技能的锻炼。

课程单元教学设计

单元标题	外购原材料按实际成本法计价的核算			单元教学学时	4
				在整体设计中的位置	第15次
授课班级	大一年级下学期会计专业大二年级上学期	上课时间	周 月 日第 节至 周 月 日第 节	上课地点	多媒体教室
教学目标	能力目标			知识目标	素质目标
	1. 能够运用材料采购构成的知识进行材料采购实际成本的计算 2. 能够阅读合同内容,并与发票、入库单、付款单据核对审核 3. 能根据外购原材料业务各项原始凭证分析经济业务,确定单货同到、单到货未到、货到单未到业务类型,并正确进行会计处理 4. 能够运用银行支付结算办法相关知识进行材料采购付款处理			1. 了解外购材料采购业务处理流程 2. 掌握采购专用发票、入库单、付款单据审核要点 3. 掌握单货同到、单到货未到、货到单未到业务类型的会计处理方法	1. 戒骄戒躁、认真细致的工作态度 2. 计算准确、一丝不苟的工作作风
能力训练任务	款付 (1) 单货同到 款未付 款付 (2) 单到货未到 款未付 (3) 货到单未到				
本次课使用的外语单词	无				
案例和教学材料	教材:《初级会计实务》,伦丽珍主编,高等教育出版社,2014 教参: 1.《初级会计实务》,财政部会计资格评价中心编,中国财政经济出版社,2016 2.《初级会计实务轻松过关一》,东奥会计在线编,北京大学出版社出版社,2016 仪器、设备:多媒体教室,硬件:投影仪、教师机、学生机,网中网"财会分岗实训平台"				

单元教学进度

步骤	教学内容及能力/知识目标	教师活动	学生活动	时间（分钟）
1. 课程 导入	衔接前课： 我们已经完成货币资金核算的内容，学习了银行各种支付结算方式下的会计处理，对于存货的分类及其核算范围已经有了初步认识，现在学习作为存货重要组成部分的原材料采购的处理（实际成本法核算）。 首先设问： 1. 您是如何确定并怎样从网上买自己所需要的东西的？ 2. 个人从网上购物是否签订合同？（自己没有发现，实际是是默认买方同意卖方提前设定的条款的，买则认定合同成立了） 3. 买完以后货到与付款是同一天完成吗？ 4. 到货以后验收吗？ 对比，企业采购流程是否与个人采购相同？	联系个人采购实际，切如企业采购流程，确定企业采购会计处理三要素。	认识到签订合同的重要性，企业采购流程要比个人采购复杂得多，财务部门在其中的作用。	3
2. 任务 分析	1. 背景资料 每位同学是天华公司会计核算人员，本节课主要训练作为应付会计核算原材料采购与付款业务，设定情境为2015年12月"外购原材料按实际成本计价的核算"，即实际成本法核算外购原材料采购与付款。 2. 任务内容 天华公司采购部（教师）移交5笔原材料采购业务相关原始单据（所有业务相关合同副本可查），要求学生依据每笔业务单据完成岗位会计账务处理。 （1）2015年12月8日，采购的A材料一批，增值税专用发票、入库单、转账支票存根，合同副本备查。 （2）2015年12月15日，采购的B材料一批，增值税专用发票、入库单，合同副本备查。 （3）2015年12月18日，采购的C材料一批，增值税专用发票、转账支票存根，合同副本备查。 （4）2015年12月23日，采购的D材料一批，增值税专用发票，合同副本备查。 （5）2015年12月31日，采购的E材料一批，入库单，合同副本备查。 3. 完成任务的要求 学生分组完成，每四人一组，经过讨论和资料查询，完成会计处理。	通过播放PPT说明情境，教师（作为公司财务部经理兼采购人员）为学生（作为公司应付会计）布置工作任务，通过PPT呈现背景资料、任务内容、任务要求。 接受工作任务。		3

续表

步骤	教学内容及能力/知识目标	教师活动	学生活动	时间（分钟）
3.任务实施	1. 教师示范（约9分钟） 以12月8日业务为例，教授实际成本法下原材料采购原始单据分析方法及程序，完成会计处理。 首先，审核原始凭证的真实性、合法性、合理性、完整性、正确性；比如：增值税专用发票是否有供应商发票专用章，并与入库单品种数量核对，与合同数量是否相符；入库单是否有相关人员签字等。 其次，确定不同原始凭证的用途及对应会计科目。 增值税专用发票 与合同副本——增值税进项和材料明细、金额 进项税额抵扣，记入应交税费——应交增值税（进项税额）科目 入库单——材料是否入库及入库数量明细 货到证明，记入原材料科目，若无记入在途物资科目 付款单据——确定付款方式并对应付款入账科目 结算单据，记入银行存款科目，或应付票据科目，或其他货币资金，若无记入应付账款科目 然后，根据经济业务原始凭证的构成确定经济业务类型，编制记账凭证。 款付（第1笔业务，教师示范） (1)单货同到 款未付（第2笔业务，学生操作） 款付（第3笔业务，学生操作） (2)单到货未到 款未付（第4笔业务，学生操作） (3)货到单未到（第5笔业务，学生操作）	1. 用单据展示审核要点，培养学生认真细致的工作态度。 2. 明确：单到——增值税专用发票；货到——入库单；款付——支票存根、商业汇票申单、电汇回单等结算按单据。	1. 明确单、货、款对应原始单据，并理解对应的会计要素，掌握正确会计处理的步骤。 2. 明确单据审核认真细致的重要性。	29

续表

步骤	教学内容及能力/知识目标	教师活动	学生活动	时间（分钟）
3. 任务 实施	2. 学生分组完成剩余四笔业务，每四人一组，经过讨论和资料查询，按照审核——确定用途和会计科目——确定业务类型，完成会计处理编制记账凭证。（20分钟） 第1笔：会计处理结果（编制记账凭证）： 借：原材料 　　应交税费—应交增值税（进项税额） 　　　　贷：银行存款 第2笔： 借：原材料 　　应交税费—应交增值税（进项税额） 　　　　贷：应付账款 第3笔： 借：在途物资 　　应交税费—应交增值税（进项税额） 　　　　贷：银行存款 第4笔： 借：在途物资 　　应交税费—应交增值税（进项税额） 　　　　贷：应付账款 第5笔：仓库质检收货，财务部留存入库单，待货到或月末未到暂估处理。 3. 视学生完成情况和课程进度，增加额外原始单据，增加难度（在第2步的20分钟内），比如： （1）结算方式改为商业承兑汇票结算或银行本票、银行汇票申请单； （2）增加运输费用发票。	1. 在小组活动过程中为学生答疑解惑。 2. 从单、货和款三个方面对应原始单据，启发、引导学生探究和思考不同业务类型会计处理应注意的问题。 3. 引导学生形成戒骄戒躁，不管结果对与错，只要思考了，就有收获的心态。	1. 开展小组活动，每四人一组，团结合作，充分讨论。 2. 准确计算、认真处理，形成一丝不苟的工作作风。 3. 小组展示会计处理结果。	29
4. 考核 评价	1. 能力考核（课上） 打开校园网：192.168.100.3 选择：《财会分岗实训》课程实训平台 登录：自己账号（密码：123456） 点击：作业考试——操作 考核内容： 依据所给原始凭证，完成两笔采购业务凭证审核及会计处理。 考核要求： 个人上机操作，审核原始凭证，填制记账凭证。 2. 知识考核（课下）： 完成课程平台中关于本节课的所有单项训练题目。	布置课上考核内容和要求，软件自动计算成绩布置课下的考核内容和要求，系统根据学生在课程网站上的试题作答情况自动给出成绩。	根据财会分岗课程平台所给原始凭证，完成两笔采购业务凭证审核及会计处理。在课下登录课程网站，完成知识考核中的题目，系统自动保存答案并计分。	8

续表

步骤	教学内容及能力/知识目标	教师活动	学生活动	时间（分钟）
5. 课堂小结	梳理和总结本节课所学的重点内容，原始凭证分类为单、货、付款这三要素，增值税专用发票及合同副本即"单"确定分录借方的"应交税费"科目，入库单即"货"确定使用"在途物资"或者"原材料"科目，付款凭证如转账支票存根、电汇凭证等确定贷方"银行存款"等科目，正确编制记账凭证并登账。 增值税专用发票（发票联）及合同副本 — 单 — 借方"应交税费—应交增值税（进项税额）"科目 入库单（财务部联） — 货 — 借方"在途物资"或者"原材料"科目； 转账支票存根、电汇凭证、商业汇票申请书、银行本票或银行汇票申请书等 — 款 — 贷方"银行存款"、"其他货币资金"、"应付票据"科目	对本节课重点内容进行梳理和总结。	总结	2
作业	1. 完成《财会分岗实训》实训平台有关原材料按实际成本法核算采购与付款综合实训操作（系统自动评分）。 2. 完成初级会计师考试相关题目练习。 3. 有余力，自行搜集原材料采购相关原始凭证样本，分组设计会计核算题目。			
课后体会	教学相长，总结提高。			

PCB 设计与制作

课程标准

课程名称:PCB 设计与制作　　　　课程类型:技能训练课
总学时:60　　　　　　　　　　　　学分:4
适用专业:应用电子技术、电气自动化技术
执笔人:师建军　　　　　　　　　　审核人:路文玲
制订时间:2015 年 12 月　　　　　　修订时间:2017 年 2 月

一、课程性质和任务

1. 课程性质与类型

本课程是电气自动化专业群"应用电子技术专业"与"电气自动化技术专业"的职业技能训练课,是一门运用计算机进行辅助设计的课程。

2. 课程地位与作用

主要讲解 Protel 99 SE 的使用方法,让学生掌握用 Protel 99 SE 软件进行电路原理图的绘制和 PCB 版图的设计,增强学生的电子电路的计算机辅助设计能力,并考取电子设计高级工程师证书。其前导课程:计算机基础、模拟电子技术、数字电子技术,后续课程:单片机接口技术、毕业实践。

3. 课程设计思路

我们对应用电子技术专业的课程进行了重新分析,按照从工作领域到学习领域再到职业能力进行逐一分解,然后整理出了基于工作过程的新的课程体系,并确立了以电子产品项目为载体(电子产品来自合作企业的实际产品),来自教师带学生实训自行开发的产品,以保证项目的可操作性。

在教学中推行"基于工作过程"的项目教学法。项目设置从简单到复杂、从单一到多元,每个项目都采取资讯、决策、计划、实施、检查、评价的训练过程,让学生在实践中体现"做中学、学中做"的思想,并通过不同项目的展开,使学生的专业能力、社会能力、方法能力不断得到锻炼和提升。

通过学习使学生掌握电路原理图的绘制、印刷电路板的设计与制作过程。熟练进行常用电子电路印刷板的设计。要求学生能够掌握以下内容:

- 掌握电子原理图的设计方法；
- 掌握层次图的运用及电气法则测试的简单方法；
- 掌握单面板的设计；
- 掌握双面板的设计；
- 了解多层板制作过程。

二、课程目标

1. 知识

- 掌握 Protel 99 SE 的使用；
- 掌握电路原理图的设计步骤；
- 掌握元器件的编辑、装载；
- 学会制作元器件与建立元器件库；
- 了解印制电路板的基础知识；
- 掌握印制电路板的设计和制作方法；
- 了解工业制板系统的流程；
- 学会用至少一种方法来制作印制电路板。

2. 能力

- 能利用软件进行电路原理图的绘制；
- 能自行设计一般电路板原理图；
- 能对出现问题的电路板图进行纠错。

3. 素质

- 培养学生电子设计师严肃认真、一丝不苟的工作作风和创新精神；
- 增强学生电子设计师的质量意识和职业道德意识。

三、课程内容与要求

1. 课程内容框架

序号	课程内容或项目模块	教学单元	学时
1	PCB 认知 \ PCB 制作	PCB 认知与制作	12
2	声控闪光电路设计 \ 水位上下限报警电路设计	单面板设计	12
3	USB 接口电路设计 / 红外线水龙头控制电路设计	双面板设计	16
4	8 路控制电路板设计与制作 / 无线数据传输电路板设计与制作	多层板设计与制作	20

2. 教学内容设计

课程内容或项目模块		项目 1　PCB 认知与制作	学时	12
学习目标	知识目标：1. 对电子电路板（PCB）有总体认识。2. 理解 PCB 设计和制作在整个电子产品生产链条中的作用。3. 了解 PCB 的基本生产工艺与流程。			
	能力目标：能使用简易制板仪器制作电路板。			
	素质目标：1. 培养学生的企业员工意识、流程管理意识、质量管理意识。2. 培养学生认真、细致的工作态度和一丝不苟的工作作风。			
学习单元	内容描述		教学方法建议	学时
PCB 认知与制作	1. PCB 的概念及分类。 2. PCB 的制作工艺与流程。 3. 大型制板设备的使用方法及安全注意事项。 4. 简易制板仪器手工制板方法。		演示教学	12

课程内容或项目模块		项目 2　单面板设计	学时	12
学习目标	知识目标：1. 掌握 Protel 99 SE 的安装操作方法。2. 掌握 Protel 99 SE 启动.文件管理方法。3. 掌握 Protel 99 SE 原理图库文件的创建及应用。4. 掌握原理图电气规则检查方法。5. 掌握利用 Protel 99 SE 进行原理图绘制的方法。6. 了解国家/行业相关规范与标准（GB 4588.3-88 印制电路板设计和使用）。7. 掌握 Prottel 99 SE 单面板设计的基本知识			
	能力目标：1. 能熟练安装 Protel 99 SE 软件。2. 能熟练利用 Protel 99 SE 软件进行原理图绘制。3. 能熟练利用 Protel 99 SE 软件进行单面板设计。4. 按要求打印输出制板工艺文件			
	素质目标：1. 培养学生的互相帮助、团结友爱的精神。2. 培养学生认真、细致的工作态度和一丝不苟的工作作风。3. 培养学生综合学习的素质			
学习单元	内容描述		教学方法建议	学时
1. 声控闪光电路设计	软件安装、启动及相关操作、展示声控闪光电路原理图、软件操作界面的简单介绍、新建声控闪光电路项目文件及原理图文件及相关操作、装载电路原理图元件库从元件列表调取元件、元件属性编辑元件的移动、选取、删除、粘贴、复制、旋转、翻转、按照电路原理图摆放元件按照电路原理图连接电路、添加电源及接地元件、ERC 规则检查、生成网络表及元件清单报表、学生查询单面板工艺要求、新建声控闪光电路、PCB 文件及装载元件封装库规划电路板及参数设置装载网络表、自动布局及技术要求、自动布线、DRC 规则检查 3D 显示、微调元件布局重新布线、打印输出制板工艺文件、常见错误分析修改		讲述 示范 多媒体课件演示 讨论	8

续表

学习单元	内容描述	教学方法建议	学时
2. 水位上下限报警电路设计	展示防盗报警电路原理图、新建防盗报警电路项目文件及原理图文件及相关操作、装载电路原理图元件库、从元件列表调取元件、 元件属性编辑及相关操作、按照电路原理图摆放元件、按照电路原理图连接电路、添加电源及接地元件、ERC 规则检查、生成网络表及元件清单报表、常见错误分析及修改、展示 PCB 电路板、新建声控闪光电路、PCB 文件及装载元件封装库、按要求规划电路板参数设置、装载网络表按要求元件自动布局、布线 DRC 规则检查及 3D 显示、微调元件布局重新布线、按要求打印制板工艺文件	教师引导 学生演示 小组讨论	4

课程内容或项目模块		项目 3　双面板设计	学时	16
学习目标	知识目标：1. 掌握制作原理图元件的方法。2. 掌握利用元件属性对话框调取元件。3. 掌握利用表格编辑器编辑元件属性。4. 掌握编辑绘图工具属性的方法。5. 掌握 ERC 检查及修改电路原理图的方法。6. 掌握生成和规划电路板的方法。7. 掌握修改装载网络表时错误的方法。8. 掌握对电路板布局和布线的方法。9. 掌握制作元件封装的方法。10. 掌握 DRC 检查．敷铜及泪滴导线处理的方法。11. 掌握电路板打印输出的方法			
	能力目标：1. 能熟练制作原理图元件。2. 能熟练编辑元件属性对话框。3. 能熟练使用原理图工具。4. 能熟练使用 ERC 检查功能 5. 能熟练生成和规划电路板。6. 能熟练设置电路板工作层。7. 能熟练掌握电路板布局和布线的方法。8. 能熟练掌握电路板后期处理的方法			
	素质目标：1. 培养学生的互相帮助．团结友爱的精神。2. 培养学生认真．细致的工作态度和一丝不苟的工作作风。3. 培养学生综合学习的素质			

学习单元	内容描述	教学方法建议	学时
1. 红外线水龙头控制电路设计	展示典型电路原理图、主要技术指标的理解元器件识别、(DIP 元件封装)、搜集相关资料、布置本情境的具体要求、(参数要求)按要求创建项目文件、原理图文件并装载元件库、创建元件库文件并绘制元件利用属性对话框、调取并编辑元件、利用表格编辑器、修改元件参数、按照电路原理图摆放元件、按照电路原理图连接电路并编辑导线及电路符号、添加并编辑电源及接地元件、ERC 规则检查（参数设置）、按要求设置并生成网络表、展示 PCB 电路板、学生查询双面板工艺要求、利用向导生成 PCB 文件、创建元件封装、规划电路板及参数设置、装载网络表及修改错误、自动布局及技术要求、手动布局、自动布线参数设置自动布线、手动布线、DRC 规则检查及参数设置、3D 显示、敷铜及泪滴导线处理打印输出制板工艺文件	讲述 示范 多媒体课件演示 讨论	11

续表

学习单元	内容描述	教学方法建议	学时
2. USB 接口电路设计	搜集 USB 接口电路相关资料、告知学生本情境主要解、决的问题及需要达到的目标 布置本情境的具体要求（参数要求）、技术指标的理解、SMT 元件识别、按要求创建项目文件、原理图文件并装载元件库 按要求绘制元件、调取并编辑元件、完成电路原理图绘制、ERC 规则检查、生成网络表及元件清单报表、按要求设置并生成网络表 展示 PCB 电路板、利用向导生成 PCB 文件 按要求创建元件封装、按要求规划电路板参数设置、装载网络表及修改错误、按要求进行布局、布线、DRC 规则检查及参数设置 3D 显示、敷铜及泪滴导线处理、打印输出制板工艺文件	教师引导 学生演示 小组讨论	5

课程内容或项目模块	项目 4　多层板设计与制作	学时	20
学习目标	知识目标：1. 掌握制作原理图复合封装元件的方法。2. 掌握设置多层电路板的工作层的方法。3. 掌握多层板布局和布线的方法。4. 能熟练掌握多层板打印输出的方法。5. 掌握焊接元件的技巧。6. 掌握利用仪器仪表调试电路板的能力。7. 学会编写工艺文件的方法 能力目标：1. 能熟练制作原理图复合封装元件。2. 能熟练设置多层电路板的工作层。3. 能熟练对多层板进行布局和布线。4. 能熟练打印输出多层板制板工艺文件。5. 能熟练焊接元件。6. 能熟练使用仪器仪表调试电路板。7. 会编写相关工艺文件 素质目标：1. 培养学生的互相帮助、团结友爱、互相协助的精神。2. 培养学生认真、细致的工作态度和一丝不苟的工作作风		

学习单元	内容描述	教学方法建议	学时
8 路控制电路板设计与制作	搜集相关资料、绘制电路原理图、修改电路原理图、测量元件封装尺寸，根据测量结果绘制元件封装、PCB 设计、输出制板工艺文件并送专业制板厂家制板、元件识别与检测 焊接（SMT、DIP）组装、利用仪器仪表调试、编写工艺文件	实训教学	20

四、课程考核方式

考核内容		考核方法	所占比例
项目 1	PCB 相关知识	详见附件一	25%
	下厂参观		
	手工制作电路板		
	安全文明操作		
	劳动纪律		

考核内容		考核方法	所占比例
项目2	原理图设计	详见附件二	25%
	PCB设计		
	工程进度		
	技术文件		
	安全文明操作		
	劳动纪律		
项目3	原理图设计	详见附件三	25%
	PCB设计		
	工程进度		
	技术文件		
	安全文明操作		
	劳动纪律		
项目4	原理图设计	详见附件四	25%
	PCB设计		
	电路组装与调试		
	工程进度		
	技术文件		
	安全文明操作		
	劳动纪律		

五、教学组织、实施与保障建议

1. 教学团队

姓　名	性别	出生年月	专业技术职务	所属部门
师建军	男	1983.2	讲师	机电与信息工程系
于　莉	女	1982.7	副教授	机电与信息工程系
路文玲	女	1971.9	副教授	机电与信息工程系

2. 教学条件

校内：实训室应具备计算机、多媒体设备、电路板制作设备。

校外：电路板制作工厂需是行业企业先进领先的企业。

3. 教材与课程资源的利用

《Protel99SE 原理图与 PCB 设计教程》，胡烨主编，机械工业出版社，2013

精品课网站：http://202.113.147.40/pcbjpk/index2.html

附件一

考核标准——PCB 认知与制作							
学生姓名			班级		学号		
序号	考核项目	考核内容	考核标准			考核等级		
				A	B	C	D
1	项目完成情况（60分）	PCB相关知识（20分）	A:能掌握PCB的基本知识,并为下厂参观做好充分信息准备 B:能掌握PCB的基本知识,并为下厂参观做好基本信息准备 C:能基本掌握PCB的基本知识,没有下厂参观的信息准备 D:不能基本掌握PCB的基本知识,没有下厂参观的信息准备	1.0	0.8	0.6	0.4
		下厂参观（20分）	A:参观记录清晰、完整,态度认真 B:参观记录比较清晰、完整,态度认真 C:参观记录比较清晰、完整,态度不够认真 D:参观记录不清晰、不完整,态度不够认真				
		手工制作电路板（20分）	A:制作的电路板各项指标全部合格,仪器使用方法正确 B:制作的电路板各项指标全部合格,仪器使用方法基本正确 C:参制作的电路板大部分指标合格,仪器使用方法基本正确 D:制作的电路板部分指标合格,部分仪器使用方法不正确				
2	基本素质（10分）	安全文明操作（5分）	A:遵守车间的安全管理规定,遵守学校的安全管理规定 B:遵守车间的安全管理规定,未遵守学校的安全管理规定 C:未遵守车间的安全管理规定,遵守学校的安全管理规定 D:未遵守车间的安全管理规定,未遵守学校的安全管理规定				
		劳动纪律（5分）	A:能完全遵守实训室及工厂管理制度,无违纪行为 B:能遵守实训室及工厂管理制度无旷工行为,迟到/早退1次 C:能遵守实训室及工厂管理制度无旷工行为,迟到/早退2次 D:违反实训室及工厂管理制度有1次旷工,或迟到/早退3次 注:劳动纪律出现重大问题,取消成绩				
3	总结报告（30分）		企业基本情况说明,企业参观记录,PCB在企业中的生产流程,企业相关管理规定总结、个人收获和体会等内容				
岗位（车间）组长评语							
总成绩		岗位（车间）组长签名		日期			

附件二

考核标准——单面板设计							
学生姓名			班级		学号		
序号	评估项目	评估内容	评估标准		评估等级			
					A	B	C	D
1	项目完成情况（70分）	技术指标（60分）	原理图设计（40分）	A：能熟练正确绘制原理图，并完成技术指标中的5项要求 B：能熟练正确绘制原理图，并完成技术指标中的前4项要求 C：能正确绘制原理图，但技术指标中有2项要求未达到 D：能正确绘制原理图，但技术指标中有3项要求未达到	1.0	0.8	0.6	0.4
			PCB设计（20分）	A：能熟练进行单面板设计，技术指标的5项要求全部实现 B：能熟练进行单面板设计，技术指标的5项要求基本实现 C：能进行单面板设计，技术指标的5项要求有1项有重大错误 D：能进行单面板设计，技术指标中5项有2项有重大错误				
		工程进度（5分）		A：每个步骤均符合工作进程安排，按时或提前完成整个任务 B：按时完成整个制作项目，但少部分环节没按进度表完成 C：按时完成整个制作项目，但多数环节没按进度表完成 D：不能按时完成制作任务				
		技术文件（5分）		A：技术文件完整、正确、规范、详细 B：技术文件完整、正确，但不太规范、详细 C：技术文件完整，但有错误，且不太规范、详细 D：技术文件不完整，有错误，且不规范不详细				
2	基本素质（10分）	安全文明操作（5分）		A：没有发生任何设备、元器件损坏，工作现场整齐规范，操作规范 B：没有发生任何设备、元器件损坏，工作现场整齐 C：没有发生任何设备、元器件损坏 D：有设备和元器件损坏，或现场长期脏、乱、差				
		劳动纪律（5分）		A：能完全遵守实训室管理制度和作息制度，无违纪行为 B：能遵守实训室管理制度和无旷工行为，迟到/早退1次 C：能遵守实训室管理制度和无旷工行为，迟到/早退2次 D：违反实训室管理制度，或有1次旷工，或迟到/早退4次 注：劳动纪律出现重大问题，取消成绩				
3	总结报告（10分）	综合评价报告中是否详细说明在项目实施过程中掌握了什么知识、学会了什么技能、发现了什么技巧、出现了什么问题、进行了怎样的改进、尝试了什么创新、创新的结果如何等						

续表

序号	评估项目	评估内容	评估标准	评估等级		
4	总体评估意见（10分）	综合评价学生是否掌握学习目标里要求的知识、技能、方法,是否有探索精神和创新意识				
教师评语						
总成绩		教师签名		日期		

附件三

考核标准——双面板设计							
学生姓名			班级		学号		
序号	评估项目	评估内容		评估标准	评估等级		
1	项目完成情况（70分）	技术指标（60分）	原理图设计（20分）	A:能合理绘制原理图及创建新的元件,并能熟练完成常规文件操作 B:能正确绘制原理图及创建新的元件,基本掌握常规文件操作方法 C:能正确绘制原理图及创建部分新的元件,不会对其进行常规文件操作 D:不能能正确绘制原理图及创建新的元件,不会对其进行常规文件操作	A 1.0	B 0.8	C 0.6	D 0.4
			PCB设计（40分）	A:能熟练正确合理设计PCB,并完成技术指标中的5项要求 B:能熟练正确设计PCB,并完成技术指标中的前4项要求 C:能熟练正确设计PCB,但技术指标中有2项要求未达到 D:能熟练正确设计PCB,但技术指标中有3项要求未达到				
1	项目完成情况（70分）	工程进度（5分）		A:每个步骤均符合工作进程安排,按时或提前完成整个任务 B:按时完成整个制作项目,但少部分环节没按进度表完成 C:按时完成整个制作项目,但多数环节没按进度表完成 D:不能按时完成制作任务				
		技术文件（5分）		A:技术文件完整、正确、规范、详细 B:技术文件完整、正确,但不太规范、详细 C:技术文件完整,但有错误,且不太规范、详细 D:技术文件不完整,有错误,且不规范不详细				
		安全文明操作(5分)		A:没有发生任何设备损坏,工作现场整齐规范,操作规范 B:没有发生任何设备损坏,工作现场整齐 C:没有发生任何设备 D:有设备损坏,或现场长期脏、乱、差				
		劳动纪律（5分）		A:能完全遵守实训室管理制度和作息制度,无违纪行为 B:能遵守实训室管理制度和无旷工行为,迟到/早退1次 C:能遵守实训室管理制度和无旷工行为,迟到/早退2次 D:违反实训室管理制度,或有1次旷工,或迟到/早退4次				

续表

序号	评估项目	评估内容	评估标准	评估等级		
3	总结报告（10分）		综合评价报告中是否详细说明在项目实施过程中掌握了什么知识、学会了什么技能、发现了什么技巧、出现了什么问题、进行了怎样的改进、尝试了什么创新、创新的结果如何等			
4	总体评估意见（10分）		综合评价学生是否掌握学习目标里要求的知识、技能、方法，是否有探索精神和创新意识			
教师评语						
总成绩		教师签名		日期		

附件四

考核标准——多层板设计与制作							
学生姓名			班级		学号		
序号	评估项目	评估内容	评估标准	评估等级			
				A	B	C	D
				1.0	0.8	0.6	0.4
1	项目完成情况（70分）	技术指标（40分） · 原理图设计（10分）	A:能合理绘制原理图及创建新的元件，并能熟练完成常规文件操作 B:能正确绘制原理图及创建新的元件，基本掌握常规文件操作方法 C:能正确绘制原理图及创建部分新的元件，不会对其进行常规文件操作 D:不能能正确绘制原理图及创建新的元件，不会对其进行常规文件操作				
		PCB设计（30分）	A:能熟练正确合理设计PCB，并完成技术指标中的5项要求 B:能熟练正确设计PCB，并完成技术指标中的前4项要求 C:能熟练正确设计PCB，但技术指标中有2项要求未达到 D:能熟练正确设计PCB，但技术指标中有3项要求未达到				
		电路组装与调试（20分）	A:能正确组装电路，各项功能齐全，能熟练使用仪器仪表调试电路 B:能正确组装电路，各项功能齐全，能使用仪器仪表调试电路 C:能正确组装电路，部分功能齐全，能使用部分仪器仪表调试电路 D:能正确组装电路，功能不全，不能使用仪器仪表调试电路				
		工程进度（5分）	A:每个步骤均符合工作进程安排，按时或提前完成整个任务 B:按时完成整个制作项目，但少部分环节没按进度表完成 C:按时完成整个制作项目，但多数环节没按进度表完成 D:不能按时完成制作任务				
		技术文件（5分）	A:技术文件完整、正确、规范、详细 B:技术文件完整、正确，但不太规范、详细 C:技术文件完整，但有错误，且不太规范、详细 D:技术文件不完整，有错误，且不规范不详细				

续表

序号	评估项目	评估内容	评估标准	评估等级		
2	基本素质（10分）	安全文明操作（5分）	A:没有发生任何设备损坏,工作现场整齐规范,操作规范 B:没有发生任何设备损坏,工作现场整齐 C:没有发生任何设备 D:有设备损坏,或现场长期脏、乱、差			
		劳动纪律（5分）	A:能完全遵守实训室管理制度和作息制度,无违纪行为 B:能遵守实训室管理制度和无旷工行为,迟到/早退1次 C:能遵守实训室管理制度和无旷工行为,迟到/早退2次 D:违反实训室管理制度,或有1次旷工,或迟到/早退4次 注:劳动纪律出现重大问题,取消成绩			
3	总结报告（10分）	综合评价报告中是否详细说明在项目实施过程中掌握了什么知识、学会了什么技能、发现了什么技巧、出现了什么问题、进行了怎样的改进、尝试了什么创新、创新的结果如何等				
4	总体评估意见（10分）	综合评价学生是否掌握学习目标里要求的知识、技能、方法,是否有探索精神和创新意识				

教师评语	
总成绩	教师签名		日期	
备注	

课程整体教学设计

一、课程基本信息

课程名称:PCB 设计与制作		
课程代码:04130302	学分:4	学时:60
授课时间:第二学期	授课对象:应用电子技术、电气自动化技术	
课程类型:职业技能训练		
先修课程:电路基础、电子技术应用	后续课程:电子产品制造工艺、电路仿真实训、单片机接口技术实训等	

二、课程定位

1. 岗位分析

通过学生的实际工作岗位调研,我们认为高职应用电子专业的学生比较适合做电子工程师助理工作,其主要任务是协助电子产品设计人员利用 EDA 软件 protel 进行原理图绘制、PCB 板设计、样板试制等。特别是在一些中小企业,还要完成现有电路板(产品)的分析工作,从应用电子技术专业的毕业生的就业岗位调查中发现有一部分学生从事这类工作,而且待遇较高,如天津执信机电有限公司、天津普林电路板有限公司等。

本课程对应的岗位是电子工程师助理工作,其典型工作流程如下图所示。

2. 课程分析

课程在课程体系中的位置如下图所示。

前修课程：电路基础、电子技术应用；后续课程：电子产品制造工艺、电路仿真实训、单片机接口技术实训等。

三、课程目标设计

1. 总体目标

本课程是电气自动化专业群"应用电子技术专业"与"电气自动化技术专业"的技能训练课，是一门运用计算机进行辅助设计的课程，主要讲解 protel99SE 的使用方法，让学生掌握用 protel99SE 软件进行电路原理图的绘制和 PCB 版图的设计，增强学生的电子电路的计算机辅助设计能力。前导课程：计算机基础、模拟电子技术、数字电子技术，后续课程：单片机接口技术、毕业实践。

2. 能力目标

（1）对 Protel99SE 软件进行安装、使用的能力；
（2）能设计、制作一般电路板。

3. 知识目标

（1）掌握 Protel99SE 的使用；
（2）掌握电路原理图的设计步骤；
（3）掌握元器件的编辑、装载；
（4）学会制作元器件与建立元器件库；
（5）了解印制电路板的基础知识；
（6）掌握制作印制电路板的方法；
（7）了解工业制板系统的流程；
（8）学会用至少一种方法来制作印制电路板。

4. 素质目标

（1）培养学生热爱科学、实事求是的学风，培养学生严肃认真、一丝不苟的工作作风和创新精神；
（2）增强学生的质量意识和职业道德意识。

四、课程内容设计

序号	模块（或子模块）名称	学时
1	PCB 认知与制作	12
2	单面板设计	12
3	双面板设计	16
4	多层板设计与制作	20

五、能力训练项目设计

编号	能力训练项目名称	子项目编号、名称	能力目标	知识目标	训练方式、手段及步骤	可展示的结果
1	PCB 认知与制作	1. PCB 认知	了解 PCB 制作工艺及流程	1. PCB 的概念及分类。 2. PCB 的制作工艺与流程。	现场演示教学	
		2. PCB 制作	掌握简易制版仪器的使用方法	1. 了解工厂大型制板设备的使用方法及安全注意事项。 2. 掌握简易制板仪器手工制板方法。	现场演示教学	
2	单面板设计	1. 声控闪光电路设计	1. 能熟练安装 Protel 99 SE 软件。 2. 能熟练利用 Protel 99 SE 软件进行原理图绘制。 3. 能熟练利用 Protel 99 SE 软件进行单面板设计。 4. 按要求打印输出制板工艺文件。	1. 掌握 Protel 99 SE 的安装操作方法。2、掌握 Protel 99 SE 启动、文件管理方法。 3. 掌握 Protel 99 SE 原理图库文件的创建及应用。 4. 掌握原理图电气规则检查方法。 5. 掌握利用 Protel 99 SE 进行原理图绘制的方法。 6. 了解国家/行业相关规范与标准（GB 4588.3-88 印制电路板设计和使用）。 7. 掌握 Prottel 99 SE 单面板设计的基本知识。	现场实训教学	学生作品
		2. 水位上下限报警电路设计			现场实训教学	学生作品
		3. 触摸延时开关电路设计			现场实训教学	学生作品

续表

编号	能力训练项目名称	子项目编号、名称	能力目标	知识目标	训练方式、手段及步骤	可展示的结果
3	双面板设计与制作	1. USB 接口电路设计	1. 能熟练制作原理图元件。2. 能熟练编辑元件属性对话框。3. 能熟练使用原理图工具。4. 能熟练使用 ERC 检查功能。5. 能熟练生成和规划电路板。6. 能熟练设置电路板工作层。7. 能熟练掌握电路板布局和布线的方法。8. 能熟练掌握电路板后期处理的方法。	1. 掌握制作原理图元件的方法。2. 掌握利用元件属性对话框调取元件。3. 掌握利用表格编辑器编辑元件属性。4. 掌握编辑绘图工具属性的方法。5. 掌握 ERC 检查及修改电路原理图的方法。6. 掌握生成和规划电路板的方法。7. 掌握修改装载网络表时错误的方法。8. 掌握对电路板布局和布线的方法。	现场实训教学	学生作品
3	双面板设计与制作	2. 红外线水龙头控制电路设计			现场实训教学	学生作品
3	双面板设计与制作	3. FM 调频收音机电路设计			现场实训教学	学生作品
4	多层板设计与制作	1. 8 路控制电路板设计与制作	1. 能熟练制作原理图复合封装元件。2. 能熟练设置多层电路板的工作层。3. 能熟练对多层板进行布局和布线。4. 能熟练打印输出多层板制板工艺文件。5. 能熟练焊接元件。6. 能熟练使用仪器仪表调试电路板。7. 会编写相关工艺文件。	1. 掌握制作原理图复合封装元件的方法。2. 掌握设置多层电路板的工作层的方法。3. 掌握多层板布局和布线的方法。4. 能熟练掌握多层板打印输出的方法。5. 掌握焊接元件的技巧。6. 掌握利用仪器仪表调试电路板的能力。7. 学会编写工艺文件的方法。	现场实训教学	学生作品
4	多层板设计与制作	2. 无线数据传输电路板设计与制作			现场实训教学	学生作品

六、项目情境设计

情境一			PCB 认知与制作	学时数	12
项目	1	PCB 认知			
项目	2	PCB 制作			
具备能力	1. 已经具备了识别基本电路元器件能力。2. 对电路的电气连接有一定的认识。				

续表

任务分解	1. 对电子电路板（PCB）有总体认识。 2. 使学生理解 PCB 设计和制作在整个电子产品生产链条中的作用。 3. 使学生了解 PCB 的基本生产工艺与流程。 4. 使学生了解生活中的电子产品与本课的关系，从而激发学习兴趣。 5. 了解企业的生产工艺管理、流程管理、质量管理、员工管理。 6. 了解工厂大型制板设备的使用方法及安全注意事项。 7. 学习使用简易制板仪器。 8. 使学生学会手工制板方法。 9. 培养学生的互相帮助、团结友爱、互相协作的精神。
能力目标	1. 了解 PCB 领域的术语。 2. 了解 PCB 制作的基本工艺与流程。 3. 了解工厂大型制板设备的使用方法及安全注意事项。 4. 掌握利用简易制板仪器手工制板方法。 5. 熟悉企业相关管理。
情感目标	1. 联系生活中的电子产品，激发学习兴趣。 2. 使学生了解更多的企业以及未来的就业岗位，从而找到在学期间的自我定位。
素质目标	1. 培养学生的企业员工意识、流程管理意识、质量管理意识。 2. 培养学生认真、细致的工作态度和一丝不苟的工作作风。
重点难点及解决方法	重点： 1. PCB 的基本知识。 2. PCB 的工艺与流程。 3. 了解工厂大型制板设备的使用方法及安全注意事项。 4. 掌握简易制板仪器手工制板方法。 难点： 1. PCB 的工艺与流程。 2. 简易制板仪器手工制板方法。 学习要点： 1. PCB 的概念及分类。 2. PCB 的制作工艺与流程。 3. 大型制板设备的使用方法及安全注意事项。 4. 简易制板仪器手工制板方法。 解决方法： 1. 在讲 PCB 基本知识时，联系生活中的实际产品，特别是在年轻人中比较流行的电子产品，使学生在兴趣中，不断学习知识并加深印象。 2. 通过下厂参观认知，使学生了解企业实际生产 PCB 的工艺与流程以及相关管理。 3. 通过企业技术人员讲解，使学生了解制板设备的使用方法及安全注意事项。 4. 通过校内实践教师指导，使学生学会利用简易制板仪器手工制板。
备注	

续表

情境二		单面板设计		学时数	12
项目	1	声控闪光电路设计			
	2	水位上下限报警电路设计			
	3	触摸延时开关电路设计			
具备能力		1. 具有电工电子技术基础知识。 2. 具备计算机基本操作技能。 3. 通过企业实习了解PCB的工业生产工艺。			
任务分解		1. 掌握Protel 99 SE软件的安装、启动和文件管理方法。 2. 能正确使用Protel 99 SE软件进行电路原理图的绘制。 3. 熟悉PCB编辑器的使用。 4. 熟悉单面印制电路板的制作方法,能够使用Protel 99 SE软件进行PCB单面板设计。 5. 培养学生的互相帮助、团结友爱、互相协作的精神。			
任务目标		能力(技能)目标	知识目标		
		1. 能熟练安装Protel 99 SE软件。 2. 能熟练利用Protel 99 SE软件进行原理图绘制。 3. 能熟练利用Protel 99 SE软件进行单面板设计。 4. 按要求打印输出制板工艺文件。	1. 掌握Protel 99 SE的安装操作方法。 2. 掌握Protel 99 SE启动、文件管理方法。 3. 掌握Protel 99 SE原理图库文件的创建及应用。 4. 掌握原理图电气规则检查方法。 5. 掌握利用Protel 99 SE进行原理图绘制的方法。 6. 了解国家/行业相关规范与标准(GB 4588.3-88印制电路板设计和使用)。 7. 掌握Prottel 99 SE单面板设计的基本知识。		
情感目标		1. 学生之间互相帮助,培养团队合作精神。 2. 通过作品成功,让学生享受成功的喜悦,培养其爱岗敬业的精神。			
素质目标		1. 培养学生的互相帮助、团结友爱的精神。 2. 培养学生认真、细致的工作态度和一丝不苟的工作作风。 3. 培养学生综合学习的素质。			

续表

重点难点及解决方法	重点： 1. 掌握利用 Protel 99 SE 进行电路原理图绘制的一般方法。 2. 掌握 Prottel 99 SE 单面板设计的基本知识。 难点： 1. 电路原理图绘制过程。 2. PCB 板设计。 学习要点： 1. 掌握电路原理图绘制的基本方法。 2. 熟悉对原理图进行电气规则检查的方法。 3. 单面板设计的基本方法。 4. 按要求打印输出制板工艺文件。 解决方法： 1. 相关知识点的引入由实际电路开始，激发学生的学习兴趣。 2. 通过任务的布置，教师的答疑指导，学生之间的讨论、自查、互查及相互询问，达到解决问题的目地。 3. 能力目标的实现，以通过各种相关项目的反复训练来达到。
备注	

情境三		双面板设计	学时数	16
项目	1	USB 接口电路设计		
	2	红外线水龙头控制电路设计		
	3	FM 调频收音机电路设计		
具备能力	1. 已经具备了绘制单面板电路原理图的能力。 2. 已经具备了设计单面板 PCB 的能力。			
任务分解	1. 使学生学会按实际元件制作原理图元件及封装。 2. 使学生学会利用元件属性对话框调取元件。 3. 使学生学会利用表格编辑器编辑元件属性。 4. 使学生学会利用 ERC 检查及修改电路原理图。 5. 使学生学会利用向导生成和规划电路板。 6. 使学生学会按要求对电路板布局布线。 7. 使学生学会对电路板 DRC 检查、敷铜及泪滴导线处理。 8. 使学生学会按要求对电路板进行打印输出。 9. 培养学生的互相帮助、团结友爱、互相协作的精神。			

续表

	能力（技能）目标	知识目标
任务目标	1. 能熟练制作原理图元件。 2. 能熟练编辑元件属性对话框。 3. 能熟练使用原理图工具。 4. 能熟练使用 ERC 检查功能 5. 能熟练生成和规划电路板。 6. 能熟练设置电路板工作层。 7. 能熟练掌握电路板布局和布线的方法。 8. 能熟练掌握电路板后期处理的方法。	1. 掌握制作原理图元件的方法。 2. 掌握利用元件属性对话框调取元件。 3. 掌握利用表格编辑器编辑元件属性。 4. 掌握编辑绘图工具属性的方法。 5. 掌握 ERC 检查及修改电路原理图的方法。 6. 掌握生成和规划电路板的方法。 7. 掌握修改装载网络表时错误的方法。 8. 掌握对电路板布局和布线的方法。 9. 掌握制作元件封装的方法。 10. 掌握 DRC 检查、敷铜及泪滴导线处理的方法。 11. 掌握电路板打印输出的方法。
情感目标	1. 学生之间互相帮助，培养团队合作精神。 2. 通过作品成功，让学生享受成功的喜悦，培养其爱岗敬业的精神。	
素质目标	1. 培养学生的互相帮助、团结友爱的精神。 2. 培养学生认真、细致的工作态度和一丝不苟的工作作风。 3. 培养学生综合学习的素质。	
重点难点及解决方法	教学重点： 1. 原理图库元件的制作及调用。 2. 原理图工具属性的编辑。 3.ERC 检查参数的设计。 4. 利用向导生成和规划电路板。	5. 电路板元件布局时应该考虑的因素。 6.PCB 环境下，布线规则的含义及按要求进行布线规则设置。 7. 加地填充的方法与技巧。
	教学难点： 1. 按要求制作各种类型的原理图库元件。 2. 按要求制作各种类型的封装元件。 3. 新元件库的中元件的调用。	4. 对 PCB 分层的理解。 5. 布线规则的含义。 6. 加地填充技巧。
	学习要点： 1. 如何新建自己的元件库及元件。 2. 电气规则检查设置对话框 Setup 选项卡。 3. 按要求对 PCB 环境进行工作层面设置。 4. 按要求对 PCB 环境进行显示、数值和默认值等各项系统参数的设置。	5. 根据实际电路的工作状态特点合理设置 PCB 环境。 6. 按要求对封装元件进行布局。 7. 布线规则的含义及按要求进行布线规则设置。
	解决方法： 1. 展示 PCB 实物，让学生仔细观察。 2. 通过学生之间的互相讨论、自查、互查及相互指导，充分考虑因材适教，调动学生的学习积极性，培养学生的团结互助精神。 3. 能力的训练由浅入深，由简到繁，不断练习，经过反复的训练，使学生能够熟练掌握 PCB 设计的相关知识，达到相应技能目标。	
备注		

续表

情境四		多层板设计与制作	学时数	20
项目	1	8路控制电路板设计与制作		
	2	无线数据传输电路板设计与制作		
具备能力	\multicolumn{4}{l}{1. 已经具备了绘制双面板电路原理图的能力。 2. 已经具备了设计双面板PCB的能力。}			
任务分解	\multicolumn{4}{l}{1. 使学生学会按实际元件制作原理图复合元件及符号。 2. 使学生学会设置多层电路板工作层。 3. 使学生学会多层板布线参数的设置并对电路板合理布线。 4. 使学生学会按要求对电路板进行打印输出。 5. 使学生学会焊接元件的技巧。 6. 使学生学会利用仪器仪表调试电路板的能力。 7. 使学生学会编写工艺文件的方法。 8. 培养学生的互相帮助、团结友爱、互相协作的精神。}			
任务目标	\multicolumn{2}{l}{能力(技能)目标 1. 能熟练制作原理图复合封装元件。 2. 能熟练设置多层电路板的工作层。 3. 能熟练对多层板进行布局和布线。 4. 能熟练打印输出多层板制板工艺文件。 5. 能熟练焊接元件。 6. 能熟练使用仪器仪表调试电路板。 7. 会编写相关工艺文件。}	\multicolumn{2}{l}{知识目标 1. 掌握制作原理图复合封装元件的方法。 2. 掌握设置多层电路板的工作层的方法。 3. 掌握多层板布局和布线的方法。 4. 能熟练掌握多层板打印输出的方法。 5. 掌握焊接元件的技巧。 6. 掌握利用仪器仪表调试电路板的能力。 7. 学会编写工艺文件的方法。}	
情感目标	\multicolumn{4}{l}{1. 学生之间互相帮助,培养同学友情。 2. 通过作品成功,让学生享受成功的喜悦。}			
素质目标	\multicolumn{4}{l}{1. 培养学生的互相帮助、团结友爱、互相协助的精神。 2. 培养学生认真、细致的工作态度和一丝不苟的工作作风。}			

续表

重点难点及解决方法	教学重点： 1. 复合封装元件的制作。 2. 多层板工作层的设置。 3. 多层板中间层的布线设置。	4. 多层板打印输出。 5. 利用仪器仪表调试电路板。 6. 编写工艺文件。
	教学难点： 1. 按要求制作复合封装原理图元件。 2. 中间层的设置。 3. 加地填充技巧。	4. 焊接元件的技巧。 5. 利用仪器仪表调试电路板。 6. 利用仪器仪表调试电路板。
	学习要点： 1. 如何新建复合封装元件。 2. 如何对中间层进行合理设置。 3. 如何进行合理的敷铜处理。	4. 焊接元件的技巧。 5. 利用仪器仪表调试电路板。 6. 编写工艺文件。
	解决方法： 1. 企业技术人员指导，学生动手测量给定元件并利用软件绘制元件封装。 2. 企业技术人员演示、指导，学生分小组讨论。 3. 企业技术人员指导工艺流程图、电气安装图（表）、仪器仪表明细表、元器件清单、调试单卡等工艺文件的编写要求。	
备注		

六、课程进程表

项目编号名称	周次	学时	单元标题	能/知目标	师生活动	其他(含考核内容、方法)
1.PCB认知与制作	1~2	8	PCB认知	1.对PCB有总体认识 2.理解PCB设计和制作在整个电子产品生产链条中的作用 3.了解企业的生产工艺管理、流程管理、质量管理、员工管理 4.了解PCB的基本生产工艺与流程 5.了解影响PCB质量的因素 6.了解工厂大型制板设备的使用方法及安全注意事项	企业技术人员系统介绍PCB生产流程。校内实践指导教师指导学生:根据老师介绍,回答问题	现场提问考核学生对PCB基础知识的了解程度
	3	4	PCB制作	能利用制版系统制作电路板	教师:提出制作电路板要求 学生:制作电路板	实训考核,电路板制作情况
2.单面板设计	4~6	12	声控闪光电路设计/水位上下限报警电路设计	1.掌握Protel 99 SE启动、文件管理方法。 2.掌握Protel 99 SE原理图库文件的创建及应用。 3.掌握原理图电气规则检查方法。 4.掌握利用Protel 99 SE进行原理图绘制的方法。 5.掌握Prottel 99 SE单面板设计的基本知识。 6.能熟练安装Protel 99 SE软件。 7.能熟练利用Protel 99 SE软件进行原理图绘制。 8.能熟练利用Protel 99 SE软件进行单面板设计。 9.按要求打印输出制板工艺文件。	教师:讲述、示范多媒体课件演示操作制作 学生:设计绘制电路板	自查、小组互查,提炼总结问题,典型问题剖析

续表

项目编号名称	周次	学时	单元标题	能/知目标	师生活动	其他(含考核内容、方法)
3. 双面板设计	7~10	16	USB接口电路设计/红外线水龙头控制电路设计	1. 掌握制作原理图元件的方法。 2. 掌握利用元件属性对话框调取元件。 3. 掌握利用表格编辑器编辑元件属性。 4. 掌握编辑绘图工具属性的方法。 5. 掌握ERC检查及修改电路原理图的方法。 6. 掌握生成和规划电路板的方法。 7. 掌握修改装载网络表时错误的方法。 8. 掌握对电路板布局和布线的方法。 9. 掌握制作元件封装的方法。 10. 掌握DRC检查、敷铜及泪滴导线处理的方法。 11. 掌握电路板打印输出的方法。	教师：讲述、示范多媒体课件演示操作制作 学生：设计绘制电路板	自查、小组互查，提炼总结问题，典型问题剖析
4. 多层板设计与制作	11~15	20	8路控制电路板设计与制作	1. 能熟练制作原理图复合封装元件。 2. 能熟练设置多层电路板的工作层。 3. 能熟练对多层板进行布局和布线。 4. 能熟练打印输出多层板制板工艺文件。 5. 能熟练焊接元件。 6. 能熟练使用仪器仪表调试电路板。 7. 会编写相关工艺文件。	教师：讲述、示范多媒体课件演示操作制作 学生：设计绘制电路板	实训考核

六、首末次课设计

1. 首次课设计

情境一		PCB认知与制作	学时数	12
项目	1	PCB认知		
	2	PCB制作		
具备能力	\multicolumn{4}{l}{1. 已经具备了识别基本电路元器件能力。 2. 对电路的电气连接有一定的认识。}
任务分解	\multicolumn{4}{l}{1. 对电子电路板（PCB）有总体认识。 2. 使学生理解PCB设计和制作在整个电子产品生产链条中的作用。 3. 使学生了解PCB的基本生产工艺与流程。 4. 使学生了解生活中的电子产品与本课的关系，从而激发学习兴趣。 5. 了解企业的生产工艺管理、流程管理、质量管理、员工管理。 6. 了解工厂大型制板设备的使用方法及安全注意事项。 7. 学习使用简易制板仪器。 8. 使学生学会手工制板方法。 9. 培养学生的互相帮助、团结友爱、互相协作的精神。}

续表

能力目标	1. 了解 PCB 领域的术语。 2. 了解 PCB 制作的基本工艺与流程。 3. 了解工厂大型制板设备的使用方法及安全注意事项。 4. 掌握利用简易制板仪器手工制板方法。 5. 熟悉企业相关管理。
情感目标	1. 联系生活中的电子产品,激发学习兴趣。 2. 使学生了解更多的企业以及未来的就业岗位,从而找到在学期间的自我定位。
素质目标	1. 培养学生的企业员工意识、流程管理意识、质量管理意识。 2. 培养学生认真、细致的工作态度和一丝不苟的工作作风。
重点难点及解决方法	重点: 1. PCB 的基本知识。 2. PCB 的工艺与流程。 3. 了解工厂大型制板设备的使用方法及安全注意事项。 4. 掌握简易制板仪器手工制板方法。 难点: 1. PCB 的工艺与流程。 2. 简易制板仪器手工制板方法。 学习要点: 1. PCB 的概念及分类。 2. PCB 的制作工艺与流程。 3. 大型制板设备的使用方法及安全注意事项。 4. 简易制板仪器手工制板方法。 解决方法: 1. 在讲 PCB 基本知识时,联系生活中的实际产品,特别是在年轻人中比较流行的电子产品,使学生在兴趣中,不断学习知识并加深印象。 2. 通过下厂参观认知,使学生了解企业实际生产 PCB 的工艺与流程以及相关管理。 3. 通过企业技术人员讲解,使学生了解制板设备的使用方法及安全注意事项。 4. 通过校内实践教师指导,使学生学会利用简易制板仪器手工制板。
备注	

2. 末次课设计

情境四		多层板设计与制作	学时数	20
项目	1	8 路控制电路板设计与制作		
	2	无线数据传输电路板设计与制作		
具备能力	1. 已经具备了绘制双面板电路原理图的能力。 2. 已经具备了设计双面板 PCB 的能力。			

续表

任务分解	1. 使学生学会按实际元件制作原理图复合元件及符号。 2. 使学生学会设置多层电路板工作层。 3. 使学生学会多层板布线参数的设置并对电路板合理布线。 4. 使学生学会按要求对电路板进行打印输出。 5. 使学生学会焊接元件的技巧。 6. 使学生学会利用仪器仪表调试电路板的能力。 7. 使学生学会编写工艺文件的方法。 8. 培养学生的互相帮助、团结友爱、互相协作的精神。	
任务目标	能力（技能）目标	知识目标
	1. 能熟练制作原理图复合封装元件。 2. 能熟练设置多层电路板的工作层。 3. 能熟练对多层板进行布局和布线。 4. 能熟练打印输出多层板制板工艺文件。 5. 能熟练焊接元件。 6. 能熟练使用仪器仪表调试电路板。 7. 会编写相关工艺文件。	1. 掌握制作原理图复合封装元件的方法。 2. 掌握设置多层电路板的工作层的方法。 3. 掌握多层板布局和布线的方法。 4. 能熟练掌握多层板打印输出的方法。 5. 掌握焊接元件的技巧。 6. 掌握利用仪器仪表调试电路板的能力。 7. 学会编写工艺文件的方法。
情感目标	1. 学生之间互相帮助，培养同学友情。 2. 通过作品成功，让学生享受成功的喜悦。	
素质目标	1. 培养学生的互相帮助、团结友爱、互相协助的精神。 2. 培养学生认真、细致的工作态度和一丝不苟的工作作风。	
重点难点及解决方法	教学重点：	
	5. 复合封装元件的制作。 6. 多层板工作层的设置。 7. 多层板中间层的布线设置。	8. 多层板打印输出。 5. 利用仪器仪表调试电路板。 6. 编写工艺文件。
	教学难点：	
	1. 按要求制作复合封装原理图元件。 2. 中间层的设置。 3. 加地填充技巧。	4. 焊接元件的技巧。 5. 利用仪器仪表调试电路板。 6. 利用仪器仪表调试电路板。
	学习要点：	
	1. 如何新建复合封装元件。 2. 如何对中间层进行合理设置。 3. 如何进行合理的敷铜处理。	4. 焊接元件的技巧。 5. 利用仪器仪表调试电路板。 6. 编写工艺文件。
	解决方法：	
	1. 企业技术人员指导，学生动手测量给定元件并利用软件绘制元件封装。 2. 企业技术人员演示、指导，学生分小组讨论。 3. 企业技术人员指导工艺流程图、电气安装图（表）、仪器仪表明细表、元器件清单、调试单卡等工艺文件的编写要求。	
备注		

七、考核方案

四个实训项目各占 25%，4×25%=100%，具体考核标准如下表。

考核标准——PCB 认知与制作							
学生姓名			班级		学号		
序号	考核项目	考核内容	考核标准		考核等级		
					A	B	C	D
1	项目完成情况（60分）	PCB相关知识（20分）	A:能掌握 PCB 的基本知识,并为下厂参观做好充分信息准备 B:能掌握 PCB 的基本知识,并为下厂参观做好基本信息准备 C:能基本掌握 PCB 的基本知识,没有下厂参观的信息准备 D:不能基本掌握 PCB 的基本知识,没有下厂参观的信息准备		1.0	0.8	0.6	0.4
		下厂参观（20分）	A:参观记录清晰、完整,态度认真 B:参观记录比较清晰、完整,态度认真 C:参观记录比较清晰、完整,态度不够认真 D:参观记录不清晰、不完整,态度不够认真					
		手工制作电路板（20分）	A:制作的电路板各项指标全部合格,仪器使用方法正确 B:制作的电路板各项指标全部合格,仪器使用方法基本正确 C:参制作的电路板大部分指标合格,仪器使用方法基本正确 D:制作的电路板部分指标合格,部分仪器使用方法不正确					
2	基本素质（10分）	安全文明操作（5分）	A:遵守车间的安全管理规定,遵守学校的安全管理规定 B:遵守车间的安全管理规定,未遵守学校的安全管理规定 C:未遵守车间的安全管理规定,遵守学校的安全管理规定 D:未遵守车间的安全管理规定,未遵守学校的安全管理规定					
		劳动纪律（5分）	A:能完全遵守实训室及工厂管理制度,无违纪行为 B:能遵守实训室及工厂管理制度无旷工行为,迟到/早退1次 C:能遵守实训室及工厂管理制度无旷工行为,迟到/早退2次 D:违反实训室及工厂管理制度有1次旷工,或迟到/早退3次 注:劳动纪律出现重大问题,取消成绩					
3		总结报告（30分）	企业基本情况说明,企业参观记录,PCB 在企业中的生产流程,企业相关管理规定总结、个人收获和体会等内容。					
岗位（车间）组长评语								
总成绩		岗位（车间）组长签名			日期			
备注								

考核标准——单面板设计							
学生姓名			班级		学号		
序号	评估项目	评估内容	评估标准	评估等级			
				A	B	C	D
				1.0	0.8	0.6	0.4
1	项目完成情况（70分）	技术指标（60分）	原理图设计（40分） A：能熟练正确绘制原理图，并完成技术指标中的5项要求 B：能熟练正确绘制原理图，并完成技术指标中的前4项要求 C：能正确绘制原理图，但技术指标中有2项要求未达到 D：能正确绘制原理图，但技术指标中有3项要求未达到				
			PCB设计（20分） A：能熟练进行单面板设计，技术指标的5项要求全部实现 B：能熟练进行单面板设计，技术指标的5项要求基本实现 C：能进行单面板设计，技术指标的5项要求有1项有重大错误 D：能进行单面板设计，技术指标中5项有2项有重大错误					
		工程进度（5分）	A：每个步骤均符合工作进程安排，按时或提前完成整个任务 B：按时完成整个制作项目，但少部分环节没按进度表完成 C：按时完成整个制作项目，但多数环节没按进度表完成 D：不能按时完成制作任务				
		技术文件（5分）	A：技术文件完整、正确、规范、详细 B：技术文件完整、正确，但不太规范、详细 C：技术文件完整，但有错误，且不太规范、详细 D：技术文件不完整，有错误，且不规范不详细				
2	基本素质（10分）	安全文明操作（5分）	A：没有发生任何设备、元器件损坏，工作现场整齐规范，操作规范 B：没有发生任何设备、元器件损坏，工作现场整齐 C：没有发生任何设备、元器件损坏 D：有设备和元器件损坏，或现场长期脏、乱、差				
		劳动纪律（5分）	A：能完全遵守实训室管理制度和作息制度，无违纪行为 B：能遵守实训室管理制度和无旷工行为，迟到/早退1次 C：能遵守实训室管理制度和无旷工行为，迟到/早退2次 D：违反实训室管理制度，或有1次旷工，或迟到/早退4次 注：劳动纪律出现重大问题，取消成绩				
3	总结报告（10分）	综合评价报告中是否详细说明在项目实施过程中掌握了什么知识、学会了什么技能、发现了什么技巧、出现了什么问题、进行了怎样的改进、尝试了什么创新、创新的结果如何等					

续表

序号	评估项目	评估内容	评估标准	评估等级		
4	总体评估意见（10分）		综合评价学生是否掌握学习目标里要求的知识、技能、方法，是否有探索精神和创新意识			
教师评语						
总成绩		教师签名		日期		
备注						

考核标准——双面板设计

学生姓名			班级		学号			
序号	评估项目	评估内容	评估标准	评估等级				
1	项目完成情况（70分）	技术指标（60分）	原理图设计（20分）	A：能合理绘制原理图及创建新的元件，并能熟练完成常规文件操作 B：能正确绘制原理图及创建新的元件，基本掌握常规文件操作方法 C：能正确绘制原理图及创建部分新的元件，不会对其进行常规文件操作 D：不能能正确绘制原理图及创建新的元件，不会对其进行常规文件操作	A 1.0	B 0.8	C 0.6	D 0.4
			PCB设计（40分）	A：能熟练正确合理设计PCB，并完成技术指标中的5项要求 B：能熟练正确设计PCB，并完成技术指标中的前4项要求 C：能熟练正确设计PCB，但技术指标中有2项要求未达到 D：能熟练正确设计PCB，但技术指标中有3项要求未达到				

续表

序号	评估项目	评估内容	评估标准	评估等级		
1	项目完成情况（70分）	工程进度（5分）	A:每个步骤均符合工作进程安排,按时或提前完成整个任务 B:按时完成整个制作项目,但少部分环节没按进度表完成 C:按时完成整个制作项目,但多数环节没按进度表完成 D:不能按时完成制作任务			
		技术文件（5分）	A:技术文件完整、正确、规范、详细 B:技术文件完整、正确,但不太规范、详细 C:技术文件完整,但有错误,且不太规范、详细 D:技术文件不完整,有错误,且不规范不详细			
2	基本素质（10分）	安全文明操作(5分)	A:没有发生任何设备损坏,工作现场整齐规范,操作规范 B:没有发生任何设备损坏,工作现场整齐 C:没有发生任何设备 D:有设备损坏,或现场长期脏、乱、差			
		劳动纪律（5分）	A:能完全遵守实训室管理制度和作息制度,无违纪行为 B:能遵守实训室管理制度和无旷工行为,迟到/早退1次 C:能遵守实训室管理制度和无旷工行为,迟到/早退2次 D:违反实训室管理制度,或有1次旷工,或迟到/早退4次 注:劳动纪律出现重大问题,取消成绩			
3	总结报告（10分）	综合评价报告中是否详细说明在项目实施过程中掌握了什么知识、学会了什么技能、发现了什么技巧、出现了什么问题、进行了怎样的改进、尝试了什么创新、创新的结果如何等				
4	总体评估意见（10分）	综合评价学生是否掌握学习目标里要求的知识、技能、方法,是否有探索精神和创新意识				

教师评语				
总成绩		教师签名		日期
备注				

考核标准——多层板设计与制作							
学生姓名			班级		学号		
序号	评估项目	评估内容	评估标准	评估等级			
				A	B	C	D
				1.0	0.8	0.6	0.4
1	项目完成情况（70分）	技术指标（40分） 原理图设计（10分）	A:能合理绘制原理图及创建新的元件,并能熟练完成常规文件操作 B:能正确绘制原理图及创建新的元件,基本掌握常规文件操作方法 C:能正确绘制原理图及创建部分新的元件,不会对其进行常规文件操作 D:不能能正确绘制原理图及创建新的元件,不会对其进行常规文件操作				
		PCB设计（30分）	A:能熟练正确合理设计PCB,并完成技术指标中的5项要求 B:能熟练正确设计PCB,并完成技术指标中的前4项要求 C:能熟练正确设计PCB,但技术指标中有2项要求未达到 D:能熟练正确设计PCB,但技术指标中有3项要求未达到				
		工艺文件（5分）	A:技术文件完整、正确、规范、详细 B:技术文件完整、正确,但不太规范、详细 C:技术文件完整,但有错误,且不太规范、详细 D:技术文件不完整,有错误,且不规范不详细				
		电路组装与调试（20分）	A:能正确组装电路,各项功能齐全,能熟练使用仪器仪表调试电路 B:能正确组装电路,各项功能齐全,能使用仪器仪表调试电路 C:能正确组装电路,部分功能齐全,能使用部分仪器仪表调试电路 D:能正确组装电路,功能不全,不能使用仪器仪表调试电路				
		工程进度（5分）	A:每个步骤均符合工作进程安排,按时或提前完成整个任务 B:按时完成整个制作项目,但少部分环节没按进度表完成 C:按时完成整个制作项目,但多数环节没按进度表完成 D:不能按时完成制作任务				
2	基本素质（10分）	安全文明操作(5分)	A:没有发生任何设备损坏,工作现场整齐规范,操作规范 B:没有发生任何设备损坏,工作现场整齐 C:没有发生任何设备 D:有设备损坏,或现场长期脏、乱、差				
		劳动纪律（5分）	A:能完全遵守实训室管理制度和作息制度,无违纪行为 B:能遵守实训室管理制度和无旷工行为,迟到/早退1次 C:能遵守实训室管理制度和无旷工行为,迟到/早退2次 D:违反实训室管理制度,或有1次旷工,或迟到/早退4次 注:劳动纪律出现重大问题,取消成绩				

续表

序号	评估项目	评估内容	评估标准	评估等级			
3	总结报告（10分）		综合评价报告中是否详细说明在项目实施过程中掌握了什么知识、学会了什么技能、发现了什么技巧、出现了什么问题、进行了怎样的改进、尝试了什么创新、创新的结果如何等				
4	总体评估意见（10分）		综合评价学生是否掌握学习目标里要求的知识、技能、方法，是否有探索精神和创新意识				
教师评语							
总成绩		教师签名			日期		
备注							

八、教学材料

教材：《Protel 99 SE 原理图与 PCB 设计教程》，胡烨主编，机械工业出版社，2013
精品课网站：http://202.113.147.40/pcbjpk/index2.html
仪器：多功能制版系统、曝光机、裁板机等。
软件：Protel 99 SE。

电子商务实务

课程标准

课程名称：电子商务实务 　　课程类型：技能训练课
学时：48 　　　　　　　　　　学分：4
适用专业：电子商务
执笔人：叶贤 　　　　　　　　审核人：叶贤
制订时间：2017年3月

一、课程性质和作用

1. 课程性质

本课程是电子商务专业的主干课程之一，主要研究和介绍电子商务不同商务模式的基本概念、基本原理、关键技术及其应用。学习本课程要求学生熟悉计算机基本操作、计算机网络技术、数据库技术、管理学及市场营销学的基本原理。同时，只有在掌握了本课程的基本原理的基础上，学生才能准确地理解和把握网络营销、电子支付等其他课程的基本内容。本课程注重学生实际操作能力的培养和锻炼，为以后工作做好准备。

2. 课程基本理念

电子商务是实践性很强的课程，应着重培养学生的商务实践能力，而培养这种能力的主要途径也应是商务实践，不宜刻意追求电子商务知识的系统和完整。课程应贴近实际需要，符合学生认知特点，激发并保持学生的学习兴趣，通过反复的实战练习，将其应用于生产生活实际，培养学生知识探索的乐趣、良好的思维习惯和初步的科学实践能力。

3. 课程设计思路

（1）按照"以能力为本位，以职业实践为主线，以项目课程为主体的模块化专业课程体系"的总体设计要求。以培养高素质技能型人才为目标，跟踪电子商务领域的发展，反映电子商务的实践及电子商务教学改革的最新成果。

（2）依据工作任务完成的需要、高等职业学校学生的学习特点和职业能力形成的规律，按照"学历证书与职业资格证书嵌入式"的设计要求确定课程的知识、技能等内容。

（3）以就业为导向，强调基本知识和实用技能，以任务驱动、项目教学、分层指导、综合评价的方式组织和开展教学，以提升学生素养，满足就业需要。

(4)以电子商务的实际业务为背景,以电子商务活动为主线,内容涉及电子商务网站建设、电子商务安全、电子商务营销、电子商务与物流、电子商务案例分析。

(5)体现理论实践一体化。

二、课程目标

1. 总体目标

本课程旨在培养适应社会主义市场经济需要的德、智、体、美全面发展,掌握信息技术、电子商务和网店运营相关知识,又掌握扎实的电子商务应用与运作方法,能够熟练运用计算机网络及网络营销工具,从事电子商务、商务管理、网页制作、简单物流管理等工作,具有良好敬业精神和人文素养的高素质技术技能人才。

2. 知识目标

(1)掌握网络商务信息采集需求分析、信息存储介质、商务信息分类、存储和管理相关知识;

(2)掌握网上商店生成系统、网站推广等相关知识;

(3)掌握订单处理、电子合同签订等相关知识;

(4)了解电子支付、售后服务相关知识;

(5)理解网络发布信息渠道和更新相关知识,网上调研、调研报告和网络促销相关知识;

(6)掌握 HTML 语言、语法相关知识,掌握网页制作所设计的多媒体、视频、音频相关知识。

3. 能力目标

能根据 GB/T 31526-2015《电子商务平台服务质量评价与等级划分》和 GB/T 31524-2015《电子商务平台运营与技术规范》要求进行以下操作。

(1)能分析和处理商务信息并对其进行存储和维护,能够撰写调研计划书和报告;

(2)能熟练使用网上银行、第三方支付工具等电子支付工具;

(3)能使用目前流行的各种平台进行网上开店、布置商品并进行网店管理运营;

(4)能熟练使用博客、论坛、即时聊天工具、搜索引擎等开展网络营销;

(5)能够使用 HTML 语言制作标签、进行页面布局、文字设置和表格设置;

(6)能够使用软件工具编辑图像,能够在网页中使用视频和音频元素,能够制作网页。

4. 素质目标

能够严格运用计算机和网络知识开展网络技术工作;通过对网络环境的敏锐观察,发掘网络产品,运用掌握的信息技术进行网站运营和推广;严格遵守网络安全相关制度;乐于团队合作、善于整合资源;及时适应电子商务环境变化、不断开拓创新。

三、课程内容与要求

1. 课程内容框架

项目名称	子项目名称	学时
陇川鞋业的电商模式项目	C to C 电子商务业务	8
	B to C 电子商务业务	8
	B to B 电子商务业务	20
	网站建设与网络推广	12

2. 教学内容

序号	子项目名称	任务编号、名称	能力目标	知识目标	训练方式、手段及步骤	可展示的结果
1	C to C 电子商务业务	1.1 电子商务支付	能注册电子邮箱、登录邮箱并收发电子邮件；能下载 CA 证书并进行安装；能注册企业和个人网上银行的账户,用该账户进行存款、转账、账务查询	掌握电子邮箱的作用、类型；掌握 CA 证书的作用,下载和安装方法	学生根据陇川鞋业的情况,进行产品网络销售测试。填写用户信息时,需要电子邮箱和电子银行,学生注册电子邮箱和电子银行	电子邮箱、电子银行的注册流程图
		1.2 网上拍卖与竞价	卖方能够在拍卖中心注册为新会员,能够发布拍卖商品信息,能够对拍卖进行追踪和管理；买方能够在拍卖中心选取商品并进行竞拍	了解拍卖中心的构成和特点；掌握拍卖中心的注册步骤；掌握拍卖商品和竞买的流程	学生在 C to C 平台发布陇川鞋业的产品信息并追踪竞拍信息,恰当时机完成竞拍	竞拍追踪图
2	B to C 电子商务业务	2.1 入驻商城	商户能够在 B to C 商城上完成入驻手续；能够对网店进行店面设计,并将商品上架	了解 B to C 模式特点；掌握商城上的网店开设流程	陇川鞋业开始试水电商业务,在 B to C 商城开店,并销售明星产品	陇川鞋业网店美化大比拼
		2.2 网店交易	顾客能够在 B to C 商城上选货,并发送订单；商户能够在商城上根据订单配货并发货	掌握商城上购买商品的流程；掌握商户配货、发货、结算的流程	学生以陇川鞋业员工身份根据客户下的订单,调度物流商进行配货和发货	网店销售排行榜
3	B to C 电子商务业务	3.1 B to B 基本交易	供应商能够入驻平台,登录并管理商品,选择物流商申请物流服务；采购商能够入驻平台；物流商能够进行业务初始化。供应商能够根据订单向物流商发货；物流商能够补充在配送中心的库存,及时发货；三方能够完成业务结算	掌握 B to B 平台上供应商、采购商、物流商在交易过程中,在交易中心和物流网上的数据初始化和后台管理业务操作；掌握 B to B 电子商务的典型业务流程	陇川鞋业的网店生意越来越兴隆,企业把店开到更高的电商平台,进行产品的批发业务	网店业务技能大比拼
		3.2 网上洽谈	采购商能够询价,供应商能够报价；双方能够签订电子合同；物流商能够根据订单配货发货；各方能够进行业务结算	掌握 B to B 平台上供应商、采购商进行网上洽谈和签订合同的流程；掌握物流商的配货发货流程	陇川鞋业收到一个大客户的订单,针对订货数量和价格和客户进行洽谈,顺利发货	网上洽谈流程图

续表

序号	子项目名称	任务编号、名称	能力目标	知识目标	训练方式、手段及步骤	可展示的结果
3	B to B 电子商务业务	3.3 招投标	采购商能够招标，供应商能够投标；双方能够通过评标定标并签订电子合同；物流商能够根据订单配货发货；各方能够进行业务结算	掌握 B to B 平台上供应商、采购商进行招投标和签订合同的流程；掌握物流商的配货发货流程	陇川鞋业在一次招标会上勇得头筹，顺利安排物流发货	招投标流程图
4	网络建设与推广	4.1 网站建设	能够进行申请域名操作；能够运用 HTML 语言对网页进行设计和制作	理解申请域名的流程；了解 HTML 语言的使用规则；掌握运用 HTML 语言进行文字、图片、表格等属性定义的表达	陇川鞋业从网店销售升级到网站开发，申请域名，并且征求设计稿	网站页面评比
		4.2 网络营销	能够进行网上调研，并撰写商情分析报告；能够发布商业信息；能够维护网站 BBS	掌握网络营销的概念、特点及主要内容；掌握网络营销的主要内容及网上市场调查的方法	陇川鞋业为维持网站运营，专门请运营部员工阶段性开展网络调查业务	根据网上调研结果，分析并制作陇川鞋业下一步走向规划报告

四、课程考核方式

考核评价须采取阶段评价和目标评价相结合，理论考核与实践考核相结合，学生实验操作与知识点考核相结合、教师评价与学生自评相结合的多元评价体系。

考核内容		考核方法（学生互评+教师评价）	所占比例
平时考核成绩占比90%	1.1 电子商务支付	任务完成情况	10%
	1.2 网上拍卖与竞价	任务完成情况	10%
	2.1 入驻商城	任务完成情况	10%
	2.2 网店交易	任务完成情况	10%
	3.1 B to B 基本交易	任务完成情况	10%
	3.2 网上洽谈	任务完成情况	10%
	3.3 招投标	任务完成情况	10%
	4.1 网站建设	任务完成情况	10%
	4.2 网络营销	任务完成情况	10%
期末考核成绩占比10%	期末任务实训（上机考试）	平时考核成绩与期末任务完成情况汇总	10%

五、教学组织、实施与保障

1. 教学实施

（1）参考教材

● 主教材

《电子商务实训》，宋文光主编，大连理工大学出版社，2014

● 参考书

《电子商务实践教程》，汤云主编，人民邮电出版社，2011

《电子商务综合实训（第2版）》，黄志平编，重庆大学出版社，2015

《电子商务综合实训》，宋艳萍主编，电子工业出版社，2013

《电子商务概论与实训教程》，王忠元主编，机械工业出版社，2011

● 网络资源

中国互联网信息中心：http://www.cnnic.cn

淘宝网：http://www.taobao.com

阿里巴巴：http://www.alibaba.com.cn

电子商务学习网：http://www.ecxuexi.co

（2）教学方法

采取项目教学法、模拟教学、实战演练、案例分析、小组合作学习等灵活多样的教学方法，以工作任务为出发点来激发学生的学习兴趣，培养学生分析问题、解决问题的能力和实际操作能力。教学中注意创设教育情景，采取理论实践一体化教学模式。

（3）教学手段

教师要充分利用计算机、多媒体等教学手段，以便保证教学质量、提高教学效率、降低教师的劳动强度。

2. 实验实训设备配置

配备实训机房、电子商务师实验室平台，UU汇联电商实训平台，设备齐全，能够满足教学要求与学生实训需求。

课程整体教学设计

一、课程基本信息

课程名称：电子商务实务		
课程代码：6204051230	学分：4	学时：48
授课时间：第3学期	授课对象：电子商务专业大二学生	
课程类型：电子商务专业技能训练课		
先修课程：电子商务基础、计算机网络技术技能、电脑平面设计、商品信息采集与处理	后续课程：网络客户关系管理、商务网站建设与维护技能、电子商务物流实务	

二、课程定位

1. 岗位分析

本门课程作为电子商务专业的职业技能训练课,利用教学模拟环境、网络环境对电子商务专业知识的商业化运作进行观察、了解、参与、模拟和再现、修改、评价、总结和创造等教学活动,紧紧围绕电子商务市场运作和营销管理人才的培养目标而设置。

电子商务专业毕业生的适用岗位大致分为三类:①技术类,如:电子商务平台规划、网络编程、数据库建设、网页设计、网站美工;②商务类,如:企业网络品牌管理、客户服务、外贸电子商务、频道规划和网站推广;③综合类,如:电子商务项目经理、部门经理。

初次就业岗位有网络营销专员、电子商务专员;二次就业岗位有网站推广主管、网站运营主管;更高层次的职业发展岗位即电子商务部经理。

(1)岗位能力需求

①具备熟练使用电子商务平台开展网络零售和外贸活动的能力;

②具备较强的产品推销和网络沟通能力,能够建立和维护客户关系;

③掌握网站(网店)运营管理、商品采购与销售管理、网络交易管理的能力;

④掌握市场营销基础知识,能够熟练使用常用网络营销工具开展网络营销活动,并能够通过数据分析进行效果监测;

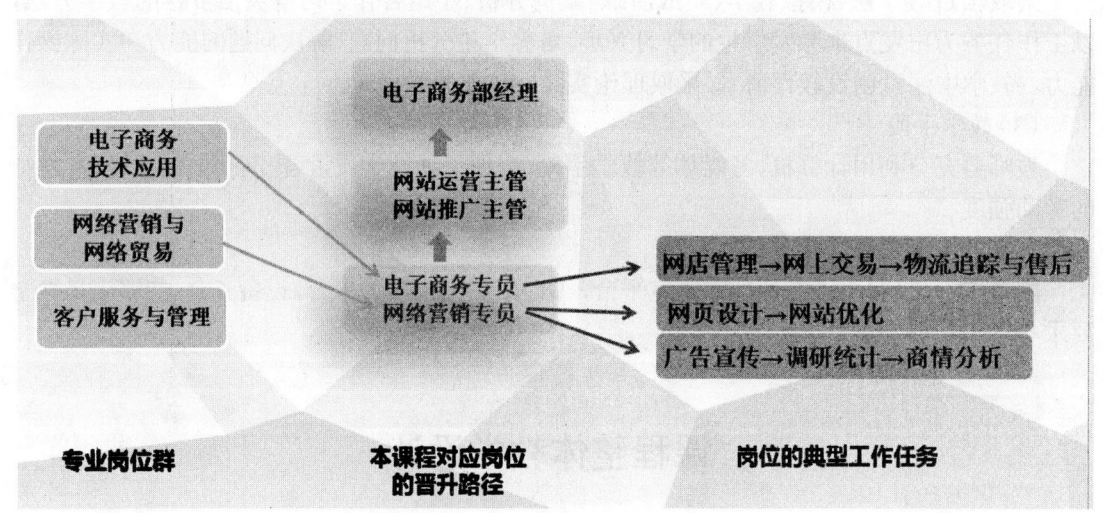

⑤具备网站策划、网页设计实施和管理能力。

(2)岗位知识需求

①掌握电子商务 C to C 交易中的商品拍卖和竞买过程;

②掌握电子商务 B to C 交易中的个体消费者网上购物流程和网店值班经理业务处理作业;

③掌握电子商务 B to B 平台上的交易中心运作流程,网上洽谈和招投标流程;

④掌握网络广告的发布、网上调研、网络营销商业报告的组成。

(3)岗位素质需求

培养学生能具有电子商务和互联网行业职业操守、法纪观念、职业道德和人文素养,乐于团队合作、善于整合资源、及时适应环境变化、并不断开拓创新。

2. 课程分析

本课程以电子商务专业所对应的网络营销专员、网店店长、企业电子商务专员岗位的工作任务为导向，注重学生岗位技能和职业素质的培养，同时注重学生的自主创业创新能力，通过教、学、做一体化方式，实现对学生岗位技能和职业素质的培养。

本课程的项目设计以"网上交易"为线索来进行，打破以知识传授为主要特征的传统课程模式，转变为以工作任务为中心组织课程内容，让学生在完成具体项目的过程中学会完成相应电子商务岗位工作任务。教学过程中强调教学的情境创设、自主探索、协作学习和效果评价等基本环节，充分体现主动学习的要求，坚持把能力培养贯穿于教学的全过程。

本课程与普通高校、中职、高职、培训班相关课程的异同如下：

高校电子商务相关课程重点培养学生能进行网站设计和开发，进行程序设计和技术维护；高职电子商务实务课程培养学生能独立进行完整的网上平台运作，简单的网页设计，能开展网上调研并撰写分析报告；中职和培训班的电子商务类课程培养学生能进行简单的网上商品管理和网上客服服务。

三、课程目标设计

1. 总体目标

本课程旨在培养适应社会主义市场经济需要的德、智、体、美全面发展，掌握信息技术、电子商务和网店运营相关知识，又掌握扎实的电子商务应用与运作方法，能够熟练运用计算机网络及网络营销工具，从事电子商务、商务管理、网页制作、简单物流管理等工作，具有良好敬业精神和人文素养的高素质技术技能人才。

2. 知识目标

（1）掌握网络商务信息采集需求分析、信息存储介质、商务信息分类、存储和管理相关知识；

（2）掌握网上商店生成系统、网站推广等相关知识；

（3）掌握订单处理、电子合同签订等相关知识；

（4）了解电子支付、售后服务相关知识；

（5）理解网络发布信息渠道和更新相关知识，网上调研、调研报告和网络促销相关知识；

（6）掌握 HTML 语言、语法相关知识，掌握网页制作所设计的多媒体、视频、音频相关知识。

3. 能力目标

能根据 GB/T 31526-2015《电子商务平台服务质量评价与等级划分》和 GB/T 31524-2015《电子商务平台运营与技术规范》要求进行以下操作。

（1）能分析和处理商务信息并对其进行存储和维护，能够撰写调研计划书和报告；

（2）能熟练使用网上银行、第三方支付工具等电子支付工具；

（3）能使用目前流行的各种平台进行网上开店、布置商品并进行网店管理运营；

（4）能熟练使用博客、论坛、即时聊天工具、搜索引擎等开展网络营销；

（5）能够使用 HTML 语言制作标签、进行页面布局、文字设置和表格设置；

(6)能够使用软件工具编辑图像,能够在网页中使用视频和音频元素,能够制作网页。

4. 素质目标

能够严格运用计算机和网络知识开展网络技术工作;通过对网络环境的敏锐观察,发掘网络产品,运用掌握的信息技术进行网站运营和推广;严格遵守网络安全相关制度;乐于团队合作、善于整合资源;及时适应电子商务环境变化、不断开拓创新。

四、课程内容设计

项目名称	子项目名称	学时
陇川鞋业的电商模式项目	C to C 电子商务业务	8
	B to C 电子商务业务	8
	B to B 电子商务业务	20
	网站建设与网络推广	12

五、项目任务设计

序号	子项目名称	任务编号、名称	能力目标	知识目标	训练方式、手段及步骤	可展示的结果
1	C to C 电子商务业务	1.1 电子商务支付	能注册电子邮箱、登录邮箱并收发电子邮件;能下载 CA 证书并进行安装;能注册企业和个人网上银行的账户,用该账户进行存款、转账、账务查询	掌握电子邮箱的作用、类型;掌握 CA 证书的作用,下载和安装方法	学生根据陇川鞋业的情况,进行产品网络销售测试。填写用户信息时,需要电子邮箱和电子银行,学生注册电子邮箱和电子银行	电子邮箱、电子银行的注册流程图
		1.2 网上拍卖与竞价	卖方能够在拍卖中心注册为新会员,能够发布拍卖商品信息,能够对拍卖进行追踪和管理;买方能够在拍卖中心选取商品并进行竞拍	了解拍卖中心的构成和特点;掌握拍卖中心的注册步骤;掌握拍卖商品和竞买的流程	学生在 C to C 平台发布陇川鞋业的产品信息并追踪竞拍信息,恰当时机完成竞拍	竞拍追踪图
2	B to C 电子商务业务	2.1 入驻商城	商户能够在 B to C 商城上完成入驻手续;能够对网店进行店面设计,并将商品上架	了解 B to C 模式特点;掌握商城上的网店开设流程	陇川鞋业开始试水电商业务,在 B to C 商城开店,并销售明星产品	陇川鞋业网店美化大比拼
		2.2 网店交易	顾客能够在 B to C 商城上选货,并发送订单;商户能够在商城上根据订单配货并发货	掌握商城上购买商品的流程;掌握商户配货、发货、结算的流程	学生以陇川鞋业员工身份根据客户下的订单,调度物流商进行配货和发货	网店销售排行榜

续表

序号	子项目名称	任务编号、名称	能力目标	知识目标	训练方式、手段及步骤	可展示的结果
3	B to B 电子商务业务	3.1 B to B 基本交易	供应商能够入驻平台,登录并管理商品,选择物流商申请物流服务;采购商能够入驻平台;物流商能够进行业务初始化。供应商能够根据订单向物流商发货;物流商能够补充在配送中心的库存,及时发货;三方能够完成业务结算	掌握 B to B 平台上供应商、采购商、物流商在交易过程中,在交易中心和物流网上的数据初始化和后台管理业务操作 掌握 B to B 电子商务的典型业务流程	陇川鞋业的网店生意越来越兴隆,企业把店开到更高的电商平台,进行产品的批发业务	网店业务技能大比拼
3	B to B 电子商务业务	3.2 网上洽谈	采购商能够询价,供应商能够报价;双方能够签订电子合同;物流商能够根据订单配货发货;各方能够进行业务结算	掌握 B to B 平台上供应商、采购商进行网上洽谈和签订合同的流程;掌握物流商的配货发货流程	陇川鞋业收到一个大客户的订单,针对订货数量和价格和客户进行洽谈,顺利发货	网上洽谈流程图
		3.3 招投标	采购商能够招标,供应商能够投标;双方能够通过评标定标并签订电子合同;物流商能够根据订单配货发货;各方能够进行业务结算	掌握 B to B 平台上供应商、采购商进行招投标和签订合同的流程;掌握物流商的配货发货流程	陇川鞋业在一次招标会上勇得头筹,顺利安排物流发货	招投标流程图
4	网络建设与推广	4.1 网站建设	能够进行申请域名操作;能够运用 HTML 语言对网页进行设计和制作	理解申请域名的流程;了解 HTML 语言的使用规则,掌握运用 HTML 语言进行文字、图片、表格等属性定义的表达	陇川鞋业从网店销售升级到网站开发,申请域名,并且征求设计稿	网站页面评比
		4.2 网络营销	能够进行网上调研,并撰写商情分析报告;能够发布商业信息;能够维护网站 BBS	掌握网络营销的概念、特点及主要内容;掌握网络营销的主要内容及网上市场调查的方法	陇川鞋业为维持网站运营,专门请运营部员工阶段性开展网络调查业务	根据网上调研结果,分析并制作陇川鞋业下一步走向规划报告

六、项目情境设计

陇川鞋业是云南地区比较出名的传统制鞋厂,由于处于山区,优质皮鞋很难销售到其他省市,制约了公司的经济发展,在改革过程中,公司领导决定采用电子商务的形式推广公司的知名度,进行网络交易。于是,首先申请购买了两个域名,为了加大推广力度,又发布了商业信息,申请了专用的企业银行帐号,注册了供应商会员。

金阳商务中心是个刚成立的新公司,也为了进行电子商务,在网上申请了企业专用帐号和采购商会员,在交易中心里看到陇川公司的皮鞋,觉得质优价廉,于是想进行买卖交易,便向陇川公司申请了签约商户,进行网上商品交易。

七、课程进程表

子项目编号、名称	周次	学时	任务标题	任务编号	能/知目标	师生活动	其他(含考核内容、方法)
C to C 电子商务业务	1	4	电子商务支付	1.1	掌握电子邮箱的作用、类型;掌握CA证书的作用,下载和安装方法	教师:学生根据陇川鞋业的情况,进行产品网络销售测试。填写用户信息时,需要电子邮箱和电子银行,学生注册电子邮箱和电子银行	电子邮箱、电子银行的注册流程图
C to C 电子商务业务	2	4	网上拍卖与竞价	1.2	了解拍卖中心的构成和特点;掌握拍卖中心的注册步骤;掌握拍卖商品和竞买的流程	学生在C to C平台发布陇川鞋业的产品信息并追踪竞拍信息,恰当时机完成竞拍	竞拍追踪图
B to C 电子商务业务	3	4	入驻商城	2.1	了解B to C模式特点;掌握商城上的网店开设流程	陇川鞋业开始试水电商业务,在B to C商城开店,并销售明星产品	陇川鞋业网店美化大比拼
B to C 电子商务业务	4	4	网店交易	2.2	掌握商城上购买商品的流程;掌握商户配货、发货、结算的流程	学生以陇川鞋业员工身份根据客户下的订单,调度物流商进行配货和发货	网店销售排行榜

续表

子项目编号、名称	周次	学时	任务标题	任务编号	能/知目标	师生活动	其他(含考核内容、方法)
B to B 电子商务业务	5	8	三方入驻与BtoB交易流程	3.1	掌握 B to B 平台上供应商、采购商、物流商在交易过程中,在交易中心和物流网上的数据初始化;掌握 B to B 电子商务的典型业务流程	陇川鞋业的网店生意越来越兴隆,企业把店开到更高的电商平台,进行产品的批发业务;陇川鞋业在更高的电商平台上,收到的订单也越来越大,业务顺利地开展	B to B 平台商户入驻流程图 网店业务技能大比拼
	6	4	网上洽谈	3.2	掌握 B to B 平台上供应商、采购商进行网上洽谈和签订合同的流程;掌握物流商的配货发货流程	陇川鞋业收到一个大客户的订单,针对订货数量和价格和客户进行洽谈,顺利发货	网上洽谈流程图
	7	8	招投标	3.3	掌握 B to B 平台上供应商、采购商进行招投标和签订合同的流程;掌握物流商的配货发货流程	陇川鞋业在一次招标会上勇夺头筹,顺利安排物流发货	招投标流程图
网络建设与推广	8	8	网站建设	4.1	理解申请域名的流程;了解 HTML 语言的使用规则,掌握运用 HTML 语言进行文字、图片、表格等属性定义的表达	陇川鞋业从网店销售升级到网站开发,申请域名,并且征求设计稿	网站页面评比
	9	4	网络营销	4.2	掌握网络营销的概念、特点及主要内容;掌握网络营销的主要内容及网上市场调查的方法	陇川鞋业为维持网站运营,专门请运营部员工阶段性开展网络调查业务	根据网上调研结果,分析并制作陇川鞋业下一步走向规划报告

八、考核方案

本课程的总成绩由平时成绩(占 90%),期末成绩(占 10%)两部分组成:

平时成绩(每次以 100 分为满分,占总成绩的 10%):包含(1)日常出勤,20%;(2)课堂实践任务,50%;(3)课堂实训表现,30%。

期末成绩(100 分,占总成绩的 10%):根据教师给出的情境上机完成任务。

九、教学材料

1. 教材

《电子商务实训》,宋文光主编,大连理工大学出版社,2014

2. 参考书

《电子商务实践教程》,汤云主编,人民邮电出版社,2011
《电子商务综合实训(第2版)》,黄志平编,重庆大学出版社,2015
《电子商务综合实训》,宋艳萍主编,电子工业出版社,2013
《电子商务概论与实训教程》,王忠元主编,机械工业出版社,2011

3. 网络资源

中国互联网信息中心:http://www.cnnic.cn
淘宝网:http://www.taobao.com
阿里巴巴:http://www.alibaba.com.cn
电子商务学习网:http://www.ecxuexi.co

十、本课程常用术语中英文对照

EDI(Electronic Data Interchange) 电子数据交换
EFT(Electronic Funds Transfer) 电子资金转账
B to B(Business-to-Business) 企业间的
B to C(Business-to-Consumer) 企业与消费者间的
B to G(Business-to-Government) 企业与政府间的
C to C(Consumer-to-Consumer) 消费者间的
DNS(Domain Name Service) 域名服务
AOL(America On Line) 美国在线网络
FAQ(Frequently Asked Question) 常见问题解答
LAN(Local Area Network) 局域网
WAN(Wide Area Network) 广域网
ATM(Automated Teller Machine) 自动出纳机
MBPS(Mega Byte Per Second) 每秒兆字节
Mbps(Mega Bits Per Second) 每秒兆字位
CIO(Chief Information Official) 高级信息管理人员
HTTP(Hypertext Transfer Protocol) 超文本传输协议
ERP(Enterprise Resource Planning) 企业资源计划编制
ODBC(Open Database Connectivity) 开放式数据库连接性
ISDN(Integrated Services Digital Network) 综合业务数字网络
ADSL(Asymmetrical Digital Subscriber Loop) 非对称数字用户环线
CRM(Customer Relationship Management) 客户关系管理
ADE(Application Development Environment) 应用开发环境
DBMS(Data Base Management System) 数据库管理系统

课程单元教学设计

课程名称	电子商务实务		项目（章）	子项目 2　B to C 电子商务业务	子任务（节）	B to C 交易
授课学时	1	教材教参	《电子商务实训》，宋文光主编，大连理工大学出版社，2014。		授课班级	电商 152
教学目标	知识	掌握 B to C 平台上个人用户的注册，登录，商品选购；商户对订单的处理流程。				
	能力	能够在 B to C 平台上受理客户订单，结算并发货。				
	素质	树立商户在交易中应遵守的法律意识。				
教学重点	B to C 交易中的订单处理，买卖双方的信息沟通和互动。			教学难点	B to C 交易中的订单处理，买卖双方的信息沟通和互动。	
解决方法	首先理清 B to C 交易思路，学生分组，进行客户前台购物操作，教师总结关键点，学生进行商户后台管理，教师总结关键点；角色转换，进行特殊订单处理，突破难点。					
教学设计思路	以 B to C 交易为主线，订单处理为流程，展开任务，通过任务导入和分析、任务实施、能力拓展和评价总结四部分阶段性引导学生开展任务，并在实施中理解重点，在教师启发和角色转换中突破难点。			信息化资源利用	视频 图片 电子商务师实验室平台 B to C 实践教学系统 京东网、当当网	
教学环境	商贸系实训室，投影仪，计算机，电子商务师实验室平台					
教学环节	教学内容				教学步骤、方法与手段	
一、课程导入	课堂开始，由教师放映双十一的 B2C 交易火爆视频，学生根据自己已学知识判断电商模式，并说出该模式的特点。				教师： 播放双十一火爆网购视频。 学生： 观看录像，思考该电商模式并分析特点。	

续表

教学环节	教学内容	教学步骤、方法与手段
二、任务分析	1. 背景资料 2015年11月11日,张衡想在B to C商城购买2双男士皮鞋,通过网上浏览,最后选定陇川鞋业的商品。要求送货上门,付款方式为网上付款。负责经营陇川鞋业网店的王平受理订单后,按顾客要求发货,双方交易成功。 2. 任务内容 学生分组,两人一组,客户(张衡)和商户(王平),客户进行B to C交易,商户处理订单。 3. 任务要求 学生分组完成,通过了解教师给出的B to C流程,在电子商务师实验室平台进行操作。 提示:B to C流程的客户订货和商户处理订单都有详细的步骤和流程,需要学生仔细完成并在操作中绘制流程图。	教师: 通过给出案例创设情境,教师(作为B to C商城管理员)为学生(两人一组,客户和商户)服务。通过PPT呈现背景资料,引导学生了解B to C交易前台和后台流程,对学生提出任务实施目标和评选要求。 学生: 接受工作任务。
三、任务实施	1. 学生分组讨论与方案展示 客户:前台购物 准备:申请个人网上银行卡、后台存款;注册会员 购物流程:选购商品—下定单—结算 BtoC 网上购物流程图 客户注册会员 → 商品搜索选购 → 下订单(放进购物车) → 收银台 订单查询 ← 购物完成 ← 在线支付(或汇款) ← 选择送货方式 商户:后台管理 准备:商户入驻、期初商品(前次课已准备好) 后台管理:处理订单、销售管理(采购管理、库存管理) 网上客户订单 → 订单受理 → 查询商品库存 库存无货 / 库存有货 生成采购单 确认入库 → 生成销售单 库存综合查询 / 确认出库 结算 / 发货确认	学生: 1. 客户进行B to C交易准备工作,并网上购物,发送订单。 2. 商户处理订单,结算并发货。 3. 小组的销售明细完成后给商城管理员检查,小组合作绘制该平台操作的B to C交易流程图。 教师: 1. 在小组活动过程中,作为商城管理员为客户和商户答疑解惑。 2. 强调客户的邮箱注册、网银注册、商城平台注册;提醒商户接到订单后查询库存,缺货情况下需要先进货入库再发货。

续表

教学环节	教学内容	教学步骤、方法与手段
三、任务实施	2. 教师结合小组展示方案结果，启发学生归纳、总结 B to C 电子交易流程图 根据学生小组展示的 B to C 交易流程图，从客户、商户两个角度进行梳理，并在梳理过程中渗入特殊情况（库存不足，订单合并）的处理方法。 （流程图：客户登陆→会员注册→购物区→购物车→下订单→收银台/选择付款方式（网上支付/银行转账/邮局汇款）→银行/邮局→选择送货方式→配送中心→交易完成；后台管理→客户管理→网站维护→订单受理→应收款查询→库存管理→售后服务）	教师： 1. 根据本节课工作任务内容，借助学生生活中 B to C 交易的经验，以张衡 B to C 交易进行操作演示，强调该平台操作的重点和难点。 2. 通过突发情况的渗入，引导学生树立电商人员的服务意识，作为客户理解电商人员工作，倡导学生在生活中建立和谐网络交易、平安网络交易的环境。 学生： 理解 B to C 交易流程中步骤衔接的原因，掌握 B to C 交易流程操作。
四、能力拓展	能力拓展（课上）： 张衡购买了 2 双男士皮鞋，收到货后感觉商品质量很好，又在陇川鞋业的网店采购了 50 双女士皮鞋，陇川鞋业网店的王平查询后发现库存不足，就向陇川鞋业云南省总公司申请采购 200 双该款式女士皮鞋，然后又向客户发货。 考核内容： 学生能够对 B to C 交易中的突发事件进行处理。 考核要求： 小组中角色转换，进行 B to C 交易（含商户采购管理）。	教师： 布置能力拓展内容和要求。 学生： 根据新任务要求，利用教师梳理后的 B to C 交易流程完成操作。
五、评价总结	1. 评价 根据小组配合的默契程度、处理订单并发货的速度进行等级考核。 2. 总结 教师总结本教学单元的难点和重点（B to C 交易中的订单处理，买卖双方的信息沟通和互动）。 3. 课后提升 提示学生，如果出现单客户多订单，要用订单合并来处理。学生课下登录京东、当当网进行实际 B to C 交易，并绘制流程图上传至群文件。	教师： 布置课下的考核内容和要求，对本节课重点内容进行梳理和总结。 学生： 在课下登陆电子商务师实验室平台，完成 B to C（含订单合并）流程；登录京东、天猫、当当等网站购物，绘制流程图并上传至群文件。
教学后记	B to C 模式（客户、商户双角色）是电子商务发展中的典型模式，学生在掌握该模式操作的基础上，才能更清晰地理解更复杂的 B to B 模式（采购商、供应商、物流商三角色）交易流程。	

教学做验收课总结

商贸系 叶贤

为进一步推进专业课程改革,提高教师教学能力与授课水平,学院于2016年进行了第二批"教学做验收课"的建设与验收,根据《"教学做验收合格课"管理办法》的文件要求,教务处组织校内外专家对教学做验收课程进行评审,课程评审分为教学设计说课、"公开课"讲课、"随机课"讲课三个阶段。此次教学做验收课,我选择的课程是"电子商务实务",下面对我此次参加教学做验收课过程中学到的知识和经验进行总结。

一、教学做三阶段总结

"电子商务实务"是电子商务专业大二期间开设的职业技能训练课,通过学习本课程,学生能够以商户身份熟练操作不同电商模式运转流程,以更好地强化综合性职业技能。通过企业调研,本课程对应岗位有电子商务专员、网络营销专员,典型工作任务有网店管理→网上交易→物流追踪与售后、网页设计→网站优化、广告宣传→调研统计→商情分析。

在"电子商务实务"课程的整体设计中,根据电子商务模式的递进发展顺序和"网上交易"的线索,我选择了陇川鞋业的电商模式项目作为课程的总体大项目,以工作任务为中心组织课程内容,让学生在完成具体项目的过程中学会完成相应电子商务岗位工作任务。课程标准应该突出能力目标,将能力目标确定为能根据《电子商务平台服务质量评价与等级划分》和《电子商务平台运营与技术规范》要求进行操作。课程设计内容以项目、任务为主要载体,课程中学生为主体参与到教学过程中。45分钟课程选取的是子项目二,B to C电子商务,任务2,网店交易,子任务2.2,网上购物-订单处理。单元教学重难点是B to C交易中的订单处理,买卖双方的信息沟通和互动。以客户网购交易为主线,订单处理为流程,以任务导入、任务实施、能力拓展、评价总结开展课堂教学。

公开课选取的就是整体设计中的网上购物-订单处理,以视频导入客户的网购需求,学生分组角色扮演客户和网店,在电子商务师实验室平台上进行网购,网购同时把流程绘制出来,过程中教师作为商城管理员为双方处理问题,随后教师点出网购流程的易错点,学生绘制并讲解流程,全班同学反馈。第二阶段是角色对调,进行网店后台订单处理,其中就会涉及客户二次购货、退货的情况,学生提出订单合并,教师操作以解决。教师给出新的后台特殊处理,学生自由选择角色对难点进行巩固和加深。最后学生先总结单元难点,教师补充并引导学生登录课程资源网、蓝墨云班课进行课后复习。公开课是45分钟组织一个教学单元,不仅要合理安排时间让学生参与,还应注重信息化手段的应用,学生基本都有网购的经验,以VR技术网购的视频作为导入能够增加学生的网购体验。随机课是"市场营销管理与实务",依然以教学做的思想贯穿课堂,以学生熟悉的手机销售为导入,视频、微课结合让学生在对手机定价上进行尝试,引申出定价要求、方法、策略。

二、教学做一体化课程建设中的经验与不足

(1)专业任课教师对专业业务熟悉但对教育涉猎不深,对专业方面留意较多,对先进的教育理念关注较少,还需要继续跟进学习当前先进的课程改革理念;

惟有这样的新起点,课堂教学观念才能得到全面更新,教学改革才能真正有所突破,课堂上才可能把更多的时间留给学生自主思考、自主探索,学生才能学到终身受益的东西。

(2)项目的选取不恰当,有些项目只是一些碎片化的知识。要以企业实践为基础,深层次发掘岗位技能,融入课程,才能更好地确定目的性的任务。

(3)课堂中的教学手段还需要微课、视频、Flash 多种手段结合。在教学实验课中要以某些硬件平台为契机,可以录屏进行操作演示,释放出教师的实际操作。

(4)现有的课堂考核评价单一,还应探寻更加适应"教学做"一体化的评价模式。为了达到提高教学质量的目的,对教学活动的全过程及其结果进行测定、衡量,做出价值判断和评估,摸索研究建立一套完整和严格的教学质量评价体系,也能更精确地掌握学生的课堂内容吸收情况。

三、教学做验收课体会

(1)"教学做一体化"就是将理论教学内容与实训内容有机地联系在一起,创造出学生能看、能摸、能操作的教学环境,做到教中学,学中做,做中学。高职院校的学生学习积极性不高,有的甚至有厌学情绪。而"教学做一体化"的教学模式以具体的生产任务和岗位要求为载体,使学生把自己的学习和未来的工作技能联系起来,激发学生内在的学习动机,提高他们的学习兴趣,使他们能够以主体的地位自觉地构建知识体系,要在这条道路上摸索更高效的教学方法。

(2)校企合作共同制定教学计划。由学院牵头,教育专家、专业教师、电商企业技能部门经理和人力资源管理一线专家组成指导小组,研究讨论,制订用于课程教学资源开发、课程教学实施的岗位能力标准,把岗位能力标准融入课程中,建立课程标准。这样注重理论教学与实际应用相结合,激发学生的学习兴趣,调动学生的积极性,学生易于接受。

(3)加大教学做课堂的课外训练时间巩固、提高学生学习效果。在"教学做"一体化教学模式下,整体教学节奏加快,学生实训课上的练习时间有限,为了让学生尽快消化课堂上学习的新知识、新技能,必须加大课外训练时间。每次下课之前,教师都要把当堂课的课件、辅导资料等相关的教学资源通过局域网发给每个学生供其学习、参考。同时将课外训练纳入教学管理中,对课外学习的条件和时间给予保障,教师也可以充分利用互联网及时回答学生的问题,和学生进行沟通。

"教学做"一体化的教学模式坚持"以人为本"的理念,让学生真正体会到主人翁的地位,以具体的生产任务和岗位要求为载体,使学生把自己的学习和未来的发展有机的联系起来,激发学生内在的学习动机,提高他们的学习兴趣,促进学生在参与过程中学会学习,学会做事,学会做人,有效地提高学生的就业能力和适应职业变化的能力,更好地满足和服务社会。

电子单证实务

课程标准

课程名称：单证实务　　　　　　课程类型：技能训练课
总学时：60　　　　　　　　　　学分：2
适用专业：电子商务专业
执笔人：郭世华　　　　　　　　审核人：叶贤
制订时间：2017 年 3 月

一、课程性质与作用

1. 课程性质

"单证实务"是物流管理专业的一门职业技术课程，涉及到国际贸易术语、国际贸易结算、国际货物运输与保险等多个学科知识的综合运用，是一门实践性和综合性都很强的学科。该课程主要介绍进出口业务活动中所涉及到的信用证、发票、汇票、提单、保险单、产地证、装箱单等各种单据和证书的缮制和审核。其前续课程有国际贸易实务、市场经济基础、管理实务，后续课程有国际货运与保险、报检实务、报关实务等。

2. 课程作用

通过课程学习，学生能熟悉外贸单证工作中收证、审证、制单、审单、交单、归档业务流程，能根据外贸合同履行过程中各个业务环节的需要独立完成审证、制单、审单、交单归档一系列的外贸单证工作，具备外贸单证员的职业素质、职业能力和专业知识。通过本课程学习，学生有能力参加国际商务部组织的"国际商务单证员"考试并取得外贸行业的职业资格证书。

3. 课程标准设计思路

打破传统的以章、节为基础的知识讲解，根据外贸企业进出口工作中所涉及的事件，组合成工作项目，按照典型工作项目组织教学内容，以工作项目与职业能力分析为基础设计课程。通过设定相关职业岗位角色，使得课程结构能够更好地与工作结构相对接，最大限度地培养学生职业能力。

二、课程目标

1. 总体目标

通过本课程的学习使学生熟悉国际贸易单证工作的基本流程,具备单证综合操作能力,能独立从事审证、制单、审单、交单归档等一系列外贸单证工作,培养学生根据外贸业务各个环节的需要,正确操作各种外贸单证的能力。培养学生团结协作、扎实工作和敬业精神,使学生真正成为掌握一门技术的应用型人才。

2. 能力目标

学生能够根据 UCP600、2010 通则、国际惯例、国际商法的相关规定,运用国际贸易相关知识:

(1)分析外贸合同的内容。

(2)分析信用证的内容,能够根据外贸合同审核信用证并进行修改。

(3)缮制发票、包装单据、货运单据,办理出口货物托运手续。

(4)对一般贸易下的出口业务,进行出境货物报检、报关单证的缮制及办理相关手续。

(5)缮制并申领原产地证书。

(6)办理出口货物投保。

(7)审核海运提单。

(8)缮制全套结汇单证并办理交单手续。

(9)申请开立信用证,能够办理进口托运和投保。

(10)完成实际业务中制单软件的操作。

3. 知识目标

学生通过对本课程的学习:

(1)知道外贸合同的履行过程,了解合同履行各环节所涉及的单证,掌握外贸合同的条款及表达方式。

(2)理解信用证的主要内容,熟悉信用证的流转程序,掌握信用证的类型,明确信用证审核与修改的要点。

(3)掌握托运单证的内容和制作要点,理解托运单证的流程。

(4)了解出境货物报检、报关的含义,理解出境货物报检、报关的程序,明确报检单证、报关单证的内容。

(5)掌握出口保险单证的种类及内容,了解出口信用保险。

(6)掌握海运提单的内容,理解提单的种类和其他各种出口运输单据。

(7)知道汇票、产地证、装运通知、受益人证明等其他常用结汇单证的内容,了解海关发票、贷记通知、借记通知、船公司证明等辅助性结汇单证。

(8)掌握出口收汇核销和出口退(免)税的基本知识,理解其工作流程及相关单证的内容

(9)理解开证申请书的内容,进口单证的操作要点。

(10)理解实际业务中制单软件的操作模式。

4. 素质目标

(1)单证从业人员认真、谨慎的基本素养。

(2)能够保质、保量、按时完成单据的填制。

(3) 能够与各环节的工作人员进行良好的沟通。
(4) 具有协作能力与团队合作意识。
(5) 具备一定的应变能力,能耐较好的处理制单过程中的突发事件。

三、课程内容与要求

1. 课程内容框架

序号	模块(或子模块)名称	学时
1	子项目1:签订国际贸易买卖合同	12
2	子项目2:审核、修改并流转信用证	12
3	子项目3:缮制全套出口单据	28
4	子项目4:防范国际贸易单证制作风险	8

2. 教学内容设计

编号	子项目编号、名称	任务	情境	学时
1	子项目1 签订国际贸易买卖合同(外贸业务员)	1. 与外商进行交易磋商 2. 撰写外贸函电 3. 了解合同的形式与结构;领会合同拟定的相关条款	1.1 外贸业务员王亮将合同按时间进行分类整理,对比进出口贸易的工作环节,认真阅读合同。(正常) 1.2 王亮学习用函电对询盘内容进行回复,并发盘。学习函电的撰写规范。(出错) 1.3 王亮的发盘得到了买方意大利丽压路公司的回复,并对发盘内容提出了异议,其中主要针对包装。业务员误认为包装的修改属于还盘,怎么办?(出错) 1.4 王亮对意大利丽压路公司的还盘内容进行审核,认为要求较合理可以接受,对还盘内容进行了回复,并示接受。(正常) 1.5 外贸业务员王亮开始起草出口合同,此时,电子节能灯的国际市场行情趋降,突然接到对方修改价格的函电,该怎么办呢?(意外)	12
2	子项目2 审核、修改并流转信用证(跟单员)	1. 掌握信用证支付流程;读懂SWIFT信用证格式 2. 掌握信用证审核要点 3. 修改信用证,并撰写信用证修改书	2.1 跟单员李华接到合同后,首先熟悉了信用证的流转程序。(正常) 2.2 李华开始审核信用证,比对合同内容,对信用证的条款逐一进行审核。(正常) 2.3 跟单员李华在审核信用证的时候发现,信用证中的开征申请人名称有误、到期地点不合理、总金额书写错误。(紧急) 2.4 李华对信用证里不合理的地方和出错的地方进行修改,并撰写了信用证修改书。(正常)	12

续表

编号	子项目编号、名称	任务	情境	学时
3	子项目3 缮制全套出口单据（单证员）	1. 填制商业发票、装箱单 2. 填制托运单、托运委托书 3. 填制投保单 4. 填制汇票，使用汇票 5. 填制一般原产地证明书 6. 填制报检单、准备商检材料准备报检；填制报关单，准备报关材料准备报关 7. 填制外汇核销单；熟悉出口核销管理对象、原则	3.1 单证员张良按照信用证的内容和国际惯例填制商业发票，在填制的时候找不到唛头信息怎么办？（出错） 3.2 张良按照信用证的内容和国际惯例填制重量单。（正常） 3.3 张良在填制装箱单时写错了金额的大写部分，怎么办？（出错） 3.4 张良按照信用证的内容和国际惯例填制托运单，办理托运手续。（正常） 3.5 张良按照信用证的内容和国际惯例填制投保单，对保险范围和保险起讫区间不清楚，怎么办？（出错） 3.6 张良在填制汇票时，找不到汇票号码，怎么办？（出错） 3.7 张良按照信用证的内容和国际惯例填制一般原产地证明书。（正常） 3.8 张良在填制普惠制原产地证明书格式A时，填错了H.S.code。（意外） 3.9 张良按照信用证的内容和国际惯例填制外汇核销单。（正确）	28
4	子项目4 防范国际贸易单证制作风险	1. 审核出口涉及的全套单据，处理单证不符点 2. 掌握防范风险的注意事项	4.1 张良按照"单证一致，单单相符"的原则审核全套单据，发现发票中的唛头与提单中的唛头不一致。合同中货物的名称与信用证及单据中的货物名称不一致。该怎么改呢？（正常） 4.2 张良针对单据出现的不符点，参照信用证条款和国际惯例，依据合情、合理、合法的原则，做出了修改。（正常） 4.3 单证员张良在审核单据的过程中，发现之前审核信用证不全面，信用证中存在软条款，怎么办？（意外）	8

四、课程考核

成绩构成	占比	具体说明	考核时间
小组任务	20%	以小组方式完成项目任务，包括信用证的审核和修改、单据的天之、单据的审核等	在教学过程中，每个项目完成后
平时成绩	20%	平时出勤情况、课堂表现和作业完成情况等	平时做好记录，期末统计
期末成绩	60%	上机进行制单操作	最后一次课随堂考试

五、教学组织、实施与保障建议

1. 教学团队

本课程任课教师要求中级以上职称，经济类相关专业或从事电子商务相关工作的企业管理人员。

2. 教学条件

普通实训室，实训室计算机台数满足授课班级，计算机 Win7 系统，并装有 Office2007 版。

3. 教材与课程资源的利用

（1）参考的主要教材、参考书

《外贸单证实务》，郭晓晶，广银芳，高等教育出版社，2011

《国际单证实务》，席岩，许维祥，北京大学出版社，2009

航运通 2010 单证软件

（2）重要网站网址

福步外贸论坛，http://bbs.fobshanghai.com/thread-578815-1-1.html

环球外贸论坛，http://bbs.fob5.com/

外贸知识网，http://waimao.qc99.com/

国际贸易网 http://www.gxso.net/

（3）校内外实训基地

校外多家实习实训基地，如：圣纳科技、聚美优品等。且多名校外专家、企业高管在我系任教，助理我院电商人才的培养。

六、保障建议

本课程在教学过程中，立足于加强学生对外贸进出口单据的缮制能力，采用案例教学、项目教学、情景模拟等方式提高学生学习兴趣。

（1）采用现代多媒体教学与软件操作和情景模拟相结合，强化学生实践能力。

（2）情境模拟中采用分组演练、对比评价、综合评价等方式提高学生的参与度和参与热情。

（3）从学生实际出发，因材施教，着力培养学生对本课程的学习兴趣，从而提高学生学习的主动性和积极性。

课程整体教学设计

一、课程基本信息

课程名称：电子单证实务			
所属系部：商贸系	制定人：郭世华		
课程代码：6205051252	学分：2		学时：60
授课时间：第 4 学期	授课对象：电子商务专业 2 年级学生		
课程类型：技能训练课			
先修课程：国际贸易实务、网络贸易、实用英语等	后续课程：电子商务综合实训等		

二、课程定位

1. 岗位分析

学生通过学习本课程,可以从事的岗位如下表:

初次就业岗位	外贸业务员、跟单员、单证员
二次晋升岗位	外贸部主管
未来发展岗位	外贸部经理

在一些公司的外贸部、业务部设有外贸业务员、跟单员、单证员的岗位,这些公司包括外贸公司、货代公司、港口码头、报关行、检验检疫机构等。下图为生产制造型企业组织结构图,图中外贸部设有外贸业务员、跟单员、单证员这样的岗位。

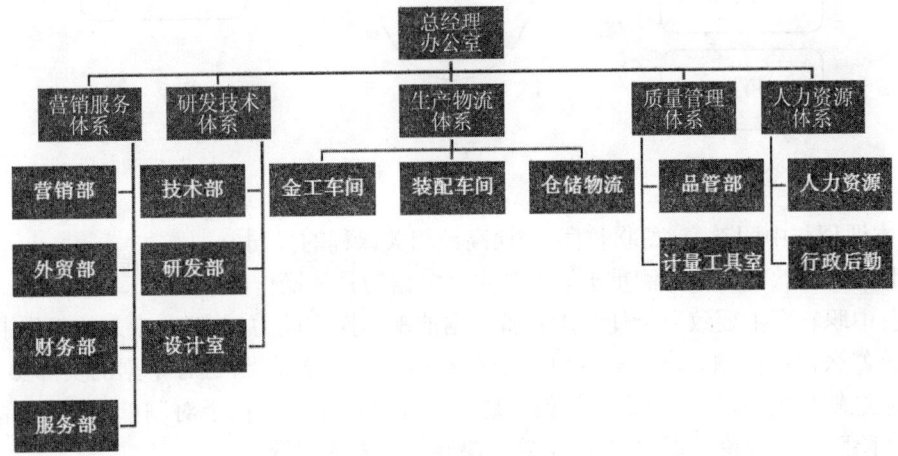

以生产制造型企业江苏阳光照明电器有限公司为例,具体岗位工作流程如下:

外贸业务员:交易磋商→签订合同

跟单员:跟踪外贸合同执行进度

单证员:制单→商检→订舱→报关→获得运输文件→准备客人清关文件→交单→业务登记/文件存档→信息收集

岗位的主要知识需求、能力需求和素质需求如下:

(1)知识需求——知道要怎么做

必须掌握系统的外贸知识、单证知识、外语知识,善于学习更新知识。在扎实的外贸专业知识基础上,还应清楚企业的运作流程,了解产品知识、生产工艺流程,以及掌握货代市场行情和一些贸易国别或地区的政策、单证习惯等相关知识。专业知识丰富,涉及面广泛是成为一名优秀员工的前提。

(2)能力需求——知道该怎么做

要求有较强的实践操作能力,工作质量的高低是衡量业务能力的直接体现。在实际的外贸业务操作中,需要有良好的沟通技巧,综合掌握英语、电脑及沟通工具的运用技巧,不断钻研业务、提高单证缮制技巧,降低单证出错率。

（3）素质需求——知道该怎么做好

需要耐心细致,责任心强。尤其是单证员岗位,许多单证员都有过因单证制作错误"花钱买教训"的经历,制单过程中最忌粗心大意,急于求成。在面对错误或困难的时候,需要调整心态,直视并勇于承担错误,积极的解决问题。如果没有严谨的工作态度,就会重复犯错。要善于时间管理、勤于记录备案、重视协调沟通,能够在工作中不断思考、总结,养成良好的工作习惯,这些都是高素质外贸单证员的必备条件。

2. 课程分析

（1）本课程的先修课程与后续课程（如下图）

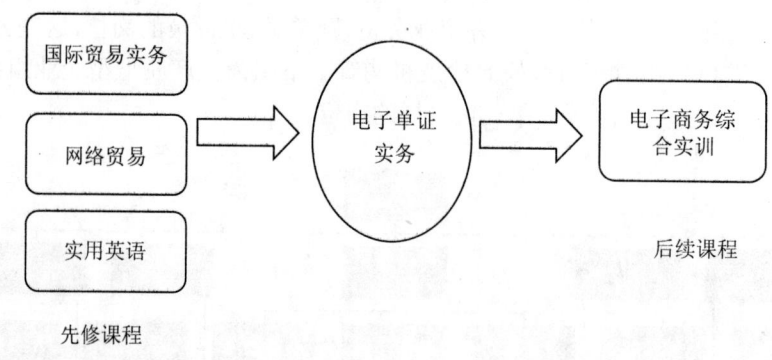

（2）本课程与中职教育、高职教育、普通高校相关课程的异同

共同点：三种教育类型都侧重于培养学生对单据的具体操作能力。

区别：中职教育主要致力于使学生具备单据的基本操作能力,并能在未来的工作中得以应用,解决该怎么做的问题。高职教育侧重于在掌握原理的基础上,进行单据的实际操作,与岗位对接,通过软件模拟,解决怎么做好的问题。普通高校主要倾向于对制单的规范、审单审证的要点、风险防范等理论知识的解读,主要解决要怎么做的问题。

三、课程目标设计

1. 总体目标

通过本课程的学习使学生熟悉国际贸易单证工作的基本流程,具备单证综合操作能力,能独立从事审证、制单、审单、交单归档等一系列外贸单证工作,培养学生根据外贸业务各个环节的需要,正确操作各种外贸单证的能力。培养学生团结协作、扎实工作和敬业精神,使学生真正成为掌握一门技术的应用型人才。

2. 能力目标

学生能够根据 UCP600、2010 通则、国际惯例、国际商法的相关规定,运用国际贸易相关知识：

（1）分析外贸合同的内容。

（2）分析信用证的内容,能够根据外贸合同审核信用证并进行修改。

（3）缮制发票、包装单据、货运单据,办理出口货物托运手续。

（4）对一般贸易下的出口业务,进行出境货物报检、报关单证的缮制及办理相关手续。

(5)缮制并申领原产地证书。
(6)办理出口货物投保。
(7)审核海运提单。
(8)缮制全套结汇单证并办理交单手续。
(9)申请开立信用证,能够办理进口托运和投保。
(10)完成实际业务中制单软件的操作。

3. 知识目标

学生通过对本课程的学习:

(1)知道外贸合同的履行过程,了解合同履行各环节所涉及的单证,掌握外贸合同的条款及表达方式。

(2)理解信用证的主要内容,熟悉信用证的流转程序,掌握信用证的类型,明确信用证审核与修改的要点。

(3)掌握托运单证的内容和制作要点,理解托运单证的流程。

(4)了解出境货物报检、报关的含义,理解出境货物报检、报关的程序,明确报检单证、报关单证的内容。

(5)掌握出口保险单证的种类及内容,了解出口信用保险。

(6)掌握海运提单的内容,理解提单的种类和其他各种出口运输单据。

(7)知道汇票、产地证、装运通知、受益人证明等其他常用结汇单证的内容,了解海关发票、贷记通知、借记通知、船公司证明等辅助性结汇单证。

(8)掌握出口收汇核销和出口退(免)税的基本知识,理解其工作流程及相关单证的内容。

(9)理解开证申请书的内容,进口单证的操作要点。

(10)理解实际业务中制单软件的操作模式。

4. 素质目标

(1)单证从业人员认真、谨慎的基本素养。
(2)能够保质、保量、按时完成单据的填制。
(3)能够与各环节的工作人员进行良好的沟通。
(4)具有协作能力与团队合作意识。
(5)具备一定的应变能力,能耐较好的处理制单过程中的突发事件。

四、课程内容设计

项目名称	子项目名称	学时
江苏阳光照明电器有限公司出口电子节能灯跟学项目	子项目1:签订国际贸易买卖合同	12
	子项目2:审核、修改并流转信用证	12
	子项目3:缮制全套出口单据	28
	子项目4:防范国际贸易单证制作风险	8

五、项目任务设计

序号	子项目编号、名称	任务	能力目标	知识目标	训练方式、手段及步骤	可展示的结果
1	子项目1 签订国际贸易买卖合同（外贸业务员）	1-1 确定交易磋商的形式与内容	能对交易磋商的内容进行分类	了解交易磋商的形式与内容	老师播放交易磋商录像，学生总结交易磋商的形式与内容	能够分组进行交易磋商
		1-2 熟悉交易磋商的程序	能用简单的例子叙述交易磋商的程序	理解交易磋商的程序	分小组模拟交易磋商	能够分组进行交易磋商
		1-3 订立合同	分析外贸合同的内容	知道外贸合同的履行过程，了解合同履行各环节所涉及的单证，掌握外贸合同的条款及表达方式。	看合同样本，正确样本与错误样本对比，知识点讲解	能草拟外贸合同
2	子项目2 审核、修改并流转信用证（跟单员）	2-1 审核信用证	分析信用证的内容，能够根据外贸合同审核信用证	理解信用证的主要内容，掌握信用证的类型	展示信用证样例，正确样例与错误样例对比，学生归纳错误点	给定信用证，能够进行审核
		2-2 修改信用证	能够根据外贸合同修改信用证	明确信用证审核与修改的要点	对照修改要点修改信用证中错误内容	给定信用证能够进行修改
		2-3 流转信用证	能够叙述信用证流转程序	熟悉信用证的流转程序	老师讲解信用证流转程序，学生根据老师的讲解绘制流转图	能够叙述信用证如何流转

续表

序号	子项目编号、名称	任务	能力目标	知识目标	训练方式、手段及步骤	可展示的结果
3	子项目3 缮制全套出口单据（单证员）	3-1 缮制发票与包装单据	能够填制商业发票、装箱单	熟悉商业发票、装箱单填制要点	老师讲解发票、装箱单要点，学生根据信用证内容填制发票及装箱单	填制好的商业发票及装箱单
		3-2 缮制运输单据	能够办理出口托运手续	掌握托运单证的内容和制作要点，理解利单证的流程	老师讲解托运流程和托运单填制要点，学生根据信用证内容制托运单、海运提单	填制好的托运单、海运提单
		3-3 缮制保险单据	能够办理出口货物投保	熟悉投保单要点	老师讲解投保单填制要点，学生根据信用证内容填制投保单	填制好的投保单
		3-4 缮制汇票	能够填制汇票	熟悉汇票填制要点	老师讲解汇票填制要点，学生根据信用证内容填制汇票	填制好的汇票
		3-5 缮制原产地证明书	缮制并申领原产地证书	熟悉一般原产地证明书填制要点	老师讲解原产地证明书填制要点，学生根据信用证内容填制原产地证明书	填制好的原产地证明书
		3-6 缮制报检、报关单据	能够办理出口货物报关、报检	熟悉报检单、报关单填制要点	老师讲解填制要点，学生根据信用证内容填制相应单据	填制好的报检单、报关单
		3-7 缮制核销单据	能够办理出口货物核销	熟悉核出口货物核销手续、销单据填制要点	老师讲解核销流程和填制要点，学生根据信用证内容填制核销单据	填制好的核销单
4	子项目4 防范国际贸易单证制作风险	4-1 审核国际贸易单证，处理不符点	能准确审单，发现不符点	掌握审单要点，及处理不符点的方法	老师给出信用证资料和单据，学生进行审核，处理不符点	审核无误的单据，准确列出单据中的不符点
		4-2 防范措施	能够防范制单中的易错点	掌握易错点	问答	回答老师提出的问题

六、课程进程表

子项目编号、名称	周次	学时	单元标题	项目编号	能/知目标	师生活动	其他(含考核内容、方法)
子项目1 签订国际贸易买卖合同（外贸业务员）	1	4	交易磋商形式与内容	1	理解交易磋商的形式	老师播放交易磋商录像，学生总结交易磋商的形式与内容	分组进行交易磋商
	2	4	交易磋商的程序	1	掌握交易磋商的程序	学生在老师的指导下模拟交易磋商的环节	分组进行交易磋商
	3	4	合同的订立	1	了解合同订立的条件	老师将合同样本发给学生，学生认真阅读合同的内容，进行对错对比	草拟外贸合同
子项目2 审核、修改并流转信用证（跟单员）	4	4	信用证的审核	2	理解信用证审核的要点	老师展示信用证样例，正确样例与错误样例对比，学生归纳错误点	给定信用证资料，进行审核
	5	4	信用证的修改	2	掌握信用证修改的要点	学生对照修改要点修改信用证中错误内容	给定信用证进行修改
	6	4	信用证的流转	2	理解信用证流转的程序	老师讲解信用证流转程序，学生根据老师的讲解绘制流转图	叙述信用证如何流转
子项目3 缮制全套出口单据（单证员）	7	4	缮制商业发票、包装单据	3	掌握缮制发票、装箱单的要点	老师讲解发票、装箱单填制要点，学生根据信用证内容填制发票	填制商业发票、装箱单
	8	4	缮制运输单据	3	掌握托运单、提单的缮制要点	老师讲解托运流程和托运单制要点，学生根据信用证内容填制托运单、海运提单	填制托运单、海运提单
	9	4	缮制保险单据	3	掌握投保单的填制要领	老师讲解投保单填制要点，学生根据信用证内容填制投保单	填制投保单
	10	4	缮制汇票	3	掌握汇票的填制要领	老师讲解汇票填制要点，学生根据信用证内容填制汇票	填制汇票
	11	4	缮制原产地证明书	3	理解原产地证明书的填制要求	老师讲解原产地证明书填制要点，学生根据信用证内容填制原产地证明书	填制一般原产地证明书
	12	4	缮制报检、报关单	3	理解报关单、报检单的填制要点	老师讲解填制要点，学生根据信用证内容填制相关单据	填制报检、报关单
	13	4	缮制出口核销单	3	知道出口收汇核销的填制要点	老师讲解核销流程和填制要点，学生根据信用证内容填制核销单据	填制出口核销单

续表

子项目编号、名称	周次	学时	单元标题	项目编号	能/知目标	师生活动	其他（含考核内容、方法）
子项目4 防范国际贸易单证制作风险（单证员）	14	4	国际贸易单证不符点的处理方法与技巧	4	掌握单证不符点的处理方法	老师给出信用证资料和单据，学生进行审核；老师给出有不符点的单据，学生处理不符点	准确审核单据
	15	4	国际贸易单证的风险及防范	4	理解国际贸易单证填制中易出现的风险；掌握防范措施	学生和教师一起分析国际贸易案例	案例分析中知识点的考核

七、首末课设计

1. 首次课设计（如下图）

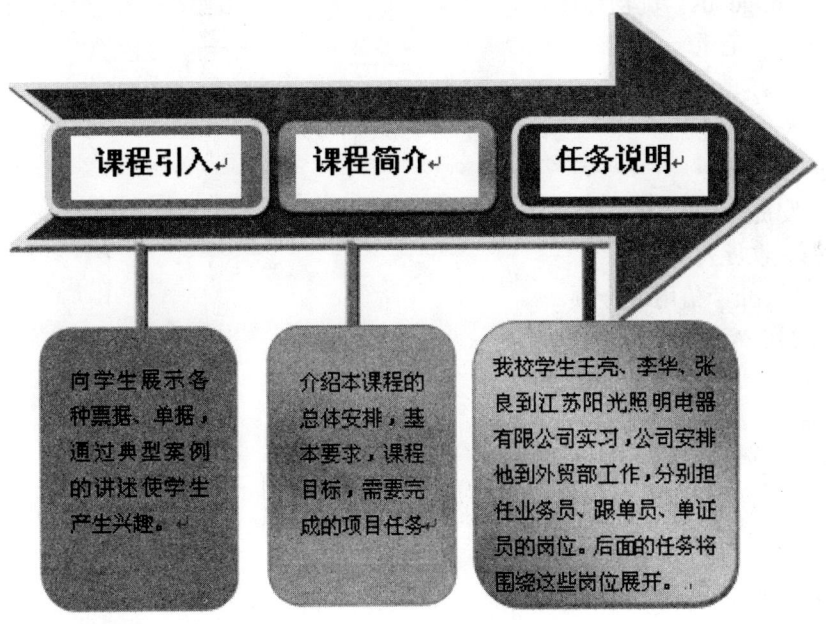

2. 末次课设计

总结：回顾本学期学习的重点内容，提交课外实训所填制的单据。按照贸易流程展示一套完整的单据。

分享：学生分享自己在完成课外独立完成项目时遇到的问题，和相关经验。

八、考核方案

成绩构成	占比	具体说明	考核时间
小组任务	20%	以小组方式完成项目任务,包括信用证的审核和修改、单据的天之、单据的审核等	在教学过程中,每个项目完成后
平时成绩	20%	平时出勤情况、课堂表现和作业完成情况等	平时做好记录,期末统计
期末成绩	60%	上机进行制单操作	最后一次课随堂考试

九、教学材料

教材:《外贸单证实务》,郭晓晶,广银芳,高等教育出版社,2011
软件:航运通 2010 单证软件

十、本课程常用术语中英文对照

goods　货物
partial shipment　分批装运
description of goods　货物描述
gross weight　毛重
net weight　净重
measurement　体积
unit price　单价
shipper　发货人
consignee　收货人
amount of credit　信用证金额
revocable L/C　可撤销信用证
revocable L/C　不可撤销信用证
confirmed L/C　保兑信用证
transferable L/C　可转让信用证
banker's L/C　银行信用证
general average　共同海损
remittance　汇款
sight draft　即期汇票
shipment　装运;装载
signature　署名;签字
strike risks　罢工险
transhipment　转船
telegraphic transfer　电汇
port of loading　装运港
port of discharge　卸货港

课程单元教学设计

课程名称	电子单证实务		子项目（章）	子项目3 缮制全套出口单据		任务（节）	任务3 缮制投保单据
授课学时	1	教材教参	《外贸单证实务》，郭晓晶，广银芳高等教育出版社			授课班级	电子商务141、142
教学目标	知识	掌握投保单填制要点					
	能力	能够办理出口货物投保					
	素质	能保质、保量、按时完成单据的填制及流转					
教学重点		投保单的缮制规范			教学难点		投保单的流转程序
解决方法	视频引导、案例分析与教师讲解相结合						
教学环境	机房						

教学设计思路	教师:告知教学目标、讲解投保单填制要点、讲解单据流转知识点。 学生:分小组模拟制单、分角色模拟3个投保单流转过程中的情景。 以江苏阳光照明电器有限公司要出口电子节能灯为主线,单据缮制及流转为内容,通过任务分析、知识引导、任务实施、任务拓展和评价,展开项目任务。在任务实施中理解教学重点,在角色模拟中突破教学难点。	信息化资源利用	微信公众号、图片 航运通2010软件
教学环节	教学内容		教学步骤、方法与手段
一、课程导入(3分钟)	课堂开始,教师播放TITANIC沉船部分视频、海上风险事故图片,告诉学生每一种运输方式都存在风险,有风险就会产生损失,如何才能使买卖双方的损失降到最低?引出本节课要讲解内容——投保单的缮制及流转。		教师:播放视频。 学生:观看视频,思考问题。

续表

教学环节	教学内容	教学步骤、方法与手段
二、任务分析（7分钟）	背景资料：江苏阳光照明电器有限公司要出口一批电子节能灯，2015年12月1日签订合同，合同中规定信用证结算，价格术语为CIF OSAKA。2016年1月10日完成生产，单证员张良开始租船订舱，18日，外贸业务员王亮收到了货代运达公司的配仓回单后，基本确定了装运日期（2016年1月28日）和船名（HUANGHE V.503）。随后即通知单证员张良（备注：张良有保险代理资格证）缮制保单。张良根据王亮提供的资料（发票、信用证及出口货物的相关信息）开始缮制投保单，并交保险公司办理保险单。 内容：学生2人一组，以小组为单位扮演单证员填制单据，教师扮演出口部主管审核单据。学生以小组为单位模拟单据流转，绘制流转图。 任务要求：学生分小组完成单据的缮制与流转，教师选取PICC投保单为制单模板，介绍任务，根据给定信用证，遵循《UCP600》规定，讲解制单规范。	教师：给出任务资料，讲解制单规范。 学生：接受工作任务。
三、任务实施（20分钟）	1. 学生以小组为单位，扮演单证员，按照任务要求缮制投保单，教师扮演出口部主管审核单据。教师总结学生在制单过程中的错误点，做正确示范。 2. 学生以小组为单位，抽取情境，按照自己的情境进行单据流转模拟，在模拟的过程中学生遇到问题，教师给予知识点分析，进过教师分析之后，学生对遇到的问题给予正确的解决。情境模拟后，学生绘制不同情境下的投保单流转图。	教师：以出口部主管的身份审核学生填制的投保单，总结学生的易错点。并在模拟流转中提示知识点帮助学生解决单据流转中的问题。 学生：模拟制单，模拟单据流转。
四、任务拓展（15分钟）	1. 更换信用证材料，学生以小组为单位，按照信用证的内容，为刚入职的单证员小王缮制的投保单找错误。 2. 学生对信用证资料中涉及的英文单词与中文意思做连连看，巩固学生对制单专业词汇的记忆。	教师：给出新的信用证资料，布置拓展任务。 学生：根据新的信用证资料完成单据找错误、单词连连看。
五、评价总结（5分钟）	1. 评价：根据小组完成任务情况（规范缮制投保单；分情境绘制投保单的流转图）给予评价。 2. 总结：教师总结本单元的重难点。 3. 课后任务：进入公众号，查看关于海洋运输保险的案例分析，以小组为单位在留言中提交分析结果，并注明小组成员姓名。	教师：总结评价。 学生：完成课下任务。
教学后记	1. 通过学习投保单的内容及缮制要求，学生能够全面掌握制单的方法和技巧。 2. 通过了解投保单的流转过程，学生能够理解并掌握保险单据是如何在出口业务中流转的。	

机电设备 PLC 控制

课程标准

课程名称:机电设备 PLC 控制　　课程类型:技能训练课
总学时:60　　　　　　　　　　　学分:4
适用专业:电气自动化技术专业
执笔人:寇恒　　　　　　　　　　审核人:于莉
制订时间:2013 年 12 月　　　　　修订时间:2017 年 2 月

一、课程性质和作用

1. 课程性质

"电气自动化技术"专业核心能力电气控制应用能力、自动生产线维护能力、自动化生产设备技术改造能力。"机电设备 PLC 控制"课程正是为培养自动生产线维护能力、自动化生产设备技术改造能力设置的综合实训课程。

该课程面向电气自动化技术专业和机电一体化技术专业二年级学生,第四学期开设,为专业核心课程,开设基础为学生已学习过"可编程控制技术""中级维修电工""电机控制"等专业课程。

2. 课程标准设计思路

①按照难度逐步进阶设计三个阶段:PLC 控制基本功训练、PLC。

控制常用机电设备、PLC 模拟量控制,每个阶段设计 1~2 个教学情境。PLC 控制基本功训练:对机电设备上常用的电动气动件认识;PLC 控制常用机电设备:电动气动实训室(气动) 2 个教学情境。PLC 模拟量控制:液压机 PLC 控制龙洲生产线换向站(液压);

②所有情境均采用小组化教学,小组初步分工如下:组长、机械结构安装及调试人员、电气布线人员、PLC 程序编制调试人员、工程图纸及说明整理人员;

③注意将服务意识、规范意识、质量意识贯穿于课程始终,培养学生工程实践操能力。

3. 课程任务

本课程是在学生学习好"可编程控制技术""中级维修电工""电机控制"前修课程后开设。

二、课程目标

1. 总体目标

本课程针对工业生产中 PLC 控制的设计、施工、测试职业岗位能力需求,制定培养目标,通过 3 个模块,4 个教学情境的学习,使学生结合所学的专业理论知识,掌握在工业生产中 PLC 对不同被控对象的控制方法,以及掌握使用 PLC 综合控制的能力。让学生能够根据不同的被控对象,运用 PLC 控制技术,完成实际的 PLC 控制工程,积累工程实践经验,培养学生必备的职业素质,是学生实现与职业岗位零距离。

2. 能力目标

(1)能够根据系统控制要求选用合适的气动元件并进行控制。
(2)能够正确设置高速脉冲控制器并编写程序对步进电机进行控制。
(3)能够根据 PLC 模拟量控制的工作原理对液压系统进行控制。
(4)能够在调试中找到问题并解决。
(5)能够根据 PLC 系统设计的步骤,对系统进行设计并操作。

3. 知识目标

(1)掌握气动元件的 PLC 控制。
(2)掌握两轴步进电机 PLC 控制方法。
(3)掌握 PLC 系统设计的方法。
(4)了解 PLC 模拟量控制的工作原理及应用。

4. 素质目标

(1)团队协作、勤奋敬业、吃苦耐劳等良好风貌。
(2)灵活运用已学理论知识,分析问题和解决问题的能力。
(3)提高学生独立思考能力,帮助学生树立终身学习的观念。
(4)进行 PLC 系统设计时认真、细致,按步骤完成。

三、课程内容标准和要求

1. 课程内容框架

序号	课程内容安排	参考学时
1	(初步引入)设备认知	6
2	(分项强化)气动元件与两轴步进电机的 PLC 控制	16
3	(融会贯通)PLC 控制综合实训	22
4	(技术拓展)液压系统 PLC 控制	16

2. 教学内容设计

本课程分为 3 个模块,4 个教学情境。分项强化模块设计了气动元件 PLC 控制、两轴步进电机 PLC 控制 2 个情境;融会贯通模块设计了 PLC 综合实训 1 个教学情境;技术拓展模块设计了液压系统 PLC 控制 1 个教学情境。每个情境都是一个完整的工作过程,都按照各自的工作对象、操作流程、系统控制逻辑为线索展开,共同完成课程教学目标的支撑。

课程内容或项目模块		（初步引入）设备认知	学时	6
学习目标	知识目标：掌握在本门课程上所用到的设备和设备上的电气元件			
	技能目标：运用PLC硬件知识找到PLC的I/O分配与传感器的对应			
	素质目标：1.培养学生做事认真仔细，方法明确 2.培养学生灵活运用已学理论知识，分析问题和解决问题的能力			
学习单元		内容描述	教学方法建议	学时
1.认识MN100设备		对设备的机械和电气结构以及控制方式进行了解	实物讲解、实践操作	2
2.认识设备上所用到的电气元件		根据之前所学，学生自行找出设备上所用到的电气元件，并进行分类和记录	实物讲解、教师示范 小组合作、实践操作	2
3.总结		根据学生所总结的内容教师进行点评	教师点评	2

课程内容或项目模块		（分项强化）气动元件与两轴步进电机的PLC控制	学时	16
学习目标	知识目标：1.掌握PLC对气路的控制方法 2.掌握PLC对步进电机的控制方法 3.了解PLC程序整体设计思路。掌握模块编程法			
	技能目标：1.能够根据系统控制要求选用合适的气动元件并进行控制 2.能够正确设置高速脉冲控制器并编写程序对步进电机进行控制			
	素质目标：1.培养学生对现代工业控制的兴趣 2.培养学生对PLC程序的工业系统控制的基本能力			
学习单元		内容描述	教学方法建议	学时
1.气动元件PLC控制		学习PLC对自动化生产线的气动原件进行控制	实物讲解、教师示范 小组合作、实践操作	4
2.两轴步进电机PLC控制		学习PLC对MN100型电动气动实训装置的两轴步进电机进行控制	实物讲解、教师示范 小组合作、实践操作	8
3.程序下载与调试		挑选编写较完善的程序进行上机调试	演示教学	2
4.总结		总结修改完善程序并完成实训报告	小组合作、实践操作	2

课程内容或项目模块		（融会贯通）PLC控制综合实训	学时	22
学习目标	知识目标：掌握西门子S7-200PLC对气动控制、步进电机控制以及控制变频器驱动三相异步电动机，的综合编程思路			
	技能目标：1.掌握PLC对气路的控制方法 2.掌握PLC对变频器的控制方法 3.掌握PLC对步进电机的自动控制方法 4.掌握模块编程法，和PLC程序整体设计思路			
	素质目标：1.能够科学有序制定工作计划，并根据要求做出PLC整体程序设计 2.个人综合素质逐步提高			

续表

学习单元	内容描述	教学方法建议	学时
1.PLC 控制气动装置	讲解 MN100 型电动气动实训装置的气路图及控制元件和检测元件的位置,并绘制布置图和气路图	实物讲解、教师示范	4
2.PLC 控制变频器	讲解 MN100 型电动气动实训装置的出库部分的变频控制形式及变频器设置方法,完成变频器的设置	小组合作、角色扮演、实践操作	4
3.PLC 控制步进电机	讲解 MN100 型电动气动实训装置的步进电机控制方法及分仓入库的计算方法,根据具体的 X、Y 轴的位置计算包络的脉冲数并进行编程	实践操作	10
4. 程序下载与调试	挑选编写较完善的程序进行上机调试	演示教学	2
5. 总结	总结修改完善程序并完成实训报告	小组合作、实践操作	2

课程内容或项目模块		(技术拓展)液压系统 PLC 控制	学时	16
学习目标	知识目标:1. 知道液压元件的结构工作原理及其应用 2. 掌握模拟量编程的编程方法			
	技能目标:1. 了解模拟量传感器与模拟量输出的使用方法 2. 掌握模拟量传感器的范围和使用方法,具备简单模拟量编程的能力			
	素质目标:1. 提高学生独立思考能力 2. 培养学生模拟量编程的素质 3. 培养学生终身学习的素质			

学习单元	内容描述	教学方法建议	学时
1. 液压系统的工作原理与 PLC 控制方法	讲解工作原理,分析控制流程	视频教学、教师示范	2
2. 模拟量传感器与模拟量输出的使用方法	1. 模拟量输入:压力变送器的使用方法 2. 模拟量输出:压力阀、流量阀的使用方法 3.PLC 程序和模拟量输入输出的对应关系	实物讲解、实践操作	2
3. 模块编程法编程	1.PLC 控制该站全过程操作 2. 编写模拟量控制程序	实物讲解、小组合作、实践操作	8
4. 程序下载与调试	挑选编写较完善的程序进行上机调试	演示教学	2
5. 总结	总结修改完善程序并完成实训报告	小组合作、实践操作	2

四、课程考核方式

采用教学做一体化的教学模式,每个学习情境以完成一个工作任务为目标进行设计,从而让学生能够经历一个完整的职业活动过程,并以该过程所产生的效果作为考核依据,使学生在难度递增的机电设备维护、改造的职业活动情境中完成课程的全部学习任务。

每个学习情境中教师作为客户下达任务并给出相应的资料、作适当示范,学生以小组为单位进行实训,在学生实训的过程中教师通过引导、再示范等方式提供必要帮助,实训完成后教师进行包括实物、技术文档、职业素质等方面的验收。

考核内容		考核方法	所占比例
平时考核成绩占比	项目1	出勤30% 课堂表现30% 实操考核40%	15%
	项目2	出勤30% 课堂表现30% 实操考核40%	15%
	项目3	出勤30% 课堂表现30% 实操考核40%	30%
期末考核成绩占比	综合实训	根据所学教学情境的内容，出一个综合性的设计题目，让同学们在规定的时间内完成。	30%
安全操作			10%

课程整体教学设计

一、课程基本信息

课程名称：机电设备PLC控制		
课程代码：04130103	学分：4	学时：60
授课时间：第三学期	授课对象：电气自动化专业大二学生	
课程类型：电气自动化专业职业能力必修课		
先修课程：维修电工；电气控制与PLC	后续课程：自动化生产线安装与调试	

二、课程定位

1. 岗位分析

本专业毕业生的（技术、管理）岗位分析：

电气自动化专业的就业岗位有：自动化设备工艺员、操作员，电气设备安装工，电气设备系统调试工，自动化设备维护员，自动化产品销售员。参见下图。

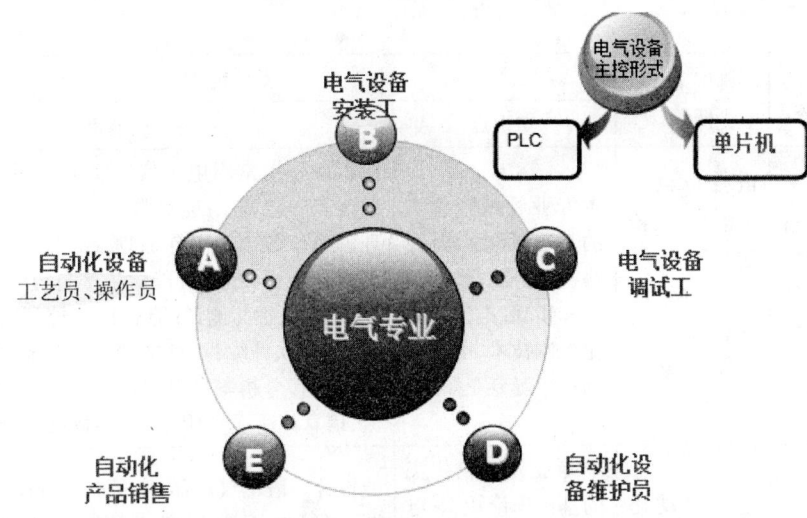

初次就业、二次晋升、未来发展参见下图。

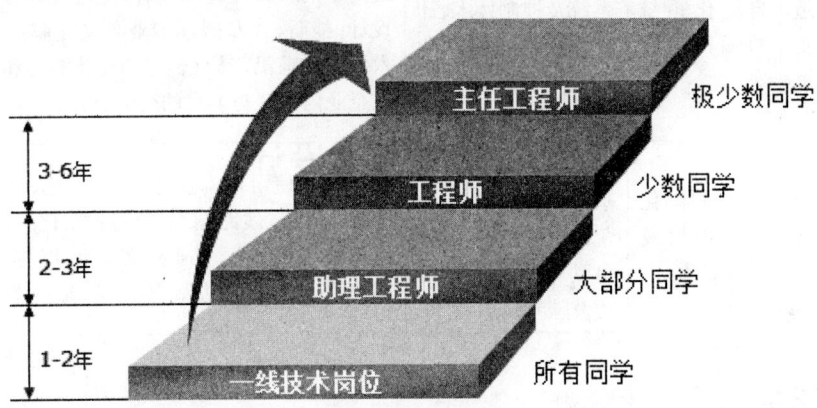

经过本课程培养的学生主要定位于现场电气工程师这一大类岗位,具体的就业岗位有:机电设备应用现场工程师、生产自动控制系统应用现场工程师、自动化控制系统设计与改造现场工程师、销售及技术支持四个岗位。

根据专业岗位群定位,我们将调研所得的教学要点拆解成职业岗位所需的知识点与技能点,提炼出电气自动化技术专业典型的岗位(群)和专业能力要求如下表。

序号	岗位名称	典型工作任务	专业能力	
			知识点	技能点
1	机电设备应用现场工程师	仪器仪表的使用、检测与维护;机电设备运行操作、日常保养、运行与维护	专业领域较宽的基础理论知识;机械基础知识;电气控制技术、电气传动技术、液压气动传动技术等专业知识	能识读和绘制电气图;能正确使用常用电工仪器仪表;能进行机电设备的运行操作、调试;能进行机电设备电气控制系统运行维护与测试;能与企业内部及与客户的交流、信息传递;能应用计算机;能阅读专业外文文献

续表

序号	岗位名称	典型工作任务	专业能力	
			知识点	技能点
2	生产自控系统应用现场工程师	电气仪器仪表的使用、检测与维护;生产自控系统安装、调试日常保养、运行与维护	本专业领域较扎实的基础理论知识;线路检测方法、检修工艺和步骤;电气自动化控制技术、电气传动技术等专业知识	能正确使用常用电工仪器仪表;能进行电气设备的配线和安装调试;能对常见自动控制系统进行分析,理解系统各部分工作原理及软件流程图;能安装与调试生产自控系统;能对生产自控系统进行日常保养、运行维护与测试;能对PLC控制系统进行硬件参数设置、软件编程、性能测试与调整;能对系统常见故障进行分析与处理;能与企业内部及与客户的交流、信息传递;能应用计算机;能阅读专业外文文献
3	自动化控制系统设计与改造现场工程师	电气自动化系统设计、改造;自动化系统的编程及实现	本专业领域较扎实的基础理论知识;电工学、电子技术基础理论知识;自动控制系统及控制技术、计算机控制技术、工业仪表与自动化装置等专业知识	能设计一般电气产品、电子产品、自动控制系统原理图、流程图、元件清单、互连图、施工图等工程图纸;能综合应用自动化控制技术;能进行自动化生产系统简单的升级改造和设计;能进行综合项目的开发、设计;能听、说及阅读专业外文文献;了解自动化技术发展的前沿,具有一定的设计能力和创新能力;能与企业内部及与客户的交流、与人协调
4	销售及技术支持	电气、自动化产品销售及技术支持	本专业领域较宽的基础理论知识;市场营销专业知识自动化产品销售技巧及谈判技巧	能正确的使用基本仪器、仪表使用、常用工具;能分析电子、电气线路图纸;能对自动化产品进行故障分析与处理;能阅读专业外文文献;能与企业内部及与客户的交流、与人协调

2. 课程分析

（1）课程性质

电气自动化技术专业核心能力电气控制应用能力、自动生产线维护能力、自动化生产设备技术改造能力。"机电设备PLC控制"课程正是为培养自动生产线维护能力、自动化生产设备技术改造能力设置的综合实训课程。

该课程面向电气自动化技术专业二年级学生,为专业核心课程,开设基础为学生已学习过"中级维修电工实训""电气控制与PLC"等专业课程。

在课程体系中,"机电设备PLC控制"课程所处的位置如下所示。

类别		课程
职业素质	通识课程	思想道德修养与法律基础、军事理论、计算机应用基础、毛泽东思想和中国特色社会主义理论体系概论、实用英语、高等数学、形势与政策、心理健康教育、体育、就业指导与创业教育
	素质教育课程	社会实践、操行评定、普通话训练、硬笔书法、礼仪、入学教育

续表

类别		课程
职业技能训练	基本知识	知识基础：电路分析基础、电子电路分析
		识图制图：机械制图与CAD、PCB设计与制作
		供配电知识：工厂供配电系统
	知识技能训练	以PLC控制技术为主线，并行维修电工和单片机技术两条辅线 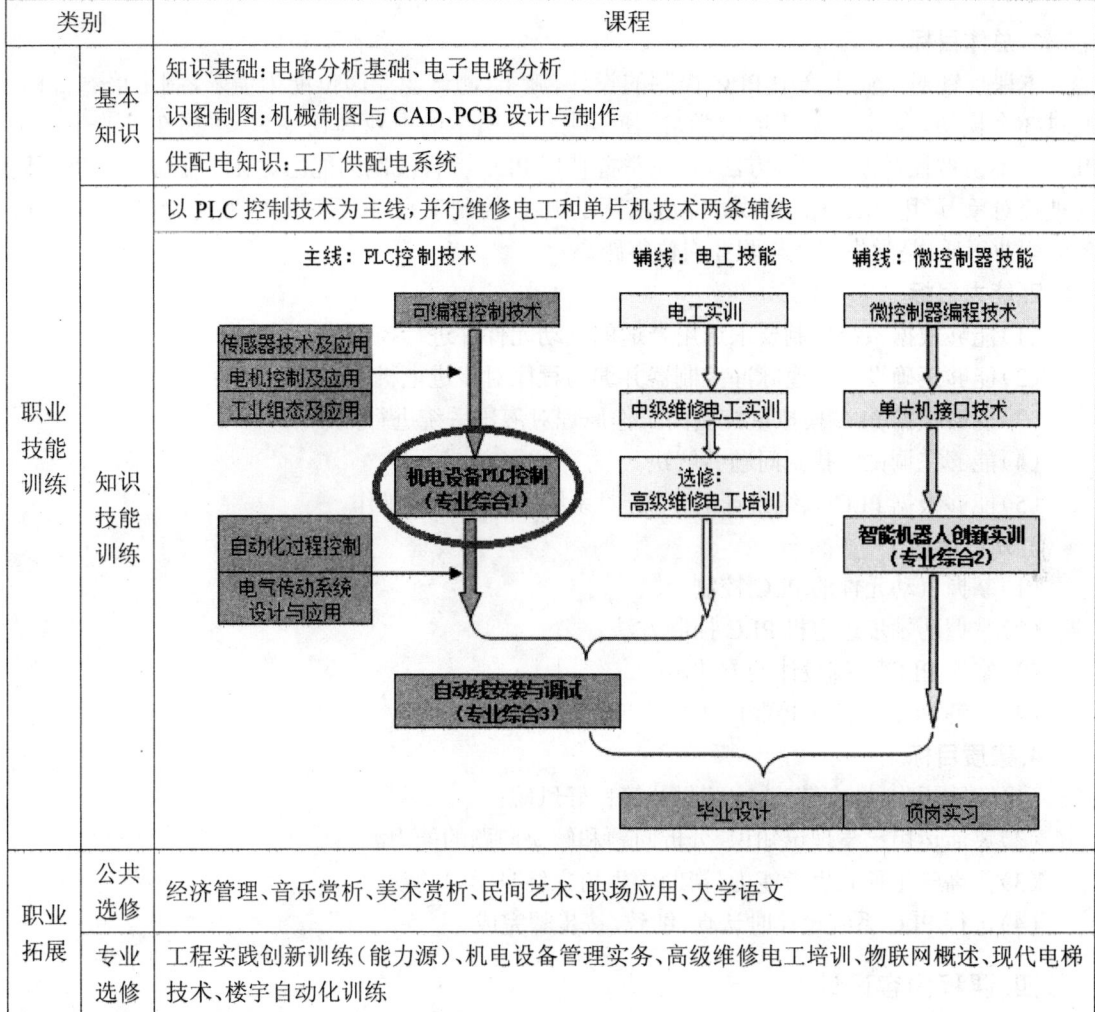
职业拓展	公共选修	经济管理、音乐赏析、美术赏析、民间艺术、职场应用、大学语文
	专业选修	工程实践创新训练（能力源）、机电设备管理实务、高级维修电工培训、物联网概述、现代电梯技术、楼宇自动化训练

(2) 课程标准设计思路

①按照难度逐步进阶设计三个阶段：PLC控制基本功训练、PLC控制常用机电设备、PLC模拟量控制，每个阶段设计1~2个教学情境。PLC控制基本功训练：对机电设备上常用的电动气动件认识；PLC控制常用机电设备：电动气动实训室（气动）2个教学情境。PLC模拟量控制：液压机PLC控制龙洲生产线换向站（液压）。

②所有情境均采用小组化教学，小组初步分工如下：组长、机械结构安装及调试人员、电气布线人员、PLC程序编制调试人员、工程图纸及说明整理人员。

③注意将服务意识、规范意识、质量意识贯穿于课程始终，培养学生工程实践操作能力。

(3) 课程任务

本课程是在学生学习好"可编程控制技术""中级维修电工""电机控制"前序课程后开设。

三、课程目标设计

1. 总体目标

本课程针对工业生产中 PLC 控制的设计、施工、测试职业岗位能力需求,制定培养目标,通过 3 个模块,4 个教学情境的学习,使学生结合所学的专业理论知识,掌握在工业生产中 PLC 对不同被控对象的控制方法,以及掌握使用 PLC 综合控制的能力。让学生能够根据不同的被控对象,运用 PLC 控制技术,完成实际的 PLC 控制工程,积累工程实践经验,培养学生必备的职业素质,是学生实现与职业岗位零距离。

2. 能力目标

(1)能够根据系统控制要求选用合适的气动元件并进行控制。
(2)能够正确设置高速脉冲控制器并编写程序对步进电机进行控制。
(3)能够根据 PLC 模拟量控制的工作原理对液压系统进行控制。
(4)能够在调试中找到问题并解决。
(5)能够根据 PLC 系统设计的步骤,对系统进行设计并操作。

3. 知识目标

(1)掌握气动元件的 PLC 控制。
(2)掌握两轴步进电机 PLC 控制方法。
(3)掌握 PLC 系统设计的方法。
(4)了解 PLC 模拟量控制的工作原理及应用。

4. 素质目标

(1)团队协作、勤奋敬业、吃苦耐劳等良好风貌。
(2)灵活运用已学理论知识,分析问题和解决问题的能力。
(3)提高学生独立思考能力,帮助学生树立终身学习的观念。
(4)进行 PLC 系统设计时认真、细致,按步骤完成。

四、课程内容设计

项目名称	子项目名称	学时
对机电典型设备进行编程控制	(初步引入)设备认知	6
	(分项强化)气动元件与两轴步进电机的 PLC 控制	16
	(融会贯通)PLC 控制综合实训	22
	(技术拓展)液压系统 PLC 控制	16

五、项目任务设计

编号	子项目编号、名称	能力目标	知识目标	训练方式、手段及步骤	可展示的结果
1	子项目1 设备认知	1. 培养学生对现代工业控制的兴趣；2. 培养学生对对工业控制中电气元件的识别能力	1. 熟悉在本门课程上所用到的设备和设备上的电气元件；2. 掌握西门子S7-200PLCI/O分配与传感器检测点的对应方法	实物讲解、教师示范、小组合作、实践操作、教师点评	学生统计设备上的各种电器元件，并根据经验确认部分I/O分配表（纸质）
2	子项目2 气动元件与两轴步进电机的PLC控制	1. 培养学生对现代工业控制的兴趣；2. 培养学生对PLC程序的工业系统控制的基本能力	1. 掌握西门子S7-200PLC程序中相关控制指令的使用；2. 掌握西门子S7-200晶体管型PLC与步进电机的接线方法	实物讲解、教师示范、小组合作、实践操作、视频、PPT演示教学	电气控制时序图 电气布置图 I/O分配表 PLC控制程序
3	子项目3 PLC控制综合实训	1. 能够科学有序制定工作计划，并根据要求做出PLC整体程序设计；2. 个人综合素质逐步提高	1. 掌握PLC对气路的控制方法；2. 掌握PLC对变频器的控制方法；3. 掌握PLC对步进电机的自动控制方法；4. 掌握模块编程法，和PLC程序整体设计思路	小组合作、角色扮演、实践操作、视频、PPT	电气控制时序图 电气布置图 I/O分配表 PLC控制程序
4	子项目4 液压系统PLC控制	1. 提高学生独立思考能力；2. 培养学生模拟量编程的素质；3. 培养学生终身学习的素质	1. 了解模拟量传感器与模拟量输出的使用方法；2. 掌握模拟量传感器的范围和使用方法，具备简单模拟量编程的能力	视频教学、实物讲解、小组合作、实践操作	电气控制时序图 电气布置图 I/O分配表 PLC控制程序

六、项目情境设计

编号	子项目编号、名称	任务	情境	学时
1	子项目1 设备认知	统计设备上元器件种类与型号	工厂有一个旧设备需要修复,没有图纸的情况要确定控制元器件和型号	2
2		根据经验确定设备上部分PLC输入输出点	这个设备可以上电但是不能工作我们要根据经验确定它的输入输出点	2
3		总结		2

续表

编号	子项目编号、名称	任务	情境	学时
4		气动元件 PLC 控制	这个设备在进行修复时需要验证器件的好坏,咱们一起确定一下气动元件是否正常	4
5	子项目 2 气动元件与两轴步进电机的 PLC 控制	两轴步进电机 PLC 控制	这个设备在进行修复时需要验证器件的好坏,咱们一起确定一下步进电机控制是否正常	8
6		气动与步进电机 PLC 联调	结合气动元件和步进电机得控制形式对设备进行手动联调	2
7		总结		2
8		分析控制要求	现在需要我们设计一个设备,需求方提出一个设计要求,我们要根据设计要求完成程序的设计	4
9		完成工作流程图		2
10	子项目 3 PLC 控制综合实训	完成 I/O 分配表		1
11		完成电气布置图		1
12		完成电气接线图		2
13		编写控制程序		8
14		下载调试		2
15		总结		2
16		液压系统的工作原理与 PLC 控制方法	为电动机生产企业的包装车间的盖章单元设计 PLC 控制程序	2
17	子项目 4 液压系统 PLC 控制	模拟量传感器与模拟量输出的使用方法		2
18		模块编程法编程		8
19		程序下载与调试		2
20		总结		2

七、课程进程表

子项目编号、名称	周次	学时	单元标题	能/知目标	师生活动	其他(含考核内容、方法)
子项目1 设备认知	1~2	6	1. 设备综述 2. 元器件认知	知识目标:熟悉在本门课程上所用到的设备和设备上的电气元件。能力目标:掌握西门子S7-200PLCI/O分配与传感器检测点的对应方法。	教师:作为电气公司的总工程师为学生布置任务。学生:完成传感器,气动元件,步进电机等电气知识的储备做好工作准备。	过程考核主要考察学生对自动化技术基础的掌握情况。
子项目2 气动元件与两轴步进电机的PLC控制	2~6	16	1. 气动元件PLC控制 2. 步进电机PLC控制	知识目标:掌握西门子S7-200PLC程序中相关控制指令的使用。能里目标:掌握西门子S7-200晶体管型PLC与步进电机的接线与编程方法。	教师:接到设备恢复任务,引导学生完成气动和电控部分手动程序的恢复。学生:根据基础知识和工作经验,判断设备的I/O,并完成手动控制程序的恢复。	一班分为4个工作小组,分别有总工程师,副总工程师和技术员组成。主要考察学生自主完成设计的能力,完成后演示。
子项目3 PLC控制综合实训	6~11	22	PLC控制综合实训	知识目标:掌握西门子S7-200PLC对气动控制、步进电机控制以及控制变频器驱动三相异步电动机的综合编程思路。能力目标:1. 掌握PLC对气路的控制方法;2. 掌握PLC对变频器的控制方法;3. 掌握PLC对步进电机的自动控制方法;4. 掌握模块编程法,和PLC程序整体设计思路。	教师:布置任务,确定设备自动控制的工作要求,视频演示,巡视指导学生进行程序编写。学生:4个工作小组进行自动程序的恢复,小组之间互相监督,互相竞争。	根据完成情况进行评价,小组竞争并进行互评。

子项目编号、名称	周次	学时	单元标题	能/知目标	师生活动	其他（含考核内容、方法）
4.液压系统PLC控制	12~15	16	1.液压系统的工作原理与PLC控制方法 2.液压系统PLC编程	知识目标：1.学会液压元件的结构工作原理及其应用；2.掌握模拟量编程的编程方法。能力目标：1.了解模拟量传感器与模拟量输出的使用方法；2.掌握模拟量传感器的范围和使用方法，具备简单模拟量编程的能力。	教师：讲解液压控制的工作原理，使用模拟量控制的液压系统中，模拟量编程的方法，做示例程序。学生：模拟量拓展项目，4个工作小组进行自动程序的恢复，小组之间互相监督，互相竞争。	模拟量拓展项目，考察学生根据电压进行模拟量控制的能力。

八、首末次课设计

1. 首次课设计（面向全课，力争体验）

步骤一：说明这门课程是干什么的，为什么要学习这门课程。

使用设备运行视频直观说明我们这门课程是为学生进入到工业企业中进行PLC编程设计打下基础。同时也为参加技能大赛做准备。后续课程包括自动化生产线安装与调试，参加自动线安装与调试技能竞赛。

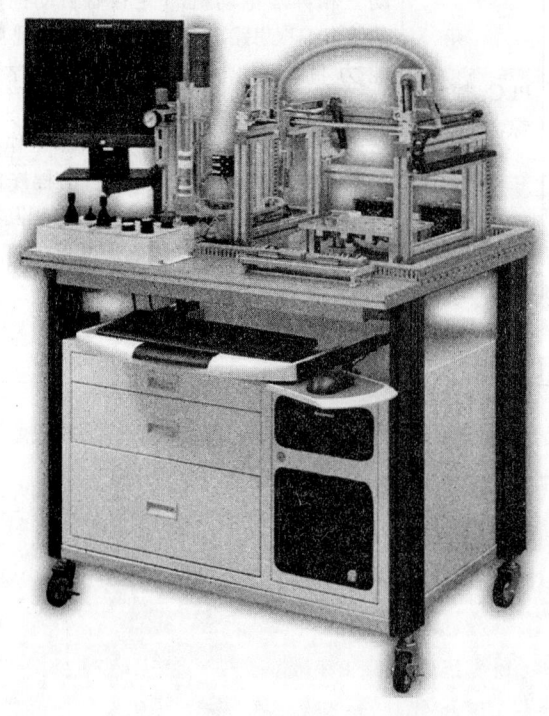

步骤二：认识设备实际操作设备，提升学习兴趣。

熟悉在本门课程上所用到的设备和设备上的电气元件。掌握西门子 S7-200PLC I/O 分配与传感器检测点的对应方法。

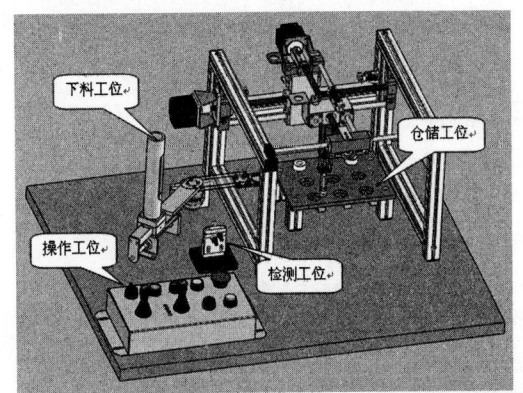
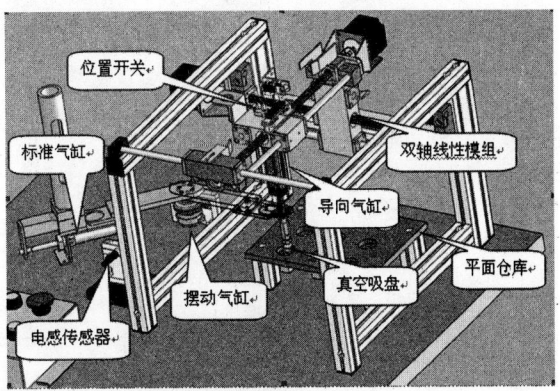
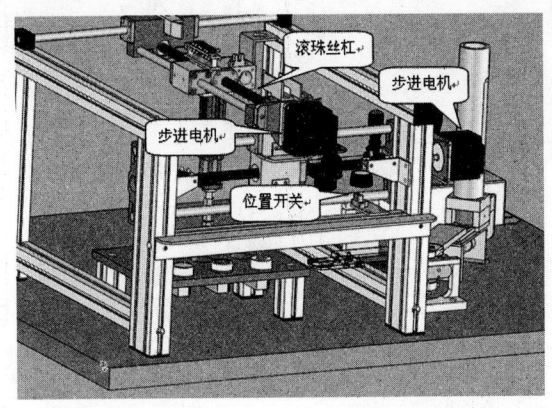

步骤三：做一个简单的实训项目。

工厂有一个旧设备需要修复，没有图纸的情况要确定控制元器件和型号，同学根据经验自行判断，写出 I/O 分配表。

2. 末次课设计（面向全课，高水平总结）

步骤一：分小组，让同学们总结并汇报：

（1）本学期的主要知识内容有哪些？

（2）你在程序调试过程中的心得：

①编程先做什么后做什么？②当程序出现错误时，怎么修改？

（3）让你印象深刻的几个程序是哪几个？

步骤二：教师进行总结、点评。

九、考核方案

采用教学做一体化的教学模式，每个学习情境以完成一个工作任务为目标进行设计，从而让学生能够经历一个完整的职业活动过程，并以该过程所产生的效果作为考核依据，使学生在难度递增的机电设备维护、改造的职业活动情境中完成课程的全部学习任务。

每个学习情境中教师作为客户下达任务并给出相应的资料、作适当示范,学生以小组为单位进行实训,在学生实训的过程中教师通过引导、再示范等方式提供必要帮助,实训完成后教师进行包括实物、技术文档、职业素质等方面的验收。

考核内容		考核方法	所占比例
平时考核成绩占比	子项目1	出勤 30% 课堂表现 30% 实操考核 40%	10%
	子项目2	出勤 30% 课堂表现 30% 实操考核 40%	20%
	子项目3	出勤 30% 课堂表现 30% 实操考核 40%	20%
	子项目4	出勤 30% 课堂表现 30% 实操考核 40%	10%
期末考核成绩占比	综合实训	根据所学教学情境的内容,出一个综合性的设计题目,让同学们在规定的时间内完成	30%
安全操作			10%

十、教学材料

1. 教材

《可编程控制器应用(siemens 为主体)》,吕景泉主编,华东师范大学出版社,2015

2. 教参

《机电设备 PLC 控制》实训指导书

《机电设备与 PLC 控制》教学资源库

3. 参考学习网站

中国工控网,http://www.chinakong.com/

电气自动化技术网,http://www.dqjsw.com.cn/

中国工业自动化网,http://www.zdh168.com/

十一、需要说明的其他问题

强调用电安全,出现应急情况会断开电源和按下急停按钮。并强调设备在使用时防止气动夹伤,安排小组安全员做好及时关闭设备的准备。

十二、本课程常用术语中英文对照

Programmable Logic Controller,PLC　可编程序控制器
Refresh　刷新
Store　存储
Relay　继电器
Transistor　晶体管
Input　输入
Output　输出
Sampling　采样
Path; transmission path　路径
Signal　信号
A central processor　中央处理器
Addressing　寻址
Range　范围
Register　数据寄存器
Elements　元件
Ratio　比率
Switch off　关断
Step drive　步进
Electric machinery　电机
Mechanical　机械
Manipulator　机械手
Actuator　执行器
Common terminal　公共端
Parallel communication　并行通信
Serial communication　串行通信
Nerwork　网络
The main station　主站
Form the station　从站
Communicating protocol　通信协议
Manufacturing Automation Protocol,MAP 协议（制造自动化协议）
Point-to-Point Interface　PPI 协议
MultiPoint Interface　MPI 协议
Cummunication mode　通信方式
Interface　接口
Internal　内部
External　外部

Interrupt　中断
Power on/off　上电断电
Field bus　现场总线
Transmit　传送
Upload　上传
Servo　伺服
Short　短路

课程单元教学设计

课程名称	机电设备 PLC 控制	项目（章）	教学情境二　两轴步进电机 PLC 控制	任务（节）	1. 设备认识与硬件设置
授课学时	4	教材教参	教材：《可编程控制器应用（siemens 为主体）》，吕景泉主编，华东师范大学出版社，2015 教参：《机电设备 PLC 控制》	授课班级	电气自动化专业二年级
教学目标	知识	1. 掌握 PLC 对气路的控制方法。 2. 掌握 PLC 对步进电机的控制方法。 3. 了解 PLC 程序整体设计思路。掌握模块编程法。			
	能力	1. 能够根据系统控制要求选用合适的气动元件并进行控制。 2. 能够正确设置高速脉冲控制器并编写程序对步进电机进行控制。			
	素质	1. 培养学生对现代工业控制的兴趣。 2. 培养学生对 PLC 程序的工业系统控制的基本能力。			
教学重点	1. 使用手动及自动控制指令盒编写高速脉冲输出指令。 2. 使用传送指令、整数计算指令、比较指令编程。		教学难点	1. 步进驱动器与 PLC 接线。 2. 脉冲包络设置与 PLC 编程。	
解决方法	1. 改变教学以教材为主；信息以黑板为主；实践以个人为主；没有任务驱动的传统教学模式。结合实训教学的特点，围绕"教、学、做"创建多元的动态课堂。 2. 运用真实的工业设计案例，突出"做中教、做中学"的教学方法，并在其中加入视频、PPT、模拟软件等信息化教学手段。突破教学瓶颈解决教学难点。 3. 以任务为驱动，学生为主体，教师配合学生完成设计的整个过程。在设计过程中教师进行提示和引导，充分调动学生学习的积极性，提高学生的自学和沟通协作能力。				
教学设计思路	在本教学情境中使用的设备为 MN100 型电动气动实训装置，PLC 为西门子 S7-200 226CPU DC/DC/DC 型，教学过程为 4 学时，在教学过程中主要对设备中两轴步进电机配合手动入库的 PLC 控制程序进行编程。		教信息化资源利用	1. 在教学导入时运用真实的工业现场视频演示，提高学生对工业现场的认识，让学生明确岗位工作任务以及 PLC 控制在工业现场中的应用。 2. 在工作原理授课时使用 PPT、动画进行教学，突破现场教学的瓶颈，解决学生们不能够直观的理解的难题。	

续表

教学环节	教学内容	教学步骤、方法与手段
教学设计思路	一、【引入】(5分钟) 公司接到一个设备维修的工作,现针对设备的技术资料都已经丢失,需要电气工程师进行查出设备型号,及I/O分配,并进行检修和PLC编程。接下来我们要认识一下我们的控制对象,就是你们眼前的这台设备,它的型号是MN100型电动气动实训装置。下面我们先用以前学过的知识熟悉一下设备,看一看设备上有什么样的传感器和电气控制元件,看完后我会叫同学来回答这个问题。(选择2~3名同学进行回答,并分析总结。) 二、【设备认知】(30分钟) 1. 功能与结构(5分钟) 本次实训所使用的设备为龙洲公司所生产的MN100型教学设备,此设备虽然体积小但是基本具备了工业生产线的整套工序,属于小型微缩模拟生产线,具体结构分配如图1所示。 图1 工位结构图 我们这次的实训内容主要使用此设备的仓储工位和操作工位,仓储工位主要由两个滚珠丝杠垂直组装,组成一个X、Y轴的运行轨迹,移动装置正下方的Z轴为一个直杆气缸,在直杆气缸顶端安装有一个真空吸盘,可以将工件吸取并放入其正下方的一个9库位的仓库。 2. 操作工位介绍(5分钟) 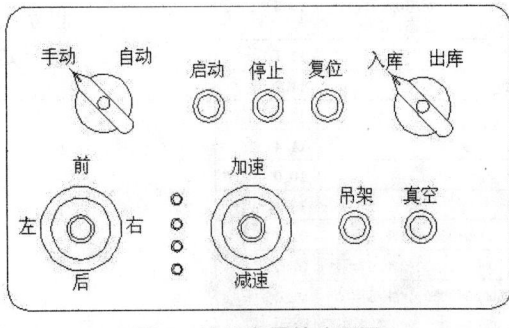 图2 控制台器件分配图	教师: 课前留作业,让学生在往上查找观看PLC在工业中应用的视频,选择2个同学说一说自己所看的视频。并通过视频展示PLC的应用。 学生: 1. 2位同学回答,其他同学思考。 2. 通过视频让学生明确岗位工作任务以及PLC控制在工业现场中的应用。 教师: 教师进行现场的演示,以及视频播放。叫学生知道电机远动起来之后的效果。 学生: 观察设备的运动情况。 教师: 介绍设备并使用视频演示。提问学生我们要恢复一个设备首先要确定输入和输出点的对应,要学生们自己确定并上交,根据确定方法进行点评。 学生: 小组讨论并将设备上电找到设备的输入端。

续表

教学环节	教学内容	教学步骤、方法与手段
教学设计思路	如图 2 所示,操作工位由 5 个自复位按钮,一个急停按钮,一个选择开关,一个四向控制杆和一个双向控制杆以及四个 LED 指示灯组成。其具体功能如表 1 所示。 **表 1 控制台器件功能表** 	类型	数量	功能
按钮	5	1. 启动 2. 停止 3. 复位 4. 吊架伸出 5. 产生真空
急停按钮	1	急停
选择开关	1	1. 状态 0 手动 2. 状态 1 自动
四向控制杆	1	1. 向前 2. 向后 3. 向左 4. 向右
双向控制杆	1	1. 加速 2. 减速
LED 指示灯	4	1. 速度 10 000~30 000 脉冲/s 指示 2. 速度 30 000~50 000 脉冲/s 指示 3. 速度 50 000~80 000 脉冲/s 指示 4. 速度 80 000~100 000 脉冲/s 指示 | 3. 确定输入输出点对应(20 分钟) | 类型	数量	功能		I/O分配
---	---	---	---	---
按钮	5	1. 启动		I0.2
		2. 停止		I0.3
		3. 复位		I0.4
		4. 吊架伸出		I1.0
		5. 产生真空		I0.7
选择开关	2	手动自动程序切换	状态0手动,状态1自动	I0.6
		出库入库程序切换	状态0入库,状态1出库	I0.5
四向控制杆	1	1. 向前		I1.1
		2. 向后		I1.2
		3. 向左		I1.3
		4. 向右		I1.4
双向控制杆		1. 加速		I0.0
		2. 减速		I0.1
LED指示灯	4	1. 速度10000-30000脉冲/S指示		Q1.4
		2. 速度30000-50000脉冲/S指示		Q1.5
		3. 速度50000-80000脉冲/S指示		Q1.6
		4. 速度80000-100000脉冲/S指示		Q1.7		教师: 输入点很好确认,那么我们该怎么确认输出点呢? 学生: 思考方法,回答教师问题,并进行小组讨论进行输出点的确定。

续表

教学环节	教学内容	教学步骤、方法与手段
教学设计思路	三、【分析总结】(10 分钟) 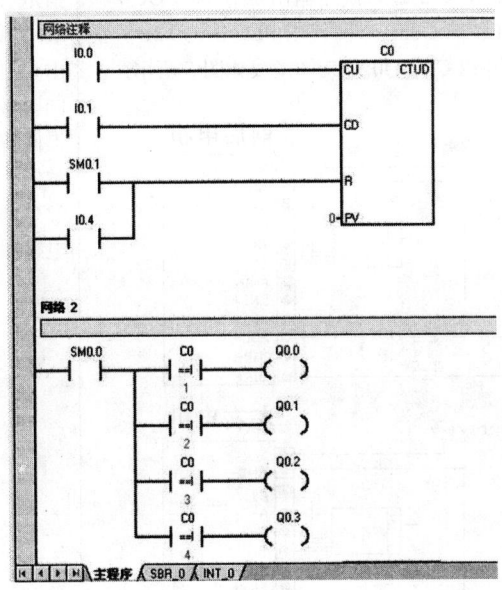 四、【步进电机的接线与设置】(45 分钟)   图 3　步进电机　　　图 4　步进电机驱动器 1. 认识步进电机及驱动器(5 分钟) 系统中驱动 2 轴滚珠丝杠的步进电机型号为：和利时步进电机；与其配套的步进驱动器型号为：三相混合式步进电机驱动器 MX-2HB806,步进电机如图 3 所示,步进电机驱动器如图 4 所示。 两相步进电机驱动器的主要参数如表 2 所示。 表 2　步进电机基本参数表 | 序号 | 内容 | 数值 | |---|---|---| | 1 | 供电电压 | 12～40(V) | | 2 | 输出相电流 | 0.21～1.5(A) | | 3 | 控制信号输入电流 | 6～20(mA) |	教师： 根据学生们确定输入输出点的方法进行总结,总结学生们方法的优缺点,并提出一个示例程序给学生。 学生： 说出自己的思路,听取教师总结,并改正。 教师： 播放接线视频辅助学生进行接线。模拟接线后由教师进行检查点评。同时教师巡视指导,接受提问解决问题。 学生： 学生通过小组讨论,完成电路图的绘制。

教学环节	教学内容	教学步骤、方法与手段
教学设计思路	2. 步进电机、步进电机驱动器与PLC的接线图绘制（30分钟） 西门子S7-200DC/DC/DC型PLC，具备2个脉冲输出点分别为Q0.0和Q0.1。本设备X轴脉冲使用PLC的Q0.0，方向使用PLC的Q0.2；Y轴脉冲使用PLC的Q0.1，方向使用PLC的Q0.3，具体接线如图5所示。 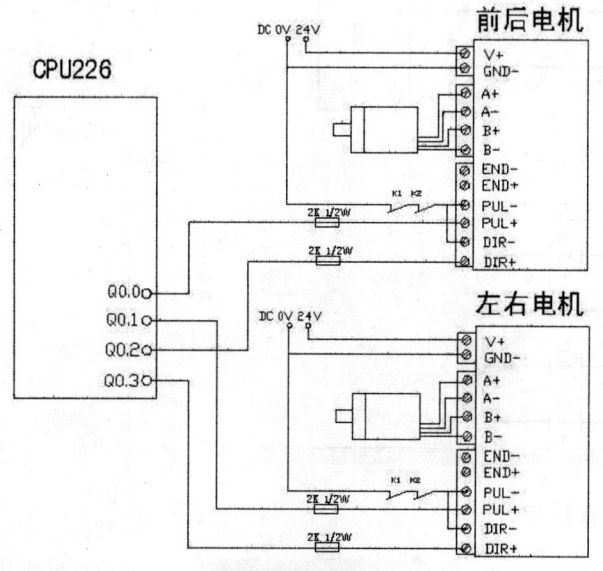 图5 步进电机接线图 3. 步进驱动器参数设定（10分钟） 在驱动器的侧面连接端子中间有六位SW功能设置开关，用于设定电流和细分。该站X轴、Y轴驱动器电流都设定为0.84A，细分设定为16。细分设置如表3所示，电流设置如表4所示。 表3 步进电机驱动器细分设置表 	序号	SW1	SW2	SW3	细分
---	---	---	---	---
1	ON	ON	ON	2
2	ON	ON	OFF	4
3	ON	OFF	ON	8
4	ON	OFF	OFF	16
5	OFF	ON	ON	32
6	OFF	ON	OFF	64		教师： 播放接线视频辅助学生进行接线。模拟接线后由教师进行检查点评。同时教师巡视指导，接受提问解决问题。 学生： 学生通过小组讨论，完成电路图的绘制。

续表

教学环节	教学内容	教学步骤、方法与手段
教学设计思路	**表 4　步进电机驱动器电流设置表** | 序号	SW6	SW7	SW8	电流(A)
---	---	---	---	---
1	OFF	OFF	OFF	1.8
2	ON	OFF	OFF	2.4
3	OFF	ON	OFF	3.0
5	ON	ON	OFF	3.6
6	OFF	OFF	ON	4.2
7	ON	OFF	ON	4.8
8	OFF	ON	ON	5.4
9	ON	ON	ON	6.0 | 五、【编写 PLC 程序】(90 分钟) 1. 绘制 PLC 接线图(30 分钟) 2. 编写 PLC 程序(40 分钟) 3. 总结评价(10 分钟)	教师： 学生将完成的程序下载到 PLC 中，一般情况下不会一次完成，需要进行多次调试，教师进行巡视随时指导和接受提问。 学生： 使用编程软件进行 PLC 软件编程并下载调试 教师： 挑选出一组表现出色的同学进行现场展示，予以点评。分析优点，供同学参考。收回程序，课程总结作业。 学生： 看优秀的小组进行现场展示，提交接线图和 PLC 程序。
教学后记		

采购管理实务

课程标准

课程名称：采购管理实务　　　　课程类型：必修课
学时：64　　　　　　　　　　　学分：3
适用专业：物流管理专业
执笔人：邢凯　　　　　　　　　审核人：李怀湘
制订时间：2017 年 3 月

一、课程性质与作用

1. 课程的性质

"采购管理实务"是物流管理专业的专业学习领域课程，是物流管理专业的专业核心课程，同时也是理论性与实践性均较强的一门综合性课程，教学中要求理论必须与实践密切结合。

2. 课程的作用

"采购管理实务"课程在物流管理专业人才培养方案中设计在第三学期进行，其先导课程为"物流基础"，后续课程为"运输管理""仓储管理"等。本课程通过对物流活动的起点——采购活动的学习和演练，是专业课程学习的重要一环。

3. 课程设计思路

本课程的设计思路是以培养高端技能型人才为指导思想，进行基于工作过程的课程设计。通过本门课程的学习，使学生在掌握采购业务知识的同时，提高了应用的技能。在课程设计时充分考虑物流行业的需要、以及采购工作在未来发展的方向结合目前学生的认知能力和特点进行课程设计。按照每一教学单元的知识、技能在实际职业工作中出现的频度，内容的难度和要求掌握的程度进行排序。针对需要模拟的情境结合学生所处环境和特点进行有针对性的设计。

二、课程目标

1. 总体目标

通过本课程的学习，学生能够掌握采购员、物控计划员、招标员等岗位所需要的职业技能、专业知识和职业素养，能够在物资采购中完成需求预测与分析、编制采购计划、选择与评价供应商、谈判、招投标等工作,并具备一定的可持续发展能力。

2. 能力目标
- 能根据历史数据和市场情况预测并分析采购需求;
- 能根据采购需求编制采购计划;
- 能根据企业及相关法律法规要求选择适宜的采购方式并实施采购;
- 能根据企业要求选择、评估供应商;
- 能根据《中华人民共和国招投标法》等相关法律法规进行关键物资的招标采购;
- 能采取适宜的措施控制采购成本、提高采购绩效。

3. 知识目标
- 了解采购管理的基本概念,掌握一般采购流程;
- 理解各种采购方式的相关知识;
- 掌握采购需求预测与分析的基本方法;
- 掌握采购计划编制的基本方法;
- 掌握供应商选择与评价的基本知识和方法;
- 掌握采购谈判的内容和技巧;
- 掌握招投标采购的一般流程;
- 掌握降低采购成本的基本途径和方法;
- 理解采购合同的相关知识。

4. 素质目标
- 具备一定的应变能力,能较好地处理运采购程中的突发事件;
- 在保证采购物资质量前提下,减少采购成本;
- 保质、保量、按时、安全地完成物资采购工作;
- 能够与供应商及企业内部等各环节相关人员进行良好的沟通,具有较好的协作精神和团队合作能力;
- 具有爱岗敬业、乐于奉献的精神,能够承受企业物流采购高强度的工作压力。

三、课程内容与要求

1. 课程内容框架

序号	模块(或子模块)名称	学时
1	子项目1 采购需求预测	12
2	子项目2 采购计划编制	8
3	子项目3 采购实施	16
4	子项目4 供应商选择与评价	8
5	子项目5 采购订单与采购合同	12
6	子项目6 采购成本与绩效管理	8

2. 教学内容设计

编号	子项目编号、名称	任务	情境	学时
1	子项目1 采购需求预测	1. 将公司钢化玻璃生产过程所需原材料进行ABC分类 2. 2017年度不同型号原片钢化玻璃需求数量预测分析 3. 确定2017年度原片玻璃-A的经济订货批量	1-1 焦作飞鸿钢化玻璃原材料及备品备件等多达16种,杨一鸣计划将其按照物动量分类,确定这些物料的关键度。那么,该如何做呢?对于不同类别的物料应如何处理? 1-2 接近年底,滕州玻璃厂李经理询问2017年原片玻璃的采购事宜,杨一鸣安排计划员对原片玻璃的采购需求进行分析、预测,计划员该如何操作? 1-3 为减少采购成本,计划员根据计算公式确定原片玻璃的经济订货批量。	12
2	子项目2 采购计划编制	1. 使用VISIO绘制钢化玻璃-A产品的BOM结构图、标 2. 确定钢化玻璃-A产品设计原材料如原片玻璃-A、饰条、贴膜的MRP	2-1 计划员小李接到主管杨一鸣任务,要求确定钢化玻璃-A产品设计原材料如原片玻璃-A、饰条、贴膜物料采购量、采购时间,计划员小李如何做?	8
3	子项目3 采购实施	1. 采购方式的确定 2. 原片玻璃-A的招投标采购 3. 饰条、贴膜等物料的谈判采购	3-1 杨一鸣需要确定钢化玻璃-A不同原料的采购方式如何?决策时,影响因素有哪些? 3-2 杨一鸣决定原片玻璃-A实行邀请招标采购,并安排招标员小张负责,小张该如何组织原片玻璃-A的招标项目呢? 3-3 杨一鸣决定饰条、贴膜等物料采购实行一般谈判采购,并安排助理小王和自己与客户进行谈判,那么,助理小王应准备些什么?应做些什么呢?	16
4	子项目4 供应商选择与评价	1. 开发选择供应商 2. 供应商评估	4-1 目前,焦作飞鸿从众多饰条的供应商中挑选三家可能的供应商,那么身为主管的杨一鸣在挑选开发选择供应商阶段,都做了哪些工作呢?如:如何设计供应商调查表,如何与供应商沟通,完成询价、报价的呢? 4-2 为更好激励供应商服务积极性,杨一鸣安排供应商管理岗定期对供应商进行评估考核,那么,供应商管理岗应如何设计评估考核指标?如何评估呢?	8

续表

编号	子项目编号、名称	任务	情境	学时
5	子项目5 采购订单与采购合同	1. 采购订单管理 2. 采购合同管理	5-1 焦作飞鸿通过招标确定了滕州玻璃厂为原片玻璃的供应商。需要合同岗起草一份关于2017年原片玻璃合同,那么,合同管理岗应如何起草该份合同?该注意哪些事项?采购员在与供应商签订合同时应注意什么? 5-2 2016年底,采购部需要确定2017年第一季度采购订单,采购员应如何填制采购订单、如何实现采购订单? 5-3 如果采购合同不能继续履行,或采购订单不能及时完成,采购员应如何做确保公司利益?	12
6	确定子项目6 采购成本与绩效管理	1. 分析采购成本构成要素 2. 计算采购成本 3. 设计采购绩效评估指标 4. 设计制作采购绩效考核表	6-1 焦作飞鸿通过分析,物流成本居高不下,采购部被要求降低采购,那么杨一鸣应如何对采购成本进行分析?采购成本有哪些组成?哪些可以降低?及其降低途径? 6-2 为有效监督采购绩效水平,杨一鸣安排助理小王设计一套采购绩效评估指标和绩效考核表,小王如何做? 6-3 为进一步深化采购管理绩效改革,杨一鸣需要设计一套完整的绩效评估体系,如何做?	8

四、课程考核

实行多元化考评,结合情境模拟项目进行项目考评,结合学生上课表现实行过程考评,结合学生课程的学习和反思进行报告考评,在期末还通过考试进行综合知识考评,通过采用多种评价方法(三阶评价:自评、互评、教师评)和手段(微信、云班课客户端)对知识与技能,过程与方法,情感态度与价值观等进行全面评价。

考核要求:平时成绩占总评成绩的50%,期末考试成绩占总评成绩的50%。

五、教学组织与实施

1. 教学团队

本课程任课教师要求中级以上职称,物流管理相关专业或从事采购相关工作的企业管理人员。

2. 教学条件

普通实训室,实训室计算机台数满足授课班级,计算机Win7系统,并装有Office2007版、Visio2010版。

3. 教材与课程资源的利用

(1)参考的主要教材、参考书

①《采购与供应管理实务》,赵艳俐主编,人民交通出版社,2014

②《采购管理(第二版)》,杨军主编,高等教育出版社,2015

③《采购管理与库存控制》,王槐林主编,中国物资出版社,2008

④《中国物流与采购》
（2）重要网站网址
①中国物流与采购网，http://www.chinawuliu.com.cn/
②中国物流网，http://www.logistics-china.com
③中国仓储物流网，http://www.ec56.com
④中国物流联盟网，http://www.chinawuliu.com.cn
⑤中国第三方物流网，http://www.3rd56.com
⑥中国物流中心网，http://www.lnet.com.cn/
⑦中国物流在线，http://www.vertinfo.com/tdonline/index.asp
⑧美国物流网，http://www.logistics.com
⑨美国物流世界网，http://www.logisticsworld.com
（3）校内外实训基地
校内有现代物流实训中心，校外多家实训基地，如：合兴包装、百世汇通、可口可乐（天津）、焦作飞鸿、申通快递等等。且多名校外专家、企业高管在我系任教，助理我院物流人才的培养。

六、保障建议

本课程在教学过程中，立足于加强学生采购管理的能力，采用案例教学、实景模拟、沙盘演练等方式提高学生学习兴趣。
（1）采用现代多媒体教学与软件操作和模拟实训相结合，强化学生实践能力。
（2）情境模拟中采用分组演练、对比评价、综合评价等方式提高学生的参与度和参与热情。
（3）从学生实际出发，因材施教，着力培养学生对本课程的学习兴趣，从而提高学生学习的主动性和积极性。

课程整体教学设计

一、课程基本信息

课程名称：采购管理实务		
课程代码：02220131	学分：3	学时：64
授课时间：第二学期	授课对象：物流管理专业一年级学生	
课程类型：职业基本技能课		
先修课程：物流管理基础、商品学基础、管理学基础	后续课程：供应链管理、物流成本管理、物流综合实训	

二、课程定位

1. 岗位分析

（1）本专业毕业生的（技术、管理）岗位分析（参见下表）

初次就业岗位	采购员、计划员、制单员、供应商管理岗、招标员、仓库管理员、运输调度员
二次晋升岗位	采购部主管、仓储部主管、物控部主管
未来发展岗位	物流部经理、总经理

（2）典型工作流程

招标员岗典型工作流程如下：

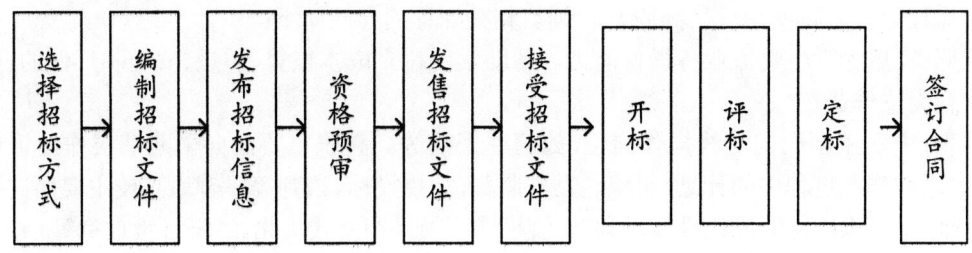

采购流程如下：

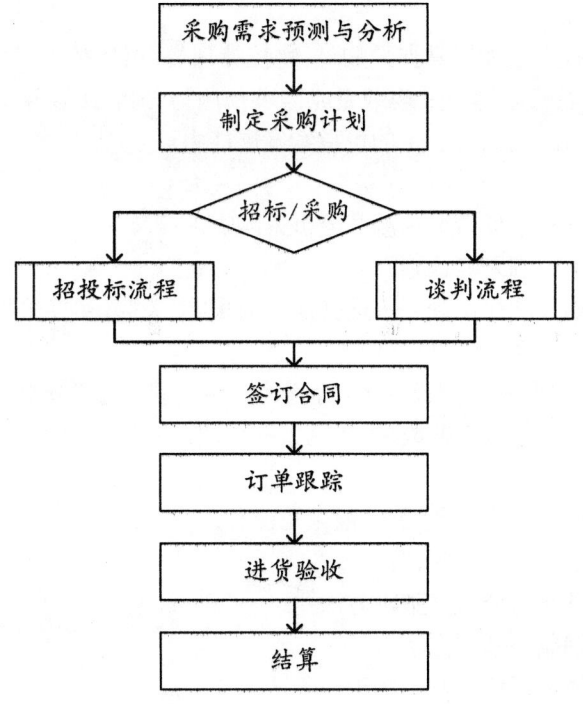

2. 课程分析

本课程在课程体系中的位置如下：

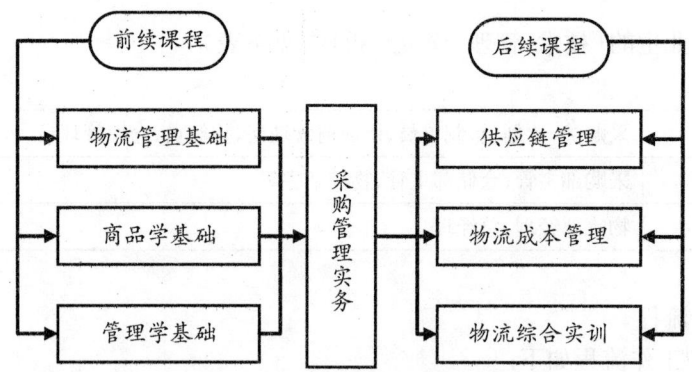

本课程与普通高校、中职（高职）、培训班相关课程的异同如下：

共同点：培养学生物流业务操作能力，帮助学生树立成本核算、质量、安全和环保的意识；能够进行岗位作业。

区别：中职主要面向一线操作岗位，如简单采购等。高职主要面向采购基层作业管理层面，强调采购作业过程中的计划、组织、实施、监督，如招投标、谈判等。普通高校主要面向采购决策管理，基于供应链的优化设计，如供应链模式下的采购方式优化、经济订货批量等。

三、课程目标设计

1. 总体目标

通过本课程的学习，学生能够掌握采购员、物控计划员、招标员等岗位所需要的职业技能、专业知识和职业素养，能够在物资采购中完成需求预测与分析、编制采购计划、选择与评价供应商、谈判、招投标等工作，并具备一定的可持续发展能力。

2. 能力目标

- 能根据历史数据和市场情况预测并分析采购需求；
- 能根据采购需求编制采购计划；
- 能根据企业及相关法律法规要求选择适宜的采购方式并实施采购；
- 能根据企业要求选择、评估供应商；
- 能根据《中华人民共和国招投标法》等相关法律法规进行关键物资的招标采购；
- 能采取适宜的措施控制采购成本、提高采购绩效。

3. 知识目标

- 了解采购管理的基本概念，掌握一般采购流程；
- 理解各种采购方式的相关知识；
- 掌握采购需求预测与分析的基本方法；
- 掌握采购计划编制的基本方法；
- 掌握供应商选择与评价的基本知识和方法；
- 掌握采购谈判的内容和技巧；
- 掌握招投标采购的一般流程；

- 掌握降低采购成本的基本途径和方法；
- 理解采购合同的相关知识。

4. 素质目标
- 具备一定的应变能力,能较好地处理运采购程中的突发事件；
- 在保证采购物资质量前提下,减少采购成本；
- 保质、保量、按时、安全地完成物资采购工作；
- 能够与供应商及企业内部等各环节相关人员进行良好的沟通,具有较好的协作精神和团队合作能力；
- 具有爱岗敬业、乐于奉献的精神,能够承受企业物流采购高强度的工作压力。

四、课程内容设计

序号	模块(或子模块)名称	学时
1	子项目1 采购需求预测	12
2	子项目2 采购计划编制	8
3	子项目3 采购实施	16
4	子项目4 供应商选择与评价	8
5	子项目5 采购订单与采购合同	12
6	子项目6 采购成本与绩效管理	8

五、能力训练项目设计

编号	子项目编号、名称	能力目标	知识目标	训练方式、手段及步骤	可展示的结果
1	子项目1 采购需求预测	能根据ABC分类法对企业库存进行管理；能根据需求预测方法进行采购需求预测；能根据计算公式计算经济订货批量	掌握ABC分类法的步骤要点；掌握采购需求预测的方法；掌握经济订货批量的计算公式	根据任务、情境完成采购需求预测、确定经济订货批量；角色扮演、分组讨论、Excel操作	采购需求申请单；物资ABC分类清单；采购需求清单
2	子项目2 采购计划编制	能绘制特定产品的BOM结构图；能独立编制企业MRP计划	掌握物料清单的编制流程；掌握物料需求计划的基本步骤	根据任务分角色情景模拟；VISIO软件操作	BOM图及清单；物料需求计划表
3	子项目3 采购实施	能根据企业实际情况确定采购方式；能利用VISIO软件绘制采购谈判、招投标的流程图；能根据具体采购谈判环境,应用相应的谈判策略	了解采购方式的不同类型；熟悉采购谈判流程；掌握谈判的主要策略；掌握采购招投标的基本程序及操作方法；了解采购质量保证体系的内容	根据任务分角色情景模拟；VISIO软件操作	谈判流程图；招投标流程图；情景模拟汇报

续表

编号	子项目编号、名称	能力目标	知识目标	训练方式、手段及步骤	可展示的结果
4	子项目4 供应商选择与评价	能结合企业实际绘制供应商调查表、编制供应商评价方案(含评价标准);能够利用VISIO软件绘制供应商开发流程图;能够设计供应商评估指标	掌握供应商管理的基本环节;掌握供应商选择的基本策略以及如何选择供应商;掌握供应商评价流程和方法	采用乙方向甲方汇报咨询项目形式情景模拟;VISIO软件操作;视频	供应商调查表;供应商评价方案;供应商开发流程图
5	子项目5 采购订单与采购合同	能够根据单证的要求正确填写相关内容;能够结合实际起草采购合同;能够有效实施订单跟踪	掌握采购订单的制定步骤;掌握采购合同的主要内容;掌握采购合同的签订和管理	根据任务分角色情景模拟;视频	采购订单;采购合同
6	子项目6 采购成本与绩效管理	能够根据公式计算采购成本;能够结合采购成本分析编制采购成本控制方案;能够设计采购绩效评估指标体系;能够设计制作采购绩效考核表	掌握采购成本的主要构成内容;掌握采购成本的主要控制方法;了解影响采购成本的主要因素和内容;掌握设计采购绩效评估指标的方法;掌握采购绩效考核表的主要内容和设计方法	采用乙方向甲方汇报咨询项目形式情景模拟;VISIO软件操作;视频	采购成本控制方案;采购绩效评估指标体系;采购绩效考核表

六、项目情境设计

本课程以焦作飞鸿安全玻璃有限公司(以下简称焦作飞鸿)为案例背景。焦作飞鸿主要业务是钢化玻璃生产和销售,主要客户海尔、新飞等,钢化玻璃的主要原材料包括:原片玻璃、饰条、贴膜等。杨一鸣焦作飞鸿采购部部长,负责公司内原材料的采购工作,下设部长助理、采购员、计划员、供应商管理员、仓管员等岗位。按照年度工作安排,年底需要部署2017年度的采购工作。

编号	子项目编号、名称	任务	情境	学时
1	子项目1 采购需求预测	1.将公司钢化玻璃生产过程所需原材料进行ABC分类 2.2017年度不同型号原片钢化玻璃需求数量预测分析 3.确定2017年度原片玻璃-A的经济订货批量	1-1 焦作飞鸿钢化玻璃原材料及备品备件等多达16种,杨一鸣计划将其按照物动量分类,确定这些物料的关键度。那么,该如何做呢?对于不同类别的物料应如何处理? 1-2 接近年底,滕州玻璃厂李经理询问2017年原片玻璃的采购事宜,杨一鸣安排计划员对原片玻璃的采购需求进行分析、预测,计划员该如何操作? 1-3 为减少采购成本,计划员根据计算公式确定原片玻璃的经济订货批量。	12

续表

编号	子项目编号、名称	任务	情境	学时
2	子项目2 采购计划编制	1. 使用VISIO绘制钢化玻璃-A产品的BOM结构图、标 2. 确定钢化玻璃-A产品设计原材料如原片玻璃-A、饰条、贴膜的MRP	2-1 计划员小李接到主管杨一鸣任务,要求确定钢化玻璃-A产品设计原材料如原片玻璃-A、饰条、贴膜物料采购量、采购时间,计划员小李如何做?	8
3	子项目3 采购实施	1. 采购方式的确定 2. 原片玻璃-A的招投标采购 3. 饰条、贴膜等物料的谈判采购	3-1 杨一鸣需要确定钢化玻璃-A不同原料的采购方式如何?决策时,影响因素有哪些? 3-2 杨一鸣决定原片玻璃-A实行邀请招标采购,并安排招标员小张负责,小张该如何组织原片玻璃-A的招标项目呢? 3-3 杨一鸣决定饰条、贴膜等物料采购实行一般谈判采购,并安排助理小王和自己与客户进行谈判,那么,助理小王应准备些什么?应做些什么呢?	16
4	子项目4 供应商选择与评价	1. 开发选择供应商 2. 供应商评估	4-1 目前,焦作飞鸿从众多饰条的供应商中挑选三家可能的供应商,那么身为主管的杨一鸣在挑选开发选择供应商阶段,都做了哪些工作呢?如:如何设计供应商调查表,如何与供应商沟通,完成询价、报价的呢? 4-2 为更好激励供应商服务积极性,杨一鸣安排供应商管理岗定期对供应商进行评估考核,那么,供应商管理岗应如何设计评估考核指标?如何评估呢?	8
5	子项目5 采购订单与采购合同	1. 采购订单管理 2. 采购合同管理	5-1 焦作飞鸿通过招标确定了滕州玻璃厂为原片玻璃的供应商。需要合同岗起草一份关于2017年原片玻璃合同,那么,合同管理岗应如何起草该份合同?该注意哪些事项?采购员在与供应商签订合同时应注意什么? 5-2 2016年底,采购部需要确定2017年第一季度采购订单,采购员应如何填制采购订单、如何实现采购订单? 5-3 如果采购合同不能继续履行,或采购订单不能及时完成,采购员应如何做确保公司利益?	12

编号	子项目编号、名称	任务	情境	学时
6	子项目6 采购成本与绩效管理	1. 分析采购成本构成要素 2. 计算采购成本 3. 设计采购绩效评估指标 4. 设计制作采购绩效考核表	6-1 焦作飞鸿通过分析,物流成本居高不下,采购部被要求降低采购,那么杨一鸣应如何对采购成本进行分析?采购成本有哪些组成?哪些可以降低?及其降低途径? 6-2 为有效监督采购绩效水平,杨一鸣安排助理小王设计一套采购绩效评估指标和绩效考核表,小王如何做? 6-3 为进一步深化采购管理绩效改革,杨一鸣需要设计一套完整的绩效评估体系,如何做?	8

七、课程进程表

子项目编号、名称	周次	学时	单元标题	项目编号	能/知目标	师生活动	其他(含考核内容、方法)
子项目1 采购需求预测	1	4	ABC分类法的应用	1	掌握ABC分类法的步骤要点;能根据ABC分类法对企业库存物料进行分类管理。	教师:作为采购部长杨一鸣,依据情景安排任务。 学生:作为仓管员按照部长要求对相关物料进行ABC分类,并确定其相应管理措施。	过程考核+结果考核,主要考察学生ABC分类法的使用及其计算过程使用Excel软件的熟练程度和结果的准确性。
	2	4	采购需求预测	1	掌握采购需求预测的方法;能根据需求预测方法进行采购需求预测。	教师:作为采购部长杨一鸣,依据情景安排采购需求预测任务。 学生:作为计划员,收集分析数据,利用科学方法对下年度需求进行预测。	过程考核,主要考察学生采购需求预测方法的应用情况。
	3	4	计算经济订货批量	1	掌握经济订货批量的计算公式;能根据计算公式计算经济订货批量。	教师:作为采购部长杨一鸣,依据情景安排任务。 学生:作为采购员,利用计算公式计算经济订货批量。	过程考核+结果考核,主要考察学生经济订货批量的理解能力和计算的准确性。

续表

子项目编号、名称	周次	学时	单元标题	项目编号	能/知目标	师生活动	其他(含考核内容、方法)
子项目2 采购计划编制	4	4	绘制BOM图	2	掌握物料清单的编制流程；能适用VISIO绘制特定产品的BOM结构图、表。	教师：作为采购部长，给定情景资料。学生：作为计划员绘制BOM图，编制物料采购计划。	过程考核+结果考核，主要考察学生对BOM的理解能力和VISIO的熟练程度。
	5	4	编制物料采购计划	2	掌握物料需求计划的基本步骤；能独立编制企业MRP计划。	教师：作为采购部长，给定情景资料。学生：作为计划员编制物料采购计划。	过程考核+结果考核，主要考察学生物料采购计划编制步骤的掌握情况，及编制计划的经济性。
子项目3 采购实施	6	4	确定采购方式	3	能根据企业实际情况确定采购方式；了解采购方式的不同类型。	教师：作为采购部长安排情景任务。学生：作为采购部长助理根据情景确定所应采取的采购方式。	考核学生各种采购方式的理解程度。
	7	4	谈判策略	3	能利用VISIO软件绘制采购谈判流程；熟悉采购谈判流程、谈判策略。	教师：讲解采购谈判的主要流程和策略。学生：理解绘制采购谈判流程图，并分组情景模拟采购谈判。	考核VISIO软件的熟练程度；采购谈判策略的应用能力和应变能力。
	8	4	招标采购	3	能利用VISIO软件绘制招投标的流程图；能编制招标书；掌握采购招投标的基本程序。	教师：讲解企业招投标流程及注意事项。学生：分角色(招标方、投标方、评标委员会)情景模拟。	考核VISIO软件的熟练程度；采购招投标的理解能力和应变能力。
	9	4	采购质量保证体系	3	能够利用采购质量保证体系不断改进采购绩效；掌握采购质量保证体系的内容和运作方式。	教师：讲解采购质量保证体系内容及运作方式，并给定情景任务。学生：作为体系专员分析给定情景，给出改进采购绩效方案，并作为咨询项目的乙方进行汇报。	过程考核，主要考核学生对PDCA理念的理解和应用能力，及咨询汇报时的表现能力。

续表

子项目编号、名称	周次	学时	单元标题	项目编号	能/知目标	师生活动	其他(含考核内容、方法)
子项目4 供应商选择与评价	10	4	供应商开发与选择	4	能够使用VISIO绘制供应商开发选择流程图,能够结合企业实际编制供应商调查表;掌握供应商开发与选择的基本策略。	教师:作为采购部长给定情景任务。学生:作为供应商管理人员设计一份供应商调查表,并绘制供应商选择与开发流程图。	主要考核学生VISIO软件的使用,和对供应商开发与选择的程序理解。
	11	4	供应商评价	4	能够使用VISIO软件绘制供应商评价流程图;能设计供应商评价指标体系;掌握供应商评价流程和方法。	教师:作为采购部长给定情景任务。学生:作为供应商管理人员绘制供应商评价流程,设计一套供应商评价指标体系,向部长汇报。	主要考核学生VISIO软件的使用,和根据要求评价供应商质量的能力。
子项目5 采购订单与采购合同	12	4	采购订单	5	能够根据单证的要求正确填写相关内容;掌握采购订单的制定步骤;掌握采购订单跟踪的策略。	教师:作为采购部长给定情景数据。学生:作为制单员分析数据、并正确填制订单并传递订单。	考核学生根据数据正确填制采购订单,并有效跟踪订单的能力。
	13	4	采购合同	5	能够结合实际起草采购合同;掌握采购合同的主要内容。	教师:给定情景任务。学生:根据情景任务起草一份采购合同,并分享。	考察学生起草合同的能力。
	14	4	订单与合同跟踪	5	能够有效实施订单跟踪;掌握采购合同的签订和管理。	教师:重点讲解订单或合同意变更情况的处理学生:给出不同情境下的处理措施。	设计不同情境,主要考察学生处理不同订单或合同变更的能力。

续表

子项目编号、名称	周次	学时	单元标题	项目编号	能/知目标	师生活动	其他（含考核内容、方法）
子项目6 采购成本与绩效管理	15	4	采购成本控制	6	能够根据公式计算采购成本；能够结合采购成本分析编制采购成本控制方案；掌握采购成本核算程序和控制方法。	教师：重点讲解成本核算和控制的方法。学生：根据任务要求制定成本控制方案，在保证服务质量的前提下实现成本最低。	考核学生根据要求制定合理的成本控制方案的能力。
	16	4	采购绩效管理	6	能够设计采购绩效评估指标体系并开展评估工作；掌握设计采购绩效评估指标的方法；掌握采购绩效考核表的主要内容和设计方法。	教师：重点讲解绩效评价指标体系和如何利用指标进行绩效评价。学生：根据采购任务要求选择采购评价指标，并按照指标对采购绩效进行评价。	考核学生根据采购业务情况选择恰当的绩效评价指标并进行绩效评价的能力。

八、首末次课设计

1. 首次课设计

包括课程引入、考核方式介绍、课程简介和任务实施四个部分，其中课程引入是从学生熟悉的家庭采购为例，说明采购中遇到的需求预测不准确、计划不到位、采购物品有问题等等。如果利用本课程所学知识，就能够避免上述问题，提供家庭采购质量，节约采购成本，由此说明本课程在实际工作和生活中的重要作用，激发学生的学习兴趣和动力。

2. 末次课设计

采购管理相关的知识总结。

回顾本学年学习的主要内容，总结学生项目实训中出现的问题，指出学生后续努力的方向。

九、考核方案

总成绩（100分）= 态度考核（20%）+ 能力考核（60%）+ 知识考核（20%）

十、教学材料

教材、学习项目、学习任务、教学短片、实训软件、教学案例等。

十一、本课程常用术语中英文对照

procurement; purchase   采购

purchase specification 采购说明
Purchasing Order,P/O 订货单;订购单
Purchasing Specification Summary Sheet,PSSS 采购说明汇总表
requisitioning 请购
delivery order 交货单(D/O)
packing list 装箱单
prefabricated 预制的
spare parts 备品备件
supplier 供应者
manufacturer;vendor 制造者;制造厂
client;customer 顾客
contraction 承包商
distributor 分销商
subcontractor 分包商
broker 经纪商
owner 业主
user 用户
packing 包装
Economic Ordering Quantity,EOQ 经济订购批量
Enterprise Resource Planning,ERP 企业资源计划
Chief Procurement Officers,CPO 采购总监
Collaborative Planning and Execution,CPE 合作计划和执行
Automated Purchasing System,APS 自动采购系统

课程单元教学设计

课程名称	采购管理实务		项目(章)	子项目2 采购计划编制		任务(节)	任务1 绘制BOM结构图/表
授课学时	1	教材教参	《采购与供应管理实务》,赵艳俐主编,人民交通出版社			授课班级	物流管理专业一年级 第二学期
教学目标	知识	掌握物料清单的编制流程。					
	能力	1.能够使用VISIO绘制特定产品的BOM结构图; 2.能够使用Excel编制特定产品的BOM表。					
	素质	1.培养学生协作与沟通交流的意识与能力; 2.培养学生使用办公工具的能力。					

续表

教学重点	BOM 清单的编制步骤	教学难点	BOM 结构图 VISIO 输入的呈现
解决方法	教师示范案例讲解,详细指导练习		
教学设计思路	1. 相关视频导入 2. 任务介绍/分析 3. 任务实施 4. 任务考核与小结	信息化资源利用	视频 VISIO Excel
教学环境	实训室		

教学环节	教学内容	教学步骤、方法与手段
课程导入(8分钟)	1. 教师播放冰箱隔板生产组装视频(3分钟) A. 玻璃钢化　　B. 加装饰条　　C. 钢化隔板 2. 互动(5分钟) 教师提问:一块隔板有几种零部件构成?结构关系如何?数量关系如何? 学生回答。 教师根据学生回答,引出 BOM 相关知识,讲解 BOM 结构图及结构表的绘制方法。 ➢ BOM 又称物料清单(Bill Of Material,BOM)是定义产品结构的技术文件,通常有两种输出形式,BOM 结构图、结构表。BOM 描述了组成最终产品项目的各个零件、组件和原材料之间的结构关系和用量关系。 ➢ BOM 结构图是直观描述组件相互关系的工具,是编制 BOM 表的工艺文件或过程思路,尤其是复杂产品物料的梳理。(初学者或 ERP 实现过程的需要)BOM 表是物料清单的最终表达,输出。是形成物料采购计划的基础。 ➢ 绘制方法:一看二命三分级、四图五表零件齐。	教师:播放视频并提问。 学生:观看视频,回答问题。 教师:播放 PPT,讲解理论知识。

续表

教学环节	教学内容	教学步骤、方法与手段
任务介绍（4分钟）	1. 情景介绍（2分钟） 北京飞鸿安全玻璃有限公司，主营业务冰箱隔板的生产和销售，主要客户：海尔、西门子、新飞等。2016年11月8日，接到海尔一份新的订单，"智能冰箱隔板-P"型号隔板1000块，交货期2017年1月10日。海尔向飞鸿提供隔板图纸资料和工艺文件，由于该批隔板属于新型号，飞鸿玻璃立即召开多部门生产会议。会后，采购部经理杨一鸣，接到任务是，采购"智能冰箱隔板-P"型号隔板所需料件，供应生产需要。摆到杨一鸣面前的首要任务是，明确该隔板各个组件之间的结构关系和数量关系，为后续物料采购计划做好基础数据。于是，杨一鸣，安排部内人员组成"项目组"（组内人员包括熟悉图纸、工艺、采购、生产的员工）专门做好此项工作。作为项目组人员，我们怎么做呢？ 2. 下发任务（2分钟） 采购经理杨一鸣安排计划员小李牵头项目组使用VISIO绘制"冰箱隔板"BOM结构图并使用Excel编制BOM表。 任务输出	教师：作为飞鸿玻璃采购主管使用PPT讲解任务背景； 学生：作为"项目组"成员分析任务。
任务实施（25分钟）	子任务1　使用VISIO绘制BOM图（15分钟） 按照海尔提供的订单信息，使用VISIO绘制"智能冰箱隔板-P"型号隔板的BOM图。要求数量关系、结构关系准确，且美观。 子任务2　使用Excel绘制BOM表（10分钟） 按照前阶段绘制的BOM图，形成"智能冰箱隔板-P"型号隔板的BOM表。要求各个零件层级结构清晰，数量关系明确，编码规则适宜。	教师：明确任务，全场指导学生绘制工作； 学生：每生一台计算机，使用VISIO、Excel等办公工具完成任务。
任务评价（3分钟）	1. 评价方式：过程考核（40%）+结果考核（60%） 过程考核：教师完成过程考核，学生操作过程中进行打分。（参与积极性+软件熟悉度） 2. 结果考核：自评+互评+教师评 教师布置评价任务（1分钟） 自评："项目组"内选出一份作为组内推荐"方案"，并通过信息化手段发布至班级平台；（2分钟） 互评：其他组匿名评价各个小组推荐"方案"，并打分，满分30分；（课下完成）； 教师评：教师依据评价标准评价各小组推荐"方案"，并通过平台进行点评。（课下完成） 评价标准：层级结构清晰、数量关系准确、布局合理、美观。	教师：布置评价任务，明确评价要求；通过互动平台（如：蓝墨云班课）进行过程考核。 学生：自评，课下匿名互评。 教师：课下评价。
教学后记	教师根据教学目标、学生特征、知识特征，将信息技术与教学深度融合，让学生在完成具体任务的过程中归纳编制物料清单的步骤，理解BOM的特点等知识，积累工作经验，多动手、多操作，掌握使用办公工具的一般技能，形成责任、技能的采购员职业素养。	

教学做验收课总结

随着社会经济的发展,新生业态层出不穷,社会对人才的需求亦不断变化,高职院校培养一线技能人才的初衷不变,但培养方式、内容需要跟进社会的发展。为进一步对接社会产业需求,推动专业课程改革、同时提升教师教学能力、授课水平,实现学生到员工的无缝过渡。学院于 2016 年 11 月启动了第二批"教学做"验收课工作。本人有幸参与其中,完成了三个阶段的工作。本人选取了物流管理专业中"采购管理实务"作为教学做验收课的课程。现将收获和体会总结如下:

一、过程与体会

"教学做"验收课包括三个阶段:教学设计说课阶段、"公开课"讲课、"随机课"讲课。

1. 教学设计说课阶段

该阶段是对"采购管理实务"这门课程的整体情况进行梳理。主要内容如图 1 所示。

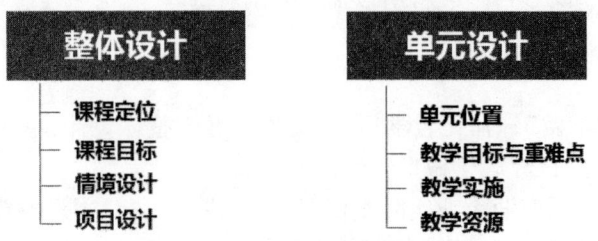

图 1　课程设计说课主要内容

通过对物流企业、企业物流现状以及相关课程岗位所需能力的调研分析,将本门课程分成 6 个项目,6 个项目的设置也符合生产企业一般采购流程。如图 2。

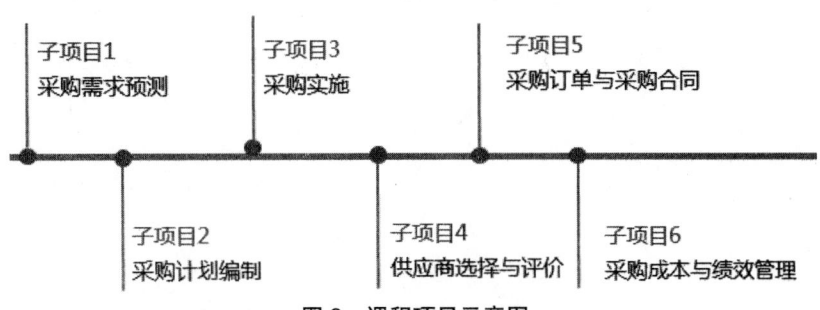

图 2　课程项目示意图

同时,在本阶段重点介绍了项目 2 采购计划编制中的任务 1 编制 BOM 图、表,课程中以北京飞鸿安全玻璃有限公司为背景,为其某型号的玻璃原料进行采购,编制 BOM 图、绘制 BOM 表的过程,在教学过程中使用 VISIO 工具,授予专业知识的同时,提升学生的办公操作能力。

2."公开课"讲课

本阶段,是对课程设计中的单元设计进行的授课。授课流程:理论知识、项目情景、项目实施、教师点评等四个阶段,教学过程中使用视频、音频、VISIO等信息化手段,同时,结合企业实际,使用实际工作流程"一看、二命、三分级、四图、五表、零件齐",提升了教学效果,学生易于接受。

3."随机课"阶段

"教学做"验收课的"随机课"的形式,随机课上采用的是结合企业实际案例,学生分组独立分析,并采用"甲方、乙方"项目汇报形式进行分享,分享完毕进行"甲方、乙方"现场答辩,答辩不仅仅对知识的掌握情况,还需要对分享人"乙方"的表达水平进行评价,提升学生的思维能力、表达能力和应变处置能力。

二、存在不足

第一,在整个做课过程中,主要的问题在于项目的设计,"教学做"验收课初衷在于将企业实际项目引进课堂,让学生紧密接触实际项目,这些项目源于实践同时还应适应教学教育的规律,需要教师结合教育特点和企业实际优化项目,成为上课能用的,不脱离实际的"好"项目。

第二,"教学做"一体化教学固好,但实际不能脱离教学理论,教材中个别理论章节需要纯理论的教授,"教学做"形式较难实现,所以需要区别对待。

三、努力方向

第一、在一轮"教学做"一体化教学后,重新梳理教学整体设计、单元设计以及教案,重新优化课程标准。使其更符合"教学做"一体化教学的目的。

第二、结合生产企业、商业企业实际案例,积极寻求企业参与,兼顾教育教学规律,编著适合"教学做"一体化教学的教材《采购管理实务》。

第三、充分开发和利用信息化手段,如:云班课、微课、慕课等等。提升教学效果和水平,让我们的教师、教育能够与时俱进。

商务礼仪

课程标准

课程名称：商务礼仪　　　　　　　　课程类型：职业基础课
学时：32　　　　　　　　　　　　　学分：2
适用专业：商务英语专业、文秘专业、电子商务、会展专业、物流专业等
执笔人：陈卓婷　　　　　　　　　　审核人：张强
制订时间：2017年1月

一、课程性质和作用

1. 课程性质与类型

本课程是介绍商务礼仪知识的一门应用型学科，属于职业基础课。

2. 课程地位与作用

该课程通过教师的系统讲授、示范操作与训练，使学生掌握商务礼仪的基本概念、常识、基本原理及方法技巧，从而为今后在商务活动中塑造良好形象、提高服务艺术，奠定坚实的基础。在国际商务专业就业岗群中，该课程主要对应商务策划岗、公关岗、营销岗、接待岗等岗位技能和素质培养要求，讲授商务活动类型、各类商务活动的策划、组织以及商务活动各环节和场合必须遵循的礼仪规范，对学生职能力的培养和职业素养养成起着主要支撑作用。

3. 课程设计思路

本课程突出"国际商务"的行业特征，以学生未来就业岗位的实用技能培养为宗旨，融知识、能力、素质培养为一体，以商务活动策划与组织的实用技能为主要培养目标，采用单元模块与项目教学形式，着重礼仪规范的训练，培养学生在各类商务活动中熟练运用礼仪的能力。在每个模块里，以完整的商务活动为单元来安排教学任务。在每个任务中，以支撑这个商务活动任务完成的关键技能点的训练作为教学重点，通过技能点的学习与训练来达到教学目标，体现学以致用。

二、课程目标

通过本课程的学习和实践，使学生体验并理解商务领域中的礼仪知识，明确并掌握商务交往中的操作要求和要领，培养学生行为的规范性和自律性，提高其文明素养及综合职业能力，

塑造其良好的职业形象,为学生将来走上社会成功求职、从事商务活动并获得可持续发展打下良好的基础。

1. 专业知识

了解礼仪的基本知识:礼仪的概念、礼仪的特征以及世界主要国家的礼俗风情及基本的礼仪规范;理解和掌握商务活动中礼仪的基本原则和规范,并能正确运用所学的礼仪知识,分析实际商务活动中的社交问题,并能提出解决的办法。

2. 专业技能

会按商务助理职业形象进行仪容仪表修饰,举止得当;能在办公室及其他各种商务活动场合正确运用礼仪规范;能做好各类商务仪式活动的礼仪服务;能运用中外习俗礼仪进行内宾、外宾接待工作。

3. 职业素质

通过对商务礼仪基础知识的学习,学生会了解和熟悉商务礼仪的主要内容,通过边学边练培养其实操能力,能够正确地动用各种商务礼仪技巧,提高自身的礼仪素质,并能在以后的实际工作和社会交往中做到事事合乎礼仪,处处表现自如、得体,从而顺利完成各种商务活动。

三、课程内容与要求

1. 课程内容框架

序号	课程内容或项目模块	教学单元	学时
1	仪表礼仪 (Dressing and Looking)	仪表礼仪(Appearance Etiquette) 服饰礼仪(Dressing Etiquette)	6
2	会面礼仪 (Meeting and Greeting)	介绍礼仪(Introduction Etiquette) 握手礼仪(Hand-shaking Etiquette) 名片礼仪(Business Etiquette)	6
3	接待礼仪 (Visiting and Receiving)	座次礼仪(Seating Etiquette) 乘车礼仪(Limousine Etiquette)	4
4	餐桌礼仪 (Table Manners)	西餐礼仪(Western-food Etiquette) 中餐礼仪(Chinese-food Etiquette) 酒水礼仪(Drinking Etiquette) 自助餐礼仪(Buffet Etiquette)	8
5	办公室礼仪 (Workplace Etiquette)	电话礼仪(Phone Etiquette) 通信礼仪(Correspondence Etiquette)	4
6	求职礼仪 (Applying for a Job)	如何写简历(How to Write a Resume) 面试礼仪(Job Interview)	4

2. 教学内容设计

课程内容或项目模块	仪表礼仪（Dressing and Looking）		学时	6
学习目标	知识目标：学生能掌握"三色"原则和"TPO"原则			
	能力目标：在各类商务场合中，学生会得体的着装、打扮			
	素质目标：成为商务场合中仪表端庄、行为得体的职业人			
学习单元	内容描述	教学方法建议		学时
1. 仪表礼仪（Appearance Etiquette）	商务场合中如何站、立、行、微笑以及保持适当的妆容	以教师讲解为辅、教师示范和学生练习为主		4
2. 服饰礼仪（Dressing Etiquette）	在各种商务场合下衣着得体、彰显身份、凸显个人魅力	采用让学生观看相关视频进行案例教学；运用相关的教学软件让学生进行模拟训练		2

课程内容或项目模块	会面礼仪（Meeting and Greeting）		学时	6
学习目标	知识目标：学生能在商务会面中掌握介绍、握手以及递送名片的相关知识			
	能力目标：学生能在商务场合中做到正确介绍、得体握手以及递送名片			
	素质目标：成为商务会面场合中行为得体的职业人			
学习单元	内容描述	教学方法建议		学时
1. 介绍礼仪（Introduction Etiquette）	掌握自我介绍、介绍他人以及群体介绍的顺序、方法以及注意事项	以教师讲解为辅、教师示范和学生练习为主		2
2. 握手礼仪（Hand-shaking Etiquette）	掌握握手的时机、顺序、力度以及握手时的注意事项和禁忌	以教师讲解为辅、教师示范和学生练习为主		2
3. 名片礼仪（Business Etiquette）	掌握制作名片的规则和禁忌、递送名片的顺序、规则	课上学习，课下制作名片		2

课程内容或项目模块	接待礼仪（Visiting and Receiving）		学时	4
学习目标	知识目标：学生在各种商务会议和出行中掌握相关的知识			
	能力目标：在各种商务会议和出行中能正确安排座次以及乘车			
	素质目标：在商务会议和出行中成为行为得体的职业人			
学习单元	内容描述	教学方法建议		学时
1. 座次礼仪（Seating Etiquette）	陪同客人时出入电梯的顺序、安排多人开会时的座次顺序以及在中西方关于左和右的尊贵差别	让学生观看相关的视频和电影片段以加深学生的印象		2
2. 乘车礼仪（Limousine Etiquette）	掌握商务乘车中三厢车、越野车以及多排座汽车的座次礼仪	让学生观看相关的视频和电影片段以加深学生的印象		2

课程内容或项目模块		餐桌礼仪（Table Manners）	学时	8
学习目标	知识目标:学生在各种商务会餐中掌握相关的知识点			
	能力目标:在各种商务会餐中正确使用各类餐具			
	素质目标:在商务会餐中得体的就餐,体现现代职业人的基本素质			
学习单元		内容描述	教学方法建议	学时
1. 西餐礼仪（Western-food Etiquette）		掌握西餐餐具的使用方法、了解西餐的用餐顺序以及西餐礼仪的禁忌	让学生观看相关的视频和电影片段以加深学生的印象	2
2. 中餐礼仪（Chinese-food Etiquette）		掌握中餐中的禁忌和规则以及中国名菜的英文表达方法	让学生观看相关的视频和电影片段以加深学生的印象	2
3. 酒水礼仪（Drinking Etiquette）		掌握喝咖啡的规则以及禁忌、为客人上茶的顺序以及喝洋酒的礼数	在学校的酒店实训基地用实际教具进行教学	2
4. 自助餐礼仪（Buffet Etiquette）		掌握吃自助餐的基本规则和禁忌	让学生观看相关的视频和电影片段以加深学生的印象	2

课程内容或项目模块		办公室礼仪（Workplace Etiquette）	学时	4
学习目标	知识目标:学生在拨打和接听商务电话时掌握相关的知识点			
	能力目标:能正确处理各类商务电话以及收发商务信函			
	素质目标:在商务沟通中做到有效的沟通			
学习单元		内容描述	教学方法建议	学时
1. 电话礼仪（Phone Etiquette）		掌握拨打电话的时间、接听电话的禁忌	让学生观看相关的视频和电影片段以加深学生的印象	2
2. 通信礼仪（Correspondence Etiquette）		掌握 E-mail 以及正式英语信函的写法	让学生实际写一封英文的电子邮件	2

课程内容或项目模块		求职礼仪（Applying for a Job）	学时	4
学习目标	知识目标:学生在拨打和接听商务电话时掌握相关的知识点			
	能力目标:能正确处理各类商务电话以及收发商务信函			
	素质目标:在商务沟通中做到有效的沟通			
学习单元		内容描述	教学方法建议	学时
1. 如何写简历（How to Write a Resume）		掌握制作个人简历的关键要素以及注意事项	以学生练习为主	2
2. 面试礼仪（Job Interview）		掌握面试时职业装的穿着要领以及行为禁忌	利用相关的教学软件	2

四、课程考核方式

考核内容		考核方法	所占比例
平时考核成绩占比（40%）	仪表礼仪（Appearance Etiquette）	角色扮演	2%
	服饰礼仪（Dressing Etiquette）	角色扮演	2%
	介绍礼仪（Introduction Etiquette）	角色扮演	3%
	握手礼仪（Hand-shaking Etiquette）	角色扮演	3%
	名片礼仪（Business Etiquette）	制作名片	3%
	座次礼仪（Seating Etiquette）	PPT展示	2%
	乘车礼仪（Limousine Etiquette）	PPT展示	2%
	西餐礼仪（Western-food Etiquette）	录制视频	3%
	中餐礼仪（Chinese-food Etiquette）	录制视频	3%
	酒水礼仪（Drinking Etiquette）	角色扮演	3%
	自助餐礼仪（Buffet Etiquette）	PPT展示	2%
	电话礼仪（Phone Etiquette）	角色扮演	3%
	通信礼仪（Correspondence Etiquette）	书写E-mail	3%
	如何写简历（How to Write a Resume）	书写简历	3%
	面试礼仪（Job Interview）	角色扮演	3%
期末考核成绩占比（60%）	PPT展示	全班学生按照每4人一小组进行项目抽签考核，根据不同的项目所考核方式不同	60%
	课外录制视频活动		
	现场实训活动		

五、教学组织、实施与保障建议

1. 教学条件
具备放像条件的教室。

2. 教材与课程资源的利用
①教材:《商务礼仪与实训》,罗树宁主编,化学工业出版社,2015
参考书:《商务礼仪》,崔玉环主编,高等教育出版社,2012
《商务礼仪教程》,金正昆主编,对外经贸大学出版社,2011
② 课程资源利用
可利用学校酒店实训基以及校园咖啡屋进行餐桌礼仪的实训。
可利用人文系早教专业的舞蹈室让学生进行仪表礼仪的实训。
在课外利用各种能进行商务活动的场所进行实际体验。例如:实习公司、酒吧以及自助餐厅等。

3. 参考学习网站
央视网 http://tv.cntv.cn
中国礼仪网 http://www.welcome.org.cn
网易公开课 http://open.163.com/special/cuvocw/xiandailyyi.html

课程整体教学设计

一、课程基本信息

课程名称:商务礼仪			
所属系部:人文与艺术设计系、商贸系、财经系	制定人:陈卓婷		
课程代码:6603120102	学分:2		学时:32
授课时间:第一学期	授课对象:商务英语专业、文秘专业、电子商务、会展专业、物流等专业大一年级学生		
课程类型:职业基础课			
先修课程:无	后续课程:各专业职业技术课		

二、课程定位

1. 岗位分析
（1）初次就业

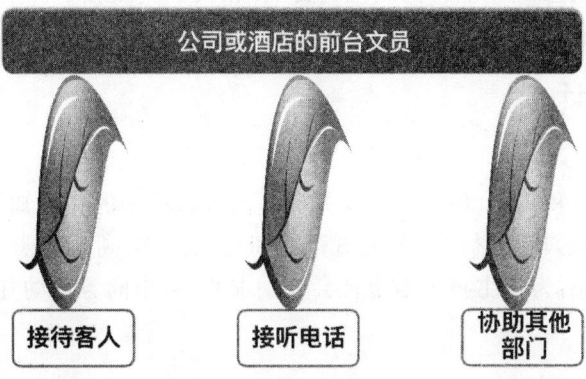

（2）二次晋升岗位

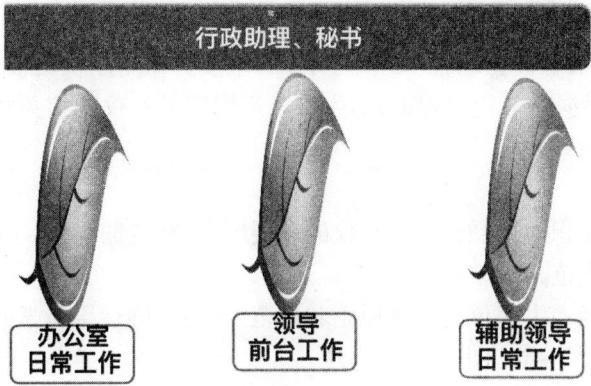

（3）未来发展岗位

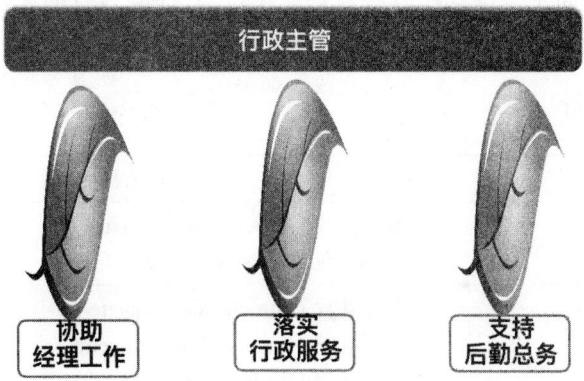

2. 课程分析

本课程从企事业开展商务活动的实际过程出发,立足于现代商务人员工作实践,从商务人员仪容、仪表、仪态等个人礼仪,到商务交往、商务沟通等人际交往礼仪,再到商务人员办公、仪式、宴请、差旅、销售等组织礼仪,有针对性地选取了商务领域中最为常见和实用的商务活动作为教学模块,突出实用性、职业性和实践性的特点,加大了实践教学环节,融入基本礼仪内容,构建了"教、学、做"一体化的教学模式。

三、课程目标设计

1. 总体目标

通过本课程的学习和实践,使学生体验并理解商务领域中的礼仪知识,明确并掌握商务交往中的操作要求和要领,培养学生行为的规范性和自律性,提高其文明素养及综合职业能力,塑造其良好的职业形象,为学生将来走上社会成功求职、从事商务活动并获得可持续发展打下良好的基础。

2. 能力目标

商务礼仪能力:根据国际商务礼仪规范,学生可以在各种商务场合中合理、得体地运用商务礼仪知识进行各项工作。例如:进行商务接待、商务会餐等等。

工作沟通能力:根据商务礼仪规范,学生可以运用商务礼仪的相关知识,灵活处理各种商务场合中的问题。例如:在商务场合中,学生可以合理安排乘车座次、会议座次等。

人际交往能力:根据商务礼仪规范,学生可以运用商务礼仪的相关知识,和谐发展与同事以及其他人员的人际关系。

3. 知识目标

了解礼仪的基本知识:礼仪的概念、礼仪的发展历史、礼仪的特性,了解世界主要国家的礼俗风情及基本的礼仪规范。

理解和掌握商务活动中礼仪的基本原则和规范,并能正确运用所学的礼仪知识,分析实际商务活动中的社交问题,并能提出解决的办法。

4. 素质目标

通过对商务礼仪基础知识的学习,学生能够了解和熟悉商务礼仪的主要内容;通过边学边练培养其实操能力,从而正确地动用各种商务礼仪技巧,提高自身的礼仪素质,并能在以后的实际工作和社会交往中做到事事合乎礼仪,处处表现自如、得体,最终顺利完成各种商务活动。

四、课程内容设计

项目名称	子项目名称	学时
仪表礼仪 (Dressing and Looking)	仪表礼仪(Appearance Etiquette) 服饰礼仪(Dressing Etiquette)	6
会面礼仪 (Meeting and Greeting)	介绍礼仪(Introduction Etiquette) 握手礼仪(Hand-shaking Etiquette) 名片礼仪(Business Etiquette)	6

续表

项目名称	子项目名称	学时
接待礼仪（Visiting and Receiving）	座次礼仪（Seating Etiquette） 乘车礼仪（Limousine Etiquette）	4
餐桌礼仪（Table Manners）	西餐礼仪（Western-food Etiquette） 中餐礼仪（Chinese-food Etiquette） 酒水礼仪（Drinking Etiquette） 自助餐礼仪（Buffet Etiquette）	8
办公室礼仪（Workplace Etiquette）	电话礼仪（Phone Etiquette） 通信礼仪（Correspondence Etiquette）	4
求职礼仪（Applying for a Job）	如何写简历（How to Write a Resume） 面试礼仪（Job Interview）	4

五、项目任务设计

编号	子项目编号、名称	任务	能力目标	知识目标	训练方式、手段及步骤	可展示的结果
1	子项目1 仪表礼仪（Appearance Etiquette）	化一个适合商务人员的工作妆	1. 能够运用仪容修饰要点和技巧进行仪容修饰； 2. 能够运用化妆技巧，化符合商务人员和相关岗位的工作妆	1. 掌握仪容修饰的要点和技巧； 2. 掌握商务场合下化妆的方法和技巧； 3. 掌握商务场合下化妆的注意事项和禁忌	角色扮演、实际操作	学生仪容展示
2	子项目2 服饰礼仪（Dressing Etiquette）	1. 在商务会面中，男生为自己设计一身合适的着装； 2. 在商务谈判中，女生为自己设计一身优雅的职业装	1. 能够根据不同的商务场合合理着装和服饰搭配； 2. 能够根据不同的商务着装配合相应的妆容	1. 掌握TPO原则； 2. 掌握男士西装着装要求和禁忌； 3. 掌握女士职业装的着装要求和禁忌； 4. 几种常见领带的打法	角色扮演、软件操作	着装礼仪展示
3	子项目3 介绍礼仪（Introduction Etiquette）	1. 在商务会面中，做一次自我介绍； 2. 在商务谈判前，为谈判双方进行介绍	1. 能够在商务场合下合理进行自我介绍； 2. 能够完成他人介绍和群体介绍的任务	1. 掌握介绍的种类； 2. 掌握做自我介绍的要点和注意事项； 3. 掌握为他人做介绍时的要点和注意事项； 4. 掌握业务介绍和集体介绍的要点和注意事项	角色扮演	情境展示

续表

编号	子项目编号、名称	任务	能力目标	知识目标	训练方式、手段及步骤	可展示的结果
4	子项目4 握手礼仪（Hand-shaking Etiquette）	1. 和社会地位比自己高的人进行握手； 2. 和社会地位比自己低的人进行握手	1. 能够根据握手礼仪的规则和社会地位较高的人进行握手； 2. 能够根据握手礼仪的规则和社会地位较低的人进行握手	1. 掌握握手的时机、顺序、力度 2. 掌握握手时的注意事项和禁忌	角色扮演	情景展示
5	子项目5 名片礼仪（Business Etiquette）	1. 向社会地位较高的人索要名片； 2. 接到对方名片后如何处理； 3. 给一群体发自己的名片	1. 能够礼貌的向社会地位较高的人索要名片； 2. 能够正确的处理索要后的名片； 3. 能够正确的派发名片	1. 掌握制作名片的规则和禁忌； 2. 掌握递送名片的顺序、规则；	角色扮演	制作名片、情境展示
6	子项目6 座次礼仪（Seating Etiquette）	1. 为一群领导进行会议座次安排； 2. 礼貌陪同客人出入电梯	1. 能够在开会时正确为领导安排座次； 2. 能够以以陪同人身份正确出入电梯	1. 掌握陪同客人时出入电梯的顺序； 2. 掌握安排多人开会时的座次顺序； 3. 掌握中西方关于左和右的尊贵差别	图片示例、电影视频	PPT展示
7	子项目7 乘车礼仪（Limousine Etiquette）	1. 陪同领导坐小轿车时,选择正确的座次； 2. 和单位众多领导、同事一起乘坐大巴车,选择正确的座次	能够在商务乘车场合下遵循约定俗成的社会常规进行正确乘车	1. 掌握商务乘车中三厢轿车的座次顺序； 2. 掌握越野车的座次顺序； 3. 掌握多排座汽车的座次顺序	图片示例、电影视频	PPT展示
8	子项目8 西餐礼仪（Western-food Etiquette）	1. 西餐就餐中,你中途接到一个重要电话,用西餐餐具告知别人你接完电话还要继续用餐； 2. 西餐就餐中,你不想再继续吃,用餐具告知他人； 3. 在西餐就餐中,正确使用各式刀叉	1. 能够在商务场合中正确的使用西餐餐具； 2. 能够在商务场合中举止符合西餐用餐礼仪	1. 掌握西餐餐具的使用方法； 2. 了解西餐的用餐顺序； 3. 掌握西餐礼仪的禁忌	图片展示、电影视频	录制视频

续表

编号	子项目编号、名称	任务	能力目标	知识目标	训练方式、手段及步骤	可展示的结果
9	子项目 9 中餐礼仪（Chinese-food Etiquette）	1. 在正式的中餐宴会上,作为职场新人选择座次；2. 在正式的中餐宴会上礼貌地向对方单位人敬酒	1. 能够在商务场合中能正确识别主客位；2. 能够礼貌地敬酒、奉茶；	1. 掌握中餐中的禁忌和规则；2. 掌握中国名菜的英文表达方法	图片展示、电影视频	录制视频
10	子项目 10 酒水礼仪（Drinking Etiquette）	1. 甲单位到你单位进行商务谈判,作为接待人员为双方奉茶；2. 你受邀参加西方人举办的咖啡会,正确地边交谈边饮用咖啡；3. 你受邀参加一个正式的西餐会,正确地品用各式洋酒	1. 能够正确地为群体和个人奉茶；2. 能够正确地饮用各式咖啡；3. 能够正确地饮用各式洋酒并且辨认各式洋酒杯	1. 掌握为客人奉茶的顺序和方向；2. 掌握喝咖啡的规则以及禁忌；3. 掌握喝洋酒的礼数和禁忌	角色扮演	情境展示
11	子项目 11 自助餐礼仪（Buffet Etiquette）	1. 在自助餐会上,正确地选用各种餐食；2. 在自主餐会上,能得体的和别人进行攀谈	1. 能够在商务自助餐场合中能遵循自助餐礼仪,做到有序、礼貌用餐；2. 能够得体的在自助餐会上和他人进行交流	1. 掌握吃自助餐的基本规则和禁忌；2. 掌握和他人交流的语言技巧	图片展示、电影视频	PPT 展示
12	子项目 12 电话礼仪（Phone Etiquette）	给重要客户打一个电话,以确认明天的会议行程	能够在工作场合中礼貌地接听、拨打电话、会用英语写电话留言	1. 掌握拨打电话的时间、接听电话的禁忌；2. 了解对于打电话双方,谁先挂断电话；3. 掌握写英语留言的关键词和句型	角色扮演	情境展示
13	子项目 13 通信礼仪（Correspondence Etiquette）	给客户写一封英文的 E-mail	能够在工作场合中能用英语正确的发送 E-mail、传真以及各类商务信函	掌握 E-mail 以及正式英语信函的写法	给学生不同情境让学生练习写商务英语 E-mail	用英语写 E-mail 以及商务信函

续表

编号	子项目编号、名称	任务	能力目标	知识目标	训练方式、手段及步骤	可展示的结果
14	子项目 14 如何写简历（How to Write a Resume）	写一封个人简历	能够用英语写出个人简历	掌握制作个人简历的关键要素以及注意事项	让学生制作一封英文个人简历	英语的个人简历
15	子项目 15 面试礼仪（Job Interview）	1. 准备面试时的服饰；2. 准备面试时必须携带的材料；3. 准备面试时的问题	1. 能够在在个人形象上符合面试礼仪；2. 能够在心理、以及知识层面上为求职面试做好准备	1. 掌握面试时职业装的穿着要领以及禁忌；2. 面试时的肢体语言以及常用的英语面试口语	角色扮演	情境展示

六、项目情境设计

编号	子项目编号、名称	任务	情境	学时
1	子项目 1 仪表礼仪（Appearance Etiquette）	化一个适合商务人员的工作妆	假设要参加不同商务场合的活动：商务宴会、商务洽谈、商务娱乐等，如何才能妆容合适？	4
2	子项目 2 服饰礼仪（Dressing Etiquette）	1. 在商务会面中，男生为自己设计一身合适的着装；2. 在商务谈判中，女生为自己设计一身优雅的职业装	假设要参加一场重要的商务谈判，应该如何着装？	2
3	子项目 3 介绍礼仪（Introduction Etiquette）	1. 在商务会面中，做一次自我介绍；2. 在商务谈判前，为谈判双方进行介绍	假设你负责本单位的会议接待工作，需要你将本单位以及对方单位的相关人员进行相互介绍	2
4	子项目 4 握手礼仪（Hand-shaking Etiquette）	1. 和社会地位比自己高的人进行握手；2. 和社会地位比自己低的人进行握手	假设要参加一个商务聚会，你想结识聚会里的一些重要人物，怎样进行礼貌握手？	2
5	子项目 5 名片礼仪（Business Etiquette）	1. 向社会地位较高的人索要名片；2. 接到对方名片后如何处理；3. 给一群体发自己的名片	1. 假设参加了一个重要的商务会议，你想索要会议演讲人的名片；2. 你作为业务介绍员要对公司产品进行推介，在面对一群客户时，如何为群体发放自己的名片？	2

续表

编号	子项目编号、名称	任务	情境	学时
6	子项目6 座次礼仪（Seating Etiquette）	1. 为一群领导进行会议座次安排； 2. 礼貌陪同客人出入电梯	1. 假设你单位要召开重要的商务会议，你作为会议的组织者如何安排众多领导以及与会者的入席座次？ 2. 你作为单位的陪同人员陪同重要客户进行公司参观活动，如何陪同客户进出电梯？	2
7	子项目7 乘车礼仪（Limousine Etiquette）	1. 陪同领导坐小轿车时，选择正确的座次； 2. 和单位众多领导、同事一起乘坐大巴车，选择正确的座次	1. 假设你陪同领导乘坐本单位轿车外出办事，除去司机的正驾驶，你应该坐在轿车的什么位置？ 2. 假设你和单位的领导和同事一起乘坐大巴旅行，你该如何选取大巴座次？	2
8	子项目8 西餐礼仪（Western-food Etiquette）	1. 西餐就餐中，用西餐餐具告知别人你接完电话还要继续用餐； 2. 西餐就餐中用餐具告知别人你不想继续用餐； 3 在西餐就餐中，正确使用各式刀叉	1. 假设你受邀参加一个正式的西餐宴会，这时接到一个重要电话。你不得不出去接听，你如何通过摆放餐和餐具来告知服务员你会继续用餐？ 2. 在吃西餐过程中，你有急事离场，如何用餐具告知服务生可以撤掉餐具？ 3. 在西餐宴会上，面对一排排的刀叉如何正确、优雅地使用？	2
9	子项目9 中餐礼仪（Chinese-food Etiquette）	1. 在正式的中餐宴会上，作为职场新人选择座次； 2. 在正式的中餐宴会上礼貌地向对方单位人敬酒	1. 假设你参加一个最重要的商务中餐聚会，作为一名职场新人，如何正确地选择座次？ 2. 假设你陪同单位领导宴请重要的客户，需要你在宴会中敬酒、为客人倒茶，如何才能做到彬彬有礼、不失礼仪？	2
10	子项目10 酒水礼仪（Drinking Etiquette）	1. 甲单位到你单位进行商务谈判，作为接待人员为双方奉茶； 2. 你受邀参加西方人举办的咖啡会，正确地边交谈边饮用咖啡； 3. 你受邀参加一个正式的西餐会，正确地品用各式洋酒	1. 假设你作为本单位的接待人员，如何给对方单位和本单位的人按照商务礼仪规范正确上茶？ 2. 假设你受邀参加一个外国客户举办的西餐聚会，如何得体的喝洋酒、咖啡？	2
11	子项目11 自助餐礼仪（Buffet Etiquette）	1. 在自助餐会上，正确地选各种餐食； 2. 在自主餐会上，能得体的和别人进行攀谈	假设你要参加一个商务自助餐宴会，怎样才能既吃好又不失风度？	2
12	子项目12 电话礼仪（Phone Etiquette）	给重要客户打一个电话，以确认明天的会议行程	1. 假设你给一名重要客户打电话，在电话接通时，你该说什么？ 2. 在和这个重要客户说完事情后，谁应该先挂掉电话？	2

续表

编号	子项目编号、名称	任务	情境	学时
13	子项目 13 通信礼仪（Correspondence Etiquette）	给客户写一封英文的 E-mail	假设你要给一位外国客人写一封电子邮件，邀请他/她来你们单位进行技术指导	2
14	子项目 14 如何写简历（How to Write a Resume）	让学生写一个个人简历	假设你想要在一家外贸公司上班，需要提前写好简历	2
15	子项目 15 面试礼仪（Job Interview）	1. 准备面试时的服饰；2. 准备面试时必须携带的材料；3. 准备面试时的问题	假设你要参加一次英文面试，如何才能做得到落落大方、显出应该具备职业人基本素质	2

七、课程进程表

子项目编号、名称	周次	学时	单元标题	项目编号	能/知目标	师生活动	其他（含考核内容、方法）
子项目 1　仪表礼仪（Appearance Etiquette）	1	4	仪表礼仪	1	三色原则	教师：总结出商务场合下对于商务人员仪容的要求；学生：对照仪容修饰方法和化妆方法，进行仪容修饰	学生仪容展示
子项目 2　服饰礼仪（Dressing Etiquette）	2	2		1	TPO 原则	教师：重点讲解职业装的着装原则 学生：按照商务着装原则进行服饰搭配	着装礼仪展示
子项目 3　介绍礼仪（Introduction Etiquette）	2	2	会面礼仪	2	介绍顺序	教师：重点讲解介绍顺序 学生：根据介绍礼仪知识点进行角色扮演	情境展示
子项目 4　握手礼仪（Hand-shaking Etiquette）	3	2		2	握手顺序	教师：重点讲解握手顺序 学生：进行角色扮演	情景展示
子项目 5　名片礼仪（Business-card Etiquette）	3	2		2	制作名片递送名片	教师：重点讲解递送名片的顺序和收到名片时的处理方法 学生：进行角色扮演	制作名片、情境展示

续表

子项目编号、名称	周次	学时	单元标题	项目编号	能/知目标	师生活动	其他（含考核内容、方法）
子项目6 座次礼仪（Seating Etiquette）	4	2	接待礼仪	3	座次安排	教师：会场座次安排 学生：进行知识点汇报	PPT展示
子项目7 乘车礼仪（Limousine Etiquette）	4	2		3	乘车座次安排	教师：重点讲解乘坐三厢车时的座次选择 学生：进行知识点汇报	PPT展示
子项目8 西餐礼仪（Western-food Etiquette）	5	2	餐桌礼仪	4	西餐餐具使用、西餐的用餐顺序	教师：重点讲解西餐餐具的使用 学生：课下进行角色扮演	录制视频
子项目9 中餐礼仪（Chinese-food Etiquette）	5	2		4	中餐的敬酒礼仪、倒茶礼仪	教师：重点讲解中餐就餐时的敬酒顺序 学生：课下进行角色扮演	录制视频
子项目10 酒水礼仪（Drinking Etiquette）	6	2		4	咖啡、洋酒的正确喝法	教师：重点讲解洋酒和咖啡的喝法 学生：进行角色扮演	情境展示
子项目11 自助餐礼仪（Buffet Etiquette）	6	2		4	自助餐禁忌	教师：重点讲解吃自助餐的禁忌 学生：进行知识点总结	PPT展示
子项目12 电话礼仪（Phone Etiquette）	7	2	办公室礼仪	5	电话礼仪常识	教师：重点讲解打电话时的三要素 学生：进行角色扮演	情境展示
子项目13 通信礼仪（Correspondence Etiquette）	7	2		5	书写英文电子邮件	教师：重点讲解书写电子邮件的格式和注意事项 学生：实际写一封电子邮件	用英语写E-mail以及商务信函
子项目14 如何写简历（How to Write a Resume）	8	2	求职礼仪	6	制作英文简历	教师：重点讲解求职个人简历的要素 学生：写一个个人简历	英语的个人简历
子项目15 面试礼仪（Job Interview）	8	2		6	求职着装、肢体语言、求职语言表达	教师：重点讲解求职面试中的衣着和肢体语言 学生：进行角色扮演	情境展示

八、首末次课设计

1. 首次课设计

（1）课程导入

（2）现代礼仪的种类

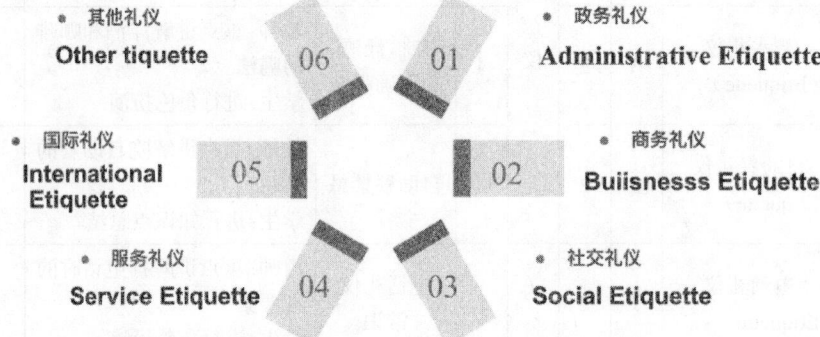

（3）何时遵循礼仪

(4) 商务礼仪的基本规则

尊重对方　　措辞合理　　行为规范

2. 末次课设计

回顾本课程的主要学习内容，师生共同完成课程总结。

教师总结本课程的项目任务完成情况，指出学生在项目完成过程中存在的问题和不足，点评学生的学习表现；展示学生优秀作品，包括回放学生现场礼仪训练视频录像、图片及分析报告等。

学生分组讨论商务礼仪课程的学习收获和感受，给老师提出本门课程在组织学习和教学实践过程中存在的问题和不足，并提出自己对本课程的学习方法和完成情况的看法和观点；

教师做出记录，作为下一轮课程讲授的参考意见，并作出最后的总结和归纳。

九、考核方案

本课程的考核由平时成绩和期末考核两部分组成。其中，平时成绩占到总成绩的40%，包括课上学生在各类角色扮演中的互动情况（20%）以及课下教师要求学生提交的任务（20%）。期末成绩占到总评成绩的60%：全班学生按照每4人一小组进行项目抽签考核，根据不同的项目所考核方式不同。根据每组所抽签的项目，考核方式有所不同。主要包括：PPT展示、课外录制视频活动以及现场实训活动。每种考核方式所占总成绩比例皆为60%。

	考核内容	考核方法	所占比例
平时考核成绩占比（40%）	仪表礼仪（Appearance Etiquette）	角色扮演	2%
	服饰礼仪（Dressing Etiquette）	角色扮演	2%
	介绍礼仪（Introduction Etiquette）	角色扮演	3%
	握手礼仪（Hand-shaking Etiquette）	角色扮演	3%
	名片礼仪（Business Etiquette）	制作名片	3%

续表

考核内容		考核方法	所占比例
平时考核成绩占比（40%）	座次礼仪（Seating Etiquette）	PPT 展示	2%
	乘车礼仪（Limousine Etiquette）	PPT 展示	2%
	西餐礼仪（Western-food Etiquette）	录制视频	3%
	中餐礼仪（Chinese-food Etiquette）	录制视频	3%
	酒水礼仪（Drinking Etiquette）	角色扮演	3%
	自助餐礼仪（Buffet Etiquette）	PPT 展示	2%
	电话礼仪（Phone Etiquette）	角色扮演	3%
	通信礼仪（Correspondence Etiquette）	书写 E-mail	3%
	如何写简历（How to Write a Resume）	书写简历	3%
	面试礼仪（Job Interview）	角色扮演	3%
期末考核成绩占比（60%）	PPT 展示	全班学生按照每 4 人一小组进行项目抽签考核，根据不同的项目所考核方式不同	60%
	课外录制视频活动		
	现场实训活动		

十、教学材料

1. 教材

《商务礼仪与实训》，罗树宁主编，化学工业出版社，2015

2. 参考书

《商务礼仪》，崔玉环主编，高等教育出版社，2012

《商务礼仪教程》，金正昆主编，对外经贸大学出版社，2011

3. 参考学习网站

央视网 http://tv.cntv.cn

中国礼仪网 http://www.welcome.org.cn

网易公开课 http://open.163.com/special/cuvocw/xiandailyyi.html

十一、需要说明的其他问题

为了全面锻炼学生的实际操作能力，教师可以充分利用我校的酒店实训基以及校园咖啡屋进行餐桌礼仪的实训；可利用人文系早教专业的舞蹈室让学生进行仪表礼仪的实训。

在课外利用各种能进行商务活动的场所进行实际体验。例如：实习公司、酒吧以及自助餐厅等。

十二、本课程常用术语中英文对照

Business etiquette　商务礼仪
Communication art　沟通艺术
Communication skills　沟通技巧
Behavior rules　行为规则
Proper wording　措辞恰当
Normative　规范的
Appearance etiquette　仪表礼仪
Dressing etiquette　衣着礼仪
Introduction etiquette　介绍礼仪
Hand-shaking etiquette　握手礼仪
Business-card etiquette　名片礼仪
Seating etiquette　座次礼仪
Limousine etiquette　乘车礼仪
Gift etiquette　礼品礼仪
Western-food etiquette　西餐礼仪
Chinese-food etiquette　中餐礼仪
Drinking etiquette　酒水礼仪
Buffet etiquette　自助餐礼仪
Phone etiquette　电话礼仪
Correspondence etiquette　通信礼仪
Holiday etiquette　节日礼仪
Talking etiquette　谈话礼仪
Recreation etiquette　娱乐礼仪
How to write a resume　如何写简历
Job interview　面试礼仪

课程单元教学设计

课程名称	商务礼仪	作品名称		酒水礼仪	项目章节	项目4（任务3）
授课学时	2	教材教参	\multicolumn{2}{l	}{教材：《商务礼仪与实训》，罗树宁主编，化学工业出版社，2015 教参：《商务礼仪》，崔玉环主编，高等教育出版社，2012 《商务礼仪教程》，金正昆主编，对外经贸大学出版社，2011}	授课专业年级	商务英语专业大一年级学生
教学目标	知识	\multicolumn{5}{l	}{1. 掌握在不同商务情境下喝咖啡的规则和禁忌； 2. 掌握喝茶以及为客人上茶的规则和禁忌； 3. 掌握喝各类洋酒以及持各种洋酒杯的规则。}
	能力	\multicolumn{5}{l	}{1. 具备优雅喝咖啡的能力； 2. 具备正确喝茶、为客人上茶的能力； 3. 具备正确辨认各式洋酒杯以及持酒杯姿势的能力。}
	素质	\multicolumn{5}{l	}{1. 能够在商务场合中得体正确的品尝各式饮品； 2. 能够在商务场合中礼貌的为客人上茶、倒酒以及品洋酒。}
教学重点	\multicolumn{3}{l	}{在商务场合中掌握喝茶、咖啡以及洋酒的规则和禁忌。}	教学难点	\multicolumn{2}{l	}{在特定的商务场合中，正确的饮用茶、咖啡以及洋酒。}
解决方法	\multicolumn{6}{l	}{1. 利用蓝墨云班课课前让学生观看相关的礼仪视频，自行学习相关的礼仪知识；课上利用该学习软件进行知识点测试，帮助学生掌握教学重点。 2. 利用相关的影视视频加深学生对于教学重点的印象，并且促成了课堂讨论，实现"做中教"。 3. 再利用实际教具促进学生进行实际演练实现了"做中学"，锻炼了学生锻炼学生在商务场合中正确喝咖啡的能力、正确喝茶以及上茶的能力以及正确喝洋酒的礼数能力，突破了教学难点。}
教学环境	\multicolumn{6}{l	}{多媒体教室：投影仪、电脑、蓝墨云班课、同屏器。 酒店实训基地：咖啡屋以及酒吧。}
教学设计思路	\multicolumn{6}{l	}{根据教学重点和难点，利用蓝墨云班课课前让学生自行学习酒水礼仪知识点，课上再利用云班课行进知识点测试，帮助教师了解学生对于知识点的掌握情况；再利用影视视频资料形象、直观地诠释各类饮品的饮用规则和禁忌，促进学生对于知识点的掌握，实现了"做中教"；利用不同的酒水教具进一步锻炼学生的实际操作能力，教师给予现场指导，突破了教学难点，实现了"做中学"。}
信息化资源利用	\multicolumn{6}{l	}{本教学单元主要使用蓝墨云班课、视频、多媒体课件、同屏器等手段来辅助教学。 1. 课程导入：教师播放一段视频，让学生思考：商务场合下经常遇到的饮品是哪三类？ 2. 任务介绍：经过课堂讨论，学生可得出结论：经过课堂讨论，学生可得出结论：在商务场合中经常遇到的饮品是咖啡、茶以及洋酒。 通过教学平台布置任务：如何才能正确的饮用这三种饮品呢？ 3. 任务实施：教师通过播放蓝墨云班课对学生进行知识点测试，再利用视频、图片、多媒体课件，帮助学生掌握相关知识点。 4. 能力拓展：课后让学生进入实际的咖啡厅、茶馆以及西餐厅进行真实体验，并录制视频。}

续表

课前准备工作	让学生在蓝墨云班课上观看相关的礼仪视频,自行学习相关知识点。	
教学环节	教学环节	教学步骤、方法与手段
一、课程导入（8分钟）	教师播放一段视频,让学生总结:商务场合下经常遇到的饮品是哪三类? 经过课堂讨论,学生可得出结论:在商务场合中经常遇到的饮品是咖啡、茶以及洋酒。	教师: 播放视频引发学生思考。 学生: 进行课堂讨论。
二、任务介绍（7分钟）	任务一:假设A单位三人要到B单位洽谈业务。B单位的接待人员如何在洽谈前做好茶水招待服务? 任务二:假设你受到外国客人邀请参加一个正式的下午茶,如何正确的饮用咖啡? 任务三:假设你受到外国客人的邀请到西餐厅吃西餐,在用餐过程中,如何正确的辨认各式洋酒杯？以及正确的饮酒?	教师: 向学生布置任务,并将学生分组。
三、任务实施（60分钟）	● 茶的礼仪（20分钟） 1. 教师用多媒体课件总结出茶的礼仪三大知识点 ①茶的品种的选择 ②茶具的选择 ③上茶的顺序 2. 教师让学生在蓝墨云班课上做关于茶的知识点测试	

续表

教学环节	教学环节	教学步骤、方法与手段
三、任务实施（60分钟）	3. 教师通过同屏器在投影仪上显示学生每道题的正确率 4. 观看两段影视视频让学生讨论分析 5. 现场用道具让学生分组进行上茶、喝茶练习 ● 咖啡礼仪（20分钟） 1. 教师用多媒体课件给学生总结著名的咖啡种类 象粪咖啡（Black Ivory Coffee）、麝香猫咖啡（Kopi Luwak）、蓝色咖啡（Blue Mountain Coffee）、意大利特浓咖啡（Espresso）、摩卡（Mocha）、拿铁（Latte）、卡布奇诺（Cappuccino）等 2. 教师让学生在蓝墨云班课上做关于咖啡的知识点测试	教师： 1. 教师用多媒体课件总结出茶的礼仪三大知识点。 2. 教师让学生利用蓝墨云班课进行茶知识点测试。 3. 教师对测试结果进行分析，找出学生易犯错的知识点。 4. 用多媒体课件和相关影视视频进一步讲解学生出错的知识点。 5. 现场用道具让学生分组进行上茶、喝茶练习。 学生： 1. 进行课堂讨论。 2. 在蓝墨云班课上进行茶的知识点测试。 3. 用道具进行实战演练。

续表

教学环节	教学环节	教学步骤、方法与手段
三、任务实施（60分钟）	3. 教师通过同屏器在投影仪上显示学生每道题的正确率 4. 播放电影视频和礼仪视频讲座让学生了解喝咖啡的规则 ①喝咖啡要端起咖啡杯；②喝咖啡不能用勺子喝；③咖啡勺放在托盘上。 5. 现场用道具让学生分组进行喝咖啡练习 ● 洋酒礼仪（20分钟） 1. 教师用多媒体课件给学生总结出西餐中的洋酒种类 餐前酒（Aperitif）：鸡尾酒（cocktail）、香槟（champagne） 佐餐酒（Table wine）：白葡萄酒（White wine）、红葡萄酒（Red wine） 餐后酒（Liquor）：白兰地（brandy）、威士忌（whisky） 2. 教师让学生在蓝墨云班课上做关于洋酒的知识点测试 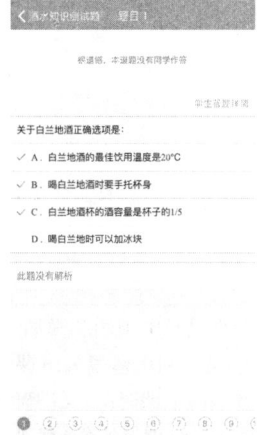	教师： 1. 教师用多媒体课件总结出咖啡种类。 2. 教师让学生利用蓝墨云班课进行咖啡知识点测试。 3. 教师对测试结果进行分析，找出学生易犯错的知识点。 4. 用多媒体课件和相关影视视频进一步讲解学生出错的知识点。 5. 现场用道具让学生分组进行上喝咖啡练习。 学生： 1. 进行课堂讨论。 2. 在蓝墨云班课上进行咖啡的知识点测试。 3. 用道具进行实战演练。

续表

教学环节	教学环节	教学步骤、方法与手段
三、任务实施（60分钟）	3. 教师通过同屏器在投影仪上显示学生每道题的正确率 4. 教师播放视频让学生了解香槟、葡萄酒以及白兰地的饮用规则 ①香槟酒的饮用温度、酒杯特征以及手持姿势； ②葡萄酒的配餐原则（红酒配红肉、白酒配白肉）、酒杯特征以及持杯姿势； ③白兰地的饮用温度、酒杯特征以及持杯姿势。 5. 让学生利用道具进行实践演练	教师： 1. 教师用多媒体课件总结出常见的洋酒种类。 2. 教师让学生利用蓝墨云班课进行洋酒知识点测试。 3. 教师对测试结果进行分析，找出学生易犯错的知识点。 4. 用多媒体课件和相关影视视频进一步讲解学生出错的知识点。 5. 现场用道具让学生分组进行辨认洋酒杯、正确持洋酒杯姿势。 学生： 1. 进行课堂讨论。 2. 在蓝墨云班课上进行洋酒的知识点测试。 3. 用道具进行实战演练。
四、总结评价（15分钟）	1. 教师根据学生课上的实践情况给予指导以及点评。 2. 让学生分组练习并进行互评。	教师： 根据学生的表现进行现场指导。 学生：进行演习和互评。
五、能力拓展课下	教师让学生分组课后进入学校咖啡厅进行喝咖啡、茶水的真实体验，并录制一段视频。	教师： 布置课后作业。 学生： 进入真实的场景中进行体验、录制视频。
教学后记	在商务场合中，经常遇见的饮品主要包括茶、咖啡以及中国酒和洋酒。因此，本单元的主要教学目标是帮助学生掌握这三类饮品的饮用规则以及禁忌。利用蓝墨云班课让学生课前自行学习相关知识点，课上再利用该软件进行知识点测试，既可节约上课时间，又准确掌握了学生对于知识点的掌握情况，有效地解决了教学重点；课上利用实际酒具进行现场操作，有效突破了教学难点。	

教学做验收课总结

人文系　陈卓婷

"教学做合一"是教育家陶行知提出的三大主张之一,陶先生视"教、学、做"为一体。"做"是核心,主张在做上教,做上学。教而不做,不能算是教;学而不做,不能算是学,教与学都以做为中心。这种思想正是当前高职教育的核心。

"商务礼仪"课程是我院职业基础课,非常强调"做"。从整班教学到分小组任务教学,从先前的以教师讲解为主到以学生"做"为主,进行的"教、学、做"一体化改革的目的就是要让学生多做。不仅是学生做,老师也要做。师生共同在做上学、做上教。并以此转变学生学习地位、角色、态度,使学生成为学习的主题、教学的中心,调动他们的学习积极性和主动性,从而参与到学习当中来。

"教、学、做"一体化的教学改革十分必要,原因如下:

(1)"一体化"教学改革是培养学生职业能力的重要途径之一。基础理论知识可以在课堂内获得,专业知识和职业技能则需要通过理论传授、实践教学等多形式教学方法才能使学生直观地理解和掌握。"一体化"教学将多种教学方法融为一体,有助于学生获得职业经验,提高职业能力。

(2)"一体化"教学改革符合素质本位教育的要求。"一体化"教学不仅可使学生学到专业知识,还可在多形式的实践教学中培养学生的集体主义和团队协作精神;有助于培养学生严谨认真的科学精神和求真务实的科学态度;有利于增强学生对于专业的深入了解和热爱,提高自己的专业水平;也有利于提高学生的职业道德素养,使学生们的身心得到健康发展。

(3)"一体化"教学改革利于理论与实践的结合。理论教学脱离实践会使学生不理解理论的应用价值,造成职业学院学生对学习理论课程的兴趣和动力不足。失去理论指导的实践教学只能变成简单的重复练习,单调枯燥。"一体化"教学的实质是通过各种实例的启发,引导学生自主探索,挖掘个人体验,以获取技术应用能力和职业能力的教学过程。在这一过程中,不仅可以培养学生的探索精神,还可以培养学生的创新能力,使难以理解的理论问题在不同的实践教学环节中,得到理解和升华,使之形成一种新的职业形态。

通过对"商务礼仪"课按照"教、学、做"一体化的要求进行教学改革,有如下体会:

(1)做好教学设计,是开展"一体化"教学的关键。认真做好每一次课的教学设计,不仅可以调动学生的学习兴趣、激发学生的学习热情,而且能使学生始终保持主动的求职欲望。教师在课前必须对教学过程中的每一个环节进行推敲、预演,课堂上采用引导、讨论,让学生上讲台表述自己观点等一系列方法,使课堂成为学生探究知识的舞台。

(2)优选教学项目,加强"一体化"教学的针对性。项目的选择要具有代表性,按照课程内容选择内容,既要反映教学的难度和重点,也要反映现代社会的热点和学生关系的问题,密切地将企业与课堂联系起来,使理论知识的学习不显乏味。按项目内容开展教学,可以提高学生对知识技能的综合运用能力,实现从学习到工作的平稳过渡。

(3)坚持与实践相结合使"一体化"教学充满活力。教学内容和实践结合,能保持学用一致,增强教学内容的实用性。实践教学不仅能培养学生的综合职业能力,同时还能促进学生做人、做事、求知、创新等素质的全面提高。

"商务礼仪"课"教、学、做"一体化教学过程:

教学过程中,每个项目都遵循教学过程,即必须按照理论知识讲解→示范操作→分组演练(教师分组辅导)→纠错重做→重述总结→考核项目这样一个过程。

(1)知识讲解——教师通过 PPT 以及各类视频讲授每个项目的教学目标,将职业技能设计成为相应的内容,讲授必要的知识和操作技能,形成以专业、职业能力为核心的课题项目教学。

(2)示范操作——教师进行操作示范。此过程中,结合视频中的案例教学进行演练示范,将学生引入一个新的学习氛围。

(3)分组演练——学生在看完教师的示范操作后,利用各种教学媒体进行分组练习,开始进行实际操作,教师分别巡视指导,发现个别练习不当和错误及时给予指导和纠正。

(4)纠错重做——教师及精神较好的小组;练习出色的学生同时分派到各组及时纠正个别错误,由教师集中讲评一般性的、较为普遍的错误,各组重新进行演练。

(5)重述总结——由教师对演练步骤进行简单重述,特别提醒容易出错的知识环节。最后对学生小组的演练进行点评,表扬演练正确、协作精神较好的小组;鼓励演练有欠缺及协作精神有缺陷的小组。

(6)项目考核——由教师负责在学生小组演练过程中,根据学生项目的完成情况进行评分,给出学生在本次项目的考核分数,作为过程式考核中的一项成绩。

"路漫漫其兮修远,吾将上下而求索"。教学改革只有起点而没有终点,只有以严谨认真地态度对待学生、以正确科学地方法对待教学,才能享受到"教学做"中"教"的快乐!

企业经营管理沙盘模拟训练

课程标准

课程名称：企业经营管理沙盘训练　　**课程类型**：技能训练课
总学时：32　　　　　　　　　　　　**学分**：2
适用专业：会计专业
执笔人：陈欣　　　　　　　　　　　**审核人**：李建玲
制订时间：2017年2月

一、课程性质和任务

1. 课程性质

企业经营管理沙盘训练课程，是把模拟企业作为课程主体，通过构建仿真企业环境，模拟真实企业的生产经营活动，把企业运营的关键环节——战略规划、资金筹集、市场营销、产品研发、生产组织、物资采购、设备投资与改造、会计核算与财务管理等部分设计为该实训课程的主体内容，把企业运营所处的内外部环境抽象为一系列的规则，由受训者组成若干个相互竞争的管理团队，扮演着不同的角色，共同面对变化的市场竞争环境，参与到企业模拟运营的全过程之中。

企业经营管理沙盘训练课程是会计专业的一门技能训练课程。借助物理沙盘和电子沙盘，按编组进行角色扮演，通过分工合作共同完成企业模拟经营过程。从中学生能够了解企业的经营运作、市场竞争、企业资源综合计划、企业管理信息化、决策思想方法等管理理念和管理方法，体验企业环境和企业管理流程，体验企业在竞争的环境下生存、发展的过程以及为此过程而必须做出的关键决策。其旨在培养学生管理实践岗位决策、筹资、采购、生产、营销的职业能力，以及敬业、进取、责任、诚信、协作、创新的职业素养。其先导课程包括管理基础、企业经济业务核算、成本核算实务、财务报表分析等课程，后续课程包括VBSE财务版综合实训、VBSE跨专业综合实训。

2. 课程标准设计思路

沙盘模拟经营训练课程是实现我专业人才培养目标的重要过程，在学生完成了通识课程、基础课程、专业骨干课程后于第四学期开设，其前序课程为管理学、成本核算实务、财务管理等，后续可称为VBSE综合实训及财务报表分析等。学生前期学习的课程是相互独立的，而沙盘提供了一个很好的体验会计专业部分课程之间内在联系的机会,可以将各门课程的知识融会贯通,为学生后续得到实践实习、创新创业打下基础。

本课程与普通高校、中职、培训班相关课程的异同:

中职:强化基本知识讲解,深度不够、广度不够。

培训班:片面追求取证和短期效果,"讲课+练习"的模式。

本科院校:实践教学较弱,更加强调理论。

3. 课程任务

本课程通过对学生实施点(模拟组建企业)、线(模拟经营)、面(综合应用)各阶段实战经验的积累和能力的培养,使学生不仅获得必需的理论知识,而且提高了他们的动手实践能力和企业实战本领,从而做到学校与企业的无缝对接。在教学过程中融入社会资格认证体系,引入全国信息化工程师、物流师和营销师职业认证考试,为学生的职业生涯提供良好的发展机遇。

二、课程目标

1. 总体目标

本课程作为我系会计等专业的综合实践课程,以用友"新创业者沙盘模拟软件"为工具,以分组形式竞赛的方式展开教学。通过本门课程的学习,让学生了解和掌握现代企业运行的基本工作流程和运行规则,加深学生对管理及会计理论知识的理解,同时通过团队合作,让学生树立全局共赢的理念,提高管理与沟通能力。

2. 能力目标

运用管理学知识,完成市场调研组建企业。

根据沙盘规则,进行准确经营规划和市场分析预测。

结合会计专业知识,进行财务预算和财务报表编制。

综合运用专业知识,进行企业管理人员综合绩效考核。

3. 知识目标

认识所经营的企业,组建团队,合理分工。

熟悉沙盘实训的各种手工、电子工具的操作方法。

掌握市场业务、生产运营、财务核算、绩效考核等重要规则。

完成模拟经营,并进行生产经营分析和财务报表的编制

4. 素质目标

提高学生迅速处理信息、准确把握关键问题、归纳发现基本问题、合理运用竞争策略、妥善处理团队关系,以及深入思考的能力。

增强学生的创新创业能力。

三、课程内容标准和要求

1. 课程内容安排表

项目名称	子项目名称	学时
企业经营管理沙盘模拟训练	子项目1 企业模拟运营准备	8
	子项目2 熟悉电子沙盘推演规则	8
	子项目3 进行全面企业模拟经营	8
	子项目4 分析评价企业经营结果	8

2. 课程内容标准与要求

编号	子项目编号、名称	能力目标	知识目标	训练方式、手段及步骤	可展示的结果
1	子项目1 企业模拟经营准备	运用管理学知识,完成市场调研组建企业	认识所经营的企业,组建团队、合理分工	组建团队 认识所经营的企业,认识沙盘工具设定沙盘初始状态	个人简历 企业招聘启事
2	子项目2 熟悉电子沙盘推演规则	根据沙盘规则,进行准确经营规划和市场预测分析	熟悉沙盘实训的各种手工和电子工具的操作方法	1.熟悉沙盘业务规则 2.熟悉生产运营规则 3.熟悉财务业务规则 4.熟悉其他业务规则	1.企业BOM图 2.企业经营流程图 3.企业财务报表
3	子项目3 进行全面企业模拟经营	综合运用会计知识,进行财务预算和财务报表分析	掌握市场业务、财务核算、生产运营、绩效考核等重要规则	1.了解新创业者电子沙盘 2.掌握企业沙盘的重要经营规则 3.掌握运营流程 4.进行1~6年模拟经营	1.企业1~6年预算表 2.企业1~6年资产负债表、现金流量表、综合费用表 3.企业广告投入表
4	子项目4 分析评价企业经营成果	综合运用专业知识,进行企业管理人员效考评	完成模拟经营,并进行生产经营分析和财务报表分析	1.解读企业经营基本业务流程 2.进行企业全面预算管理 3.编制企业财务报表 4.从利润角度分析企业经营成果	1.各岗位述职报告 2.各企业经营战术报告 3.企业经营成果分析表

3. 项目情境设计

编号	子项目名称	任务	情境	学时
1	企业模拟经营准备	1.通过集团公司会议方式、由教师担任董事长、任命各企业CEO。 2.CEO举行招聘会,学生分别担任企业各管理职务。 3.员工上岗培训	1.召开集团工作会议,选举CEO,进行就职演说。 2.召开招聘会,选拔企业管理人员,打造高效率团队。 3.新员工培训会议	8

续表

编号	子项目名称	任务	情境	学时
2	熟悉电子沙盘推演规则	熟悉工作岗位和工作职责。分析国内外市场,进行市场预测。进行现金预算	1. CEO进行SWOT分析 2. 生产总监和采购总监进行产能计算及制定采购计划 3. 营销总监制定市场需求预测 4. 财务总监进行编制现金流量预算表	8
3	进行全面企业模拟经营	完成企业1~6年经营	1. 各企业以第一年数据点评企业战略 2. 各企业以第二年数据点评生产管理与订购管理 3. 各企业以第三年经营数据点评企业营销 4. 各企业以第四年数据点评筹资与生产线转化 5. 各企业以第五年数据点评企业盈利 6. 各企业以1~6年数据综合进行财务分析	8
4	分析评价企业经营成果	1. 年终董事会,由各CEO向董事长汇报经营情况和财务成果,对各公司经营业绩进行排名。 2. 年终公司会议、各岗位向CEO汇报工作职责和工作成果,评选优秀员工。	CEO向董事会述职 各岗位员工向CEO述职 评选年度优秀员工	8

4. 课程进程表

子项目编号、名称	周次	学时	单元标题	项目编号	能/知目标	师生活动	其他(含考核内容、方法)
1. 企业模拟经营准备	1	8	1	1	运用管理学知识,完成市场调研组建企业。认识所经营的企业,组建团队、合理分工。	教师担任董事长职务选拔CEO,学生担任CEO及其他岗位,组成团队、建立企业。	
2. 熟悉电子沙盘推演规则	2	8	2	2	根据沙盘规则,进行准确经营规划和市场预测分析。熟悉沙盘实训的各种手工和电子工具的操作方法。	教师担任市场管理者和信息发布者,学生熟悉市场需求和内部岗位职责,完成各项经营准备工作。	
3. 进行全面企业模拟经营	3	8	3	3	综合运用会计知识,进行财务预算和财务报表分析。掌握市场业务、财务核算、生产运营、绩效考核等重要规则。	教师作为裁判评定各组经营过程是否规范、权益具体金额。学生以企业为单位进行模拟经营。	
4. 分析评价企业经营成果	4	8	4	4	综合运用专业知识,进行企业管理人员效考评。完成模拟经营,并进行生产经营分析和财务报表分析。	教师最为董事长组织召开年度工作会议,学生汇报工作业绩进行年度工作总结和点评。	

四、实施建议

1. 课程组织形式
课堂教学形式,结合案例和情境在一体化教室进行。

2. 教学方法
采用教学做一体化进行教学,增强教学效果,突破教学重难点。

3. 教学评价
在本课程考核时,采用受训学生自主评价与指导教师评价相结合、个体评价与团队评价相结合、定性评价与定量评价相结合、过程评价与结果评价相结合的方式。可参考的考核和评价指标如下表。

项目	得分	考核对象	评分人
企业经营结果综合评分	20	团队	教师
团队精神与合作效果	10	团队	教师、CEO
履行岗位情况	10	个人	CEO
工作态度和工作绩效	20	个人	个人、CEO、教师
提交实训资料	30	个人	教师
实训总结汇报	10	团队、个人	个人、CEO、教师
合计	100	——	——

其中,企业经营结果综合评分是根据各企业的所有者权益、综合发展系数(参见下表)进行计算得出的,综合发展系数计算方法如下:

企业经营结果综合评分 = 所有者权益 ×(1+ 企业综合发展系数 /100%)- 罚分

企业综合发展系数表

项目	计算方法
手工 / 半自动 / 自动 / 柔性生产线	+5/+7/+8/+10
区域 / 国内 / 亚洲 / 国际市场开拓	+10
ISO9000/ISO14000	+10
P2/P3/P4 产品研发	+10
本地 / 区域 / 国内 / 亚洲 / 国际市场老大	+10
报表准确性	-3/ 每年
关账 / 广告投放超时	-1/ 每年

4. 教材、参考书
用友新创业者沙盘软件;
新创业者物理沙盘教具;

电脑、投影仪、大屏幕打印机等教学设备;

《ERP 沙盘模拟》,邹德平著,清华大学出版社,2014。

5. 校内实训基地

企业经营管理沙盘实训室主要承担企业经营管理沙盘模拟实训课。本实训室最大的特点是在"参与中学习",融角色扮演,案例分析和专家诊断于一体,通过直观的企业沙盘,模拟企业实际运行状况,内容涉及企业整体战略、产品研发、生产、市场、销售、财务管理、团队协作等多个方面,让学生在游戏般的训练中体验完整的企业经营过程,感受企业发展的典型历程,感悟正确的经营思路和管理理念。

课程整体教学设计

一、课程基本信息

课程名称:企业经营管理沙盘模拟训练		
课程代码:01130001	学分:3	学时:32
授课时间:第 4 学期	授课对象:会计专业二年级学生	
所属系部:财经系	制定人:陈欣	
课程类型:会计专业职业能力必修课		
先修课程:管理学 成本核算实务 财务管理 财务报表分析	后续课程:VBSE 跨专业综合实训 VBSE 财务综合实训	

二、课程定位

1. 岗位分析

会计专业岗位晋升如下图。

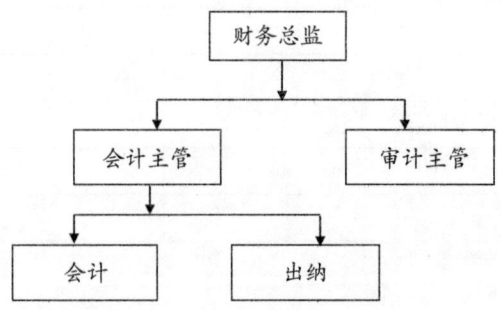

该课程涉及 CEO、财务总监等多个岗位,将会计与经济学、管理学知识融会贯通,使学生熟悉企业经营管理流程和方法,旨在培养学生就业后在各会计岗位上的综合素质,为其就业后

的二次晋升和未来发展打下基础。

2. 课程分析

企业经营沙盘模拟训练课程是实现我专业人才培养目标的重要过程,在学生完成了通识课程、基础课程、专业骨干课程后于第四学期开设,其前序课程为管理学、成本核算实务、财务管理等,后续可称为 VBSE 综合实训及财务报表分析等。学生前期学习的课程是相互独立的,而沙盘提供了一个很好的体验会计专业部分课程之间内在联系的机会,可以将各门课程的知识融会贯通,为学生后续得到实践实习、创新创业打下基础。

本课程与普通高校、中职、培训班相关课程的异同:

中职:强化基本知识讲解,深度不够、广度不够。

培训班:片面追求取证和短期效果,"讲课+练习"的模式。

本科院校:实践教学较弱、更加强调理论。

三、课程目标设计

1. 总体目标

本课程作为我系会计等专业的综合实践课程,以用友"新创业者沙盘模拟软件"为工具,以分组形式竞赛的方式展开教学。通过本门课程的学习,让学生了解和掌握现代企业运行的基本工作流程和运行规则,加深学生对管理及会计理论知识的理解,同时通过团队合作,让学生树立全局共赢的理念,提高管理与沟通能力。

2. 能力目标

运用管理学知识,完成市场调研组建企业。

根据沙盘规则,进行准确经营规划和市场分析预测。

结合会计专业知识,进行财务预算和财务报表编制。

综合运用专业知识,进行企业管理人员综合绩效考核。

3. 知识目标

认识所经营的企业,组建团队,合理分工。

熟悉沙盘实训的各种手工、电子工具的操作方法。

掌握市场业务、生产运营、财务核算、绩效考核等重要规则。

完成模拟经营,并进行生产经营分析和财务报表的编制。

4. 素质目标

提高学生迅速处理信息、准确把握关键问题、归纳发现基本问题、合理运用竞争策略、妥善处理团队关系,以及深入思考的能力。

增强学生的创新创业能力。

四、课程内容设计

项目名称	子项目名称	学时
沙盘模拟经营训练	子项目1 企业模拟运营准备	8
	子项目2 熟悉电子沙盘推演规则	8
	子项目3 进行全面企业模拟经营	8
	子项目4 分析评价企业经营结果	8

五、项目任务设计

编号	子项目编号、名称	能力目标	知识目标	训练方式、手段及步骤	可展示的结果
1	子项目1 企业模拟经营准备	运用管理学知识，完成市场调研组建企业	认识所经营的企业，组建团队、合理分工	组建团队 认识所经营的企业 认识沙盘工具 设定沙盘初始状态	个人简历 企业招聘启事
2	子项目2 熟悉电子沙盘推演规则	根据沙盘规则，进行准确经营规划和市场预测分析	熟悉沙盘实训的各种手工和电子工具的操作方法	1. 熟悉沙盘业务规则 2. 熟悉生产运营规则 3. 熟悉财务业务规则 4. 熟悉其他业务规则	1. 企业BOM图 2. 企业经营流程图 3. 企业财务报表
3	子项目3 进行全面企业模拟经营	综合运用会计知识，进行财务预算和财务报表分析	掌握市场业务、财务核算、生产运营、绩效考核等重要规则	1. 了解新创业者电子沙盘 2. 掌握企业沙盘的重要经营规则 3. 掌握运营流程 4. 进行1~6年模拟经营	1. 企业1~6年预算表 2. 企业1~6年资产负债表、现金流量表、综合费用表 3. 企业广告投入表
4	子项目4 分析评价企业经营成果	综合运用专业知识，进行企业管理人员效考评	完成模拟经营，并进行生产经营分析和财务报表分析	1. 解读企业经营基本业务流程 2. 进行企业全面预算管理 3. 编制企业财务报表 4. 从利润角度分析企业经营成果	1. 各岗位述职报告 2. 各企业经营战术报告 3. 企业经营成果分析表

六、项目情境设计

编号	子项目名称	任务	情境	学时
1	准备进行企业模拟经营	1. 通过集团公司会议方式、由教师担任董事长、任命各企业CEO； 2. CEO举行招聘会，学生分别担任企业各管理职务； 3. 员工上岗培训	1. 召开集团工作会议，选举CEO，进行就职演说； 2. 召开招聘会，选拔企业管理人员，打造高效率团队； 3. 新员工培训会议	8
2	熟悉电子沙盘推演规则	熟悉工作岗位和工作职责； 分析国内外市场，进行市场预测； 进行现金预算	1. CEO进行SWOT分析； 2. 生产总监和采购总监进行产能计算及制定采购计划； 3. 营销总监制定市场需求预测； 4. 财务总监进行编制现金流量预算表	8

续表

编号	子项目名称	任务	情境	学时
3	进行全面企业模拟经营	完成企业 1~6 年经营	1. 各企业以第一年数据点评企业战略； 2. 各企业以第二年数据点评生产管理与订购管理； 3. 各企业以第三年经营数据点评企业营销； 4. 各企业以第四年数据点评筹资与生产线转化； 5. 各企业以第五年数据点评企业盈利； 6. 各企业以 1~6 年数据综合进行财务分析	8
4	分析评价企业经营成果	1. 年终董事会,由各 CEO 向董事长汇报经营情况和财务成果,对各公司经营业绩进行排名； 2. 年终公司会议、各岗位向 CEO 汇报工作职责和工作成果,评选优秀员工	CEO 向董事会述职； 各岗位员工向 CEO 述职； 评选年度优秀员工	8

七、课程进程表

子项目编号、名称	周次	学时	单元标题	项目编号	能/知目标	师生活动	其他(含考核内容、方法)
1. 企业模拟经营准备	1	8	1	1	运用管理学知识,完成市场调研组建企业。认识所经营的企业,组建团队、合理分工。	教师担任董事长职务选拔 CEO,学生担任 CEO 及其他岗位,组成团队、建立企业。	
2. 熟悉电子沙盘推演规则	2	8	2	2	根据沙盘规则,进行准确经营规划和市场预测分析。熟悉沙盘实训的各种手工和电子工具的操作方法。	教师担任市场管理者和信息发布者,学生熟悉市场需求和内部岗位职责,完成各项经营准备工作。	
3. 进行全面企业模拟经营	3	8	3	3	综合运用会计知识,进行财务预算和财务报表分析。掌握市场业务、财务核算、生产运营、绩效考核等重要规则。	教师作为裁判评定各组经营过程是否规范、权益具体金额。学生以企业为单位进行模拟经营。	
4. 分析评价企业经营成果	4	8	8	4	综合运用专业知识,进行企业管理人员效考评。完成模拟经营,并进行生产经营分析和财务报表分析。	教师最为董事长组织召开年度工作会议,学生汇报工作业绩进行年度工作总结和点评。	

八、首末次课程设计

1. 首次课设计

第一步：组建团队。通过游戏或竞聘方式，学生分别就任设置 CEO、财务总监、生产总监、采购总监、营销总监等五个职务，熟悉各自岗位职责。

第二步：认知企业。通过绘制企业 BOM 结构图、企业基本业务流程图，阅读企业固定资产卡片和上期资产负债表、利润表的方式认知所就职企业。

第三步：认识沙盘工具。熟悉沙盘各职务中心及主要职责，在各自工作区域就坐，做到各司其职。

第四步：设定沙盘初始状态。由教师担任市场管理者，为各企业设定沙盘初始状态，包括流动资产、固定资产、负债和所有者权益的项目及金额。

2. 末次课设计

第一步：展示经营流程。由各岗位员工共同绘制企业经营流程图，规划经营流程，各企业分别展示其经营战略，完成企业生存、发展到活力的经营目标。

第二步：进行财务分析。结合所学专业知识对企业进行市场占有率分析、成本分析、本量利分析及综合杜邦分析，从财务环节对企业进行优化。

第三步：由教师、CEO、个人共同进行经营成果、工作态度、工作绩效、团队精神和合作效果的评价完成本课程考核。

九、考核方案

在本课程考核时，采用受训学生自主评价与指导教师评价相结合、个体评价与团队评价相结合、定性评价与定量评价相结合、过程评价与结果评价相结合的方式。可参考的考核和评价指标如下表。

项目	得分	考核对象	评分人
企业经营结果综合评分	20	团队	教师
团队精神与合作效果	10	团队	教师、CEO
履行岗位情况	10	个人	CEO
工作态度和工作绩效	20	个人	个人、CEO、教师
提交实训资料	30	个人	教师
实训总结汇报	10	团队、个人	个人、CEO、教师
合计	100	—	—

其中，企业经营结果综合评分是根据各企业的所有者权益、综合发展系数（参见下表）进行计算得出的，综合发展系数计算方法如下：

企业经营结果综合评分 = 所有者权益 ×（1+ 企业综合发展系数 /100%）- 罚分

企业综合发展系数表

项目	计算方法
手工/半自动/自动/柔性生产线	+5/+7/+8/+9
区域/国内/亚洲/国际市场开拓	+10
ISO9000/ISO14000	+10
P2/P3/P4 产品研发	+10
本地/区域/国内/亚洲/国际市场老大	+10
报表准确性	-3/每年
关账/广告投放超时	-1/每年

十、教学材料

用友新创业者沙盘软件；
新创业者物理沙盘教具；
电脑、投影仪、大屏幕打印机等教学设备。

课程单元教学设计

单元标题	以1~6年经营综合进行财务分析		单元教学学时	1
			在整体设计中的位置	第3次
授课班级	会计15级	上课时间	周 月 日第 节至 周 月 日第 节	上课地点	实训303

	能力目标	知识目标	素质目标
教学目标	1. 了解沙盘实训的各种手工、电子工具的操作方法。 2. 熟悉市场业务、生产运营、财务核算、绩效考核等重要规则。 3. 掌握资产负债表、利润表及综合费用表等财务报表的编制方法。	1. 综合运用沙盘规则，进行企业模拟经营。 2. 结合会计专业知识，进行资产负债表、利润表及综合费用表的编制。 3. 综合运用专业知识，进行企业管理人员综合绩效考核。	提高学生迅速处理信息的能力，准确把握关键问题的能力，归纳发现基本问题的能力，合理运用竞争策略的能力，妥善处理团队关系，以及深入思考的能力。
能力训练任务	任务1 独立完成企业第6年经营 任务2 基于经营活动准确编制财务报表			

本次课使用的外语单词	ERP sand table of ERP material and financial resources， Key factors of enterprise operation Main experience of the sandbox training CEO Marketing director Chief financial officer Purchasing director Operation director
案例和教学材料	（指教材或讲义、课件、参考资料、仪器、设备等） 案例1.沙盘经典案例视频案例。 资料：教材、讲义、课件、微课。 仪器、设备：电脑、投影仪、大屏幕。

单元教学进度

步骤	教学内容及能力/知识目标	教师活动	学生活动	时间（分钟）
1 案例引入	播放沙盘经典案例视频：通过准确计算财务费用、节约综合费用险胜对手。	播放视频，说明学习目标。	观看视频，认识财务报表编制在经营中的重要性。	5
2 任务实施	教师设定情境，发布任务。	教师作为市场管理者和集团董事长布置任务。	学生作为子公司接受任务。	25
	学生按各自企业经营状况制定经营战略进行模拟经营。	监控市场运行；答疑解惑；选定典型企业进行演示。	分组制定经营战术；完成模拟经营。	
	根据模拟经营结果 编制财务报表。	作为董事长要求各公司报送年度报表，并进行报表审计。	报表编制；通过手工电子沙盘报送报表。	
	各组CEO展示经营战术及报表编制情况。	战术点评，总结报表编制要点，启发学生。	战术及报表情况展示，归纳报表编制要点。	
3 考核评价	企业间交叉评价、教师评价。	多元式考核评价体系全方位了解学生掌握情况。	根据考核结果，查找欠缺，提升专业知识和团队精神。	10
4 拓展提高	课后各企业在论坛上提交战术方案分时进行答疑。	给出资源和学习要求。	给出资源和学习要求。	5
作业	课后各企业在论坛上提交战术方案,分时进行答疑。			
课后体会	通过将课程讲授转变为知识训练,增强学生学习兴趣、增强学习效果、突破教学重难点。			

教学做一体化设计及实践

高职教育的目标是培养高素质技术技能人才,但随着生源素质的下降和个体差异的进一步扩大,传统的课堂式教学无法不能满足高职人才培养的需要,课程改革势在必行。借助本次学院"教学做验收课"工作,我在《企业经营管理沙盘训练》课程中使用了"教学做一体化"教学模式,提高学生的学习热情、培养学生的动手能力、突出高职教育特色,具体教学设计内容如下:

一、教学设计

1. 分项目教学,采用任务驱动法

在整体教学设计中,我按照企业不同经营时期中需要解决的关键问题,按六年经营将课程精心设计为六个实训项目,分别为企业战略、生产和采购管理、营销策略、筹资、生产线转化和综合财务分析。从而在实训中模拟了企业从初创到成熟的全过程。使学生借助物理沙盘和电子沙盘,通过角色扮演、分工合作共同完成企业模拟经营过程。体验企业在竞争的环境下生存、发展的过程以及为此过程而必须做出的关键决策。

2. 分岗位教学,采用情境教学法

在课程中采用角色扮演法,通过让学生扮演CEO、财务总监、营销总监、采购总监、物流总监等岗位,通过相互间的分工协作,使学生了解企业各部门各岗位在际工作中的分工衔接、内部的牵制及沟通衔接,激发学生的学习兴趣,从而使学生掌握相关的专业知识和实践操作方法。在课程设计中,根据企业真实工作案例设置课程情境,将企业真实工作任务转换为学习任务,同时学习情境的排序符合学生的认知规律。

3. 多元化考评,自评互评相结合

在本课程考评中,采用受训学生自主评价与指导教师评价相结合、个体评价与团队评价相结合、定性评价与定量评价相结合、过程评价与结果评价相结合的方式。可参考的考核和评价指标如下表:

项目	得分	考核对象	评分人
企业经营结果综合评分	20	团队	教师
团队精神与合作效果	10	团队	教师、CEO
履行岗位情况	10	个人	CEO
工作态度和工作绩效	20	个人	个人、CEO、教师
提交实训资料	30	个人	教师
实训总结汇报	10	团队、个人	个人、CEO、教师
合计	100	——	——

二、教学实践

本次我选择了第六年经营及综合财务分析中的子项目：年度经营及报表编制作为教学设计的内容。本项目教学重点为根据企业财务状况和经营成果编制财务报表，教学难点则为在报表编制过程中相关报表项目如所得税、在产品等的核算。

1. 案例导入

案例导入通过微课分享企业财务报表编制案例，在云班课中进行讨论，引出该单元教学内容。教师播放微课，内容为我校参加沙盘市赛通过准确财务预算和报表编制险胜对手，并在云班课上展开讨论——我校反败为胜的关键因素。学生观看微课，展开讨论，认识报表编制在企业经营中的作用。

2. 任务实施

首先由教师设定情境，发布工作任务。教师作为集团董事长，要求各企业完成年度经营，核算经营成果，编制财务报表。学生组成的各模拟企业作为子公司接受任务。

接着，学生按各自企业经营战略完成第六年经营。教师监控市场运行、答疑解惑、选定典型企业进行演示，提示学生第六年经营要点。例如因为本年是最后一年经营，因此如何做到经营结束时材料和产品的零库存，以及在现金充裕情况下将厂房全部购回，节省租金。学生制定经营战术、进行企业模拟经营。

之后，各岗位配合 CFO 核算经营成果，编制资产负债表、利润表及综合费用表。教师作为企业董事长要求学生报送年度报表，并进行报表审计。学生编制报表、分别通过手工和电子沙盘进行报送。此时教师在蓝墨云班课上传报表难点项目的编制方法和 excel 工具，学生自行参考。由于学生水平存在差异，对于其提出的个性问题单独解答。而对于财务费用、留存收益等项目的编制的共性项目，在之后环节，进行统一归纳总结。

最后，各企业 CEO 展示经营战术及报表编制情况，选择三家企业，一家为经营成果第一企业，一家为经营成果垫底企业和一家自愿展示企业，每家企业限时三分钟。布置展示内容为经营成果截屏和额 excel 报表。教师进行战术点评和总结报表编制要点，启发学生。主要点评内容为生产线、产品选择、广告策略以及财务报表中的各项费用情况。并讲解相关难点报表项目的编制方法，归纳报表编制要点，教师对报表编制要点进行补充，以突破报边编制这一教学难点。

3. 考核评价

采用多元化考核方法，从经营过程、经营结果方面对模拟企业进性考核。通过教师点评、交叉点评、指标考核和系统评分的方式全方位了解学生单元学习情况。学生根据考核结果查找欠缺、提升专业知识及团队意识。

4. 拓展提高

在云班课上学习拓展资源，并在新道沙盘论坛进行交流。教师上传拓展资源，包括——杜邦分析——找出赚取利润的方法；如何管理现金———现金为王，将拓展资源作为课堂教学的延伸，使学生达到知识和能力的提升。学生按规定时间自主完成学习，在论坛上提交本企业战术方案，为其他企业进行答疑交流。

三、教学成效与体会

"企业经营管理沙盘训练"课采用"教学做一体化"后,取得的成效非常显著。

1. 学生增强学习效果

通过将课程讲授转变为知识训练,突破教学难点,增强学习效果。该课程具有很强的趣味性和对抗性,刚和契合了90后喜欢竞争、注重结果的性格特点,因此获得了学生的喜爱。学生上课的积极性明显提高。学生和老师都能够主动参与到课堂中,学生分组对抗,课堂气氛非常热烈,学生动手能力显著提高。

2. 教师职业能力提升

《企业经营管理沙盘训练》课程既包括会计专业知识,也包括经济、管理、金融学方面的理论知识,是一门交叉性学科,对于教师来说,教学过程也是业务提高的过程,这样才能给学生有效的指导。同时在日常教学中,教师课前要布置预习任务、课中要根据课堂任务特点组织教学,课后还要通过在线方式答疑及回答学生问题。教师需要付出更多的时间和精力,《企业经营管理沙盘训练》"教学做一体化"教学模式才能取得良好的教学效果。

3. 教师教学方法和手段丰富

为了突破教学重难点,我在课程设计中以学生为主体、以工作情境为载体,采用了分组教学、任务驱动、案例教学等方法,构建知识理论与实践一体化、教学做一体化的教学过程。 同时在教学过程中采用了丰富的信息化手段、包括 微课、高仿真教学软件、移动端课程论坛、蓝墨云班课及自制Excel工具。"企业经营管理沙盘训练"课采用"教学做一体化"后,学生自主学习的积极性的提高;教师的教学组织更加灵活,学生可以通过线上学习,按照自己的进度听课;通过线下的讨论、提问等形式及时解决在学习过程中出现的问题。

4. 开展第二课堂,大赛成绩斐然

开展社团活动和第二课堂,选拔人才参加沙盘竞赛。将课程与大赛贯穿于学生的在校期间学习整个学习生涯,激发了学生的积极性与主动性,提升了学生整体技能水平。将大赛内容与规则引入日常教学考评体系中来,注重学生知识、技能、素养的综合评价;以会计工作标准对竞赛成果进行评判。达到以赛促练、以赛促讲的效果。充分挖掘学生创新创业潜能、提高学生创新创业能力。在大赛进行指导,也促进了教师企业实践、并向引导师、企业会计的角色转变。

网络组建与管理

课程标准

课程名称：网络组建与管理　　　　　课程类型：职业技术课
总学时：64　　　　　　　　　　　　学分：4
适用专业：计算机信息管理
执笔人：田君　　　　　　　　　　　审核人：刘盛
制订时间：2016年9月　　　　　　　修订时间：2017年2月

一、课程性质和作用

1. 课程性质与类型

本课程是计算机信息管理专业必修课程，为职业基本技能课程。

2. 课程地位与作用

本课程在前导课"计算机网络基础"基础上开设，为后续课程"网络组建与管理实训""网络安全技术""信息安全技术"做好理论及实践基础准备。学习该课程可以考取 H3CNE 网络工程师资格证书。

普通高校此类课程更着眼于各种网络协议的理解与编程实现，中职及培训班此类课程仅局限于操作。本课程以 H3C 设备为基础，在实践操作中讲解相关协议的流程，帮助学生建立发现问题，解决问题的基本思路，能够熟练操作的基础上进行简单故障的查找及纠错。

3. 课程标准设计思路

本课程的设计"以能力为本位、以职业实践为主线、以项目课程为主体"，整个"网络组建与管理"课程共分为五大模块，它们分别是：基础知识与基本操作、交换机配置、路由器配置、安全基础、综合实训。教学时基础知识与基本操作模块为基础；交换机配置、路由器配置、安全基础等三个模块作为专项训练各自独立；综合实训模块总和各专项训练的实践要点，指导学生进行全面统筹规划，灵活运用所学进行网络组建。

二、课程目标

1. 总体目标

掌握路由器的工作原理、路由协议、路由器配置和基本故障排除的知识和技能，理解和掌握交换机工作原理和基本配置、局域网交换技术、虚拟局域网的设计与配置。具备利用路由器与交换机进行组网的基本能力,并相应达到网络从业人员中的工程师水平。

2. 能力目标

能够查阅网络设备的相关资料;
能熟练操作 H3C 中低端路由器及交换;
能够根据需求进行网络的相关规划;
能够根据网络规划及组网图进行网络设备的配置;
能根据可靠性及安全性要求进行网络优化。

3. 知识目标

了解计算机网络基本概念、TCP/IP 协议栈和 OSI 参考模型、局域网基本原理、IP 基本原理。
理解交换以太网和共享以太网的区别,理解交换机的工作原理。
掌握局域网交换的基本概念、掌握交换机在网络互连中的作用,掌握交换机的各种转发方式。
理解 VLAN、生成树协议的作用与工作原理。
掌握 IP 地址分类、保留 IP 地址,掌握子网划分方法及私有 IP 和 NAT。
掌握 DHCP 协议报文及报文交互过程。
理解路由协议的分类,理解默认路由与静态路由以及掌握其配置。
掌握路由表、路由优先级、开销等概念,掌握距离矢量、链路状态路由算法。
理解距离矢量路由协议的更新特性和路由环路的避免机制。
掌握 RIP 动态路由协议、OSPF 单区域及多区域相关术语。

4. 素质目标

组网过程中注意所有连线整洁、美观,保持工作环境整洁,工作结束后自觉清理现场;
能够有意识创建并保存组网所需技术文档。

三、课程内容与要求

1. 课程内容框架

序号	课程内容或项目模块	教学单元	学时
1	基础知识与基本操作	1-1 基本概念	1
		1-2 实训室设备介绍	7
		1-3 简单服务配置	6
		1-4 设备调试	4
2	交换机配置	2-1 交换机工作原理	2
		2-2 虚拟局域网	4
		2-3 生成树协议	4

续表

序号	课程内容或项目模块	教学单元	学时
3	路由器配置	3-1 IP 路由原理	4
		3-2 直连及静态路由	4
		3-3 DHCP	4
		3-4 动态路由协议	2
		3-5 RIP 动态路由	4
		3-6 OSPF 动态路由	4
4	安全基础	4-1 ACL 包过滤	4
		4-2 网络地址转换	4
5	综合实训	5-1 综合实训	4
		5-2 综合考核	2

2. 教学内容设计

课程内容或项目模块		1 基础知识与基本操作	学时	18
学习目标	知识目标:了解计算机网络基本概念、TCP/IP 协议栈			
	能力目标:掌握路由器、交换机的基本使用			
	素质目标:爱护实验室设备、保持实验室整洁			
学习单元	内容描述		教学方法建议	学时
1-1 基本概念	LAN/MAN/WAN、拓扑结构、电路交换/分组交换、OSI 与 TCP/IP		讲解	1
1-2 实训室设备介绍	认识设备、接口及线缆 交换机与路由器作用		讲解	1
	登录网络设备的方式、命令级别、命令视图 修改系统名称及时间、帮助特性 查询版本信息、接口摘要信息		示范教学法 任务驱动法	2
	查询当前运行配置及下次启动配置 保存配置、清空配置重启、指定下次启动配置文件		示范教学法 任务驱动法	4
1-3 简单服务配置	Telnet 服务配置		示范教学法 任务驱动法	4
	Ftp 服务配置			2
1-4 设备调试	连通性测试、网络设备基本调试		示范教学法	4

课程内容或项目模块	2 交换机配置		学时	10
学习目标	知识目标:802.1x 协议栈、交换机工作原理、VLAN 及 STP 原理			
	能力目标:能够完成 VLAN 配置及 STP 配置			
	素质目标:爱护实验室设备、保持实验室整洁、自觉完成技术文档创建与保管			
学习单元	内容描述		教学方法建议	学时
2-1 交换机工作原理	802.3 协议、共享式及交换式以太网 MAC 地址表构建、以太网帧转发及过滤原则 修改交换机端口的速率及双工模式 查询 MAC 地址表、绑定 MAC 地址		示范教学法 任务驱动法	2
2-2 虚拟局域网	VLAN 类型、VLAN 技术原理、端口的链路类型 单交换机 VLAN 配置、多交换机 VLAN 配置 VLAN 信息查询		示范教学法 任务驱动法	4
2-3 生成树协议	生成树协议作用、生成树协议原理 STP、RSTP、MSTP 区别与联系 STP 配置及信息查询			4

课程内容或项目模块	3 路由器配置		学时	22
学习目标	知识目标:IP 协议、IP 地址及子网划分、路由器工作原理、静态路由、RIP、OSPE			
	能力目标:能够根据组网要求配置适当协议保证网络连通性			
	素质目标:爱护实验室设备、保持实验室整洁、自觉完成技术文档创建与保管			
学习单元	内容描述		教学方法建议	学时
3-1 IP 路由原理	IP 分类及 IP 子网划分 路由原理、查看路由表		讲解 示范教学法 任务驱动法	4
3-2 直连及静态路由	直连路由、三种 VLAN 间路由、静态路由、静态路由三种主要应用		示范教学法 任务驱动法	4
3-3 DHCP	DHCP 协议报文、服务器与客户机交互过程 DHCP 服务器配置、DHCP 中继配置		示范教学法 任务驱动法	4
3-4 动态路由协议	路由与可路由协议、路由协议的分类与性能指标 两种动态路由协议比较		示范教学法 任务驱动法	2
3-5 RIP 动态路由	RIP 路由的工作过程、RIP 路由的环路避免 RIPv1 与 RIPv2、RIP 路由协议配置 RIP 信息查询与调试		示范教学法 任务驱动法	4
3-6 OSPF 动态路由	OSPF 基本原理 OSPF 单区域配置、OSPF 多区域配置 OSPF 信息查询与调试		示范教学法 任务驱动法	4

课程内容或项目模块	4 安全基础		学时	8
学习目标	知识目标:掌握ACL包过滤原理,掌握NAT的分类及工作原理			
	能力目标:能够配置ACL包过滤及网络地址转换提高网络安全性			
	素质目标:爱护实验室设备、保持实验室整洁、自觉完成技术文档创建与保管			
学习单元	内容描述		教学方法建议	学时
4-1 ACL包过滤	ACL应用及分类,ACL包过滤配置方法及命令		示范教学法 任务驱动法	4
4-2 网络地址转换	NAT分类及应用场合,NAT配置方法及命令		示范教学法 任务驱动法	4

课程内容或项目模块	5 综合实训		学时	6
学习目标	知识目标:交换机、路由器配置命令,相关协议配置方法及注意事项			
	能力目标:能够根据组网要求独立完成网络组建,设备调试			
	素质目标:爱护实验室设备、保持实验室整洁、自觉完成技术文档创建与保管			
学习单元	内容描述		教学方法建议	学时
5-1 综合实训	使用交换机、路由器完成局域网组建		示范教学法 任务驱动法	4
5-2 实训考核	使用交换机、路由器完成局域网组建		示范教学法 任务驱动法	2

四、课程考核方式

	考核内容	考核方法	所占比例
平时考核成绩占比（50%）	基础知识与基本操作	课堂提问、实训操作、理论测试	10%
	交换机配置	课堂提问、实训操作、理论测试	10%
	路由器配置	课堂提问、实训操作、理论测试	20%
	安全基础	课堂提问、实训操作、理论测试	10%
期末考核成绩占比（50%）	网络设备基本操作	小组为单位完成综合实训 个人提交报告	5%
	VLAN		5%
	STP		5%
	DHCP		10%
	路由（静态、RIP、OSPF）		15%
	ACL包过滤或NAT		10%

五、教学组织、实施与保障建议

1. 教学团队

本课程教师不仅需要具备网络专业理论知识,还需要熟练操作 H3C 网络设备,所以建议专兼职教师具备相关职业资格证书如 H3CNE 网络认证工程师、讲师、H3CSE 网络认证工程师等。

2. 教学条件

本院乌江路校区实训室 403(网络控制实训室)共有四套实训设备,每套设备包括 1 台硬件防火墙、2 台 MSR30-20 路由器、1 台 MSR30-11 路由器、1 台 S3610 三层交换机、2 台 S3100 二层交换机。

3. 教材与课程资源的利用

教材:《路由变换技术(第一卷)》,杭州华三通信技术有限公司,清华大学出版社,2011

教辅资料:实训指导书。

其他教学资料:

① H3C MSR 系列路由器电子手册

② H3C S3619 系列以太网交换机电子手册

③ H3C S3100-SI 系列以太网交换机电子手册

④ H3C MSR 典型配置实例 v200

⑤ 中、低端交换机典型配置实例 v1.40

⑥ 华三官网:http://www.h3c.com/cn/

课程整体教学设计

一、课程基本信息

课程名称:网络组建与管理		
课程代码:04120496	学分:4	学时:64
授课时间:第 4 学期	授课对象:计算机信息管理专业	
课程类型:计算机信息管理专业职业能力必修课		
先修课程:计算机网络基础	后续课程:网络组建与管理实训、网络安全技术、信息安全技术	

二、课程定位

1. 岗位分析

计算机信息管理专业主要职业岗位核心核心能力见下表。"网络组建与管理"课程面向的主要岗位是信息网络构建工作岗位。初级岗位一般为运维岗位,未来可以提升为系统集成及项目管理岗位等。主要能力为能够进行中小型网络的构建、优化、故障定位及排故;能够进行简单的规划;能够调查了解现有网络的拓扑及策略。

岗位	工作任务	技能要求
信息化管理	执行信息化管理制度	1. 能够调查并记录各部门信息化管理制度的执行情况 2. 能够对各部门信息化管理制度的执行情况提出改进意见
	信息化培训	1. 能够搜集整理并分析培训需求信息 2. 能够进行信息化普及知识授课 3. 能够解答信息化一般问题
	采集信息	1. 能够搜集信息化发展动态资料 2. 能够调查了解相关服务厂商的基本情况 3. 能够调查了解相关产品的市场情况
信息系统开发	系统应用需求调查分析	能够调查企业各部门对信息系统的不同需求
	业务流程调查	能够调查了解现存业务流程的基本逻辑结构
	系统实施	1. 能够进行基础数据准备 2. 能够进行系统测试与试运行 3. 能够进行基本的应用编程
信息网络构建	综合布线	能够进行网络线路的铺设与联通
	安装调试	1. 能够参加网络设备的安装与调试 2. 能够参加硬件设备的安装与调试 3. 能够参加软件系统的安装与调试
	服务管理	1. 能够进行 Web 服务管理 2. 能够进行域名服务管理 3. 能够进行邮件服务管理 4. 能够进行文件服务管理
	网络管理	能够进行网络系统故障管理
	安全管理	1. 能够进行网络安全日志管理 2. 能够进行网络安全故障管理
信息系统维护	系统维护	1. 能够维护系统软件 2. 能够维护系统硬件资源 3. 能够维护计算机网络
	应用系统管理	能够维护应用系统的正常运行
	数据维护	能够对数据库和数据文件进行日常维护
	系统备份和恢复	1. 能够进行日常的系统备份和恢复管理 2. 能够进行网络系统存储管理

续表

岗位	工作任务	技能要求
信息系统运作	操作和使用信息系统	1. 能够使用常用工具软件 2. 能够通过信息系统实现企业内部与外部之间的信息交换 3. 能够通过信息系统实现企业信息管理部门与其他部门之间的信息交换
	用户使用情况调查	1. 能够调查各部门使用信息系统的效率 2. 能够调查各部门在使用信息系统过程中出现的问题
	信息系统运行状况记录	1. 能够记录系统运行的各项指标数值 2. 能够撰写系统运行状况报告
信息资源开发利用	信息应用需求调研	1. 能够调研管理应用需求 2. 能够调研市场应用需求 3. 能够调研决策需求
	基础数据采集与管理	1. 能够采集各有关部门的数据 2. 能够对采集的数据进行管理

2. 课程分析

本课程在前导课《计算机网络基础》基础上开设,为后续课程《网络组建与管理实训》、《网络安全技术》、《信息安全技术》做好理论及实践基础准备。

本课程的设计"以能力为本位、以职业实践为主线、以项目课程为主体",整个《网络组建与管理》课程共分为五大模块,它们分别是:基础知识与基本操作、交换机配置、路由器配置、安全基础、综合实训。教学时基础知识与基本操作模块为基础;交换机配置、路由器配置、安全基础等三个模块作为专项训练各自独立;综合实训模块总和各专项训练的实践要点,指导学生进行全面统筹规划,灵活运用所学进行网络组建。

普通高校此类课程更着眼于各种网络协议的理解与编程实现,中职及培训班此类课程仅局限于操作。本课程以 H3C 设备为基础,在实践操作中讲解相关协议的流程,帮助学生建立发现问题,解决问题的基本思路,能够熟练操作的基础上进行简单故障的查找及纠错。

三、课程目标设计

1. 总体目标

掌握路由器的工作原理、路由协议、路由器配置和基本故障排除的知识和技能,理解和掌握交换机工作原理和基本配置、局域网交换技术、虚拟局域网的设计与配置。具备利用路由器与交换机进行组网的基本能力,并相应达到网络从业人员中的工程师水平。

2. 能力目标

能够查阅网络设备的相关资料;

能熟练操作 H3C 中低端路由器及交换;

能够根据需求进行网络的相关规划;

能够根据网络规划及组网图进行网络设备的配置;

能根据可靠性及安全性要求进行网络优化。

3. 知识目标

了解计算机网络基本概念、TCP/IP 协议栈和 OSI 参考模型、局域网基本原理、IP 基本原理。

理解交换以太网和共享以太网的区别，理解交换机的工作原理。

掌握局域网交换的基本概念、掌握交换机在网络互连中的作用，掌握交换机的各种转发方式。

理解 VLAN、生成树协议的作用与工作原理。

掌握 IP 地址分类、保留 IP 地址，掌握子网划分方法及私有 IP 和 NAT。

掌握 DHCP 协议报文及报文交互过程。

理解路由协议的分类，理解默认路由与静态路由以及掌握其配置。

掌握路由表、路由优先级、开销等概念，掌握距离矢量、链路状态路由算法。

理解距离矢量路由协议的更新特性和路由环路的避免机制。

掌握 RIP 动态路由协议、OSPF 单区域及多区域相关术语。

4. 素质目标

组网过程中注意所有连线整洁、美观，保持工作环境整洁，工作结束后自觉清理现场；能够有意识创建并保存组网所需技术文档。

四、课程内容设计

课程内容或项目模块	1　基础知识与基本操作		学时	18
学习目标	知识目标：了解计算机网络基本概念、TCP/IP 协议栈			
	能力目标：掌握路由器、交换机的基本使用			
	素质目标：爱护实验室设备、保持实验室整洁			
学习单元	内容描述		教学方法建议	学时
1-1 基本概念	LAN/MAN/WAN、拓扑结构、电路交换/分组交换、OSI 与 TCP/IP		讲解	1
1-2 实训室设备介绍	认识设备、接口及线缆 交换机与路由器作用		讲解	1
	登录网络设备的方式、命令级别、命令视图 修改系统名称及时间、帮助特性 查询版本信息、接口摘要信息		示范教学法 任务驱动法	3
	查询当前运行配置及下次启动配置 保存配置、清空配置重启、指定下次启动配置文件		示范教学法 任务驱动法	3
1-3 简单服务配置	Telnet 服务配置		示范教学法 任务驱动法	4
	Ftp 服务配置			2
1-4 设备调试	连通性测试、网络设备基本调试		示范教学法	4

课程内容或项目模块	2 交换机配置	学时	10
学习目标	知识目标：802.1x 协议栈、交换机工作原理、VLAN 及 STP 原理		
	能力目标：能够完成 VLAN 配置及 STP 配置		
	素质目标：爱护实验室设备、保持实验室整洁、自觉完成技术文档创建与保管		
学习单元	内容描述	教学方法建议	学时
2-1 交换机工作原理	802.3 协议、共享式及交换式以太网 MAC 地址表构建、以太网帧转发及过滤原则 修改交换机端口的速率及双工模式 查询 MAC 地址表、绑定 MAC 地址	示范教学法 任务驱动法	2
2-2 虚拟局域网	VLAN 类型、VLAN 技术原理、端口的链路类型 单交换机 VLAN 配置、多交换机 VLAN 配置 VLAN 信息查询	示范教学法 任务驱动法	4
2-3 生成树协议	生成树协议作用、生成树协议原理 STP、RSTP、MSTP 区别与联系 STP 配置及信息查询		4

课程内容或项目模块	3 路由器配置	学时	22
学习目标	知识目标：IP 协议、IP 地址及子网划分、路由器工作原理、静态路由、RIP、OSPE		
	能力目标：能够根据组网要求配置适当协议保证网络连通性		
	素质目标：爱护实验室设备、保持实验室整洁、自觉完成技术文档创建与保管		
学习单元	内容描述	教学方法建议	学时
3-1 IP 路由原理	IP 分类及 IP 子网划分 路由原理、查看路由表	讲解 示范教学法 任务驱动法	4
3-2 直连及静态路由	直连路由、三种 VLAN 间路由、静态路由、静态路由三种主要应用	示范教学法 任务驱动法	4
3-3 DHCP	DHCP 协议报文、服务器与客户机交互过程 DHCP 服务器配置、DHCP 中继配置	示范教学法 任务驱动法	4
3-4 动态路由协议	路由与可路由协议、路由协议的分类与性能指标 两种动态路由协议比较	示范教学法 任务驱动法	2
3-5 RIP 动态路由	RIP 路由的工作过程、RIP 路由的环路避免 RIPv1 与 RIPv2、RIP 路由协议配置 RIP 信息查询与调试	示范教学法 任务驱动法	4
3-6 OSPF 动态路由	OSPF 基本原理 OSPF 单区域配置、OSPF 多区域配置 OSPF 信息查询与调试	示范教学法 任务驱动法	4

课程内容或项目模块		4　安全基础	学时	8
学习目标		知识目标：掌握ACL包过滤原理，掌握NAT的分类及工作原理		
		能力目标：能够配置ACL包过滤及网络地址转换提高网络安全性		
		素质目标：爱护实验室设备、保持实验室整洁、自觉完成技术文档创建与保管		
学习单元		内容描述	教学方法建议	学时
4-1 ACL包过滤		ACL应用及分类，ACL包过滤配置方法及命令	示范教学法 任务驱动法	4
4-2 网络地址转换		NAT分类及应用场合，NAT配置方法及命令	示范教学法 任务驱动法	4

课程内容或项目模块		5　综合实训	学时	6
学习目标		知识目标：交换机、路由器配置命令，相关协议配置方法及注意事项		
		能力目标：能够根据组网要求独立完成网络组建，设备调试		
		素质目标：爱护实验室设备、保持实验室整洁、自觉完成技术文档创建与保管		
学习单元		内容描述	教学方法建议	学时
5-1 综合实训		使用交换机、路由器完成局域网组建	示范教学法 任务驱动法	4
5-2 实训考核		使用交换机、路由器完成局域网组建	示范教学法 任务驱动法	2

五、项目任务设计

编号	任务	拟实现的能力目标	相关支撑知识	训练方式手段及步骤	结果
1	实训室设备认知	1. 了解本课程的性质和任务； 2. 了解实训室设备分类及型号； 3. 熟悉实训室设备接口及使用线缆	1. 计算机网络的拓扑结构； 2. 计算机网络的分层结构； 3. H3C网络设备系列	1. 讲授法 2. 现场教学法	
2	网络设备基本使用	1. 熟练掌握通过Console口和Telnet两种方法登录网络设备； 2. 熟悉Comware命令视图及切换方法； 3. 熟练使用Comware命令行的帮助特性； 4. 掌握Comware基本命令使用； 5. 掌握FTP的配置； 6. 掌握网络设备的基本调试方法	1. H3C的操作系统Comware介绍； 2. 网络设备的文件管理； 3. 网络设备软件维护； 4. 网络连通性测试； 5. 网络设备系统调试	1. 示范教学法 2. 任务驱动法 提出任务—相关知识点的讲解—教师示范—学生分组练习（教师进行巡回指导）—学生总结，教师评价	

续表

编号	任务	拟实现的能力目标	相关支撑知识	训练方式手段及步骤	结果
3	简单服务配置	1. 熟练掌握 Telnet 服务配置； 2. 熟悉掌握 FTP 服务配置	1. 网络设备的文件管理； 2. 网络设备软件维护	1. 示范教学法 2. 任务驱动法 提出任务—相关知识点的讲解—教师示范—学生分组练习（教师进行巡回指导）—学生总结，教师评价	
4	设备调试	1. 连通性测试； 2. 设备调试方法	1. 理解 ping 及 tracert 工作原理； 2. ping 及 tracert 常用参数的使用； 3. 调试命令	1. 讲授法 2. 示范教学法 3. 任务驱动法 提出任务—相关知识点的讲解—教师示范—学生分组练习（教师进行巡回指导）—学生总结，教师评价	
5	交换机配置	1. 掌握 VLAN 配置； 2. 掌握 STP 配置	1. IEEE802 标准； 2. 以太网技术； 3. 交换式以太网技术； 4. 交换机工作原理	1. 示范教学法 2. 任务驱动法 提出任务—相关知识点的讲解—教师示范—学生分组练习（教师进行巡回指导）—学生总结，教师评价	
6	路由器配置	1. 掌握 IP 规划的方法； 2. 掌握 IP 地址配置的方法； 3. 掌握静态路由、RIP 动态路由、OSPf 动态路由的配置及优化； 4. 掌握 DHCP 服务器及 DHCP 中继的配置	1. TCP/IP 协议族之 IP 协议 2. 二进制及十进制之间的相互转换； 3. 路由器的工作原理	1. 示范教学法 2. 任务驱动法 提出任务—相关知识点的讲解—教师示范—学生分组练习（教师进行巡回指导）—学生总结，教师评价	
7	网络安全基础	1. 掌握 ACL 规划； 2. 掌握 ACL 包过滤防火墙配置； 3. 掌握 NAT 转换的几种方法及适用场合	1. 网络安全基础知识； 2. ACL 的分类、应用及规则匹配； 3. 通配符掩码的灵活运用	1. 示范教学法 2. 任务驱动法 提出任务—相关知识点的讲解—教师示范—学生分组练习（教师进行巡回指导）—学生总结，教师评价	
8	综合实训	能够完成中小型网络的构建	1. 交换机配置 2. 路由器配置	2. 任务驱动法 提出任务—相关知识点的讲解—教师示范—学生分组练习（教师进行巡回指导）—学生总结，教师评价	

六、项目情境设计

编号	子项目编号、名称	任务	情境	学时
1	1-2-1 Console 口登录设备及命令行入门	登录设备；修改设备名称及系统时间；使用系统帮助特性；查询版本信息、接口摘要信息。	某网络管理员为尽快熟悉公司新购置的网络设备，通过 Console 口登录方式连接到设备，测试了基本命令的使用。	3
	1-2-2 设备空配置启动及使用指定配置启动	查看当前配置并保存为启动配置文件；清空设备重启。	考生为避免设备原有配置影响考核过程中自己的配置，首先查看当前设备是否存在启动配置文件，且是否生效，如存在已生效的启动配置文件，首先将设备恢复出厂配置。考生在组网之前修改设备的系统名称和系统时间方便其后的配置。配置完成后保存为启动配置文件。考试结束后，教师通过查看当前配置给出实训成绩。	3
	1-3-1 Telnet 登录设备	配置 Telnet 服务；由客户端登录设备并切换至 3 级命令级别。	网络管理员通过远程登录的方式管理各台网络设备，要求以 0 级用户登录，更换为 3 级级别，执行设备的配置和管理。	2
	1-3-2 FTP/TFTP	配置设备为 FTP 服务器；将设备当前操作系统通过 FTP 方式备份客户端；将指定配置文件通过 FTP 方式上传至设备。	设备生产厂商对设备进行升级后，网络管理员需要将新的操作系统通过 FTP 方式上传至设备，对每台设备进行升级。	4
	1-4 网络设备基本调试	测试连通性及报文转发路径；查看 ping 命令的调试信息。	网络拓扑发生（增加 PC，或修改 PC 的 IP、修改局域网内 IP 规划）改变后，网络管理员进行网络连通性测试。部分节点连通性测试失败时，通过查看调试信息查找故障。	4
2	2-2 VLAN	单交换机相同 VLAN 间节点互通，不同 VLAN 间节点不通。多交换机相同 VLAN 间节点互通，不同 VLAN 间节点不通。	为减少报文对带宽的占用，同时提高网络的健壮性，某公司决定将公司内各部门划分到不同 VLAN。	4
	2-3 生成树协议	两组端口互连两台交换机的 STP 配置。两两互连三台交换机的 STP 配置。	采用链路冗余提高局域网的可靠性，使用两组端口互连两台交换机，形成环路，三台交换机两两互连，形成环路。	4

续表

编号	子项目编号、名称	任务	情境	学时
3	3-1 IP 分类及 IP 子网划分	分辨给定 IP 的自然分类；根据可容纳铸技数进行 IP 子网划分；根据可划分子网数进行子网划分。	某企业仅有 4 个 C 类 IP，为规范 IP 使用，网络中心职员按照公司要求，将不同部门划分在不同网段。	2
	3-2 直连及静态路由	查看直连路由；配置静态路由；连通性测试及路由表查询。	某公司内部网络通过配置静态路由使网络各节点互通。	4
	3-3 DHCP	IP 及静态路由配置；DHCP 服务器配置；DHCP 中继配置。连通性测试及路由表查询。	为简化网络管理员的工作，某公司准备为公司内部各部门设备配置动态 IP，在网络中心设置 DHCP 服务器，在各部门所连三层交换机上设置 DHCP 中继。	4
	3-5 RIP 动态路由	IP 规划及配置；RIP V1 配置、连通性测试及路由表查询；RIP 调试信息查询并分析；RIP V2 配置、连通性测试及路由表查询。	某公司内部网络通过配置 RIP 路由使网络各节点互通。	4
	3-6 OSPF 动态路由	IP 规划及配置；OSPF 单区域配置、连通性测试及路由表查询；OSPF 多区域配置、连通性测试及路由表查询。	某公司内部网络通过配置 OSPF 路由使网络各节点互通。	4
4	4-1 ACL 包过滤	IP 规划、配置及路由配置；基本 ACL 包过滤配置；高级 ACL 包过滤配置。	某公司位部保证公司内部核心部分数据的安全，限定部分节点部分服务的访问控制。	4
	4-2 NAT 地址转换	Basic NAT 配置；NAPT 配置；Easy IP 配置；NAT Server 配置。	某公司通过地址转换保障公司内部各个节点能够访问外网，同时为减少工作时间不必要的对外流量，限制部分部门所在节点访问外网。另外公司内网设置 WWW 服务器，对外网开放。	4
5	5-1 综合实训	网络规划；交换机配置；IP 及路由配置。ACL 及 NAT 配置。	某公司将内部各部门划分直 4 个 VLAN，每个 VLAN 占用一个 IP 网段，各部门通过交换机及路由器互连，通过动态路由内网互通，但其中一个部门不允许访某台保存财务信息的节点。公司通过唯一出口连接外网，路由器公网接口的 IP 为动态获取。	4

七、课程进程表

子项目编号、名称	周次	学时	单元标题	项目编号	能/知目标	师生活动	其他（含考核内容、方法）
1-1 OSI 与 TCP/IP	1	1	基础知识与基本操作	1	了解网络分层结构及相关协议。	OSI 七层结构及功能；TCP/IP 四层结构；OSI 与 TCP/IP 对应关系。	内容：基本概念 方法：提问
1-2 设备类型及型号、接口及线缆	1	1	基础知识与基本操作	1	了解实训室设备；了解设备接口及所需线缆。	交换机类型及型号；路由器类型及型号；相关接口、线缆的识别与使用。	内容：操作熟练程度 方法：演示/实际操作
1-3 Console 口登录设备及命令行入门	1~2	6	基础知识与基本操作	1	熟练掌握命令行操作方法及命令	登陆设备方法；命令行常用方法。	内容：操作熟练程度 方法：实际操作
1-4 Telnet 登录设备	3	2	基础知识与基本操作	1	熟练掌握 Telnet 服务配置；能够在客户端远程登录网络设备。	Telnent 配置方法	内容：操作熟练程度 方法：实际操作
1-5 文件系统及 FTP/TFTP	3~4	4	基础知识与基本操作	1	熟练掌握 FTP 服务配置；能够在客户端向 FTP 服务器上穿下载文件；能够将设备启动配置通过 FTP 方式上传备份；能够通过 FTP 方式更新设备操作系统。	网络设备文件系统及存储方式；文件系统的操作文件管理；使用 FTP 传输文件；网络设备的软件维护。	内容：操作熟练程度 方法：实际操作
1-6 网络设备基本调试	4~5	4	基础知识与基本操作	1	熟练掌握网络连通性测试方法；能够开启调试信息。	网络连通性测试；系统调试。	内容：操作熟练程度 方法：实际操作
2-1 MAC 地址学习、数据帧转发及过滤原则	5	2	交换机配置	2	了解交换机报文转发的方法及依据的由来。	共享式网络与交换式网络；MAC 地址学习；数据帧转发及过滤。	内容：基本概念 方法：提问
2-2 虚拟局域网	6	4	交换机配置	2	熟练掌握虚拟局域网的构建方法。	VLAN 的类型；VLAN 工作原理；VLAN 配置。	内容：基本概念/操作熟练程度 方法：提问/实际操作

续表

子项目编号、名称	周次	学时	单元标题	项目编号	能/知目标	师生活动	其他(含考核内容、方法)
2-3 生成树协议	7	4	交换机配置	2	熟练掌握 STP 消除物理环路方法；能够人为指定根桥及交换机端口角色，充分发挥设备优势。	STP 原理；生成树协议的比较；STP 配置。	内容：基本概念/操作熟练程度 方法：提问/实际操作
3-1 IP 分类及 IP 子网划分	8	2	路由器配置	3	理解 IP 地址及子网划分；能够根据指定网段进行 IP 地址规划。	IP 地址；IP 子网划分。	内容：基本概念 方法：提问
3-2 路由器工作原理、查看路由表	8	2	路由器配置	3	能够理解路由器数据包转发的方法；能够查看路由，且能够看懂路由表信息。	IP 路由原理；查看路由表。	内容：基本概念/操作熟练程度 方法：提问/实际操作
3-3 直连及静态路由	9	2	路由器配置	3	熟练掌握静态路由配置方法；能够查找简单故障。	直连路由；VLAN 间路由；静态路由；静态默认路由。	内容：基本概念/操作熟练程度 方法：提问/实际操作
3-4 DHCP	10	4	路由器配置	3	熟练配置 DHCP 服务器及中继	DHCP 报文；DHCP 的 C/S 交互；DHCP 中继；DHCP 服务器及中继配置。	内容：基本概念/操作熟练程度 方法：提问/实际操作
3-5 动态路由协议	11	2	路由器配置	3	理解动态路由协议分类；理解 D-V 算法和链路状态算法计算路由的区别；能够分辨两类路由协议算法的优略。	路由协议基本流程；路由协议分类；路由协议性能指标；D-V 算法；链路状态算法。	内容：基本概念 方法：提问
3-6 RIP 动态路由	11～12	4	路由器配置	3	熟练掌握 RIP V1 和 RIP V2 理解 RIP 避免环路的方法，了解那种方法为缺省开启。	RIP 工作过程；RIP 环路避免；RIP V2 改进；RIP 配置；RIP 信息显示及调试。	内容：基本概念/操作熟练程度 方法：提问/实际操作

续表

子项目编号、名称	周次	学时	单元标题	项目编号	能/知目标	师生活动	其他（含考核内容、方法）
3-7 OSPF 动态路由	12~13	6	路由器配置	3	熟练掌握单区域、多区域 OSPF 配置方法；了解认为修改 DR/BDR 选举结果的方法；了解人为修改路由计算结果的方法。	RIP 缺陷；OSPF 基本原理；OSPF 基本配置；OSPF 信息显示。	内容：基本概念/操作熟练程度 方法：提问/实际操作
4-1 ACL 包过滤	13~14	4	安全基础	4	熟练掌握基本 ACL、高级 ACL 的规则配置方法；熟练掌握 ACL 包过滤的配置步骤及注意事项	ACL 包过滤原理及工作流程；ACL 分类；配置 ACL 包过滤。	内容：基本概念/操作熟练程度 方法：提问/实际操作
4-2 NAT 地址转换	14~15	4	安全基础	4	熟练掌握各类 NAT 配置方法；熟练掌握开放内网服务器方法。	Basic NAT NAPT Easy IP NAT Server	内容：基本概念/操作熟练程度 方法：提问/实际操作
5-1 综合实训	15~16	4	综合实训	5	能够根据组网要求进行网络的规划，进行功能划分，在根据各个功能模块进行配置	使用交换机、路由器配置中小型网络。	内容：配置任务和注意事项 方法：讲解+示范
5-2 分组实训考核	16	2	分组实训考核	5	课程各模块综合应用	以综合实训为基础更换组网要求，学生以小组为单位独立完成。	内容：操作熟练程度 方法：实际操作

八、首末次课设计

1. 首次课设计

第一次课主要完成以下任务：

(1)通过 OSI 及 TCP/IP 协议各层及功能的介绍,帮助学生将前一学期所学《计算机网络基础》与本课程联系起来,明确本课程教学内容在网络层次中所处位置。

(2)通过对实验室现有设备的介绍,帮助学生认识和了解交换机、路由器的外观、常用接口、常用线缆；一方面为课程中实训环节奠定基础,一方面引导学生在其他实训室,甚至生活中能有意识关注交换机、路由器的应用场合。

(3)说明实训室管理规定,要求学生建立起保护实训室环境、爱护实训室设备、注意安全的意识,保证课程教学过程中不出现安全事故。

(4)说明课程教学对实践的要求,提示学生注重认真对待个人实践能力的锻炼与小组合作的训练。同时说明课程的考核要求。

2. 末次课设计

最后一次课设计综合课程所学 VLAN、STP、路由、ACL 包过滤、NAT 等内容一个综合项目,通过对组网要求的分析,是学生能够根据实际要求及进行项目的细化、小组成员工作的分配,共同完成综合实训项目,同时为课程结课考核做好准备。

九、考核方案

考核方式采用平时过程考核与结课实训考核相结合的方式,平时过程考核按实训项目进行,以项目 5 综合实训为基础,修改部分组网要求设计考核项目,完成指定设备制定功能的配置。课程明确了学生每个技能训练项目应达到的专业技能标准,制定了相应的考核标准。

平时过程考核:按照各实训单元技能训练要求在实训过程中进行,采用现场操作和随机提问相结合的方式,考核中重点考查学生掌握的专业知识(针对实训中出现的问题考核对相关知识点的掌握情况)及网络设备操作熟练程度(完成实训的时间及一次正确率)。

结课实训考核:个人考核,以项目 5 综合实训位基础,修改部分组网要求设计考核项目,完成指定设备制定功能的配置,提交实训报告。

学期总评:平时出勤、课堂表现占 20%,平时过程考核占 30%,结课实训考核占 50%。

十、教学材料

教材:《路由交换技术(第一卷)》,杭州华三通信技术有限公司,清华大学出版社,2011
教辅资料:实训指导书。
其他教学资料:
① H3C MSR 系列路由器电子手册
② H3C S3619 系列以太网交换机电子手册
③ H3C S3100-SI 系列以太网交换机电子手册
④ H3C MSR 典型配置实例 v200
⑤ 中、低端交换机典型配置实例 v1.40

十一、需要说明的其他问题

目前实训室可分四组进行实验、实训,但每组可用电脑仅一台,希望学校尽快解决。计算机信息管理专业相关课程 40 人一个班进行分组实践时,每组人数太多,建议实训部分教学分小班上课,以改善教学效果。

十二、本课程常用术语中英文对照

1. 基础知识与操作部分

序号	英文术语	中文释义
1	network	网络
2	LAN	局域网

续表

序号	英文术语	中文释义
3	MAN	城域网
4	WAN	广域网
5	OSI	开放系统互连协议
6	Physical	物理层
7	Link layer	数据链路层
8	Network layer	网络层
9	Transport layer	传输层
10	Session layer	会话层
11	Presentation layer	表示层
12	Application layer	应用层
13	TCP/IP	TCP/IP 协议族
14	MAC address	二层硬件地址
15	IP address	三层 IP 地址
16	Bit	一层数据位
17	Frame	二层数据帧
18	Packet	三层数据包
19	Hub	集线器
20	Switch	交换机
21	Router	路由器
22	System-view	系统视图
23	Quit	返回上级视图
24	Display	显示命令
25	Interface	接口
26	Port	二层设备端口
27	Recycle-bin	回收站
28	Current-configuration	当前配置
29	Saved-configuration	下次启动配置文件
30	Telnet	远程登录服务
31	Ftp	文件服传输务
32	Local-user	本地用户
33	Service-type	服务类型
34	Authentication-mode	认证模式

续表

序号	英文术语	中文释义
35	Terminal	终端
36	Monitor	监视
37	Debugging	调试

2. 交换机配置部分

序号	英文术语	中文释义
1	Ethernet	以太网
2	Dynamic	动态的
3	Static	静态的
4	Timer	定时器
5	Aging-time	老化时间
6	Duplex	双工模式
7	Speed	端口速率
8	Shutdown	关闭端口
9	VLAN	虚拟局域网
10	Link-type	链路类型
11	STP	生成树协议
12	RSTP	快速生成树协议
13	MSTP	多实例生成树协议
14	BPDU	桥协议数据单元
15	Root bridge	根桥
16	Designated bridge	指定桥
17	Root path cost	根路径开销
18	Priority	优先级
19	Edged-port	边缘端口
20	Link-aggregation	链路聚合
21	Bridge-agrregation	二层聚合
22	Loadsharing	负载分担

3. 路由器配置部分

序号	英文术语	中文释义
1	Routing-table	路由表
2	Destination/ Mask	目标网络
3	Next-hop	下一跳
4	Metric	度量值（等价 cost）
5	Direct	直连路由
6	Preference	路由优先级
7	DHCP	动态主机配置协议
8	DHCP Relay	DHCP 中继
9	Renewing	更新状态
10	Rebinding	重新绑定状态
11	IP-pool	IP 地址池
12	Forbidden-IP	禁止分配的 IP
13	Expired	地址租期
14	IGP	内部网关协议
15	EGP	外部网关协议
16	AS	自治系统
17	D-V	距离矢量路由协议
18	Link-state	链路状态路由协议
19	RIP	RIP 路由协议
20	Update timer	更新定时器
21	Timeout timer	超时定时器
22	Garbage-Collect timer	刷新定时器
23	Route Poisoning	路由毒化
24	Split Horizon	水平分割
25	Poison Reverse	毒性逆转
26	Triggered Update	触发更新
27	Suppressed time	抑制时间
28	Version	版本
29	Summary	自动聚合
30	OSPF	OSPF 路由协议
31	SPF	最短路径优先
32	Peer	邻居

续表

序号	英文术语	中文释义
33	Adjacency	邻接关系
34	LSA	链路状态公告
35	LSDB	链路状态数据库
36	DR	指定路由器
37	BDR	备份指定路由器
38	Area	区域
39	ABR	区域边界路由器
40	ASBR	自治系统边界路由器

4. 安全基础部分

序号	英文术语	中文释义
1	ACL	访问控制列表
2	NAT	网络地址转换
3	Authentication	认证
4	Authorization	授权
5	Accounting	计费
6	DADIUS	远程认证拨号用户服务
7	VPN	虚拟私有网络
8	EAD	终端准入控制
9	Packet Filter Firewall	包过滤防火墙
10	QoS	服务质量
11	Inbound	入方向
12	Outbound	出方向
13	Rule	规则
14	Permit	允许转发
15	Deny	禁止转发
16	Default	缺省的
17	Source	源 IP 地址
18	Source-port	源端口号
19	Destination	目标 IP 地址
20	Destination-port	目标端口号
21	NAPT	网络地址端口转换
22	Easy IP	基于接口的地址转换

课程单元教学设计

课程名称	网络组建与管理	项目（章）	3-6 OSPF 动态路由	任务（节）	OSPF 单区域配置
授课学时	1	教材教参	《路由交换技术（第一卷）》，杭州华三通信技术有限公司，清华大学出版社，2011	授课班级	网络 151
教学目标	知识	OSPF 原理、OSPF 配置命令			
	能力	能够根据组网要求进行 OSPF 配置，能够进行网络优化和排故			
	素质	任务分解、团队合作			
教学重点	配置方法及命令使用		教学难点	通配符掩码的确定	
解决方法	将重、难点分解至实训任务，突出重点，逐步深入				
教学设计思路	1. 设置教师演示项目与学生实训项目，通过反复讲解、演示，帮助学生不断加深理解，熟记方法和步骤； 2. 按照"先会做，再优化，最后能查错"原则安排项目，逐步提高学生实践能力		信息化资源利用	微课件： 多区域 OSPF 基本配置 .mp4	
教学环境	网络控制实训室（乌江路 403）				
教学环节	教学内容			教学步骤、方法与手段	
课程导入（5分钟）	某公司需将公司内部局域网进行重新划分，每个部门占用一个 C 类网段，为简化后期维护，选择配置能够自动适应拓扑变化的 OSPF 路由使各部门相互连通。由此提出学习任务：如何配置 OSPF 动态路由，需要进行哪些规划，完成哪些步骤，使用哪些命令？			教师： 需求分析及组网图 学生： 看懂拓扑图	

续表

教学环节	教学内容	教学步骤、方法与手段
任务演示（10分钟）	一、明确完成任务所需的各项信息及配置步骤、命令 ① IP 地址规划 ② 确定直连链路 ③ 开启 OSPF 进程 ④ 创建区域 ⑤ 发布直连路由 二、路由器配置前的准备 ① 确定网络设备互连网段可用 IP 地址，记录于组网图 ② 确定 PC 网关，记录于组网图 ③ 分清每台路由器的直连链路 三、设备配置 ① 配置网络接口 IP 地址，查看直连链路 IP 地址配置： [接口]ip address　IP 地址　掩码/掩码长度 查看直连链路： display　ip　interface　brief ② 配置 OSPF 路由协议 开启 OSPF 进程 [系统]ospf　进程号 创建区域 [OSPF 进程]area　区域号 发布直连链路 [OSPF 区域]network　IP 地址　通配符掩码 四、测试网络连通性，查看路由表 ① 使用 ping 命令测试连通性 ② 使用 display ip routing-table 命令查看路由表 ③ 使用 display ospf　peer 命令查看邻居信息	教师： ① 讲解配置要点，演示如何根据需求搜集所需关键信息 ② 演示配置、测试全过程，讲解注意事项 学生： 认真思考，仔细观察，随时记录
分组完成实训（15分钟）	全班学生分为 4 组，每组使用一套实训设备，以小组为单位完成实训	学生： ① 参考教师演示项目，结合实训项目要求进行分析，将 IP 地址记录于组网图 ② 配置设备 ③ 进行测试 教师： ① 在小组实训过程中，为学生答疑 ② 指导学生排查故障 ③ 随时中断实训，讲解共性问题

续表

教学环节	教学内容	教学步骤、方法与手段
考核评价（5分钟）	考核要点： ①组网图及相关信息标志是否完整 ②网络是否连通及故障点多少 ③实训报告是否完整、清晰	教师： 根据考核要点给出小组成绩 学生： 选出代表演示实训结果 完成实训报告
课程小结（5分钟）	梳理本节课程重难点，包括配置步骤、命令、注意事项	教师： 小结本节课程重难点
教学后记	①组网图识图能力还需加强 ②确定指定网络可用IP地址能力还需加强 ③配置速度还需加快	

高等数学

课程标准

课程名称:高等数学　　　　　　　　课程类型:职业基础课
课程学时:96　　　　　　　　　　　学分:6
执笔人:张沛宇　　　　　　　　　　审核人:杨凡
适用专业:机电系各专业
制订时间:2012年8月　　　　　　　修订时间:2016年8月

一、课程性质和任务

1. 课程性质

"高等数学"课程是高职机电系各专业重要的公共基础课程,是提高学生素质,培养学生理性思维的重要载体,是学习各有关专业课程的重要基础,是培养技术技能人才的主干课程之一。

2. 课程标准设计思路

教学方式以课堂讲授为主,辅以练习,测验等测评手段,对部分学生要进行数学建模的培训与练习。教学中要贯彻"以学生为本"的教育思想,通过各个教学环节,逐步培养学生的抽象思维、概括问题的能力、逻辑推理能力,自学能力、比较熟练的运算能力、综合运用知识解决问题的能力、利用计算机处理数据,编写程序解题。教学中采用的深入浅出的教学理念设计每个环节,既不失数学知识的严谨性,又强调数学的应用性,在介绍知识点的同时,注重数学方法在实际问题中的实施,尽可能地与专业知识结合,多介绍专业及生产、生活中的具体事例,融入数学文化思想,培养学生的数学素质,进一步提高综合素质。

3. 课程任务

通过本课程的学习,使学生掌握必要的基础理论和常用的计算方法,提高利用数学方法解决几何、物理、经济管理及生产、生活中的实际问题的能力。为学生后续课程的学习及进一步获得现代科学技术知识,提高综合能力,奠定必要的数学基础。

二、课程目标

1. 职业知识

使学生获得必须的一元函数微积分、空间解析几何、多元函数微分、常微分方程、矩阵和线性方程组、概率论和数理统计等的基础理论知识和基本计算方法,了解数学建模和数学实验的思想。

2. 职业技能

本课程的重点是培养学生准确地理解概念及学会利用数学方法解决具体问题的能力。形成运用数学工具解决实际问题的思想。学会利用数学模型解决现实问题的能力,并通过数学中的推理过程,增强学生的拼搏精神和应变能力。会利用计算机程序或是手机 app 做计算或是编制相应的程序。

3. 职业素质

经过严谨的数学训练,力争使学生提高以下素质,为将来的就业提供便利。

(1)树立明确的数量观念,胸中有数,能注意事物的数量关系及其变化规律;
(2)提高逻辑思维能力,使学生条理分明,有条不紊地处理工作中的纷繁杂务;
(3)培养认真细致、一丝不苟的习惯;
(4)理解数学的思想方法,可以调动学生的探索精神和创造力;
(5)数学综合题中条件、结论等的分析,可以提高学生大局观和团队精神。

三、课程内容标准和要求

1. 课程内容安排表

表1 第一学期课程内容安排

序号	教学内容	工作任务	学时
1	铅酸电池剩余电量的计算	概念、基本计算	8
2	割圆术和椅子在不平的地上是否能放稳的问题	概念、基本计算	12
3	不允许缺货的存储模型	概念、基本计算	12
4	易拉罐的形状的优化设计	概念、基本计算	14
5	总结与复习		2

表2 第二学期课程内容安排

序号	教学内容	工作任务	学时
1	不规则体总量的计算(一)	概念、基本计算	16
2	不规则体总量的计算(二)	概念、基本计算	12
3	信息加密解密模型	概念、基本计算	12
4	城市交通流量的计算	概念、基本计算	6
5	总结与复习		2

2. 课程内容标准与要求

首先引入数学模型，对模型给予分析。之后对教学内容的要求由低到高，对概念和理论分为"了解"和"理解"两个层次。对运算和方法分为"会"，"掌握"和"熟练掌握"三个层次。最后解决问题

（1）铅酸电池剩余电量的计算

①提出铅酸电池剩余电量问题．理解函数概念，掌握分段表示的函数，能熟练的求函数的定义域及函数值，会做出简单函数的图像。

②理解函数主要性质（单调性、奇偶性、有界性、周期性）。

③熟练掌握基本初等函数的解析表达式、定义域，掌握其主要性质和图形。

④理解复合函数、初等函数的概念。

⑤了解常用经济函数的表示方法，会列出简单应用问题的函数关系式。

⑥解决铅酸电池剩余电量的计算

（2）割圆术和椅子在不平的地上是否能放稳问题

①提出割圆术和椅子在不平的地上是否能放稳问题。了解数列极限和函数极限的描述性定义，会求左、右极限，掌握函数在一点处极限存在的充要条件。

②理解无穷小、无穷大的概念及其相互关系，无穷小的性质。

③掌握极限的四则运算法则，掌握两个重要极限。

④了解函数连续性的定义，会求函数的连续区间，了解函数间断点的概念，会求函数的间断点。

⑤了解闭区间上连续函数的性质（介值定理、最大值和最小值定理）。

⑥解决割圆术和椅子在不平的地上是否能放稳问题

（3）不允许缺货的存储模型

①提出不允许缺货的存储模型，理解导数的概念及其几何意义，了解可导性与连续性的关系，会求曲线上一点处的切线方程。

②熟练掌握导数的基本公式、四则运算法则及复合函数的求导方法，掌握隐函数的求导方法，了解取对数求导法。

③了解高阶导数的概念，掌握求二阶导数的方法。

④理解微分的概念，掌握微分的四则运算法则，了解可微与可导的关系，会求函数的微分。

⑤解决不允许缺货的存储模型的问题

（4）易拉罐的形状的优化设计

①提出易拉罐形状化设计的问题。了解罗尔中值定理、拉格朗日中值定理及它们的几何意义和推论。

②掌握利用导数判定函数的单调性及求函数的单调增、减区间的方法。

③理解函数极值的概念，掌握求一元函数的极值和最大（小）值的方法，并会求简单实际应用（含高等）问题的最大（小）值。

④解决易拉罐形状化设计的问题

（5）不规则体总量的计算（一）

①提出平面图形的面积及旋转体的体积等不规则体总量计算的问题。理解原函数与不定积分的概念及其关系，掌握不定积分的性质，了解原函数存在定理。

②熟练掌握不定积分的基本公式。
③熟练掌握不定积分的第一类换元法、第二类换元法（限于简单根式的代换）及分部积分法。

（6）不规则体总量的计算（二）
①理解定积分的概念及其几何意义，掌握定积分的基本性质。
②了解积分上限的函数及其导数。
③掌握牛顿—莱布尼茨公式。
④掌握定积分的换元法和分部积分法。
⑤了解广义积分的概念，掌握无穷区间上广义积分的计算方法。
⑥解决不规则体总量的计算包括森林救火模型会用定积分求解一些简单的实际应用问题，变力做功问题

（7）信息加密解密模型
①提出信息加密解密模型，理解矩阵、逆矩阵、矩阵的初等变换、矩阵的秩及矩阵转置的概念。
②熟练掌握矩阵的加法、数乘、乘法运算。
③掌握矩阵的秩的求法及求逆矩阵的方法。
④解决信息加密解密问题。

（8）城市交通流量的计算
①提出城市交通流量的计算问题理解 n 元非齐次（齐次）线性方程组的概念。
②掌握 n 元非齐次（齐次）线性方程组解的判定。
③会利用初等行变换法求解线性方程组。
④解决城市交通流量的计算问题。

四、实施建议

1. 课程组织形式

教学实施是教学过程中的重要环节，如何保证教学设计思想收到预期的效果，是完成教学任务的关键，数学课程主要是课堂教学，但可以尝试分层教学，分专业教学，或是基础内容必修，提高部分内容选修，并开设应用数学，数学文化，数学在其他课程中的作用等选修课及专题讲座，使教学活动更灵活，更有生命力。

2. 教学方法

（1）采用启发、讲解、案例、讨论、答疑等方式，通过解题思路分析，基本方法训练，培养学生基本运算的能力和分析、解决问题的能力。教会学生利用手机程序计算函数的相关内容，会画函数的图像。

（2）自学是获得知识的重要方式，自学能力的培养也是高等教育的目的之一，本课程的教学要注意对学生自学能力的培养。

（3）独立完成作业是学生学好本课程的必经之路。作业内容以教材中的习题为主，通过这些练习题加深对课程中概念的理解，熟悉各种基本解题方法，达到消化、掌握所学知识的目的。

（4）测试题目要全面，符合大纲要求，同时要做到体现重点，题量适度，难度适中，难度和题量的梯度应按照教学要求的三个不同层次安排。不出难题、怪题。

（5）逐步引入并采用多媒体教学方式，使讲解更加清晰，学生更加容易接受。力争上机进行数学软件操作，提高学生操作能力。

3. 教学评价

本课程为闭卷笔试考试，成绩由两部分组成：

（1）平时成绩：依据平时作业、课堂表现及纪律情况打分，占50%

（2）期末考试成绩：采取闭卷笔试方式，占50%

4. 教材与课程资源的利用

（1）教材、参考书

教材：

《应用数学（机电类）》，侯风波主编，科学出版社，2011

参考书：

①《高等数学（机电类专业适用）》，林漪主编，高等教育出版社，2009

②《经济数学基础》，顾静相主编，高等教育出版社，2007

③《大学数学（经管类）》，刘金冷主编，电子工业出版社，2011

④《高等数学学习指导（经管类专业适用）》，林漪主编，高等教育出版社，2009

⑤《高等数学（第5版）》，同济大学应用数学系主编，高等教育出版社出版，2002

⑥《概率论与数理统计》，梁之舜、邓集贤等，中山大学出版社，2007

（2）资源利用

数学组备有各种参考书，可实现教师助学。

中国职教学会教学工作委员会资源库建设，有多种资料可利用。

院图书馆及机房配备各种图书及数学软件，可供学生使用。

学院网站课程资源平台的课程资源《经济应用数学》。

课程整体教学设计

一、课程基本信息

课程名称：高等数学		
课程代码：00110061	学分：6	学时：96
授课时间：第一、二学期	授课对象：机电系各专业一年级学生	
课程类型：机电类和计算机类专业必修课		
先修课程：无	后续课程：数学建模	

二、课程定位

1. 课程的地位

高等数学课程是高职教育课程体系的重要组成部分，是高等职业教育必不可少的教学内容，高等数学的思想和方法对学生的专业学习、技能发展和职业能力的提高起到了重要作用。

（1）高等数学是一门公共基础课

基础课是相对于专业课而言的，是指根据专业培养目标而开设的基本理论和基本技能的课程。数学课历来是各层次教育中的主要课程，但在高等职业教育中它扮演着基础课的角色，它是以提高学生的基础素质为己任，为学生学习专业课提供必要的数学基础知识，保证专业课教学得以顺利进行。

（2）高等数学是一门技术课

技术课亦称工具课，是指为学生顺利地学习和应用专业知识掌握必要的方法、技能和工具而开设的课程。在高职教育中，高等数学课程不仅是一门基础课，还是一门技术课，它为学生学习专业知识和解决专业实际问题提供可靠的论证方法和计算工具。

（3）高等数学是一门能力课

能力指顺利完成某一活动所必需的主观条件，能力与知识、经验和个性特质共同构成人的素质，成为胜任某项任务的条件。当前很多工作的完成不是靠从业人员的娴熟技能，而是依靠他们宽厚的理论知识和解决问题的综合能力。在高等职业教育中，高等数学课程对学生逻辑思维能力、数字运算能力、解决问题能力等能力的培养起着重要作用。从这个意义上讲，高等数学是一门能力课。

（4）高等数学是一门文化课

文化课是指为提高学生人文和科学文化素质而开设的课程。在高职教育中，高等数学不仅为学生提供数学知识、数学思想和方法，还展现了人类智慧，从这个意义上讲，高等数学是一门文化课。

2. 课程分析

（1）前导课是高中数学。中职生和高中生已经学习过高中数学，微积分等基础内容初步涉及，但是内容较为浅显，并没有讲述数学的应用领域。

（2）本课程与普通高校、中职、培训班相关课程的异同

共同点：讲述微积分和线性代数的基本知识。为学生学习其他专业课打基础。

不同点：《高等数学》课程更注重对概念的理解和应用，学生利用所学的模型和实际工作中的问题相结合。

普通本科的《高等数学》是为了学习更多的数学知识打基础，涉及面更广，内容本身更深、更抽象。而中职和培训班的数学知识比较浅，不如高职《高等数学》课程的应用范围广泛。

三、课程目标设计

1. 总体目标

学生在学习函数模型、微积分模型、线性代数模型的过程中，获得必须的一元函数微积分、常微分方程、矩阵和线性方程组等的基础理论知识和基本计算方法，初步了解数学建模和数学实验思想。具有更强的逻辑推理能力，计算能力，分析问题解决问题的能力。

2. 能力目标

本课程的重点是培养学生准确地理解数学概念及学会利用数学方法解决具体问题的能力，形成运用数学工具解决实际问题的能力。学会利用应用数学解决现实问题的方法，并能针对具体问题综合利用所学数学知识和方法做出适当的解答。

使用计算机软件 Excel、Matlab，手机 App 如 Geogebra 帮助学生建立直观形象的数学概念，理解抽象的数学方法。掌握初步利用数学工具解决问题的能力。初步了解数学实验的思想。

3. 知识目标

使学生获得必须的一元函数微积分、空间解析几何、多元函数微分、常微分方程、矩阵和线性方程组、概率论和数理统计等的基础理论知识和基本计算方法（利用计算机程序完成数值计算）。

4. 素质目标

通过数学教学融入素质教育的意识，做到在提升学生数学素养的基础上进而形成其 1 适应信息时代的综合素质的意识。数学素养不是一维特质，不是要求围绕一个或两个方向深入进行，而是协调、综合、均衡发展，从而使学生能够满足未来生活对数学的挑战和新的超越．数学素养基于能力框架有 3 大能力簇：再现、关联、反思。高职《高等数学》将课程中的数学思想方法、能力、技术等素质要素与学生未来岗位要求、可持续发展潜力的必备素质、基本能力相统一，也结合教学内容揭示数学中的美、讲解数学家的献身科学精神和传承数学文化，对学生进行德育、智育、美育以及良好心理素质的教育和理性精神的培养．从而做到在学生掌握技能、掌握知识，以获得合理的智能结构的同时，让学生学会学习、学会工作，以养成科学的思维习惯，进而学会共处、学会做人，以确立积极的人生态度。

四、课程内容设计

表 1　第一学期课程内容安排

序号	模块（或子模块）名称	学时
1	铅酸电池剩余电量的计算	8
2	割圆术和椅子在不平的地上是否能放稳的问题	12
3	不允许缺货的存储模型	12
4	易拉罐形状的优化设计	14
5	总结与复习	2

表 2　第二学期课程内容安排

序号	模块（或子模块）名称	学时
1	不规则体总量的计算	28
2	信息加密解密模型	12
3	城市交通流量模型	6
4	总结与复习	2

五、项目任务设计

编号	子项目编号、名称	能力目标	知识目标	训练方式、手段及步骤	可展示的结果
1	子项目1 铅酸电池剩余电量的计算	①提出 铅酸电池剩余电量问题。②理解复合函数、初等函数的概念。了解常用经济函数的表示方法，会列出简单应用问题的函数关系式。③建立铅酸电池剩余电量的数学模型并讨论所得结果。	①理解函数概念，掌握分段表示的函数，能熟练的求函数的定义域及函数值，会做出简单函数的图像。②理解函数主要性质（单调性、奇偶性、有界性、周期性）。③熟练掌握基本初等函数的解析表达式、定义域，掌握其主要性质和图形。	课堂讲解；小组讨论；自主练习。课下思考；通过软件Matlab，手机App如Geogebra画函数图像，计算函数值，观察函数的性质。	通过建立铅酸电池剩余电量的数学模型完成铅酸电池剩余电量计算的论文。
2	子项目2 割圆术和椅子在不平的地上是否能放稳的问题	①提出割圆术和椅子在不平的地上是否能放稳问题。②掌握极限的四则运算法则，掌握两个重要极限。了解函数连续性的定义，会求函数的连续区间，了解函数间断点的概念，会求函数的间断点。③建立椅子在不平的地上是否能放稳的数学模型。	①了解数列极限和函数极限的描述性定义，会求左、右极限，掌握函数在一点处极限存在的充要条件。②理解无穷小、无穷大的概念及其相互关系，无穷小的性质。③了解闭区间上连续函数的性质（介值定理、最大值和最小值定理）。	通过 Excel 函数计算；手机App Geogebra画函数图像，计算函数值，观察函数的极限。	通过提出割术的模型再现古人计算极限的情境。说明椅子在不平的地上是否能放稳的数学描述结果。
3	子项目3 不允许缺货的存储模型	①提出不允许缺货的存储模型问题。②熟练掌握导数的基本公式、四则运算法则及复合函数的求导方法，会求函数的微分。③建立导数求最值的数学模型：不允许缺货的存储模型。	①理解导数的概念及其几何意义，了解可导性与连续性的关系，会求曲线上一点处的切线方程。③理解高阶导数的概念，掌握求二阶导数的方法。④理解微分的概念	课堂讲解；小组讨论；自主练习；课下思考；通过软件Matlab，手机App Geogebra求函数导数，计算函数微分，观察函数的导数的性质。	不允许缺货的存储模型得出日均存储量和存储费用。

续表

编号	子项目编号、名称	能力目标	知识目标	训练方式、手段及步骤	可展示的结果
4	子项目4 易拉罐的形状的优化设计	①提出易拉罐形状化设计的问题。②掌握利用导数判定函数的单调性及求函数的单调增、减区间的方法。③建立利用求最值的数学模型：易拉罐的形状设计。	①了解罗尔中值定理、拉格朗日中值定理及它们的几何意义和推论。②理解函数极值的概念，掌握求一元函数的极值和最大(小)值的方法，并会求简单实际应用(含经济应用)问题的最大(小)值。	课堂讲解；小组讨论；自主练习；课下思考；通过软件 Matlab，手机 App Geogebra 求函数导数，计算函数微分，讨论如何计算函数的最值。	得出的最优易拉罐的形状设计。
5	子项目5 不规则体总量的计算	①理解定积分的概念及其几何意义，理解原函数与不定积分的概念及其关系，掌握不定积分的性质，了解原函数存在定理。②熟练掌握不定积分的基本公式。掌握定积分的换元法和分部积分法。了解广义积分的概念，掌握无穷区间上广义积分的计算方法。③熟练掌握不定积分的第一类换元法、第二类换元法(限于简单根式的代换)及分部积分法。会用定积分求解一些简单的实际应用问题，会求平面图形的面积及旋转体的体积。森林救火模型会用定积分求解一些简单的实际应用问题，比如变力做功问题	①定积分的概念及其几何意义，掌握定积分的基本性质，不定积分的概念及其关系，掌握不定积分的性质，了解原函数存在定理。②不定积分的基本公式。积分上限的函数及其导数 ③不定积分的第一类换元法、第二类换元法(限于简单根式的代换)及分部积分法。牛顿—莱布尼茨公式。④定积分的换元法和分部积分法。⑤广义积分的概念，掌握无穷区间上广义积分的计算方法。⑥解一些简单的实际应用问题，会求平面图形的面积及旋转体的体积。	课堂讲解；小组讨论；自主练习；课下思考。	①提出不规则体(桶卷卫生纸,图形、几何体的长度、面积和体积,变力做功等)总量的计算的问题。②会用定积分求解一些简单的实际应用问题，会求平面图形的面积及旋转体的体积。利用森林防火模型说明森林防火如何分配人员。

续表

编号	子项目编号、名称	能力目标	知识目标	训练方式、手段及步骤	可展示的结果
6	子项目6 信息加密解密模型	①理解矩阵、逆矩阵、矩阵的初等变换、矩阵的秩及矩阵转置的概念。②熟练掌握矩阵的加法、数乘、乘法运算。掌握矩阵的秩的求法及求逆矩阵的方法。③投入产出模型,信息加密解密模型。	①矩阵、逆矩阵、矩阵的初等变换、矩阵的秩及矩阵转置的概念。②矩阵的加法、数乘、乘法运算。③矩阵的秩的求法及求逆矩阵的方法。	课堂讲解;小组讨论;自主练习;课下思考;通过手机App Geogebra求行列式,计算逆矩阵。	得到信息加密解密的结果。
7	子项目7 城市交通流量的计算	①理解n元非齐次(齐次)线性方程组的概念。②掌握n元非齐次(齐次)线性方程组解的判定。③城市交通流量模型。	①n元非齐次(齐次)线性方程组的概念。②n元非齐次(齐次)线性方程组解的判定。③求解线性方程组。	课堂讲解;小组讨论;自主练习;课下思考。	得到城市交通流量的计算结果。

六、项目情境设计

编号	子项目编号、名称	任务	情境	学时
1	铅酸电池剩余电量的计算	通过铅酸电池剩余电量的计算问题让学生明白函数的意义和用途	通过建立铅酸电池剩余电量的数学模型知道电池放电过程的数学表述	8
2	椅子在不平的地上能不能放稳的问题	通过椅子在不平的地上能不能放稳的问题让学生明白连续函数的意义和用途	通过椅子在不平的地上能不能放稳分析椅子和地面距离的函数的连续性	12
3	易拉罐形状的优化设计	通过易拉罐的形状说明最值的一个求法	提问学生易拉罐的形状为什么都一样,在两种假设的条件下分别说明应用导数求易拉罐的外皮用料最少的方法	12
4	不可缺货的存储模型1	用不可缺货的存储模型说明积分的用途	以生产中存储模型,引出用定积分解决库存货物的成本计算,引发学生讨论允许缺货的存储模型的计算	14
5	筒卷卫生纸的总长度的计算	通过筒卷卫生纸的总长度的计算说明定积分的定义	用一卷筒卷卫生纸发问学生如何计算象这样无法直接观测的长度或是大小的这种问题的解法,得出定积分的定义	14
6	定积分的应用2	森林防火模型说明了定积分的应用	通过森林失火了的问题,引出在救援的过程中计算损失最小的方法进一步说明如何利用微积分解决成本计算问题	14

续表

编号	子项目编号、名称	任务	情境	学时
7	微分方程的应用	介绍微分方程,介绍鱼群的生长模型	以渔业资源枯竭引出如何控制捕捞以实现可持续发展的计算问题。分别考虑在自然条件下和有捕捞的条件下计算鱼群的数量	12
8	线性方程组的应用	以城市交通流量的计算为例子,介绍线性方程组的用途	通过短篇介绍城市交通流量问题的由来,并让学生自己列线性方程组,得到方程组的解。最后说明非齐次 线性方程组的解法	6

七、课程进程表

第×次	周次	学时	单元标题	项目编号	能/知目标	师生活动	其他(含考核内容、方法)
1	2	8	铅酸电池剩余电量的计算	1	通过铅酸电池剩余电量的计算理解函数概念,理解函数主要性质,熟练掌握基本初等函数,理解复合函数的概念	师:介绍铅酸电池剩余电量的计算的案例 生:自主建立铅酸电池剩余电量的计算 共同复习旧有知识,思考教师提出新问题	课堂表现与模型建立情况
2	3	12	割圆术 椅子在不平的地上是否能放稳	2	了解数列 通过割圆术 椅子在不平的地上是否能放稳函数极限的描述性定义,理解无穷小、无穷大的概念,掌握极限的运算法则,了解函数连续性的定义,了解函数间断点的概念	师:提出割圆术 椅子在不平的地上是否能放稳的问题,介入极限的概念和性质介绍微积分思考问题的方法 生:建立数学模型重新思考以及接触过的知识	课堂表现与模型建立情况
3	7	12	不允许缺货的存储模型	3	通过不允许缺货的存储模型,理解导数的概念及其几何意义,了解可导性与连续性的关系,熟练掌握导数的运算法则,理解微分的概念,会求微分	师:通过实际案例引入导数和微分的概念。帮助学生熟悉求导法则 生:通过课上练习和课下作业的形式熟悉导数的的概念和基本运算	课堂表现与模型建立情况

续表

第×次	周次	学时	单元标题	项目编号	能/知目标	师生活动	其他(含考核内容、方法)
4	4	14	易拉罐形状的优化设计	4	了解微分中值定理,掌握洛必达法则,理解函数极值的概念,掌握求一元函数的极值和最大(小)值的方法,掌握利用导数判定函数的单调性	师:先介绍运用导数求函数性质的方法,再通过几个求函数极值的方法介绍如何运用这些方法 生:重新思考导数的意义和如何运用自己学习的知识解决实际问题	课堂表现与模型建立情况
5	13	28	不规则体总量的计算	5	理解原函数与不定积分的概念及其关系,掌握不定积分的性质,熟练掌握不定积分的基本公式。熟练掌握不定积分的第一类换元法、第二类换元法(限于简单根式的代换)及分部积分法 理解定积分的概念及其几何意义,掌握牛顿—莱布尼茨公式,掌握定积分的换元法和分部积分法,了解广义积分的概念,会用定积分求解一些简单的实际应用问题	师:介绍一元函数积分学的基本概念和方法 师:通过一个实际案例引入定积分的概念,介绍积分法。最后介绍关于定积分的一些应用 生:通过实际案例掌握定积分的概念和性质,结合不定积分的积分法学习定积分的积分法。最后应用定积分自己解决某些问题 生:通过课上练习和课下作业的形式熟悉积分的概念和积分法	课堂表现与模型建立情况
6	19	12	信息加密解密模型	6	理解矩阵、逆矩阵、矩阵的初等变换、矩阵的秩及矩阵转置的概念。熟练掌握矩阵的加法、数乘、乘法运算。掌握矩阵的秩的求法及求逆矩阵的方法。会解矩阵方程	师:通过线性方程组引入行列式和矩阵的概念,并通过若干实例讲述矩阵的用途 生:领会矩阵的用途,初步掌握矩阵的运算	课堂表现与模型建立情况
7	22	6	城市交通流量的计算	7	理解 n 元非齐次(齐次)线性方程组的概念。掌握 n 元非齐次(齐次)线性方程组解的判定。会利用初等行变换法求解线性方程组	师:讲述线性方程组的解的结构,并在最后结合实际案例说明线性代数的用途 生:重新认识解方程组的方法和方程组的用途	会用线性方程课堂表现与模型建立情况

八、首末次课的设计

1. 首次课设计

(1)以一个实例铅酸电池剩余电量的计算说明高等数学课程的学习模式。
(2)介绍高等数学课程的任务目的、任务、性质、理念、案例。
(3)介绍高等数学课程的学习方法,要注重理解定义、定理的基本内容,而不是单纯的记一些题目和公式。在学习过程中注重的是解题的思路,进而分析已知量和未知量,找到解决问题的关键。

(4)回忆函数概念,掌握分段表示的函数,能熟练的求函数的定义域及函数值,会做出简单函数的图像。通过高中函数基本知识的引入,让学生回忆、理解函数主要性质(单调性、奇偶性、有界性、周期性);熟练掌握基本初等函数的解析表达式、定义域,掌握其主要性质和图形。

(5)布置作业,查阅相关资料探索铅酸蓄电池剩余电量的计算。

2. 末次课设计

(1)梳理全课知识和能力项目

总结微积分的基本知识和方法——极限的概念和计算,导数的运算和应用,积分的计算和应用。

线性代数的基本知识和方法——行列式的计算,矩阵的概念和应用,线性方程组。

(2)引导学生关注生活中遇到的数学问题以及今后对数学课程的学习简介。

九、考核方案设计

本课程成绩由两部分组成:

(1)平时成绩(占 50%):依据平时作业(20%),Geogebra 使用情况(20%)、课堂表现及纪律情况(10%),

(2)期末考试成绩(占 50%):采取闭卷笔试方式,试卷由教研室统一出题,内容包括本学期涉及的所有项目。

十、教学材料

教材:《应用数学(机电类)》,侯风波主编,科学出版社,2011

参考书:

①《高等数学(机电类专业适用)》,林漪主编,高等教育出版社,2009

②《经济数学基础》,顾静相主编,高等教育出版社,2007

③《大学数学(经管类)》,刘金冷主编,电子工业出版社,2011

④《高等数学学习指导(机电类专业适用)》,林漪主编,高等教育出版社,2009

⑤《高等数学》,同济大学应用数学系主编,高等教育出版社出版,2002

⑥《概率论与数理统计》,梁之舜、邓集贤等,中山大学出版社,2007

学生自己下载的手机应用程序 Geogebra。

课程单元教学设计

课程名称	高等数学	作品名称	函数的极值和最值	项目章节	项目4 任务3
授课学时	2	教材教参	教材：《高等数学》，杨立军主编，上海交大出版社	授课专业年级	机电系各专业一年级上学期
教学目标	知识	1. 掌握求函数极值的方法 2. 掌握求最值的方法			
	能力	1. 理解极大值，极小值的概念 2. 用判断极大值极小值的方法来求函数的极值			
	素质	通过学习导数和导数的概念更深刻的理解导数的概念和性质			
教学重点	用导数求最值的方法；模型的求解。		教学难点	将条件抽象，建立目标函数；易拉罐表面积的计算。	
解决方法	1. 小组讨论，增加学生的学习积极性，借助信息化手段化繁为简。 2. 利用办公软件，手机App工具解决任务发布，模型讲解，模型计算等问题，提高教学效率。				
教学环境	放像教室				
教学设计思路	采用项目案例情境化的教学方式，学生以易拉罐的形状设计为任务，在完成任务的过程中学习最值的计算，提高运用数学知识的能力。灵活使用PPT，办公软件，手机应用程序Geogebra等信息化教学手段。突出学中做，做中学。 给出实例让学生分组讨论，给出模型让学生动手计算，大大提高了学生的学习主动性和兴趣。		信息化资源利用	3. 课程导入：利用PPT引入求最值的方法 4. 任务发布：利用PPT导入情境 3. 任务实施：办公软件Office 4. 拓展应用：学生自带手机的软件Geogebra 5. 交流学习：QQ群、网站资源	
教学环节	教学内容			教学步骤、方法与手段	
一、课程导入（15分钟）	1. 复习最值的定义 2. 导入本次课的内容 求最值的方法： 求闭区间 $[a,b]$ 上连续函数 $f(x)$ 的最大（最小）值的一般步骤： 求出 $f(x)$ 在区间 $[a, b]$ 内的全部驻点和一阶不可导点．求出两端点、全部驻点和不可导点处的函数值．比较这些函数值的大小，最大者为最大值，最小者为最小值． 3. 集中学生注意力准备发布任务			教师： 引入本课所需的知识和方法。 学生：自主完成。 例1 求函数在闭区间 $[-2, 2]$ 上的最大值和最小值.	

续表

教学环节	教学内容	教学步骤、方法与手段
二、任务发布（5分钟）	PPT 导入情境：如何设计易拉罐的形状使之用料最少 1. 如果把易拉罐近似看成一个直圆柱体，在要求易拉罐体内的容积一定时，则问题是能使易拉罐制作所用的材料最省的圆柱体截面直径和高度的比例如何？ 2. 如果把易拉罐的上面部分看成是一个小正圆台，下面是一个正圆柱体，则结果又该如何？	教师： 通过播放 PPT 导入情境，引导学生进行任务分析，发布工作表单。 学生： 结合情境进入角色，进行任务分析。
三、任务实施（60分钟）	讲解模型 模型1：不考虑材料厚度的简化模型 在这里表面积用 S 表示，罐体的容积用 V（设 V=10）表示，则有： $$S(r,h)=2\pi rh+\pi r^2+\pi r^2=2\pi(r^2+rh)$$ 且由 $V=\pi r^2 h$ 得 $h=V/\pi r^2$。于是，我们可以建立使表面积最小的数学模型为：$\min_{r>0, h>0} S(r,h)$ 模型2：考虑材料厚度的模型 假设易拉罐侧面的材料厚度为 b，而顶盖和底盖的材料厚度相同，记为 ab，α 为一个确定常数。整个易拉罐所用材料的体积用 SV 表示。 罐体所用材料的总体积为： $$SV(r,h)=\pi b(2r+b)h+2\pi a(r+b)^2 b$$ 而易拉罐的内部容积为 $V=\pi r^2 h$，即有 $\pi r^2 h-V=0$。 即说明当易拉罐的高度是底面直径的 α 倍时，易拉罐所用材料的体积为最小。 事实上，通过测量易拉罐的顶盖和底盖的厚度通常要比侧面的材料厚度多2倍以上，因此，这个结果是与实际相符的。	教师：给予适当点评。 汇总学习平台情况针对问题，作出分析，问题分为以下三类： 1. 模型假设不合理 2. 存储量未能正确表达 3. 总成本不能计算正确 学生：小组代表展示。 本小组设计方案，并奖金说明设计方案的数学原理。
四、评价和扩展（10分钟）	1. 评价：教师给予学生本课小组讨论的评价。标准是通过实例理解生活中如何应用数学模型的方法解决问题，学会用导数求最值，利用手机 App 去做计算的效果。也就是自己的设计可不可以中标。 2. 作业扩展后还可考虑如罐头盒、包装盒子的设计。	学生：修正模型。 教师：给予适当点评。
教学后记	学生通过对易拉罐形状的优化设计，学会了如何分析问题，分情况讨论，利用导数求取最值的方法，并且利用手机应用程序 Geogebra 计算导数和求解方程。	

教学做验收课总结

根据 2016—2017 学年第一学期学院组织的教学做验收课的工作部署，我参加了说课，45 分钟公开课和随机三个环节的活动。我们对高等数学课程进行了全面改造，开始尝试以项目为主导，以学生为主体的高等数学课程教学。在深入地与学生磨合的过程中体会到了高职院校中教学不但要传授知识，训练学生掌握技能，而且更重要的是要在教学的过程中让学生们不仅是被动接受，还要积极参与教学全过程。

一、高等数学课程的新探索

1. 从教师授课到任务驱动的模式的转变

传统的高数的教学方法是在老师习惯了讲，学生习惯了记和算，在使用教学做的教学模式时，也常出现教师讲的多的问题，这样时间长了，学生就只知道书本上的知识，而忽略了知识和实际的结合。当然这也是我们采取教学做模式的重要原因。为了让学生知道知识的用途，知识的来源，就是要让学生在学习中不是像传统教学一样被动接受，而是从工作任务出发，下组讨论协作完成某项任务，在这个过程中教师循序渐进的讲解知识。以学生为中心，实施行动导向的教学模式"纸上得来终觉浅，绝知此事要躬行"。

2. 教师与学生的角色要重新定位。

项目化教学是以工作项目为单位，以职业活动进程为线索，以培养学生能力为目标，组织课程教学内容。在项目化教学的过程中，教师不再是单纯讲受，而是引导师的作用，学生是完成任务的主体。在教学做的过程中教师指导很重要，指导学生掌握分析问题的方法，计算问题的能力，说明结果的思路。教师还要主要发现学生在学习过程中出现的问题，分析哪些是普遍问题，哪些是共性的问题，用什么方式指导这些问题。都需要教师善于观察，积极指导。使每个学生在每个单元都在某一个问题上或是某种分析计算能力上有所提高。

3. 教学评价标准的变化

教学做一体化的课程把培养学生能力放在首位，以学生为课程评价的主体。将知识目标，能力目标，素质目标有效结合。突出能力目标。高数课上，我们改变了传统一张卷子的考核方式。而是以过程性考核为考核方法。平时成绩为50%，期末成绩为50%。平时成绩为50% 平时成绩包括数学建模，数学实验的多项内容，而不是仅仅以考试作为唯一评价结果。

这种教学方法是理论知识围绕技能训练展开教学，针对性强，既利于教师的"教"，又利于学生的"学"；教师既讲解了理论又传授了技能，改变了以往满堂课主要是教师讲解为主的教学方法，也增加了与学生相处的时间，这就更容易获取每个学生掌握知识和应用知识解决实际问题的真实信息，便于及时进行有的放矢的辅导，大大提高了教学质量和效率。总之，这样的高等数学课程的"教学做一体化"教学为学生提供了理解、掌握和应用所学知识的机会，使学生充分参与到教学活动中来，这样不仅使学生学到了扎实的理论知识，还充分发挥了学生的主体作用，既真正调动学生学习的主动性和积极性，又将一门普遍认为比较枯燥的数学基础理论变得生动易学，达到了我们的教学目的，深受学生们的欢迎。同时，随着我们全院数学教师的不断实践和创新,高等数学课程的"教学做。

二、课程改革的效果

实施了教学做模式的课程,教学效果明显。第一,课堂气氛活跃起来,每个人都可以参与到任务中去,而不是上课没我事。第二,在2016年全国大学生数学建模竞赛中,我院参加人数比上年多了50%。说明实施了项目化教学的课程学生们对于应用数学更感兴趣了。

借助更多的信息化手段。在课堂上充分有效的开展讨论,真正让学生领会每一个案例的情境、涵义和目的。而不是像现在完全按照教学大纲的顺序讲述定义、定理,计算若干所谓"简单"的题目。

在教学效果的检验上更设计出一种方式能知道学生到底对于今天的学习内容掌握了多少。以提问的方式将问题拆解,每个人回答一个部分即可。

三、课程改革的经验

通过本次教学做我收益匪浅,还是应该按照新课标踏踏实实的进行教学改革,在这个过程中不断深化自己对教学的理解。本身教学做的验收课就是学校帮助大家提高自己。今后我应该不断的改正自己教学中的缺点,增加学生的动手动脑能力,让同学们更热爱数学课。

高职学生虽然基础差,习惯不好,但如果精心设计每一个教学环节,充分利用信息化手段,实施任务驱动的方式,将会把每一个学生慢慢的从不爱学拉回到爱学。

最后感谢学校领导给我参加这次教学做验收课学习锻炼的机会,感谢老师们对我孜孜不倦的教诲,感谢学生们对我教学的知识。